Digital vernetzte Arbeit

Michael Heinlein · Judith Neumer ·
Tobias Ritter
(Hrsg.)

Digital vernetzte Arbeit

Merkmale und Anforderungen eines
neuen Typus von Arbeit

 Springer VS

Hrsg.

Michael Heinlein
Institut für Sozialwissenschaftliche
Forschung e. V. – ISF München
München, Deutschland

Judith Neumer
Institut für Sozialwissenschaftliche
Forschung e. V. – ISF München
München, Deutschland

Tobias Ritter
Institut für Sozialwissenschaftliche
Forschung e. V. – ISF München
München, Deutschland

Dieses Forschungs- und Entwicklungsprojekt wurde durch das Bundesministerium für Bildung und Forschung (BMBF) im Programm „Zukunft der Wertschöpfung – Forschung zu Produktion, Dienstleistung und Arbeit" (FKZ 02L16D000, 02L16D001, 02L16D002, 02L16D003, 02L16D004, 02L16D005) gefördert und vom Projektträger Karlsruhe (PTKA) betreut. Die Verantwortung für den Inhalt dieser Veröffentlichung liegt bei den Autor*innen.

GEFÖRDERT VOM

**Bundesministerium
für Bildung
und Forschung**

ISBN 978-3-658-40614-1   ISBN 978-3-658-40615-8   (eBook)
https://doi.org/10.1007/978-3-658-40615-8

Die Deutsche Nationalbibliothek verzeichnet diese Publikation in der Deutschen Nationalbiblio-grafie; detaillierte bibliografische Daten sind im Internet über http://dnb.d-nb.de abrufbar.

Planung/Lektorat: Cori Antonia Mackrodt
Springer VS ist ein Imprint der eingetragenen Gesellschaft Springer Fachmedien Wiesbaden GmbH und ist ein Teil von Springer Nature.
Die Anschrift der Gesellschaft ist: Abraham-Lincoln-Str. 46, 65189 Wiesbaden, Germany

Inhaltsverzeichnis

Arbeit oberhalb der ‚mentalen Dauerbelastungsgrenze': Ein inter- und transdisziplinäres Forschungsprogramm zu den Belastungen digital vernetzter Arbeit

Fritz Böhle, Annegret Bolte, Felix Glomb, Manfred Gross, Michael Heinlein, Judith Neumer, Stephan Raaymann, Tobias Ritter und Ursula Stöger

F. Böhle · U. Stöger
Forschungseinheit für Sozioökonomie der Arbeits- und Berufswelt, Universität Augsburg, Augsburg, Deutschland
E-Mail: fritz.boehle@phil.uni-augsburg.de

U. Stöger
E-Mail: ursula.stoeger@phil.uni-augsburg.de

A. Bolte · M. Heinlein · J. Neumer · T. Ritter (✉)
ISF München, München, Deutschland
E-Mail: tobias.ritter@isf-muenchen.de

A. Bolte
E-Mail: annegret.bolte@isf-muenchen.de

M. Heinlein
E-Mail: michael.heinlein@isf-muenchen.de

J. Neumer
E-Mail: judith.neumer@isf-muenchen.de

F. Glomb
Glomb Blechbearbeitung GmbH & Co. KG, Pinneberg, Deutschland
E-Mail: f.glomb@glomb24.de

M. Gross
REFLEXA-WERKE Albrecht GmbH, Rettenbach, Deutschland
E-Mail: m.gross@reflexa.de

S. Raaymann
PR-Tronik Elektronik-Handels GmbH, Karlsbad, Deutschland
E-Mail: s.raaymann@pr-tronik.de

© Der/die Autor(en), exklusiv lizenziert an Springer Fachmedien Wiesbaden GmbH, ein Teil von Springer Nature 2023
M. Heinlein et al. (Hrsg.), *Digital vernetzte Arbeit*,
https://doi.org/10.1007/978-3-658-40615-8_1

Inhaltsverzeichnis

Zusammenfassung

Der Beitrag führt mit Bezug auf aktuelle Diagnosen und Prognosen zur Digitalisierung in ein inter- und transdisziplinäres Forschungsprogramm zu digital vernetzter Arbeit und den daraus resultierenden Belastungsrisiken ein. Dabei wird auf die Entstehung neuer Anforderungen und Rahmenbedingungen digital vernetzten Arbeitens sowie auf resultierende Belastungen und Beanspruchungen bei qualifizierter Arbeit eingegangen, die zur permanenten Ausschöpfung der Höchstleistung tendieren. Es wird beschrieben, wie qualitative und quantitative Erhebungs- Auswertungs- und Evaluationsmethoden arbeitsmedizinischer, arbeitspsychologischer und arbeitssoziologischer Forschung in dem BMBF-geförderten Projekt „Arbeit oberhalb der ‚mentalen Dauerbelastungsgrenze'. Leistungsregulierung bei qualifizierter digital vernetzter Arbeit" eingesetzt und aufeinander bezogen werden. In drei Fallbeispielen aus Unternehmen der Produktion und Dienstleistungen werden typische Ausgangssituationen sowie Merkmale und Anforderungen digital vernetzter Arbeit beschrieben und die partizipative Entwicklung und Erprobung neuer verhältnis- und verhaltensbezogenen Gestaltungsansätze zur individuellen Leistungsregulierung und Bewältigung kontinuierlich hoher Leistungsintensität bei qualifizierter Arbeit dargelegt.

1　Die digitale Vernetzung von Arbeit als neuer Belastungsfaktor

Aktuelle Diagnosen und Prognosen zur Digitalisierung von Arbeit in Industrie und Handel beziehen sich vor allem auf zwei Entwicklungen: Zum einen die Entstehung autonomer, selbstregulierender technischer Systeme („cyber-physical-systems"; Lee 2008; Song et al. 2016) und zum anderen die Einbindung menschlicher Arbeit in digital vernetzte Informationssysteme (Klein et al. 2015; Boes et al. 2014). Letzteres steht im Mittelpunkt dieses Sammelbandes. Menschliche Arbeit wird hier durch technische Systeme nicht ersetzt, sondern informationstechnisch mit anderen Arbeitsbereichen und Prozessen vernetzt. Für die Beschäftigten eröffnen sich hierdurch neue Möglichkeiten des Zugriffs auf Informationen sowie der Kommunikation, Kooperation und Koordination in räumlich verteilten Prozessen, sowohl in Unternehmen als auch unternehmensübergreifend. Durch die informationstechnische Vernetzung werden das Aufgabenfeld und sachliche Handlungsspielräume nicht automatisch (nur) eingeschränkt, sondern oft (auch gleichzeitig) erweitert. Es besteht jedoch kaum mehr die Möglichkeit zur individuellen Regulierung der Intensität der Arbeitsleistung. Automatisierte Systeme zur Kommunikation, Angebotsanfrage, Warenverfolgung, Lagerhaltung etc. und durchgängige Erreichbarkeit per Mail und Handy, aber auch per an das ERP-System angebundene Aufgaben- und Informationsmanagementsysteme spielen auch in KMU mittlerweile eine große Rolle. Sie prägen Arbeit in fast allen Abteilungen und Bereichen und in so unterschiedlichen Feldern wie Kundenmanagement, standortübergreifende Produktion oder webbasierte Distribution, die im Rahmen des hier vorzustellenden Forschungsprogramms im Mittelpunkt standen.

Bei der zunehmenden Digitalisierung von Arbeits(bezogenen) Prozessen stehen derzeit weniger die nachhaltige Leistungsfähigkeit der Beschäftigten als vielmehr die Möglichkeiten und insbesondere die Geschwindigkeit der Technik im Mittelpunkt, mit dem Ziel vielfältigem Wettbewerbsdruck (z. B. Schnelligkeit, Kundenservice, Produktvielfalt) entsprechen zu können. Wettbewerbsdruck und damit verbundener Arbeitsstress nehmen jedoch auf allen Ebenen der Unternehmen spürbar zu und steigen weiter an. Beispielsweise adressieren viele potenzielle Kundenunternehmen digital unterstützt eine Vielzahl möglicher Lieferanten, sie nehmen dabei oftmals selbst keine Selektion benötigter Auftragsdaten vor und ändern zudem Anfragen auch nachträglich und kurzfristig ab. Vor allem durch die Anforderungen an Echtzeitreaktion innerhalb und über Unternehmen hinweg nimmt der Leistungsdruck in nahezu allen Unternehmensbereichen zu.

Zu dem unternehmensübergreifenden kommt der unternehmensinterne Abstimmungsaufwand hinzu, der bedarfsspezifisch geleistet werden muss und zunehmend digitalisiert vor neuen Herausforderungen steht. Der geteilte Zugriff bspw.
auf Planungsunterlagen und die Synchronisierung von Prozessen werden immer
dringlicher und zeitkritischer. Dies wird durch die zunehmende digitale Vernetzung der Arbeitsplätze zwar technisch vereinfacht, die Beschäftigten geraten
damit jedoch auch immer mehr unter Druck: Die digitale Technik nimmt nicht
nur Aufgaben und Arbeitsschritte ab, sie stellt auch neue Anforderungen an
Beschäftigte bzw. an vernetztes Arbeiten. Beschäftigte müssen effizient, qualitativ
hochwertig und vorausschauend agieren, interagieren und reagieren – in und mit
digitalen Prozessen und Systemen, die in KMU typischerweise immer durch mehrere Bereiche ‚durchgreifen‘, von der Produktion und Arbeitsvorbereitung über
Vertrieb, Einkauf und Service bis hin zu Buchhaltung und Personalabteilung.

Die Ursachen für die beschriebenen Entwicklungen liegen nicht in einzelnen
Faktoren, sondern im Zusammenwirken unterschiedlicher, mit der Digitalisierung
verbundener Entwicklungsdynamiken:

- Eine dezidierte Planung der informationstechnisch gerahmten Arbeitsprozesse
  findet organisational häufig nicht statt. In Verbindung mit der allgemeinen
  Tendenz zur ‚Prozessoptimierung‘ steigen die Erwartungen an eine unmittelbare Reaktion und Bearbeitung. ‚Echtzeitsteuerung‘ ist in der Regel kein rein
  digitaler Prozess sondern erfordert konkrete Arbeitsschritte durch Beschäftigte.
- Bei der Entwicklung einzelner digitalisierter Prozesse werden die Gesamtheit
  der konkreten Anforderungen an die menschliche Arbeit, die im zeitlich-
  sachlichen Rahmen und Kontext dieser einzelnen Prozesse bestehen, sowie
  die individuelle Leistungsfähigkeit kaum berücksichtigt.
- In besonderer Weise ergibt sich eine weithin ungeplante Erhöhung der
  Leistungsanforderungen durch nicht vorhersehbare Unwägbarkeiten in den
  technischen und organisatorischen Prozessen und bei der Durchführung der
  eigenen Arbeit. Diese müssen zusätzlich zur laufenden Arbeit bewältigt und
  ggf. dokumentiert werden. Derlei zeitliche und sachliche Aufwände tauchen
  aber infolge der Unvorhersehbarkeit in offiziellen Arbeitsbeschreibungen und
  Planungen kaum auf. Auch die Beschäftigten selbst kalkulieren sie im Rahmen
  ihres Zeitmanagements selten formal oder offiziell ein.

Durch diese Anforderungen und Rahmenbedingungen induziert digital vernetzte
Arbeit in ihrer Grunddynamik eine dauerhaft hohe Leistungsintensität, die zur
permanenten Ausschöpfung der Höchstleistung tendiert. Hierdurch entstehen

sowohl besondere physische wie psychische Belastungen und Beanspruchungen im Arbeitsprozess sowie Folgen, die sich auf die Work-Life-Balance und die Lebensführung insgesamt auswirken. Die gesundheitliche Situation der Beschäftigten, vor allem im Bereich der qualifizierten Tätigkeiten, wird unternehmensseitig im Zusammenhang mit Digitalisierungsbestrebungen jedoch selten systematisch berücksichtigt. Insbesondere über die Gefahren der Digitalisierung liegen kaum systematische Einschätzungen vor.

In der arbeitssoziologischen Diskussion werden klassischerweise vor allem die Dequalifizierung und Standardisierung von Arbeit im Zuge der Technisierung und tayloristischen Arbeitsorganisation kritisch betrachtet. Im Vordergrund standen lange Zeit die hohe Arbeitsteilung und Standardisierung sowie die Identifikation vornehmlich körperlich belastender Faktoren bei physischer Arbeit und deren Auswirkungen auf die Beschäftigten. Demgegenüber richtet sich der Fokus dieses Sammelbands auf neue Belastungen und Beanspruchungen bei qualifizierter Arbeit mit breitem Aufgabenspektrum und Handlungsspielräumen. Die Ambivalenzen qualifizierter selbstverantwortlicher Arbeit werden in der arbeitssoziologischen Diskussion seit geraumer Zeit breit thematisiert, so beispielsweise hinsichtlich ambivalenter Effekte von ‚Flexibilisierung', ‚Entgrenzung' und ‚Subjektivierung' von Arbeit sowie von Zeit- und Leistungsdruck (beispielsweise Dunkel und Kratzer 2016; Handrich et al. 2016; Kratzer 2003; Moldaschl 2001; Moldaschl und Voß 2003). Dies wurde bisher jedoch überwiegend ohne systematischen Bezug auf Digitalisierung von Arbeit im Allgemeinen oder die Digitalisierung von Kooperation, Kommunikation und Koordination im Besonderen getan. Auswirkungen der Digitalisierung wurden dabei, wenn überhaupt, hinsichtlich der traditionellen Frage nach der Beschränkung von Handlungsspielräumen sowie neuen Kontrollpotenzialen (z. B. Falkenberg 2018; Hirsch-Kreinsen 2020) aufgegriffen.

Dieser Sammelband dokumentiert die Ergebnisse eines Forschungs- und Entwicklungskonsortiums, das in dem BMBF-geförderten Projekt „Arbeit oberhalb der ‚mentalen Dauerbelastungsgrenze'. Leistungsregulierung bei qualifizierter digital vernetzter Arbeit" (LedivA) arbeitsmedizinische, -psychologische und -soziologische Expertisen gebündelt und neue Gefährdungen im Kontext der Digitalisierung von Arbeit in Produktion und Dienstleistung interdisziplinär und sowohl qualitativ als auch statistisch untersucht hat. Digital vernetztes Arbeiten wird dabei als neuer Typus von Arbeit mit spezifischen Merkmalen, Anforderungen und typischen Belastungsrisiken begriffen, die bislang nicht systematisch untersucht wurden. Auf dieser Grundlage erfolgte in Kooperation

mit Unternehmen aus Produktion und Dienstleistung die Entwicklung, Erprobung und Generalisierung neuer Modelle verhältnis- und verhaltensbezogener
Gesundheitsförderung.

2   Das Projekt LedivA: Partizipation als Bindeglied arbeitsmedizinischer, arbeitspsychologischer und arbeitssoziologischer Forschung zu den Belastungen digital vernetzter Arbeit

Im Projekt LedivA wurden die sozialwissenschaftliche und arbeitsmedizinische
wie -psychologische Expertise und Methodenkompetenz der beteiligten For-
schungspartner mit den Praxiserfahrungen und betrieblichen Kompetenzen von
Unternehmenspartnern kombiniert.[1] Das Forschungsdesign verfolgte dabei einen
partizipativen Ansatz und arbeitete mit einem Methodenmix aus qualitativen und
quantitativen Verfahren. Diese inter- und transdisziplinäre Zusammenarbeit wird
im Folgenden entlang der Ziele und Fragestellungen des Vorhabens LedivA
beschrieben. Gleichzeitig lassen sich daraus auch allgemeine Erkenntnisse
zum Einsatz partizipativer Forschungsmethoden in inter- und transdisziplinären
Entwicklungs- und Gestaltungsprojekten ableiten.

Für eine gestaltungsorientierte arbeits*soziologische* Forschung bedeutet die
Annäherung an Beanspruchungs- und Belastungskonstellationen sowie entsprechende Gesundheitsrisiken bei digitalisierter Arbeit vor allem, die offenen und
verdeckten Handlungsmuster und -potenziale der Beschäftigten bei digitalisierter Arbeit zu erfassen. Dazu müssen die konkreten Arbeitserfahrungen in den
Blick genommen und deren inhärente Systematik entschlüsselt werden. Die
verdeckten Potenziale bestehen im Wesentlichen in Kompetenzen zur Bewältigung der permanent hohen Anforderungen in digitalisierter Arbeit, aber auch
der sich permanent ändernden situativen Anforderungen, wie sie an den Grenzen der formalisierten und standardisierten Prozesse zum Vorschein kommen.
Diese Kompetenzen basieren insbesondere auf implizitem Erfahrungswissen.
Um dies beobachten und analysieren zu können, aber auch, um Gestaltungsmaßnahmen nachhaltig entwickeln und implementieren zu können, bedarf es

---

[1] Am Projekt beteiligt waren die folgenden Forschungsinstitute und Unternehmen: Institut
für Sozialwissenschaftliche Forschung e. V. – ISF München (Arbeitssoziologie; Konsorti-
alführung), Forschungseinheit für Sozioökonomie der Arbeits- und Berufswelt an der Universität Augsburg (Arbeitssoziologie), Institut für Arbeits-, Sozial- und Umweltmedizin der
LMU München (Arbeitspsychologie und -medizin), Glomb Blechbearbeitung GmbH und
Co. KG, PR-Tronik Elektronik-Handels GmbH, Reflexa-Werke Albrecht GmbH.

einer qualitativen Methodik und eines partizipativen Forschungsansatzes, in dessen Mittelpunkt ausführliche und umfangreiche Interviews mit Beschäftigten stehen. Der Forschungsprozess war entsprechend als Ko-Produktion zwischen Wissenschaft und Praxis angelegt, sodass durch einen kooperativen Transfer von Wissen und Erfahrung in beide Richtungen eine lernende Partnerschaft etabliert wurde (vgl. Porschen-Hueck und Neumer 2015), in der Erkenntnisse und Ansätze zur Gestaltung von Wissenschafts- und Praxispartnern gemeinsam entwickelt wurden. Bei der praktischen Entwicklung der Gestaltungsmaßnahmen und Konzepte wurden die betroffenen Beschäftigten über Feedbackveranstaltungen und thematisch fokussierte Workshops direkt beteiligt. Gleichzeitig floss sozialwissenschaftlich fundiertes Beratungs-Know-how zu arbeitsorganisatorischen und unternehmenspolitischen Gestaltungsmodellen sowie agilen Entwicklungsprinzipien ein (siehe dazu z. B. Bolte und Porschen-Hueck 2006; Bolte 2008; Pfeiffer et al. 2008; Porschen-Hueck 2008; Sauer und Bolte 2021). Gespräche und Interviews mit Führungskräften rahmten die Erhebungen: Sie lieferten nicht nur relevante Informationen und Erkenntnisse zu organisationalen Strukturen, Management- und Führungsprinzipien, zentralen Unternehmensbereichen und Geschäftsprozessen, sondern waren auch der Schlüssel zu einer effektiven Verankerung von Gestaltungsmaßnahmen in den Unternehmen. Nur wenn Führungskräfte von der Sinnhaftigkeit partizipativer Arbeitsforschung überzeugt sind, kann diese eine nachhaltige Wirkung entfalten.

Das Untersuchungsfeld und die Erlebniswelt der Betroffenen wurden so durch wechselseitige Integrations- und Feedbackprozesse zwischen Wissenschaft, betroffenen Beschäftigten und Führungskräften zugänglich. Mittels Beobachtung, narrativen Verfahren bzw. Interviews, Feedback- und Gestaltungsworkshops, der gemeinsamen Entwicklung und Umsetzung von Gestaltungsmaßnahmen und Konzepten sowie der qualitativen und quantitativen Evaluation der Gestaltung war eine konstruktive Form der Erkenntnisgenese und Umsetzung möglich, die den Bedürfnissen, Ansprüchen und Überzeugungen der Beschäftigten und Expert*innen in den Partnerunternehmen entsprach. Diesbezüglich war insbesondere die Berücksichtigung der Führungsebene wichtig. Zum einen musste hier im Forschungsprozess ausgelotet werden, in welcher Hinsicht und bis zu welchem Grad Gestaltungen im Unternehmen möglich und sinnvoll sind. Die Vorstellungen und Bedarfe der Beschäftigten mussten mit Bedarfen und Anforderungen auf Führungsebene integriert werden. Zum anderen benötigten Beschäftigte die Gewissheit, dass sowohl die Teilnahme an den Erhebungen als auch an der Entwicklung und Erprobung von Maßnahmen von Führungsseite erwünscht sind. Es geht in der partizipativen Arbeitsforschung also nicht einfach nur darum, die Perspektive der Beschäftigten zu erheben und sie zu Akteuren der Gestaltung zu machen, sondern immer auch darum, eine konstruktive Kommunikation zwischen Beschäftigten und Führung in Gang zu bringen und möglichst über die Projektlaufzeit hinaus zu institutionalisieren.

Auch im Rahmen der arbeits*medizinischen* Forschung fußte die Analyse unmittelbar auf einer Beteiligung der Beschäftigten, gleiches gilt für die Maßnahmenentwicklung. Rückmeldungen zum individuellen Erleben des Projekts und der durchgeführten Maßnahmen waren Bestandteil der Evaluation in Fragebögen. Eine Einbindung der Beschäftigten in die strukturelle und zum Teil inhaltliche Planung und Durchführung der medizinisch-psychologischen Erhebungen vor Ort erfolgte durch Informationsveranstaltungen und Feedbackworkshops mit den Beschäftigten selbst. Die Kompetenz und Erfahrung von Beschäftigten war im Hinblick auf die Erfassung wichtiger Problemfelder und die Relevanz und Praktikabilität entwickelter Maßnahmen von großem Wert.

Die Unternehmenspartner waren mit dem im Projekt verfolgten Ansatz der partizipativen Arbeitsforschung bereits vertraut und unterstützten dieses Vorgehen, das nicht nur die Geschäftsführung, sondern auch und vor allem die involvierten Mitarbeiter*innen als wesentliche Protagonisten des Forschungsprojekts ansieht, aktiv. Die Beschäftigten wurden für die entsprechenden Zeiträume (empirische Erhebungen, medizinische Untersuchungen, Gruppenveranstaltungen) von ihren Tätigkeiten freigestellt. Durch umfassende Informations- und Rückmeldeveranstaltungen wurden nicht nur die teilnehmenden, sondern alle interessierten Beschäftigten über den Projektverlauf auf dem Laufenden gehalten. Die Zielsetzung der Verbesserung der allgemeinen Arbeitssituation sowie die Möglichkeit der Reduktion von Belastungen auch durch Berücksichtigung lebensweltlicher Kontexte unterstützten zusätzlich das Interesse der Mitarbeiter*innen an der Mitwirkung bei der Gestaltung ihres Arbeitsplatzes.

Die Zielstellungen des Projekts lassen sich anhand dreier Teilbereiche näher spezifizieren, die die inter- und transdisziplinäre Forschung zu digital vernetzter Arbeit und ihren Belastungen angeleitet haben. Diese Bereiche stellen gewissermaßen die Klammer für die in diesem Sammelband veröffentlichten Beiträge der jeweiligen Projektpartner dar.

A) Analyse typischer Formen digital vernetzter qualifizierter Arbeit mit kontinuierlich hoher Intensität der Leistungsanforderungen
Innerhalb dieser Zielstellung wurden Entwicklungstrends der Digitalisierung in Produktion und Dienstleistung aufgezeigt, die zur Entstehung und weiteren Verbreitung digital vernetzter qualifizierter Arbeit vor allem auch in KMU führen. Des Weiteren wurden typische Merkmale dieser Tätigkeiten insbesondere unter dem Aspekt der kontinuierlich hohen Intensität der Leistungsverausgabung bei

breitem Aufgabenfeld und sachlichen Handlungsanforderungen beschrieben und systematisch analysiert. Im Fokus standen dabei Tätigkeiten im Vertrieb, der Distribution und der standortübergreifenden Produktionskoordination.

B) Analyse von Belastungen und Beanspruchungen sowie individuellen Bewältigungsstrategien
Im Rahmen dieser Zielstellung wurde der Frage nachgegangen, inwiefern Möglichkeiten individueller Leistungsregulierung bei digital vernetzter Arbeit beschränkt sind und in welcher Weise dies zu Gefährdungen der Gesundheit von Beschäftigten führt bzw. führen kann. Es wurden arbeitssoziologisch, -medizinisch und -psychologisch fundierte Konzepte sowie Gestaltungs- und Handlungshilfen entwickelt, mit denen betriebliche Praktiker*innen, Wissenschaftler*innen und Arbeitsmediziner*innen mentale Dauerbelastungsgrenzen erkennen, resultierende Gefährdungen für die Gesundheit von Beschäftigten identifizieren und entsprechend entgegenwirken können.

C) Entwicklung und Erprobung neuer verhältnis- und verhaltensbezogener Gestaltungsansätze zur individuellen Leistungsregulierung und Bewältigung kontinuierlich hoher Leistungsintensität bei qualifizierter Arbeit
Innerhalb dieser Zielstellung wurde eruiert, in welcher Weise und trotz kontinuierlich hoher Leistungsanforderungen neue Möglichkeiten der individuellen Leistungsregulierung geschaffen werden können. Konkret wurden arbeitsmedizinische und -psychologische Untersuchungen sowie arbeitssoziologische Betriebsfallstudien in den Branchen Baunebengewerbe, Blechbearbeitung und Elektronikhandel durchgeführt. Gemeinsam mit Beschäftigten und Führungskräften wurden bereichsspezifische Maßnahmen der Gesundheitsförderung entwickelt, erprobt und evaluiert. Diese Maßnahmen wurden in übertragbare Konzepte überführt. Auf Basis arbeitssoziologischer, -medizinischer und -psychologischer Betrachtungen einer ‚mentalen Dauerbelastungsgrenze' wurden übergreifende Instrumente und Maßnahmen zur Bewertung psychosozialer Belastungsgrenzen entwickelt und empirisch begründet. Diese wurden für die Integration in das betriebliche Gesundheitsmanagement von KMU in Produktion und Dienstleistung aufbereitet.

Im folgenden Abschnitt gehen wir näher auf die beteiligten Unternehmen (allesamt KMU) ein, klären deren Interesse am Projekt und zeigen die umgesetzten Maßnahmen auf. Die Beiträge dieses Bandes basieren allesamt auf den empirischen Erkenntnissen, die unter Beteiligung der Unternehmen gewonnen werden konnten.

3 Digital vernetzte Arbeit in kleinen und mittleren Unternehmen: Ein Überblick über die Bedarfe, Interessen und Maßnahmen in den beteiligten Betrieben

Bevor wir im Folgenden die drei Partnerunternehmen beschreiben, möchten wir die methodische Herangehensweise innerhalb der Unternehmen knapp vorstellen. Dies ist wichtig, um die erzielten Erkenntnisse und umgesetzten Maßnahmen besser verstehen und bewerten zu können; zugleich wird damit auch die inter- und transdisziplinäre Verschränkung der Erhebungs- und Auswertungsmethoden und -phasen deutlich.

Mit Methoden der qualitativen Sozialforschung wurden drei arbeitssoziologische Betriebsfallstudien zu digital vernetzter Arbeit erstellt. Dies beinhaltete Betriebsbegehungen und explorative Arbeitsplatzbeobachtungen, problemzentrierte Interviews mit Beschäftigten, Expert*inneninterviews mit betrieblichen Schlüsselpersonen sowie Gruppendiskussionen zum Feedback an die Interviewteilnehmer*innen und zur Überprüfung der Analyseergebnisse. Grundlage für die Interviews und Expert*innengespräche waren Leitfäden, die auf Basis der Auswertung einschlägiger Literatur sowie konzeptueller Überlegungen erstellt wurden. Auf Basis der Auswertungen wurden pro Betriebsfallstudie bzw. Partnerunternehmen umfangreiche, partizipativ angelegte Entwicklungs- und Erprobungsphasen zur gesundheitsförderlichen Gestaltung digital vernetzter Arbeit durchgeführt. Kernstück der Entwicklung und Erprobung waren unternehmens- und bereichsspezifische Workshop-Reihen zur transdisziplinären inhaltlichen Arbeit.

Das arbeitsmedizinisch-psychologische Forschungsdesign bestand aus zwei Strängen: Zum einen aus einer evidenzbasierten und phänomenologischen Herangehensweise, die Literaturrecherchen gemäß den Cochrane-Richtlinien (vgl. Higgins und Green 2011) mit der qualitativen Erfassung der Situation in den Unternehmen kombinierte, um festzustellen, wie sich das Phänomen ‚Arbeit oberhalb der mentalen Dauerbelastungsgrenze‘ darstellt, ob sich Teilaspekte mit bereits vorhandenen Modellen und Prozessen erklären lassen, und welche neuen Komponenten der Belastung und Beanspruchung bei digital vernetzter Arbeit bedacht werden müssen. Der zweite Strang verband eine Interventionsentwicklung (betriebsärztliches Gesundheitscoaching) mit einer erprobenden Evaluation für die spezifische Zielgruppe digital vernetzt arbeitender Beschäftigter. In diesem Studienteil kam ein hypothesentestendes Prä-Post-Design (Fragebogenerhebung;

medizinische Untersuchung im Rahmen des Gesundheitscoachings) zur Wirksamkeitsprüfung zum Einsatz, wobei die Erstmessung auch der weiteren Phänomenbeschreibung diente und vergleichende Erfassungen bei Kontrollgruppen erfolgten.

3.1 Das Unternehmen Glomb: Gestaltung digital vernetzter Arbeit in der Blechbearbeitung

Die Glomb Blechbearbeitung GmbH und Co. KG (im Folgenden Glomb genannt) ist als mittelständisches, inhabergeführtes Produktionsunternehmen (ca. 70 Mitarbeiter*innen) existenziell von flexiblen Reaktionen auf Kundenanforderungen, Kundenzufriedenheit und enger Kundenkooperation sowie Kundenbindung abhängig. All dies erfordert reibungslose interne Kooperations- und Produktionsprozesse und ein elaboriertes Customer Relationship Management (CRM), das aktuell zunehmend durch Digitalisierungsprozesse geprägt ist, ebenso wie das Informationsmanagement in der Produktion: Die Erwartungen an Echtzeitreaktionen nehmen zu, die Geschwindigkeit der Technik statt des menschlichen Leistungsvermögens ist die entscheidende Richtschnur für die Erwartungen der Kunden insbesondere an das operative CRM. Digital unterstützt adressieren viele potenzielle Kunden darüber hinaus eine Vielzahl möglicher Auftragnehmer, nehmen oftmals selbst keine Selektion benötigter Auftragsdaten mehr vor und führen häufig nachträgliche Änderungen durch. Diese Prozesse verlangen den Beschäftigten in Vertrieb, Konstruktion, Arbeitsvorbereitung und Produktion hohen Einsatz ab: In Echtzeit muss effizient, qualitativ hochwertig und vorausschauend agiert und reagiert werden.

Glomb wollte diese neuen Anforderungen besser verstehen, die sich hieraus ergebenden Belastungen identifizieren und hierfür praktikable Lösungen entwickeln, die sowohl den Anforderungen an das Kundenmanagement als auch an Belastungsarmut genügen und eine individuelle Leistungsregulation der Beschäftigten zulassen und unterstützen. Die Verbindung von hoher Kundenzufriedenheit und niedriger Mitarbeiterbelastung ist höchst relevant für einen nachhaltigen Unternehmenserfolg. Langfristige Mitarbeiterbindung ist nicht nur aufgrund des deutlich spürbaren Fachkräftemangels von hoher Relevanz. Auch sind Beschäftigte, die ihren Arbeitsbereich, Kunden und Lieferanten kennen und über viel Erfahrung verfügen, für den Unternehmenserfolg unerlässlich. Sie werden dem Unternehmen nur dann auch in einer längerfristigen Perspektive erhalten bleiben, wenn sie mit ihrer Arbeit zufrieden sind und sie langfristig ihre Gesundheit erhalten können. Daher wurden typische Tätigkeiten und Entwicklungstrends im Rahmen des digitalisierten Kundenmanagements, damit verbundene Folgen und Zusammenhänge in unterschiedlichen Unternehmensbereichen und die sich hieraus ergebenden Belastungen identifiziert sowie Lösungsansätze zur Gesundheitsförderung entwickelt und erprobt. Hierfür sollte das Customer Relationship Management (CRM) stärker an den Erfordernissen menschlicher Arbeit und menschlichen Leistungsvermögens ausgerichtet werden und es sollten individuelle Strategien zur Leistungsregulation im Rahmen digital vernetzter Arbeit ermöglicht und unterstützt werden. Das Thema der partizipativen Maßnahmenentwicklung zur Belastungsminderung bei digital vernetzter Arbeit hat durch die Covid-19-Pandemie noch einmal an Bedeutung gewonnen: Unterbrochene Lieferketten oder die Verlagerung von Tätigkeiten ins Homeoffice sind dabei nur zwei Aspekte.

In Interviews mit Beschäftigten und Führungskräften wurden der Ist-Zustand des Einsatzes digitaler Technik und vernetzten Arbeitens bei Glomb, die Veränderungen der Arbeitsbedingungen, neue Anforderungen im Arbeitsprozess, mögliche Belastungen und daraus folgende mögliche Folgen für Arbeit und mentale Gesundheit sowie mögliche Bewältigungsstrategien herausgearbeitet. In den verschiedenen Workshops mit Beteiligten aus Produktion, Arbeitsvorbereitung, Einkauf, Logistik, Personalwesen und Vertrieb sowie mit der Geschäftsführung wurden diese Ergebnisse diskutiert und um weitere Aspekte ergänzt. Daraus sind mehrere konkrete Maßnahmenideen erarbeitet worden, um digital vernetzte Arbeit human- und gesundheitsorientiert zu gestalten:

Schulungen: Die Einführung von neuen Anwendungen und Modulen soll verstärkt durch entsprechende Schulungen begleitet werden. Hierfür wurde ein Feedbackprozess zwischen Beschäftigten, Führungskräften und Geschäftsführung etabliert: Zu welchem Thema gibt es an welcher Stelle im Unternehmen welchen Schulungsbedarf? Die Bedarfsfrage richtet sich dabei nicht nur auf den Inhalt, sondern auch auf die Form der Schulung (bspw. theoretische Erläuterungen oder praktische Demonstrationen).

Workshopreihe „Selbstorganisation": Die neuen Anforderungen im Arbeitsprozess erfordern an spezifischen Arbeitsplätzen gesteigerte Selbstorganisation. Im Rahmen eines internen Workshops sind betroffene Beschäftigte hierzu in den Austausch getreten. Dabei waren vor allem zwei Themenfelder wichtig:

Austausch über individuelle Methoden der Selbstorganisation, z. B.:

- Welche Bedarfe bestehen hinsichtlich Selbstorganisation?
- Welche Methoden und Instrumente der Selbstorganisation werden im Haus genutzt?

- Welche neuen Ideen und Alternativen zu bisherigen Vorgehensweisen gibt es?

Gemeinsame Konventionen der Selbstorganisation finden, z. B.:

- Welche Methoden der Selbstorganisation sind im Unternehmen erwünscht/gestattet/sinnvoll und welche nicht?
- Wie gestalten wir unsere Mailkommunikation (z. B. „Cc-Regeln") und Mailablage?
- Welche Regeln für Besprechungen geben wird uns (z. B. bei Besprechungen nicht stören)?
- Wie setzen wir unsere Prioritäten (z. B. in welche Aufgaben investieren wir Zeit, welche Aufgaben werden hintenangestellt)?

Ziel des Workshops war es nicht, einzelnen Beschäftigten bestimmte Methoden der Selbstorganisation aufzuzwingen, sondern sich darüber auszutauschen, welche Methoden wie genutzt werden können. So konnten die Beteiligten zum einen voneinander lernen und ihre eigenen Vorgehensweisen bedarfsgerecht ergänzen oder variieren. Zum anderen konnte man wechselseitig Verständnis für unterschiedliche Vorgehensweisen entwickeln und diese gleichzeitig so aufeinander abstimmen, dass keine Friktionen entstehen. Da permanent neue Instrumente und Methoden zur Selbstorganisation entwickelt und genutzt werden, bietet es sich an, den Workshop in adäquaten Abständen zu wiederholen und somit eine Workshopreihe zu etablieren.

Projektbezogene Besprechungen: Das interne ERP-System und die angegliederte Hard- und Softwareumgebung werden laufend optimiert und ausgebaut. Um nicht an den Bedarfen und arbeitsprozessbezogenen Gegebenheiten ‚vorbei' zu entwickeln, ist es wichtig, die Perspektiven der betroffenen Beschäftigten zu berücksichtigen und sie bei der Entwicklung und Umsetzung neuer Anwendungen und Module zu beteiligen. Dies kann im Rahmen projektbezogener Besprechungen geschehen, in denen sich Geschäftsführung und Führungskräfte über Anforderungen an Hard- und Software austauschen. Diese Besprechungen werden möglichst anlassbezogen abgehalten – also immer dann, wenn eine neue Anwendung konkret geplant wird oder ein bestimmtes Problem mit einer bestehenden Anwendung aufgetreten ist. Beispiele dafür sind: Korrektur von Anmeldezeiten im Ticketsystem; Zugriffsrechte praktikabel gestalten; Informationsflut reduzieren; Austausch zu Bedarfen im Rahmen konkreter Neuprogrammierungen.

Vorschlagswesen: Das Unternehmen Glomb verfügt seit vielen Jahren über ein schriftliches Vorschlagswesen, das u. a. auch zur Verbesserung des ERP-Systems genutzt wurde. Allerdings war das Vorschlagswesen zu Beginn des Projektes etwas ‚eingeschlafen'. Zur Wiederbelebung haben insbesondere zeitnahe inhaltliche Rückmeldungen beigetragen – persönlich oder per Mail –, in denen erläutert wird, ob und wann ein Vorschlag umgesetzt werden wird (bspw. auf Basis einer Kosten-Nutzen-Darstellung). Zudem wurde eine informative Übersicht über die aus dem Vorschlagswesen entstandenen Verbesserungen geschaffen, verbunden mit einem Dank an die Beteiligten. Für eine solche Rückmeldung eignen sich besonders Betriebsfeiern, die aufgrund der Covid-19-Pandemie jedoch ausgesetzt wurden.

Mitarbeiterinfo: Der hausinterne Newsletter „Mitarbeiterinfo" wird von den Beschäftigten sehr geschätzt. Allerdings wurde er zu Projektbeginn nur noch unregelmäßig versandt. Er wurde wieder regelmäßig aufgesetzt und beinhaltet relevante Informationen zu digitaltechnischen Planungen und Neuerungen.

3.2   Das Unternehmen PR-Tronik: Gestaltung digital vernetzter Arbeit im Elektronikhandel

Die PR-Tronik Elektronik-Handels GmbH (im Folgenden PR-Tronik genannt) ist auf den Handel mit elektronischen Bauteilen spezialisiert und beschäftigt ca. 30 Mitarbeiter*innen. Ein zunehmend kompetitives Wettbewerbsumfeld mit hohem Zeit- und Preisdruck erfordert eine stetige Verbesserung der Arbeitsorganisation. Um den kommenden Anforderungen eines Distributionsunternehmens im globalen Wettbewerb auch unter den Bedingungen eines steigenden Margendrucks gerecht werden zu können, entwickelte das Unternehmen PR-Tronik in den letzten Jahren ein digitalisiertes Distributionssystem zur Optimierung der Personalplanung, trieb die Digitalisierung in den Abteilungen voran und veränderte die Arbeitsorganisation (z. B. durch die Einführung einer „chaotischen Lagerhaltung"). Als gewachsenes Unternehmen mit zahlreichen Mitarbeiter*innen mit langjähriger Betriebszugehörigkeit (viele Beschäftigte sind seit der Ausbildung im Unternehmen tätig und haben mittlerweile verantwortungsvolle Positionen inne) wollte die Geschäftsführung bei der Umstellung auf neue digitale und arbeitsorganisatorische Prozesse auf das Erfahrungswissen der Beschäftigten zurückgreifen und sie in die Neuorganisation ihrer Arbeitsabläufe aktiv einbinden. Hierbei stand im Vordergrund, dass die digitalen Systeme ausreichende Flexibilität in der Gestaltung der Arbeitsabläufe und im persönlichen Kontakt zu Kund*innen, Geschäftspartner*innen und Kolleg*innen ermöglichen.

Als inhabergeführtes Unternehmen war und ist PR-Tronik in besonderem Maße an der Gesunderhaltung der Beschäftigten bzw. an der Entwicklung von

Präventionsmaßnahmen interessiert. Die gesundheitliche Situation der Beschäftigten, vor allem im Bereich qualifizierter Tätigkeiten, wurde von Unternehmensseite jedoch nicht systematisch berücksichtigt. Insbesondere über die Gefahren der Digitalisierung lagen keine genauen Einschätzungen vor. Aus diesem Grund – und auch zur langfristigen Erhaltung der Arbeitskraft und der dauerhaften Mitarbeiter*innenbindung – waren daher eine systematische Bestandsaufnahme der Beanspruchungs- und Belastungssituation der Mitarbeiter*innen sowie die Entwicklung und Erprobung von Maßnahmen und Modellen zur Gesundheitsförderung notwendig. Insbesondere der Unternehmensbereich Vertrieb sollte stärker als bisher humanorientiert gestaltet werden. Der Vertrieb ist mit vielfachen Tätigkeiten und Rollen ein personalintensiver Arbeitsbereich, die Gesundheit der Beschäftigten ist also ein höchst erfolgskritischer Faktor für das Unternehmen. Ein zweiter zentraler Ansatzpunkt, welcher der Verbesserung der arbeitsorganisatorischen Prozesse dienen sollte, betrifft die Gestaltung der (digitalen) Vernetzung der Arbeit zwischen Vertrieb und Lager sowie innerhalb des Lagers. Hier ging es um eine Optimierung der Arbeitsabläufe durch eine reibungslosere Zusammenarbeit der Beschäftigten der beiden Unternehmensbereiche. Auch hiermit wird das Ziel verfolgt, Arbeitsbelastungen zu reduzieren.

Im Sinne verhaltensbezogener Maßnahmen wurden die Beschäftigten zudem in Bezug auf die besonderen Beanspruchungen digital vernetzter Dienstleistungsarbeit hin sensibilisiert. Das Ziel bestand darin, gesundheitsförderliches Verhalten künftig verstärkt in die Arbeitsabläufe zu integrieren, aber auch während und außerhalb der Arbeitszeit aktiv zu fördern und zu unterstützen. In Ergänzung galt es damit auch, das individuelle arbeitsmedizinische Angebot substanziell dahingehend zu erweitern, dass auch Erfordernisse der Work-Life-Balance und Lebensführung berücksichtigt werden. Daneben wurden aber auch verhältnisbezogene Maßnahmen anvisiert, die eine Work-Life-Balance in geeigneter Weise unterstützen können.

PR-Tronik befindet sich, in wachsendem Maß mithilfe digitaler Technologien, in einem Prozess der Transformation zu einem global agierenden Handelsunternehmen. Gleichzeitig schlugen sich in der Vergangenheit immer wieder Belastungserscheinungen der Beschäftigten in hohen Krankheitszahlen nieder, deren Ursachen für die Geschäftsleitung teils im Dunkeln lagen. Die Erarbeitung gesundheitsförderlicher Maßnahmen für die Beschäftigten und deren Einbettung in die arbeitsorganisatorische Rahmung sollten hier Abhilfe schaffen. Entsprechend zeigte sich im Unternehmen eine besondere Offenheit nicht nur gegenüber Veränderungen der Arbeitsorganisation im Sinne einer Verbesserung für die Beschäftigten, sondern gegenüber Veränderungen generell. Aus dieser Situation heraus wurden u. a. folgende Maßnahmen entwickelt und umgesetzt:

Workshopreihe „Selbstreflexion und Maßnahmenentwicklung": Der hohe Wettbewerbsdruck und das Geschäftsmodell des Unternehmens, das auf eine hohe Beratungsintensität und den persönlichen Kontakt zu den Kund*innen aufbaut, stellt die Beschäftigten nicht nur vor neue Herausforderungen im Umgang mit digitalen Technologien, sondern auch vor hohe interaktive Anforderungen. Zur Reflexion von belastenden Arbeitsbedingungen und zur Entwicklung von Vorschlägen für Maßnahmen fand ein Austausch unter den Beschäftigten sowie zwischen Beschäftigten und Unternehmensleitung statt. Unter anderem wurden die folgenden Vorschläge für Gestaltungsmaßnahmen entwickelt:

- Arbeitsorganisatorische Veränderungen zur Unterstützung einer positiven Work-Life-Balance, wie etwa eine leichte Flexibilisierung der Arbeitszeiten,
- abteilungsübergreifende Besprechungen zur Verbesserung des Informationsflusses und der Kommunikation,
- Mitarbeiter*innengespräche,
- reibungsloses und schnelleres Funktionieren der digitalen Technik,
- technische Veränderungen, die Arbeitsabläufe beschleunigen, z. B. zentrale Hinterlegung von Trackingnummern.

Mit den Workshops wurde das Ziel verfolgt, den Beschäftigten einen Ort zu geben, die eigene Arbeitssituation und daraus resultierende Belastungen zu reflektieren und passende Maßnahmen zu entwickeln, die einen Abbau von Belastungen fördern können. Hierbei ging es zentral zum einen um Fragen der Arbeitsorganisation, von Arbeitsroutinen sowie technischen Möglichkeiten zur Verbesserung der Arbeitsabläufe. Zum anderen wurde die hohe Bedeutung der betriebsinternen Kommunikation und mögliche Verbesserungspotenziale sowie der „familiären" Arbeitsatmosphäre im Unternehmen diskutiert.

Abteilungsspezifische Arbeitsgruppen: Eine zentrale Maßnahme lag in der Etablierung abteilungsspezifischer Arbeitsgruppen im Vertrieb und im Lager, deren Aufgabe darin bestand, Herausforderungen und Probleme in der Arbeitsorganisation, den Arbeitsabläufen und dem Arbeitsumfeld zu identifizieren und geeignete Verbesserungsvorschläge zu erarbeiten. Wichtige Themenfelder in der Arbeitsgruppe des Lagers waren die Verbesserung der Zusammenarbeit und der Kommunikation innerhalb des Lagerteams und damit die Optimierung der Arbeit an den Schnittstellen innerhalb des Lagers sowie die Überprüfung der Möglichkeiten einer leichten Flexibilisierung der Arbeitszeiten. Das Vertriebsteam beschäftigte sich in der Arbeitsgruppe unter anderem mit den Themen Verbesserung der Kommunikation, Ermittlung des Fortbildungs- und Schulungsbedarfs; generell und in Bezug auf neu eingeführte Tools, mit der Anforderung an eine

Reduzierung von vertriebsfremden Tätigkeiten sowie Verbesserungsmöglichkeiten der digitalen Technik. Die entwickelten Gestaltungsvorschläge wurden in einer anonymen Beschäftigtenbefragung zur Diskussion gestellt, um bestimmte Themen genauer zu beleuchten. Viele der von den Arbeitsgruppen vorgeschlagenen Veränderungen konnten im Projektverlauf umgesetzt werden, so beispielsweise die Auslagerung der Reklamationsbearbeitung aus der Tätigkeit der Vertriebsmitarbeiter*innen sowie die zentrale Ablage der Trackingnummern. Letzteres ermöglicht den Vertriebsmitarbeiter*innen eine schnellere Nachverfolgung der Sendungen, ohne hierfür die Lagermitarbeiter*innen in ihrer Tätigkeit unterbrechen zu müssen. Der Wunsch einiger Lagermitarbeiter*innen nach einer leichten Flexibilisierung der Arbeitszeiten konnte aufgrund der pandemiebedingten Unterbrechungen des regulären Betriebsablaufs nicht weiterverfolgt werden. Man einigte sich jedoch darauf, diesen Vorschlag zu einem späteren Zeitpunkt, wenn wieder Normalbetrieb herrscht, näher zu prüfen. Gleichzeitig wurde den Lagermitarbeiter*innen verdeutlicht, dass zeitliche Absprachen in Einzelfällen informell möglich sind, was nicht allen Beschäftigten bewusst war.

Die regelmäßigen Treffen der Arbeitsgruppen trugen bereits nach kurzer Zeit zu einer Verbesserung des Arbeitsklimas und der kollegialen Zusammenarbeit bei. So wurde die Fraktionierung der Beschäftigten in den einzelnen Bereichen des Lagers abgebaut und die Zusammenarbeit deutlich verbessert. Außerdem wurde das zentrale Anliegen der Beschäftigten nach häufigeren formellen oder auch informellen Treffen, die unter anderem auch zu einer besseren Integration der Mitarbeiter*innen in den Außenbüros beitragen, im Rahmen eines regelmäßigen gemeinsamen Betriebsfrühstücks umgesetzt.

Abteilungsübergreifende Arbeitsgruppen: Neben den bereichsspezifischen Arbeitsgruppen dienten abteilungsübergreifende Arbeitsgruppentreffen dem Ziel, konkrete Probleme der Zusammenarbeit zwischen Vertrieb und Lager zu erörtern und, soweit dies möglich ist, abzustellen. Durch diese Maßnahme konnte die Kooperation und Kommunikation zwischen Vertriebs- und Lagermitarbeiter*innen im Zuge informeller Regelungen verbessert werden. Vereinbart wurde, sich über Aufträge vorab besser zu informieren und abzusprechen. Diese positive Entwicklung wurde insbesondere dadurch angestoßen, dass sich Beschäftigte Anforderungen und Arbeitsbelastungen in den jeweils anderen Abteilungen bewusst machten und daraufhin eigene Arbeitsroutinen veränderten. Dadurch konnten unnötige wechselseitige Unterbrechungen reduziert, die Stressbelastung verringert und die Arbeitsatmosphäre verbessert werden.

Firmennewsletter: Mit der Herausgabe eines digitalen Firmennewsletters, der von Beschäftigten aus dem Vertrieb und dem Lager monatlich erstellt wird, werden unterschiedliche Zielstellungen verfolgt. Zum einen sollen firmenrelevante

Informationen und interne Neuigkeiten (z. B. Neuzugänge, Geburtstage oder Kurzarbeits- oder Homeofficeregelungen) allen Mitarbeiter*innen gleichberechtigt und zeitgleich zugänglich gemacht werden. Zum anderen dient der Newsletter aber auch der Verbesserung des firmeninternen Austauschs und der Stärkung der betrieblichen Zusammenarbeit.

*Mitarbeiter*innengespräche:* Als inhabergeführtes Unternehmen ist die Kommunikation zwischen Chefetage und Mitarbeiter*innen bei PR-Tronik grundsätzlich durch einen ‚familiären' Umgangsstil gekennzeichnet. Die Beschäftigten schätzen die Tatsache, dass die Chefs zu jeder Zeit ein offenes Ohr für die Mitarbeiter*innen haben. Dennoch wurde von den Beschäftigten der Wunsch nach freiwilligen Mitarbeiter*innengesprächen mit einem offizielleren Charakter geäußert. Dieser Wunsch wurde durch die Einführung einer monatlichen offenen ‚Chefsprechstunde' umgesetzt. Durch die stärker institutionalisierten Treffen wird den Mitarbeiter*innen signalisiert, dass sie mit ihren Anliegen jederzeit an die Geschäftsleitung herantreten dürfen.

3.3 Das Unternehmen Reflexa: Gestaltung digital vernetzter Arbeit im Baunebengewerbe

Die Reflexa-Werke Albrecht GmbH (im Folgenden Reflexa genannt) ist ein mittelständisches, inhabergeführtes Produktionsunternehmen mit derzeit rund 400 Mitarbeiter*innen. Als Systemanbieter für überwiegend gewerbliche Kunden ist es existenziell abhängig von flexiblen und schnellen Reaktionen auf Kundenanforderungen: Kurze Lieferzeiten bei größtmöglicher Flexibilität für kurzfristige Änderungen von Kundenwünschen sind ein Muss. Eine teilweise Auslagerung der Produktion innerhalb Deutschlands adressiert dabei die zentrale Anforderung konkurrenzfähiger Marktpreise, stellt jedoch auch besondere Anforderungen bezüglich Flexibilität und Schnelligkeit. Kurzfristige Bestellungen und sehr kurzfristige Änderungswünsche durch Kunden bei sehr kurzen Lieferfristen erfordern wiederum kurzfristige Absprachen mit Lieferanten und sehr kurzfristige Abgleiche der Fertigungsmöglichkeiten. Das Unternehmen war und ist dementsprechend mit komplexen Anforderungen im Rahmen der standortübergreifenden Koordinierung konfrontiert, die zunehmend durch Digitalisierungsprozesse und -bedarfe geprägt ist: Die Erwartungen an Echtzeitreaktionen nehmen nicht nur auf Kundenseite, sondern auch in der Kooperation und Kommunikation der Beschäftigten an den beiden Produktionsstandorten zu. Der geteilte Zugriff bspw. auf Planungsunterlagen und die Synchronisierung von Prozessen werden immer dringlicher und zeitkritischer.

Dies wird durch eine zunehmende digitale Vernetzung der Arbeitsplätze zwar technisch vereinfacht, die Beschäftigten geraten damit jedoch auch immer mehr unter Druck, in Echtzeit zu (re-)agieren. Vor allem die permanente Kurzfristigkeit bei Änderungen und Neuerungen, die ihrerseits auf zunehmender digitaler Vernetzung basiert, treibt diese Spirale an. Die Geschwindigkeit der Technik wird zur Richtschnur für eine standortübergreifende Koordinierung, nicht das menschliche Leistungsvermögen. Diese Prozesse verlangen den Beschäftigten hohen Einsatz ab. Reflexa wollte die sich hieraus ergebenden Belastungen für die Beschäftigten identifizieren und praktikable Lösungen entwickeln, die sowohl den Anforderungen an die standortübergreifende Koordinierung als auch an Belastungsarmut genügen und eine individuelle Leistungsregulation der Beschäftigten zulassen und unterstützen. Dabei sollten bestehende und weiter zu entwickelnde digital vernetzte Arbeitätigkeiten anhand dieser Erkenntnisse gesundheitsförderlich gestaltet werden. Ein entscheidender Faktor dabei war der Umstand, dass das Unternehmen in den letzten Jahren stetig gewachsen ist. Im Rahmen dieser Entwicklung wurden auch mehr Mitarbeiter*innen eingestellt, um die eingehenden Aufträge schnell bearbeiten zu können. Auch im Vertriebsinnendienst sind inzwischen mehr Personen beschäftigt als dies noch vor ein paar Jahren der Fall war.

Der Vertriebsinnendienst bei Reflexa rückte aus zwei Gründen in den Mittelpunkt der *verhältnisbezogenen* Maßnahmen. Zum einen ist er im Unternehmen ‚der' prototypische Bereich für digital vernetztes Arbeiten in der standortübergreifenden Produktion, hier laufen gewissermaßen alle Fäden zusammen: Der Vertriebsinnendienst koordiniert an der Schnittstelle zwischen Kunden und den internen Abteilungen. Gerade die Kooperation mit dem mehr als 400 km entfernten Standort in Sachsen muss digital vernetzt ablaufen. Kurzfristige persönliche Absprachen vor Ort sind nicht möglich, man kann sich nicht spontan wechselseitig aufsuchen, um aufgetretene Probleme oder offene Fragen zu klären. Zum anderen stand das Unternehmen vor der Herausforderung, dass die räumlichen Arbeitsbedingungen im Vertriebsinnendienst mit zunehmender digital vernetzter Arbeit zu Belastungen führten. Ein Großraumbüro ist aufgrund des hohen Geräuschpegels keine optimale Arbeitsumgebung für Beschäftigte, die sowohl mittels Call-Center-Technologie laufend zeitlich getaktete Telefonate führen als auch immer wieder konzentriert mit detaillierten Daten im ERP-System arbeiten. Dementsprechend sind mehrere Maßnahmen entwickelt und umgesetzt worden:

Workshopreihe „Selbstreflexion": Die neuen Anforderungen im Kontext digital vernetzter Arbeit sind vielfältig gelagert und weisen einige Facetten auf. Im

Rahmen einer bereichsinternen Workshopreihe traten Beschäftigte und Führungskräfte aus dem Vertriebsinnendienst hierzu in Austausch. Dabei standen folgende
Themenfelder im Zentrum:

- Vernetzung zum Kunden,
- Vernetzung zu anderen Bereichen und Standorten,
- Vernetzung im/mit dem Produktionsprozess,
- Vernetzung von Prozessen durch ERP-System,
- resultierende Belastungen,
- Integration von analogen und digitalen Vorgängen,
- Selbstorganisation.

Ziel der Workshops war es, den Beschäftigten eines von der Digitalisierung vernetzter Arbeit besonders betroffenen Unternehmensbereichs ein Forum zu geben,
die eigene Arbeit und damit verbundene Anforderungen intensiv zu reflektieren
und auf dieser Basis zu gestalten. Hierbei ging es im Kern um den Umgang
mit digitalen Systemen und Anwendungen, die in verschiedene Richtungen hin
Abläufe vernetzen, sich darüber auszutauschen, welche unterschiedlichen Vorgehensweisen und Handlungsspielräume vorhanden und konstruktiv genutzt werden
können bzw. müssen und welche Möglichkeiten der Belastungsreduktion vorhanden sind oder geschaffen werden können. So konnten die Beteiligten zum einen
voneinander lernen und des Weiteren gemeinsam ihre Arbeitsprozesse gestalten. Da digital vernetzte Arbeit in fast allen Unternehmensbereichen zunehmend
dominant wird, gleichzeitig aber jeweils unterschiedliche Aufgaben, Handlungslogiken und Belastungsmomente auftreten, bietet es sich an, die Workshopreihe
in weiteren Arbeitsbereichen jenseits des Vertriebsinnendienstes durchzuführen.

Rückzugsräume für ruhiges Arbeiten: Trotz der oben genannten Maßnahmen
ist ein gewisser Lärmpegel nicht zu vermeiden, wenn verschiedene Mitarbeiter*innen gleichzeitig telefonieren. Deshalb wurde die Möglichkeit geschaffen,
dass sich Beschäftigte vorübergehend an einen ruhigen Arbeitsplatz außerhalb
des Großraumbüros setzen können, wo sie bspw. die Erfassungstätigkeit erledigen können. Die Beschäftigten haben so die Möglichkeit, Aufträge auch in
einer ruhigen Umgebung ohne Störungen von außen – d. h. ohne Ablenkung
von Kolleg*innen und Telefonanrufen – erfassen zu können. So konnte auch die
Fehlerquote deutlich reduziert werden.

Minipausen: Die Mitarbeiter*innen des Vertriebsinnendienstes müssen sich bei
den zahlreichen Telefonaten mit Kunden immer schnell wieder auf eine neue
Situation einstellen; sie müssen im Kundengespräch Aufmerksamkeit signalisie-
ren und freundlich auf Bedürfnisse und Wünsche eingehen. Dies gilt auch, wenn

sie im vorigen Telefonat mit einem unfreundlichen oder sogar aufgebrachten Kunden umgehen mussten. Außerdem müssen die Mitarbeiter*innen nach einem Kundengespräch ihre Notizen in Ruhe abschließen, damit nichts verloren geht und entsprechende Daten im ERP-System erfassen. Aus diesem Grund wurden seit jeher für einen kurzen Zeitraum von 10 s keine weiteren Anrufe durchgestellt. Dieser Zeitraum ist deutlich verlängert worden, auch um sich von anstrengenden Gesprächen erholen zu können. Diese Minipausen haben dazu beigetragen, die Belastungen für die Mitarbeiter*innen zu reduzieren.

Einen besonderen Stellenwert im Rahmen der *verhaltensbezogenen* Maßnahmen hat die Entwicklung und Erprobung eines E-Mail-Leitfadens eingenommen. Bei Reflexa hat die Zahl der versendeten E-Mails – wie bei vermutlich jedem anderen Unternehmen auch – über die Jahre seit Einführung kontinuierlich zugenommen. Die Postfächer sind permanent voll; Vorgesetzte und Mitarbeiter*innen werden ‚auf Verdacht hin' oder ‚zur Sicherheit' in cc gesetzt; oftmals ist der Betreff kaum aufschlussreich. Gerade in Zeiten von Auftragsspitzen oder Materialknappheit, wenn Aufträge sich verspäten oder Kolleg*innen krank sind, erzeugt eine Flut von E-Mails Stress. Hier setzt die E-Mail-Richtlinie an. Um sie zu erarbeiten, wurde eine Projektgruppe eingesetzt, die sich mit verschiedenen Fragen rund um den Versand und Empfang von E-Mails auseinandergesetzt und Standards erarbeitet hat.

4   Digital vernetzte Arbeit analysieren und damit verbundene Belastungen reduzieren: Die Beiträge in diesem Sammelband

Die Beiträge dieses Sammelbands wenden sich an ein breites Publikum aus Forscher*innen der Arbeitsmedizin, -psychologie und -soziologie, aber auch an Praktiker*innen in Betrieben, die digital vernetzt arbeiten und in leitenden Positionen für die Arbeitsgestaltung verantwortlich sind.

In der ersten Abteilung des Buches sind Texte versammelt, die **konzeptionelle Überlegungen zu digital vernetzter Arbeit** anstellen. *Michael Heinlein, Judith Neumer* und *Tobias Ritter* entwickeln in ihrem Beitrag „Digital vernetzte Arbeit: Dimensionen und Anforderungen einer neuen Arbeitsform" eine arbeitssoziologische Perspektive auf digital vernetzte Arbeit, in der digitale Vernetzung als ein spezifischer Aspekt der Digitalisierung von Arbeit begriffen wird, der immer dann auftritt, wenn vernetzte Arbeit digitalisiert wird. Die Frage, die der Beitrag beantwortet, lautet demnach, wie sich vernetzte Arbeit verändert, wenn

Vernetzung als menschliche Arbeitsleistung zunehmend von digitalen Technologien geprägt ist. *Fritz Böhle* befasst sich in seinem Beitrag „Darstellung und
Wahrnehmung von Informationen bei Digitalisierung: eine Differenzierung und
Präzisierung" mit der Erfassung und Darstellung von Informationen im Zusammenhang mit der Digitalisierung von Arbeit. Der Autor stellt in diesem Zuge
ein begrifflich-analytisches Instrumentarium vor, mit dem es möglich ist, sowohl
Merkmale der technischen Erfassung und Darstellung von Informationen als
auch Besonderheiten des menschlichen Umgangs mit Informationen zu erfassen.
Britta Herbig und *Barbara Heiden* nähern sich in ihrem Beitrag „Das Arbeits-
gedächtnis als limitierender Faktor mentaler Belastung bei digital vernetzter
Arbeit: Annäherung an eine mentale Dauerbelastungsgrenze" der Fragestellung
nach einer mentalen Dauerleistungsgrenze an, indem sie bekannte Konzepte und
Theorien der Informationsverarbeitung und des komplexen Problemlösens mit
Merkmalen der Arbeit im digitalen Zeitalter zusammenbringen. In Analogie zur
physischen Belastungsgrenze der Arbeitsmedizin wird nach einem limitierenden
System gesucht, das die kognitive Leistungsfähigkeit bei dauerhafter Beanspruchung begrenzen kann. *Sabrina Zolg, Barbara Heiden* und *Britta Herbig* runden
die konzeptionell orientierte Abteilung des Bandes mit ihrem Beitrag „Digital
vernetzte Arbeit und ihre Beanspruchungsfolgen – ein systematischer Review"
ab. Die Autorinnen stellen dort die Ergebnisse eines systematischen Reviews vor,
der zum Ziel hatte, (Cluster von) Arbeitsbedingungen zu identifizieren, die mit
digital vernetzter Arbeit verbunden sind, und ihre Beziehungen zu Gesundheit
und Wohlbefinden zu analysieren.

Die zweite Abteilung des Bandes umfasst Beiträge, die **empirische Einblicke
in die Praxis digital vernetzter Arbeit** liefern und dabei insbesondere auf vor-
findbare **Arbeitsanforderungen und Belastungen** eingehen. *Annegret Bolte* und
Judith Neumer zeigen in ihrem Beitrag „Digital vernetzte Arbeit in mittelständischen Unternehmen: Anforderungen im Umgang mit ERP-Systemen und Grenzen
der Digitalisierung" auf, dass Digitalisierung und vernetzte Arbeit in mittelständischen Unternehmen weit mehr bedeuten als die bloße Einführung einer neuen
Technik. Um unter den Bedingungen der Digitalisierung weiterhin handlungs-
und entscheidungsfähig bleiben zu können, benötigen die Beschäftigten mehr
denn je ein Kontext- und Überblickswissen über betriebliche Abläufe und Zuständigkeiten, aber auch über Konsequenzen ihres Handelns für andere Personen und
Bereiche. *Ursula Stöger* und *Tanja Merl* stellen in ihrem Beitrag „Belastungen bei
digital vernetzter Dienstleistungsarbeit – widersprüchliche Arbeitsanforderungen"
unter Bezugnahme auf das Konzept der widersprüchlichen Arbeitsanforderungen
typische Belastungskonstellationen vor, die bei qualifizierter digital vernetzter
Dienstleistungsarbeit auftreten. Wie sich zeigt, treten in der Praxis verschiedene

Formen widersprüchlicher Arbeitsanforderungen in Kombination auf, was insgesamt zu einer Kumulation von Arbeitsbelastungen führt. *Margit Weihrich* führt in ihrem Beitrag „Alltägliche Lebensführung bei qualifizierter digital vernetzter Arbeit" in die Forschung zur alltäglichen Lebensführung ein und zieht Parallelen zwischen den Konzepten der alltäglichen Lebensführung und der Leistungsregulierung bei qualifizierter digital vernetzter Arbeit. Die Autorin arbeitet heraus, vor welchen Herausforderungen Beschäftigte bei der Organisation des Alltags stehen, welche Bewältigungsstrategien sie einsetzen und was dies für den Umgang mit Belastungen bedeutet.

Die dritte Abteilung des Buches widmet sich den **Gestaltungsmöglichkeiten bei digital vernetzter Arbeit** und liefert Ansatzpunkte insbesondere für die **Arbeitsmedizin** und die **betriebliche Praxis**. Im Beitrag „Praxiskompass zur partizipativen belastungsarmen Gestaltung digital vernetzter Arbeit" von *Judith Neumer, Michael Heinlein, Tobias Ritter, Ursula Stöger* und *Tanja Merl* erfahren Führungskräfte und Verantwortliche für Arbeitsgestaltung in kompakter Form, welche Möglichkeiten es gibt, Belastungen bei digital vernetzter Arbeit vorzubeugen. Der zeitliche und arbeitsinhaltliche Druck steigt und kann zu schwerwiegenden Belastungen und Fehlbeanspruchungen führen – Unternehmen müssen daher Rahmenbedingungen schaffen, in denen Beschäftigte die neuen Anforderungen ohne gesundheitliche Beeinträchtigungen bewältigen können. Der Beitrag „Betriebsärztliches Gesundheitscoaching bei Beschäftigten mit digital vernetzter Arbeit" von *Barbara Heiden* und *Britta Herbig* richtet sich zentral an Betriebsärzt*innen und stellt die Konzepte und Hintergründe eines betriebsärztlichen Gesundheitscoachings vor, das mit der Zielsetzung entwickelt wurde, Gesundheit und Wohlbefinden von Beschäftigten mit digital vernetzter Arbeit zu verbessern. Die Autorinnen erläutern den Hintergrund des Coachingansatzes, seine Einbettung in die betriebsärztliche Praxis und gehen auch auf die Rahmenbedingungen, die praktische Durchführung und die Wirksamkeitsprüfung des Gesundheitscoachings ein. In ihrem zweiten Beitrag in dieser Abteilung, „Betriebsärztlicher Instrumentenkoffer ‚Digital vernetze Arbeit' – Betreuung und Beratung von Unternehmen und Beschäftigten", stellen *Barbara Heiden* und *Britta Herbig* einen Instrumentenkoffer zur Analyse und Beratung von Mitarbeiter*innen im Kontext digital vernetzter Arbeit vor, der sich an Betriebsärzt*innen richtet, die aufgrund ihrer Rolle im Betrieb sowohl nah an den Beschäftigten wie an den Arbeitsprozessen sind. Sie sollen mit diesem Instrumentenkoffer in die Lage versetzt werden, bei der Gestaltung guter Arbeitsbedingungen insbesondere bei digital vernetzter Arbeit zu unterstützen, die Risiken digital vernetzter Arbeit zu analysieren und die Gesundheit der Mitarbeiter*innen in dieser Arbeitsform zu fördern. Im letzten Beitrag dieser Abteilung mit dem Titel „Digital vernetzte

Arbeit gestalten: Das Beispiel Reflexa-Werke Albrecht GmbH" gehen *Annegret Bolte, Manfred Gross und Ingo Schüle* der Frage nach, welche Maßnahmen ein Unternehmen realisieren kann, um die aus digital vernetzter Arbeit resultierenden Belastungen durch niedrigschwellige verhältnisbezogene Maßnahmen zu reduzieren. Am Beispiel der Reflexa-Werke Albrecht GmbH werden konkrete organisationale Gestaltungsmaßnahmen exemplarisch dargestellt.

Literatur

Boes, A.; Kämpf, T.; Lühr, T.; Marrs, K. (2014): Kopfarbeit in der modernen Arbeitswelt: Auf dem Weg zu einer „Industrialisierung neuen Typs". In: Sydow, J.; Sadowski, D.; Conrad, P. (Hrsg.): Arbeit – eine Neubestimmung, Wiesbaden: Springer Gabler, S. 33–62.

Bolte, A.; Porschen-Hueck, S. (2006): Die Organisation des Informellen – Modelle zur Organisation von Kooperation im Arbeitsalltag, Wiesbaden: VS Verlag für Sozialwissenschaften.

Bolte, A. (2008): Verfahrensinnovation von unten. In: Böhle, F.; Bolte, A.; Bürgermeister, M. (Hrsg.): Die Integration von unten – Der Schlüssel zum Erfolg organisatorischen Wandels. Heidelberg: Carl Auer, S. 101–114.

Dunkel, W.; Kratzer, N. (2016): Zeit- und Leistungsdruck bei Interaktionsarbeit. Neue Steuerungsformen und subjektive Praxis. Baden-Baden: Nomos.

Falkenberg, J. (2018): Mobile Kontrolleure. Eine arbeitssoziologische Analyse digitaler Assistenzsysteme in der Logistik 4.0, in: Hirsch-Kreinsen, H., Karacic, A. (Hrsg.): Logistikarbeit in der digitalen Wertschöpfung. Perspektiven und Herausforderungen für Arbeit durch technologische Entwicklungen, FGW – Forschungsinstitut für gesellschaftliche Weiterentwicklung e. V., Düsseldorf, S. 37–56.

Handrich, C.; Koch-Falkenberg, C.; Voß, G.G. (Hrsg.) (2016): Professioneller Umgang mit Zeit- und Leistungsdruck, Baden-Baden: Nomos.

Hirsch-Kreinsen, H. (2020): Digitale Transformation von Arbeit. Entwicklungstrends und Gestaltungsansätze. W. Kohlhammer.

Higgins, J.P.T.; Green, S. (Hrsg.) (2011): Cochrane handbook for systematic reviews of interventions version 5.1.0 [updated March 2011]. The Cochrane Collaboration, 2011. Available from http://www.cochrane-handbook.org.

Klein, B.; Menez, R.; Oestreicher, E.; Pfeiffer, S.; Suphan, A. (2015): Istzustand, Trends, Potenziale und Problemlagen einer mobilen und digitalen Arbeitswelt. Doppelgutachten zu den Branchen Automobil und IKT-Dienstleistungen im Vergleich. Gutachten im Auftrag des Büros für Technikfolgenabschätzung beim Deutschen Bundestag (TAB). Stuttgart: Universität Hohenheim.

Kratzer, N. (2003): Arbeitskraft in Entgrenzung. Berlin: edition sigma.

Lee, E. A., (2008): Cyber Physical Systems: Design Challenges. University of California, Berkeley Technical Report No. UCB/EECS-2008-8, Retrieved 2008-06-07.

Moldaschl, M. (2001): Herrschaft durch Autonomie. Dezentralisierung und widersprüchliche Arbeitsanforderungen. In: Lutz, B. (Hrsg.): Entwicklungsperspektiven von Arbeit. Berlin: Akademie, S. 132–164.

Moldaschl, Manfred; Voß. G. Günter (2003): Subjektivierung von Arbeit. München, Mering: Rainer Hampp Verlag.

Porschen-Hueck, S.; Neumer, J. (2015): Participation in enterprises and in research: The case of innovation work. In: International Journal of Action Research. 11(1/2), S. 174–194.

Porschen-Hueck, S. (2008): Agile Kooperation und Kommunikation zur prozessnahen Integration. In: Fritz Böhle; Annegret Bolte; Markus Bürgermeister (Hrsg.): Die Integration von unten – Der Schlüssel zum Erfolg organisatorischen Wandels. Heidelberg: Carl Auer, S. 35–48.

Pfeiffer, S.; Ritter, T.; Treske, E. (2008): Work Based Usability – Produktionsmitarbeiter gestalten ERP-Systeme „von unten". Eine Handreichung, München: ISF München.

Sauer, S.; Bolte, A. (2021): Interventionsorientierte Fallstudienforschung – Überlegungen zu Methoden und Realisierung. In: Bolte, A.; Neumer, J. (Hrsg.): Lernen in der Arbeit, Augsburg/Mering, Hampp Verlag, S. 31–39.

Song, H.; Rawat, D. B.; Jeschke, S.; Brecher, C. (Hrsg.) (2016): Cyber-Physical Systems: Foundations, Principles, and Applications. Amsterdam: Elsevier.

Konzeptionelle Überlegungen zu digital vernetzter Arbeit

Digital vernetzte Arbeit: Dimensionen und Anforderungen einer neuen Arbeitsform

Michael Heinlein, Judith Neumer und Tobias Ritter

Inhaltsverzeichnis

Zusammenfassung

Der Beitrag konzentriert sich auf die wachsende Vernetzung von Arbeitsprozessen und Beschäftigten mittels digitaler Technologien, die eine neue Arbeitsform – die *digital vernetzte Arbeit* – hervorbringt. Digitale Vernetzung wird

M. Heinlein · J. Neumer (✉) · T. Ritter
ISF München, München, Deutschland
E-Mail: judith.neumer@isf-muenchen.de

M. Heinlein
E-Mail: michael.heinlein@isf-muenchen.de

T. Ritter
E-Mail: tobias.ritter@isf-muenchen.de

dabei als spezifischer Aspekt der Digitalisierung von Arbeit begriffen, der immer dann auftritt, wenn vernetzte Arbeit digitalisiert wird. Die Frage lautet demnach, wie vernetzte Arbeit sich verändert, wenn Vernetzung als menschliche Arbeitsleistung zunehmend von digitalen Technologien geprägt ist. Diese Perspektivierung digital vernetzter Arbeit wird umso dringlicher, da die technische Seite der Digitalisierung nicht ausreicht, um unterschiedliche Handlungslogiken, Prozesse und Systeme sinnvoll zu integrieren. Der Beitrag verfolgt zwei Ziele: Zum einen werden die Dimensionen, Ambivalenzen und Widersprüche dieser neuen Arbeitsform sichtbar gemacht und Räume für die Arbeitsgestaltung aufgezeigt. Zum anderen wird die konzeptionelle Diskussion der Digitalisierung von Arbeit aufgegriffen und fortgesetzt.

1   Digital vernetzte Arbeit als arbeitssoziologischer Forschungsgegenstand

Die Digitalisierung verändert Arbeit auf vielen Ebenen und auf sehr grundlegende Weise. In diesem Beitrag konzentrieren wir uns auf die wachsende Vernetzung von Arbeitsprozessen und arbeitenden Subjekten mittels digitaler Technologien, die eine neue Arbeitsform – die *digital vernetzte Arbeit* – hervorbringt. Digitale Vernetzung steht seit einiger Zeit im Mittelpunkt verschiedenster Abläufe und Tätigkeiten in Produktion und Dienstleistung und wird dort auch zunehmend als Notwendigkeit erachtet. Auch die arbeitssoziologische Forschung setzt sich seit geraumer Zeit mit digitaler Vernetzung auseinander, begreift den Terminus aber weitestgehend als synonym mit Digitalisierung von Arbeit bzw. als einen allgemeinen Modus einer zunehmend digitalisierten Industrie. Im vorliegenden Beitrag wird eine andere Perspektive eingenommen: Digitale Vernetzung wird als spezifischer Aspekt der Digitalisierung von Arbeit begriffen, der immer dann auftritt, wenn vernetzte Arbeit digitalisiert wird. Die Frage lautet also, wie vernetzte Arbeit sich verändert, wenn Vernetzung als menschliche Arbeitsleistung zunehmend von digitalen Technologien geprägt wird. Die Arbeit des Vernetzens wird damit zu einem soziotechnischen Prozess, in dem sich menschliches Handeln mit dem eigenlogischen Wirken digitaler Technologien verschränkt. Diese Perspektivierung digital vernetzter Arbeit wird umso dringlicher, da es immer offensichtlicher wird, dass die technische Seite der Digitalisierung nicht ausreicht, um unterschiedliche Handlungslogiken, Prozesse und Systeme sinnvoll zu integrieren. Dazu ist das Handeln arbeitender Subjekte notwendig: Beschäftigte müssen digitale Technologien, konkrete Arbeitsprozesse und die unterschiedlichen Anforderungen digital vernetzter Arbeitsbereiche kontinuierlich integrieren, um Arbeitsergebnisse zu erzielen.

Was digital vernetzte Arbeit meint, wird klarer, wenn man den Blick darauf lenkt, dass digitale Vernetzung nicht allein durch die Implementation und Nutzung digitaler Technik, sondern vor allem durch Relationen, d. h. mehr oder weniger dauerhafte und stabile Verknüpfungen zwischen menschlichem Handeln und digitalen Technologien geschaffen und aufrechterhalten wird. Die Logik menschlichen Handelns und die Logik der Abläufe und Zugangsweisen, die der digitalen Technik eingeschrieben sind, sind bei digital vernetzter Arbeit wechselseitig voneinander abhängig und aufeinander angewiesen. So sind etwa ERP-Systeme zur umfassenden Planung, Strukturierung und Dokumentation einer großen Bandbreite von Geschäftsprozessen in großen Unternehmen seit langem weit verbreitet und kommen auch in kleinen und mittleren Unternehmen (KMU) zunehmend zum Einsatz. Beschäftigte verschiedener Abteilungen arbeiten mit diesen Systemen in unterschiedlicher Weise, indem sie Daten eingeben oder Daten abrufen, die anderswo erzeugt und eingegeben wurden (siehe zu digital vernetzter Arbeit mit ERP-Systemen Bolte und Neumer 2023). Natürlich geht die digitale Vernetzung auch über Unternehmensgrenzen hinaus, beispielsweise bei automatisierten Prozessen zur Einholung von Angeboten oder bei Online-Plattformen für Händler und Endkunden. Zur digitalen Vernetzung gehört auch die Nutzung diverser digitaler Anwendungen wie E-Mail-Programme oder Online-Kalender. Indem solche digitalen Systeme und Anwendungen neue Kommunikations-, Kooperations- und Koordinationsformen gleichermaßen ermöglichen und forcieren und analoge Prozesse in digitale Daten überführen, werden sie zu einem integralen Bestandteil ebendieser Praxen, in denen Subjekte, Objekte, Prozesse und Strukturen miteinander interagieren. Dies hat tiefgreifende Folgen für Arbeit und Organisation (u. a. Böhle und Huchler 2016; Orlikowski 2000, 2010; Pfeiffer 2018).

Die Logik vernetzter Arbeit und die Logik digitaler Informations- und Kommunikationstechnologien eint, dass beide darauf abzielen, Verbindungen zwischen kategorial und epistemologisch verschiedenen Einheiten, Prozessen und Strukturen herzustellen (Kim 2001). Sie tun dies jedoch auf sehr unterschiedliche Weise: Im Vergleich zu einer komplexen, materialreichen und subjektivierten Praxis der Vernetzung durch menschliche Arbeit verläuft die Digitalisierung mit der ihr eingeschriebenen Logik der Formalisierung und Technisierung eher einseitig und vereinheitlichend. In dem Maße, wie die ‚lebendigen‘ und ‚gelebten‘ Strukturen vernetzter Arbeit digital über- und umgeformt werden, verändern sich die Bedingungen der vernetzten Arbeit und es entstehen Folgeprobleme, die von den Subjekten in digital vernetzten Arbeitsstrukturen aktiv aufgefangen werden müssen. Die Entstehung des Phänomens, das wir als digital vernetzte Arbeit bezeichnen, lässt sich demnach als ein Prozess beobachten, in dem vernetzte Arbeit und Digitalisierung in einem Verhältnis der gegenseitigen und konflikthaften Ermöglichung, Erweiterung und Begrenzung stehen.

Vor diesem Hintergrund ist zu beobachten, dass digital vernetzte Arbeit eine immer größere Verbreitung erreicht. In produzierenden und Dienstleistungsunternehmen findet sie nicht mehr nur an einzelnen Arbeitsplätzen mit klassischen Schnittstellenfunktionen statt, sondern in wachsendem Maß in allen Abteilungen und Funktionen. Ihre Auswirkungen, beispielsweise eine wachsende Komplexität der Arbeit, betreffen alle hierarchischen Ebenen, bleiben jedoch selbst hierarchisch strukturiert: Tätigkeiten, die am unteren Ende der Hierarchie angesiedelt sind, erfahren tendenziell einen beträchtlich größeren Komplexitätsschub als diejenigen an der Spitze (Marler und Liang 2012). Damit stellt digital vernetzte Arbeit neue Anforderungen an Beschäftigte, die auch zu spezifischen Belastungen führen können. Es ist daher notwendig, diese neue Arbeitsform und die mit ihr verbundenen Anforderungen begrifflich und analytisch zu fassen. Dieser Beitrag fokussiert digital vernetzte Arbeit in arbeits- und techniksoziologischer Perspektive und fragt, welche neuen Belastungsformen mit ihr einhergehen und welche Herausforderungen sie für die Arbeitsgestaltung stellt. Wir entwickeln damit ein subjektorientiertes und handlungstheoretisches Gerüst (Böhle 2017).

Im Folgenden entwickeln wir eine Heuristik digital vernetzter Arbeit, die zwei Ziele verfolgt. Zum einen soll sie eine kritische Analyse digital vernetzter Arbeit unterstützen, die immanenten Ambivalenzen und Widersprüche dieser neuen Arbeitsform sichtbar machen und Räume für die Arbeitsgestaltung aufzeigen. Zum anderen soll eine konzeptionelle Diskussion der Digitalisierung von Arbeit aufgegriffen und fortgesetzt werden. Wir beginnen daher mit einer kritischen Diskussion des Forschungsstandes zu digitaler Vernetzung und Arbeit und betten unsere Forschungsperspektive darin ein (2). Digitale Technologien verändern nicht nur die objektiven Strukturen der Arbeit, sondern greifen auch in die unmittelbare Praxis der Arbeit selbst ein. Diesen Punkt verdeutlichen wir im dritten Abschnitt, indem wir unseren soziotechnischen Analyserahmen klären. Abschn. 4 erläutert die empirischen Grundlagen unserer Ergebnisse und die Methodik. In den folgenden Abschnitten entwickeln wir ein mehrdimensionales Modell digital vernetzter Arbeit (5), illustrieren dieses mit empirischen Beispielen (6) und gehen auf typische Belastungen ein, die mit dieser Form der Arbeit verbunden sind (7). Wir schließen mit Vorschlägen für die betriebliche Praxis und für die Forschung zu Arbeit und Organisationen (8).

2   Die Digitalisierung vernetzter Arbeit: Allgemeiner Forschungsstand und eigenes Forschungsinteresse

Wenn wir von digital vernetzter Arbeit sprechen, konzentrieren wir uns nicht nur auf digitale Anwendungen, die explizit der Vernetzung dienen. Vielmehr betrachten wir das ‚Wesen' der vernetzten Arbeit selbst und die Veränderungen, die sie durch die Digitalisierung erfährt. Aus dieser Perspektive wird deutlich, dass vernetzte Arbeit schon immer existiert hat und auch unabhängig vom Prozess der Digitalisierung weiter existiert. Allerdings wurde Vernetzung als spezifischer Aspekt von Arbeit bisher nicht sonderlich beachtet, auch weil vernetzte Arbeit oft informell stattfindet (vgl. Böhle und Bolte 2002; Bolte und Neumer 2020; Bolte et al. 2008). In den meisten Fällen ist Vernetzung keine formale Anforderung und dementsprechend auch kein Teil einer Stellenbeschreibung. Organigramme können Hinweise auf institutionelle Netzwerke geben, bilden aber nicht die eigentliche Arbeit des Vernetzens von Arbeitsabläufen und -inhalten ab. Stattdessen wird die Aufgabe der Vernetzung den arbeitenden Subjekten informell so zugewiesen, dass sie gleichermaßen Teil der formellen wie der informellen oder subjektivierten Arbeit ist. Digitale Anwendungen greifen in die Bedingungen, Möglichkeiten und Notwendigkeiten vernetzter Arbeit ein, indem sie Vernetzung selbst, also die Art und Weise der Herstellung und Aufrechterhaltung sozialer Interaktion, der Generierung von Handlungsoptionen, des Informationsaustauschs und der Herstellung zeitlicher Bezüge verändern. Ausgangspunkt für die Analyse digital vernetzter Arbeit muss daher die vernetzte Arbeit selbst sein.

Wir definieren vernetzte Arbeit als Arbeit, die sich an den Schnittstellen zwischen verschiedenen Arbeitsprozessen und -strukturen abspielt. Diese Schnittstellen sind in die menschliche Arbeit eingebettet und erfordern daher Interaktion, Kommunikation, Kooperation, Koordination, die wiederum in gewachsene Prozesse und Strukturen eingebettet sind. Die Verbindungen zwischen den arbeitenden Subjekten können lose oder eng sein, d. h. sie können unterschiedlich intensiv sein und unterschiedliche Formen und Ausprägungen der Interaktion, Kommunikation, Kooperation usw. aufweisen. Die verschiedenen Aufgaben, die in vernetzten Arbeitsstrukturen an unterschiedlichen Arbeitsplätzen erledigt werden, gehen in der Regel mit eigenen Logiken, Dynamiken und Anforderungen einher, weshalb hier Widersprüche zwischen Aufgaben, Ressourcen und Zielen auftreten können (vgl. Böhle et al. 2008; Meyer et al. 2019). Eine wesentliche Herausforderung beim vernetzten Arbeiten besteht daher darin, die unterschiedlichen Logiken und Anforderungen von Mitarbeitenden, Arbeitsbereichen und technischen Systemen sinnvoll zu koordinieren und zu integrieren. Dazu sind mehr oder weniger umfangreiche Aushandlungsprozesse und die Parallelverarbeitung bzw. Synchronisation unterschiedlicher Prozesse und Inhalte nötig. Dies wiederum erfordert ein breiteres Wissen über relevante Prozesse und Inhalte über den unmittelbaren Kontext hinaus (Bolte und Neumer 2020; Sauer und Bolte 2021). Die komplexe Aufgabe der Integration unterschiedlicher Logiken und Bedarfe, die die Zusammenarbeit bei vernetzter Arbeit erfordert, ist nur zu einem gewissen Teil hierarchisch und managementseitig koordinierbar. Zu einem ausschlaggebenden Teil ist sie von den Beschäftigten selbst zu verantworten. In vernetzter Arbeit sind Beschäftigte direkt von der Arbeitsleistung Anderer abhängig. Die Art und Weise der Zusammenarbeit selbst lässt sich dabei aber nur bedingt a priori planen und steuern, sondern sie muss laufend aktiv gestaltet werden.

Mit dem Beginn der Automatisierung und Informatisierung werden in der vernetzten Arbeit zunehmend digitale Technologien eingesetzt, die die Anforderungen und Bedingungen dieser Arbeit in vielfältiger Weise verändern (u. a. DeSanctis und Poole 1994; Leonardi und Treem 2020; Bonekamp und Sure 2015). Digitale Anwendungen und Systeme abstrahieren notwendigerweise von konkreten analogen Bedingungen. Sie bringen eigene Logiken mit, die Arbeitsprozesse aktiv umstrukturieren, auf die dort aber auch eingegangen werden muss, etwa im Hinblick auf Fragen der Autonomie und Kontrolle auf dem Shopfloor (vgl. Mazmanian et al. 2013; Bader und Kaiser 2017). Darüber hinaus reduzieren digitale Anwendungen zwar analoge Schnittstellen, schaffen jedoch auch neue analoge oder digitale Schnittstellen und/oder transformieren bestehende. Dadurch verändern sich u. a. die Beziehungen zwischen verschiedenen Berufsgruppen (Barrett et al. 2012) und es kommt zu einer erhöhten „behavioral visibility" in organisatorischen Kontexten, d. h. zu einer umfassenden Sichtbarkeit der Zeichen und Spuren, die arbeitende Subjekte im digitalen Raum hinterlassen (Leonardi und Treem 2020).

In unserer Forschung verwenden wir die Unterscheidung zwischen digitalen und analogen Arbeitsstrukturen und -prozessen im Anschluss an phänomenologische Überlegungen zum ‚Wesen‘ des Digitalen (u. a. Kim 2001; O'Shiel 2019; Bengtsson und Johansson 2021). In dieser Perspektive ist die Digitalisierung mehr als der bloße Übergang von einer materiellen Realität zu einer kodierten Realität, der sich unter anderem in der Feststellung spiegelt, dass „digital information is discrete and ‚clean‘, whilst analogue information is continuous and ‚noisy‘" (Pepperell 2003, S. 126). Es geht vielmehr um die Frage, was das Digitale als wahrnehmbares Phänomen in unserer gemeinsamen Welt auszeichnet. Kim (2001) macht darauf aufmerksam, dass „digitized information exists more and more in the form of perceptible objects with sound and images, or virtual realities." (Kim 2001, S. 89) Dennoch stellen diese digitalen Objekte (oder „digital-beings", wie Kim sie nennt) keine Dinge im herkömmlichen Sinne dar. Ihnen fehlen die „essential properties of ‚thingly beings' – duration in the world-time and location in the worldspace" (Kim 2001, S. 97). Das Digitale unterscheidet sich demnach essenziell vom Analogen, das u. a. auf Ko-Präsenz und Sequenzialität des Handelns, auf materiell-sinnlicher Komplexität von Artefakten und Objekten, auf ganzheitlicher Wahrnehmung und verkörperten Praktiken beruht (vgl. Böhle 2017). Und gerade weil ‚das Digitale' nicht an die raum-zeitlichen Bedingungen der analogen Existenz gebunden ist, kann es so folgenreich in der Welt wirken. Dementsprechend kann die Digitalisierung aber auch als eine Verengung von Wahrnehmungs- und Erfahrungsmöglichkeiten gesehen werden, was wiederum Konsequenzen für die digitale Vernetzung (in) der Arbeit hat und die Möglichkeit, das notwendige breite Kontextwissen zu erwerben.

Auf der Ebene der Arbeitsprozesse wird deutlich, dass die Anforderungen und Bedingungen, die digitale Technologien an arbeitende Subjekte stellen, von den Beschäftigten fortlaufend und mehr oder weniger explizit berücksichtigt und funktional integriert werden müssen (Heinlein und Huchler 2021). Dies geschieht auf individueller Ebene, aber auch im gemeinsamen Arbeitsprozess: Zum einen können verschiedene Akteure parallel mit unterschiedlichen digitalen Systemen Informationen verarbeiten, d. h. abrufen, einspeisen, verändern, austauschen etc. (u. a. Lindner 2020; Latniak und Schäfer 2021). Zum anderen sind diese Akteure in der Regel an unterschiedlichen Stellen im Arbeitsprozess angesiedelt (unterschiedliche Bereiche, Hierarchieebenen, Disziplinen, Zuliefer- und Kundenunternehmen, Privatkunden usw.), sodass sie unterschiedliche Perspektiven, Interpretationen, Anforderungen und Ziele in ihre Arbeit mit den Systemen einbringen. Es besteht daher ein ständiger Bedarf, mit Unklarheiten und Inkompatibilitäten umzugehen und ein ausreichendes gemeinsames Verständnis zu schaffen, damit die Arbeitsprozesse sowohl auf der individuellen als auch auf der bi- und multilateralen Ebene zeitlich und inhaltlich gut ineinandergreifen können (vgl. Bernardy et al. 2021).

Unsere These ist, dass mit den jüngsten Entwicklungen im Bereich der digitalen Technologien die digital vernetzte Arbeit zunehmend zu einer eigenständigen Arbeitsform wird, die sich immer deutlicher herausbildet und eine immer dominantere Rolle in modernen Produktions- und Dienstleistungsunternehmen einnimmt. Dieser Prozess ist in mehrfacher Hinsicht heterogen: Unternehmen weisen unterschiedliche digitale Reifegrade auf, setzen zum Teil inkommensurable digitale Technologien in unterschiedlicher Weise und Reihenfolge ein und haben unterschiedliche unternehmensspezifische Herausforderungen zu bewältigen. Gleichzeitig hat die Digitalisierung vernetzter Arbeit auch heterogene Folgen. Dequalifizierung und höhere Anforderungen sind nicht – wie in der gesellschaftlichen Debatte meist behauptet –ausschließlich gegenläufige Tendenzen. Elemente der Dequalifizierung können mit einem gleichzeitigen Anstieg inhaltlicher oder organisatorischer Komplexität an ein und demselben Arbeitsplatz kombiniert sein (vgl. Marler und Liang 2012). Vor allem bezieht sich die Zunahme der Komplexität nicht nur auf die technische Dimension vernetzter Arbeit, sondern im Sinne steigender mentaler Anforderungen auch auf die kognitive und soziale Dimension. Beschleunigung und Zeitverdichtung, Transparenz, Kontrolle und Überwachung, Einfluss und Vertrauen sind Aspekte, die aktuell und zukünftig bei der Digitalisierung vernetzter Arbeit zentral sind und bleiben. In der bisherigen Forschung zur Digitalisierung von Arbeit und Datafizierung wurden diese Aspekte zwar in den Blick genommen, jedoch nicht systematisch auf vernetzte Arbeit bezogen. Unsere Perspektive begreift digitale Vernetzung und „digital connectivity" (Leonardi und Treem 2020) nicht als Synonyme für Digitalisierung (beispielsweise der Arbeit), sondern meint im oben dargestellten Sinne etwas Spezifischeres, nämlich die Digitalisierung der vernetzten Arbeit. Anstatt Vernetzung als allgemeinen und im wörtlichen Sinne ‚wesentlichen' Effekt der Digitalisierung zu verstehen, fragen wir, wie die digitale Vernetzung *aus der Perspektive der vernetzten Arbeit* zu verstehen ist.

Es gibt mittlerweile umfangreiche Literatur zu den Auswirkungen der Digitalisierung in unterschiedlichen Arbeitszusammenhängen. In der neueren Forschung wird ‚digitale Vernetzung' als allgemeiner Effekt von Digitalisierung oder als Synonym für Digitalisierung thematisiert, vor dem Hintergrund vielfältiger Themen – u. a. algorithmische Steuerung und Überwachung (z. B. Jarrahi et al. 2021; Newlands 2020), Entfremdung und Kontrolle (z. B. Healy 2020; McDonald et al. 2020), Arbeitsintensivierung und -extensivierung (z. B. Chesley 2014; Meyer et al. 2019; Borle et al. 2021) sowie Umstrukturierung von Arbeitsprozessen (z. B. Briken et al. 2017; Moore et al. 2018) – auf unterschiedliche Weise aufgegriffen und unterschiedlich stark betont. All diese Themen werden wiederum im Kontext verschiedener empirischer Felder der Arbeitswelt diskutiert, vor allem Gig Work und Plattformökonomie (u. a. Scholz 2016; Graham et al. 2017; Wood et al. 2019; Purcell und Brook 2020), aber auch digitale Wirtschaft im Allgemeinen (z. B. Huws 2014; Azhar 2017; Dorschel 2022) und spezielle Bereiche der digitalen Wirtschaft wie Logistik (z. B. Ruiner und Klumpp 2022; Hassel und Sieker 2022) oder Softwareentwicklung (u. a. Peticca-Harris et al. 2015; Bjørn et al. 2019). Darüber hinaus gibt es inzwischen eine Reihe von Studien, die sich mit dem subjektiven Erleben bei digitalisierter Arbeit befassen, einschließlich geschlechtsspezifischer emotionaler Arbeit unter den Bedingungen neuer Möglichkeiten digitaler Kontrolle durch das Management (u. a. McDonald et al. 2020; Terry et al. 2021). In all diesen Studien findet sich durchgehend ein implizites oder explizites Verständnis der Vernetzung durch digitale Technologien im Kontext von (digitaler) Arbeit. Welchen Einfluss die Nutzung digitaler Technologien auf das konkrete Arbeitshandeln in vernetzten Strukturen hat, wird dabei jedoch in den allermeisten Fällen nicht systematisch betrachtet.

Unser Forschungsschwerpunkt liegt nicht auf Fragen der sozialen Vernetzung, sondern auf der Frage, wie selbstorganisierte Prozesse der Koordination, Kooperation und Kommunikation innerhalb von Arbeitsabläufen durch den Einsatz digitaler Technologien verändert werden, auf welche Weise der Einsatz digitaler Technologien einzelne Arbeitsprozesse verbindet und wie sich dies auf die Erfahrungen der Beschäftigten auswirkt. Es liegt nahe, hierfür aktuelle Studien zum Homeoffice und zur Nutzung digitaler Kommunikationsmedien im Kontext der Corona-Pandemie (z. B. Awada et al. 2021; Palumbo 2020) heranzuziehen. Sie sind jedoch für die skizzierten Fragen nur bedingt aussagekräftig, da sie nicht die große Mehrheit der digitalen Anwendungen in Unternehmen berücksichtigen, sondern vor allem auf die digitale Kommunikation per Mail und Videokonferenzsysteme rekurrieren. Mit dieser Fokussierung geraten viele Grenzen der Selbstorganisation erst gar nicht in den Blick. Die Arbeit im digital vernetzten Homeoffice leidet nicht nur unter mangelnder sozialer Vernetzung und schlechter Kommunikation über Videotelefonie, was eindeutig zu Lasten der Qualität von Arbeitsprozessen und -ergebnissen geht. Sie leidet auch an schlechten Internetverbindungen und Rechnerkapazitäten, an fehlenden technischen Möglichkeiten, auf unternehmensinterne Daten zuzugreifen und mit ihnen zu arbeiten, an eingeschränkten Zugriffsrechten von extern auf unternehmensinterne Daten, an fehlenden Möglichkeiten, spezifische technische Anwendungen von außen zu nutzen, die digitale Datensituation mit den tatsächlichen Gegebenheiten im Unternehmen abzugleichen, Erfahrungswissen über die tatsächlichen Gegebenheiten vor Ort zu erwerben, falsche Daten schnell zu erkennen und zu beheben, ad hoc Workarounds zu entwickeln und anzuwenden, wenn unerwartete Probleme auftreten und so weiter. All dies sind Aspekte, die für *vernetzte* Arbeit besonders relevant sind, also Arbeit, die ohne die Einbindung in und Verbindung mit anderen Arbeitsprozessen, die sich zunehmend in digitalen Daten und Anwendungen manifestieren, nicht geleistet werden kann.

Der Schwerpunkt unserer Forschung liegt auf der digital vernetzten Arbeit in klassischen Industrieunternehmen. Diese Unternehmen haben einen großen Anteil an Fertigung und Produktion und oft einen nicht minder großen Anteil an vor- und nachgelagerten Bereichen wie Entwicklung, Einkauf, Vertrieb, Service, Logistik,

Personalmanagement, Rechnungswesen etc. Angesichts der ökonomischen Relevanz des industriellen Sektors (insbesondere der Produktion und der technischen Entwicklung in KMU) und im Kontext von ‚Industrie 4.0‘, einem politisch eingeführten Schlagwort und einer wirtschaftspolitischen Strategie der ökonomischen Transformation, liegt in Deutschland ein besonderer Schwerpunkt auf dem Thema Industriearbeit im Allgemeinen und der Digitalisierung der Industriearbeit im Speziellen.[1] Prominente Forschungsthemen sind z. B. Trends im Einsatz digitaler Technik am Arbeitsplatz hin zu einem „digitalen Taylorismus" (Parenti 2001) oder zur „Amazonisierung" der Industriearbeit (Butollo et al. 2017), die Digitalisierung von Arbeit mit geringen kognitiven und qualifikatorischen Anforderungen (Hirsch-Kreinsen 2017), neue Anforderungen an Kompetenzen und Fähigkeiten bei qualifizierter Arbeit in der Industrie 4.0 (Heidling und Neumer 2021), unterschiedliche betriebliche Strategien der Digitalisierung und ihre Auswirkungen auf Kontrolle und Autonomie (Nies 2021), die Rolle und Auswirkungen von Big Data (Brödner 2015), menschenwürdige Arbeit und Gesundheit am Arbeitsplatz (Gerst 2015) sowie neue Anforderungen an Betriebsräte im Zusammenhang mit der Digitalisierung von Arbeit (Falkenberg et al. 2020). Die Studien konzentrieren sich auf verschiedene Bereiche der Industriearbeit, wie z. B. Montagearbeit (Kuhlmann et al. 2018), Arbeit in der chemischen Industrie, der Automobil- und Automobilzulieferindustrie, der Elektroindustrie und dem Maschinen- und Anlagenbau (Baethge-Kinsky et al. 2018). Das Phänomen des vernetzten Arbeitens wird aber auch in dieser Forschung kaum beachtet. Insbesondere die Vernetzung von Arbeitsprozessen über die oben erwähnten verschiedenen Bereiche eines klassischen Industrieunternehmens hinweg wird auf der Ebene des konkreten Arbeitshandelns kaum berücksichtigt.

---

[1] Dieses empirische Feld spielt in der internationalen Literatur zur digitalen Arbeit bisher eine eher untergeordnete Rolle. Vorhandene Studien konzentrieren sich auf die sogenannte ‚vierte industrielle Revolution‘ und greifen die Auswirkungen digitaler Technologien zum Teil in einer übergreifenden Perspektive auf. Darunter fallen Studien, die den Effekt digitaler Technologien auf Körper und Umwelt (z. B. Schwab und Davis 2018), auf Arbeit und die Struktur moderner Organisationen und Gesellschaften (z. B. Johannessen 2018), auf die Gestaltung von Arbeitsplätzen und die Entstehung neuer Arbeitsplätze (z. B. Čizmić und Kurtić 2020), auf Beschäftigung und Arbeitsbedingungen (z. B. Braña 2019) und auf die berufliche Bildung (z. B. Avis 2018) analysieren. In diesen Studien steht die ‚vierte industrielle Revolution‘ jedoch nicht für eine ‚Revolution der industriellen Produktion‘. Der Produktionssektor wird nur als ein Arbeitsbereich unter vielen betrachtet, in denen die Digitalisierung als revolutionäre Entwicklung gesehen wird. Daher ist der empirische Fokus auf Industriearbeit in der internationalen Literatur im Vergleich zur deutschen arbeitssoziologischen Literatur eher gering.

Dennoch gibt es in gegenwärtigen arbeitssoziologischen Debatten Hinweise, die in eine ähnliche Richtung deuten wie unsere Befunde. Ambivalenzen qualifizierter Arbeit mit hohem Autonomiegrad werden in der Arbeitssoziologie und -psychologie bereits seit rund 20 Jahren breit diskutiert, etwa im Hinblick auf die ambivalenten Effekte der Flexibilisierung, der Entgrenzung und der Subjektivierung von Arbeit und dabei insbesondere zu der Frage, inwieweit erweiterte Handlungsspielräume, stärkere Selbstorganisation und Kompetenzentwicklung in neuen Arbeitsformen auch Aspekte aufweisen können, die gesundheitsschädliche Folgen haben (Kratzer 2003). Derartige Fragen auf dem Gebiet der qualifizierten Arbeit breiter behandelt worden, unter anderem in Bezug zu folgenden Themen: ambivalente Arbeitsbedingungen und widersprüchliche Arbeitsanforderungen (z. B. Moldaschl 2001; Moldaschl und Voß 2003; Glißmann 2005); Belastungen, die aus Interaktion und Kooperation resultieren (z. B. Bolte et al. 2008; Krömmelbein 2004); Spannungen zwischen der Arbeits- und der Lebenswelt (z. B. Dettling 2004; Hildebrandt und Linne 2000). Geistige, psychische und körperliche Belastung wird nun auch bei geistiger oder ‚intellektueller' Arbeit zunehmend ein wichtiges Thema, insbesondere hinsichtlich Zeit- und Leistungsdruck (vgl. Dunkel und Kratzer 2016; Handrich et al. 2016; Frone 2003). Die Digitalisierung von Arbeit wurde in diesen Untersuchungen überwiegend jedoch nur als Rahmenbedingung betrachtet und nicht systematisch in den Mittelpunkt der Beobachtungen gestellt. Zu den belastenden Effekten digitaltechnischer Vernetzung auf Vernetzung als menschliche Arbeitsleistung ist damit in der Arbeitssoziologie bislang nicht explizit geforscht worden.

In einer umfassenden Übersichtsarbeit haben Zolg et al. (2021) die internationale psychologische und sozialwissenschaftliche Literatur zu digitaler Vernetzung und Stress am Arbeitsplatz gesichtet. Frühe Studien gab es in den 1980er und 1990er Jahren zur Automatisierung in der Produktion, gefolgt in den 2000er bis 2010er Jahren von Untersuchungen zur Flexibilisierung von Arbeitsplätzen und Arbeitszeiten durch das Internet und die Nutzung mobiler Geräte. Neuere Studien befassen sich mit cyber-physischen Systemen, dem Internet der Dinge und Dienste, der Robotik etc., also mit den digitalen Technologien, die in Deutschland unter dem Schlagwort ‚Industrie 4.0' subsumiert werden (Zolg et al. 2021, S. 2 f.). Diese Studien untersuchen die Einführung und Nutzung einzelner oder mehrerer digitaler Technologieanwendungen und die Folgen für Arbeitsanforderungen, das Wohlbefinden von Beschäftigten und ihr Stresserleben (u. a. Andries et al. 1991; Körner et al. 2019). Die Dimension der Vernetzung wird dabei jedoch 1) nicht auf Arbeitstätigkeit bezogen, sondern als technisches Artefakt begriffen und 2) kaum als abhängige Variable, sondern wenn überhaupt als unabhängige Größe behandelt. Holzschnittartig dargestellt, untersucht die

Stressforschung die folgende Frage: Steigt durch den Einsatz einer bestimmten digitalen Vernetzungstechnik das Stressempfinden? Diese Forschung, insbesondere zu „Technostress" (Ayyagari et al. 2011; Ragu-Nathan et al. 2008; Tarafdar et al. 2007) liefert Ergebnisse, auf denen wir aufbauen, bspw. die Erkenntnis, dass mangelnde Verlässlichkeit von Technik zu Stressempfinden führt und der Einsatz digitaler Technologien mit höherer Arbeitsbelastung, steigender Komplexität und der Zunahme von Konflikten zwischen Arbeit und Privatleben einhergeht (Dragano und Lunau 2020). Die hier gestellte Frage zum Zusammenhang von Vernetzung und Stress ist aber eine andere und lautet demgegenüber: Verändert der Einsatz digitaler Technologien vernetzte Arbeit und erzeugt diese Veränderung Stress? Inwieweit der Einsatz digitaler Technologien die Vernetzung von Arbeitsprozessen und -handlungen initiiert, verändert oder steigert und wie dies zu spezifischen Belastungen führt, wurde aus unserer Sicht daher bisher nicht hinreichend untersucht.[2]

Im Allgemeinen entsteht Stress bei qualifizierter Arbeit nicht aus einzelnen Faktoren, sondern aus der Interaktion mehrerer Faktoren (Arbeitsanforderungen, Ressourcen, Leistungsmessung und -bewertung usw.). Die Forschung zu *Belastungskonstellationen* hat entsprechend ein *relationales* Belastungskonzept entwickelt und empirisch-konzeptuell angewandt (Moldaschl 2005; Bolte et al. 2008; Stöger und Merl 2023). Solche Belastungskonstellationen werden verschärft durch den allgemeinen Druck auf Prozessoptimierung in den Unternehmen und die Nutzung digitaler Systeme. Die kritischen Entwicklungen sind hier die Formalisierung und Echtzeitkontrolle digital vermittelter Kommunikation und Kooperation, die durch die Logik der technischen Systeme gefördert werden. Die Erforschung dieser Effekte, besonders bei Dienstleistungs- und Fertigungsprozessen in KMU möchten wir mit diesem Beitrag voranbringen.

---

[2] Eine Ausnahme bildet die Studie von Corbett (1987), die den Grad der Integration verschiedener AMT-Anwendungen (Automated Manufacturing Technology) untersucht und zu deren Beschreibung das Konzept der Kopplung (coupling) entwickelt. Kopplung bezieht sich jedoch auf das Ausmaß, in dem die Technologie verschiedene Arbeitsprozesse vorgibt und dadurch synchronisiert und deren Inhalt homogenisiert. Es geht also um die Synchronisierung von Prozessen, die genau das Gegenteil der Komplexität – der hochflexiblen und selbstregulierenden Produktion – ist, die durch Vernetzung heterogener Prozesse entsteht.

3   Digitalisierung als Technisierung sozialer Praxis: Ein soziotechnisches Rahmenkonzept zur Analyse digital vernetzter Arbeit

Im Zuge der Digitalisierung ist Arbeit fundamentalen Veränderungen unterworfen. Das meint nicht nur die Automatisierung, also die Substitution von Arbeit durch Informationstechnik, oder die organisationale Reorganisation im Zuge des Digitalisierungsprozesses. Vielmehr wird Arbeit selbst, die Arbeitsprozesse, -aufgaben und -handlungen, grundlegend transformiert, und zwar dahingehend, dass das Digitale ein *integraler Bestandteil* von Arbeit wird. Diesen Prozess gilt es, analytisch zu fassen. Eine Komponente dabei sind soziotechnische Überlegungen, die darauf abzielen, die Wirkungen ‚des Digitalen‘ auf den Kern vernetzter Arbeit zu begreifen. Es geht mithin um die *innere Transformation* vernetzter Arbeit durch Digitalisierung. Der Gedanke flexibler, vernetzter, dezentralisierter Koordination von Arbeit – das haben wir weiter oben bereits ausgeführt – ist nichts grundsätzlich Neues. Die Ansätze von Arbeit 4.0 und New Work greifen diesen Gedanken erneut auf und betrachten die Arbeitstätigkeit als die zentrale Koordinationsinstanz, wobei digitale Technik eine unterstützende Funktion hat. Doch wie diese digitalen Techniken nun die konkrete Praxis vernetzter Arbeit verändern und welche neuen Arbeitsanforderungen damit einhergehen, ist eine bislang zu wenig erforschte Frage. Um einer Antwort näherzukommen, ist es notwendig, die Digitalisierung von Arbeit als einen Prozess zu begreifen, der sowohl *sozial* als auch *technisch* ermöglicht und bedingt ist (Heinlein und Huchler 2021). Entsprechend ist unser theoretischer Ansatz zur Erfassung der ‚inneren‘ Digitalisierung vernetzter Arbeit zwischen soziologischer Reflexion über Arbeit und über Technik angesiedelt. Wir wollen im Kontext digital vernetzter Arbeit eine Perspektive auf Technik entwickeln, die diese sowohl als *Triebkraft* als auch als *Begrenzung* von Handlungsmöglichkeiten versteht. Es handelt sich also um eine handlungstheoretisch orientierte Herangehensweise, die von der Einsicht ausgeht, dass die Menschen ihre sozialen Welten zwangsläufig aktiv gestalten müssen, dabei aber spezifischen Begrenzungen unterworfen sind.

Zwei weitere Beobachtungen stehen damit im Zusammenhang. Die erste lautet: Fortgeschrittene digitale Techniken schaffen einen Rahmen für menschliches Handeln, der eine gewisse Beharrungstendenz aufweist und Handeln gleichermaßen ermöglicht wie begrenzt (vgl. Leonardi 2011). In der soziologischen Literatur treffen wir nicht nur auf Befunde einer rekursiven, wechselseitigen Beeinflussung von Organisation und Digitalisierung (z. B. DeSanctis und Poole 1994; Büchner 2018), sondern auch auf die Beobachtung, dass neue Arbeitsformen im Zuge der Digitalisierung entstehen und diese wiederum auf die digitale Transformation zurückwirken (vgl. Orlikowski 2010; Orlikowski und Barley 2001). Wenn also neue organisationale Prozeduren, Kooperationsformen, Arbeitsprozesse, Arbeitsgegenstände und Arbeitspraxen entstehen, verändern sie gleichzeitig auch den technischen Rahmen der Digitalisierung (Faust et al. 2005). Während das fordistische Produktionsregime auf die Standardisierung von Arbeitsprozessen und Arbeitsprodukten gerichtet war, ist das postfordistische Produktionsregime (Dörre et al. 2012; Dörre und Röttger 2003) als flexibles, marktzentriertes Regime gekennzeichnet durch Subjektivierungsprozesse (Baethge 1991; Voß und Pongratz 1998), die Einführung neuer Governance- und Steuerungsmechanismen (Huchler et al. 2007; Moldaschl und Sauer 2000; Moldaschl und Voß 2003) und eine Rekommodifizierung der Arbeitskraft (Dörre et al. 2012). Diese neuen Entwicklungen haben sowohl die Arbeitsorganisation als auch das Arbeitshandeln der Beschäftigten verändert.

Die zweite Beobachtung lautet: Digitale Technologien sind aktiv an der Schaffung von Handlungsketten und Handlungsspielräumen beteiligt (vgl. Orlikowski und Scott 2016; Kaghan und Bowker 2001; Rammert und Schulz-Schaeffer 2002). Diese als Ko-Handlungsträgerschaft zu bezeichnende Eigenschaft digitaler Technologien kann sich jedoch nur in konkreten Arbeitspraxen herausbilden, entwickeln und manifestieren. Wenn man digitale Technik dementsprechend als *(Ko-)Akteur* beschreibt, ist dies nicht als normative Setzung zu verstehen, sondern als Analyse eines empirisch beobachtbaren Effekts soziotechnischer Praktiken. Auf diese Weise eröffnen sich Forschungsperspektiven, die dem (inter-)aktiven ‚Wesen' digitaler Technologien der Information, Kommunikation und Vernetzung angemessen sind (Faraj und Azad 2012). In den letzten etwa zwanzig Jahren sind in der soziologischen Theorie Ansätze entstanden, die den Wandel der Beziehungen zwischen Technik, Materialität und Subjekt zum Gegenstand haben. Wenn die Technik sich weiterentwickelt und eine zunehmend aktive und interaktive Rolle einnimmt, wandeln sich auch die Beziehungen zwischen konkreten Techniken und arbeitenden Subjekten. Zu diesen Ansätzen gehören unter anderem die Akteur-Netzwerk-Theorie mit ihrem Prinzip einer „generalisierten Symmetrie" von menschlichen und nichtmenschlichen Akteuren (Latour 2005), Forschungsperspektiven einer „Sozialität mit Objekten" (Knorr-Cetina 1997), Konzepte „hybriden" oder auf Menschen und technische Artefakte „verteilten Handelns" (Rammert und Schulz-Schaeffer 2002) und das noch recht neue und heterogene Forschungs- und Diskursfeld des Neuen Materialismus (Barad 2012; Haraway 2016), das eine stärker interdisziplinäre Ausrichtung aufweist und tendenziell insbesondere auf Machtfragen fokussiert.

Unserem Verständnis nach strukturiert Technik digital vernetzte Arbeit, indem sie ihr einen Rahmen gibt, und erschafft sie zugleich als Ko-Akteur mit. Damit greifen wir sowohl den Begriff der technischen Struktur aus der arbeitssoziologischen Tradition auf als auch die techniksoziologische Figur der mithandelnden bzw. koalierenden technischen Instanz. Lange Zeit hat die Arbeitssoziologie die Technik im Wesentlichen als *black box* behandelt und ihre ihr eingeschriebenen, im Kontext von Künstlicher Intelligenz zunehmend aber auch autonomer werdenden Handlungsmodi in der Arbeitspraxis unterschätzt (vgl. Pfeiffer 2010; Heinlein und Huchler 2023). Indem wir Technik aus der Perspektive der Beziehung zwischen Struktur und Handlung konzeptualisieren, können wir die Verschränkung von Arbeitshandeln und den ökonomisch getriebenen Digitalisierungsprozessen als Resultat technischer Vermittlung analysieren.

Aber was ,tun' digitale Technologien eigentlich im Arbeitsprozess, welchen Unterschied machen sie? In unserer Forschung haben sich vor allem die folgenden Charakteristika als wesentlich erwiesen: Digitale Techniken rekonfigurieren die räumlichen, zeitlichen, sozialen und materiellen Koordinaten der Arbeit, und zwar in nicht zufälliger, aber auch nicht eindeutig determinierter Weise. Diese letzte Bestimmung ist wichtig, denn sie bedeutet, dass es keinen technisch festgelegten Pfad bzw. keinen Sachzwang für die Wirkung der Digitalisierung auf Arbeit gibt. Das gilt insbesondere für die Art und Weise, wie digitale Technologien neuartige Zusammenhänge und Schnittstellen zwischen Arbeitsprozessen schaffen und bereits vorhandene aktiv neu gestalten und konfigurieren. Damit sind digitale Technologien weit von bloßen Werkzeugen entfernt, die den Wünschen der arbeitenden Subjekte untergeordnet sind. Vielmehr ist ihnen eine inhärente Handlungslogik eingeschrieben, die die Arbeitspraxis beeinflusst (Rammert 2003; Heinlein 2023). Insofern ist ,das Digitale' – genauer: die Entwicklung, Umsetzung und Anwendung digitaler Technologien – nicht als bloßer Zusatz zu vorhandenen Strukturen und Prozessen vernetzter Arbeit zu betrachten, sondern als Basis und Triebkraft eines grundlegenden qualitativen Wandels in der Arbeit, der nichtsdestotrotz durch menschliche Arbeitstätigkeit vermittelt werden muss. Erst in der Verschränkung von technischen und menschlichen Potenzialen entfaltet sich die digital vernetzte Arbeit. Diese Vermittlung erscheint in drei Dimensionen: Der qualitative Wandel *manifestiert sich* in menschlicher Arbeit, wird *gestaltet* durch menschliche Arbeit und kann in den Veränderungen menschlicher Arbeit *beobachtet* werden. Es ist daher keine Überraschung, dass digitale Technologien das arbeitende Subjekt auf vielen Ebenen herausfordern. Diese Beobachtungen und Überlegungen zeigen, dass eine historisch neue Form der digital vernetzten Arbeit mit völlig neuen Anforderungen in Entstehung begriffen ist – und die Aufgabe der Forschung ist es, die praktische Logik dieser Arbeitsform in Gänze zu verstehen und die von ihr erzeugten Belastungen und Beanspruchungen zu erfassen.

Wie die Arbeitssoziologie und die Techniksoziologie gezeigt haben, haben Technologien seit jeher zur Veränderung, Erweiterung oder auch Einschränkung der Möglichkeiten menschlicher Arbeit beigetragen – und umgekehrt. Anders ausgedrückt: Historisch hat es immer ein reziprokes Verhältnis zwischen menschlicher Arbeit und Technik gegeben. Technik ist immer durch die Art und Weise verändert worden, wie sie genutzt wird (etwa: Abnutzung, dysfunktionaler Gebrauch, Anwendung in zunächst für sie nicht vorgesehenen Gebieten), und menschliche Arbeit ist immer durch technische Möglichkeiten verändert worden. Diese generellen Einsichten spiegeln sich auch im Kontext der Industrialisierung wider, etwa in den Diskussionen darüber, ob und in welchem Ausmaß Technik die menschliche Arbeit zum bloßen Anhängsel machen kann (viel beachtet neuerdings z. B. Benanav 2020). Mit der Digitalisierung ist eine historische Umwälzung im Gange, die die Beziehung von menschlicher Arbeit und Technik verändert: Die Digitalisierung dringt in den *Kern* der Arbeit ein und stellt das Konzept der rein menschlichen Arbeit als solches infrage. In der Untersuchung digital vernetzter Arbeit beschreiben wir demnach sowohl die Relationen zwischen menschlicher Arbeit und technischer Struktur als auch die Relationen zwischen technischer Aktion und sozialer Struktur. Letztere kommen als soziotechnische Möglichkeitsräume in den Blick, die wiederum ihren eigenen Logiken folgen. Für die Analyse bedeutet dies im Folgenden, dass Arbeit und Technik nicht länger als getrennte Einheiten gedacht und konzeptualisiert werden können.

Die doppelte Perspektivierung von Technik in den Dimensionen Struktur und Handlung, manifestiert sich auch dort, wo über Macht und Interessenpolitik diskutiert wird. Da Techniknutzung im Arbeitskontext immer strategisch motiviert und von finanziellen Interessen beeinflusst ist, ist die Technisierung der Arbeit seit einiger Zeit auch Streitgegenstand zwischen Interessengruppen. In dieser Perspektive hat die Soziologie gezeigt, dass Technik als objektivierter Ausdruck der herrschenden Produktions- und Herrschaftsverhältnisse gelesen werden kann (Spencer 2017). Es bleibt jedoch unklar, was genau die Technik praktisch ,tut' und bewirkt bzw. wofür eigentlich letztlich der genuin technische Aspekt einer Technik steht – jenseits der sozialen Beziehungen, die in sie eingeschrieben sind. Wir unterscheiden daher zwischen der *technischen Aktion von Technik in Handlungskontexten* und der *interessengeleiteten Aktion von Technik* in und parallel zu vorhandenen *Herrschaftsbeziehungen*. Im Folgenden diskutieren wir die Dimensionen digital vernetzter Arbeit zunächst im zuerst genannten Sinn, d. h. wir arbeiten die *technisch* ermöglichenden und einschränkenden Räume heraus, die im Prinzip für die Praxis digital vernetzter Arbeit eröffnet werden und stellen dar, mit welchen Belastungen dies für die Beschäftigten typischerweise verbunden sein kann. Im nächsten Schritt behandeln wir die Einbettung digital vernetzter Arbeit in organisationale und gesellschaftliche bzw. kapitalistische Herrschaftskontexte.

4 Methodik und empirische Basis

Unsere Analyse basiert auf empirischen Erkenntnissen aus einem dreieinhalbjährigen Forschungsprojekt,[3] das von der These ausging, dass digitale Technologien zu einer zeitlichen und inhaltlichen Verdichtung vernetzter Arbeit führen und neue Schnittstellen und Abhängigkeiten zwischen Arbeitsprozessen herstellen und notwendig machen. Diese veränderte Form der Vernetzung bringt auch neue Anforderungen an qualifizierte Facharbeit mit sich, die vor allem dadurch geprägt sind, dass Beschäftigte immer weniger in der Lage sind, ihren Leistungsoutput selbst zu regulieren. Die Dynamik dieser Arbeitsform tendiert dazu, den Beschäftigten jederzeit Höchstleistungen abzuverlangen, insbesondere im Hinblick auf mentale und kognitive Anforderungen.

Um die Auswirkungen der Digitalisierung auf vernetzte Arbeit zu erheben, haben wir qualitative Methoden eingesetzt, die sensibel für soziale Prozesse sind und mit denen sich die latenten und impliziten Strukturen der Arbeitspraxis und die Beschreibungen der Arbeitsprozesse durch die Beschäftigten aufzeigen lassen. Ziel war es, gegenstands- und prozessbezogene Narrative zu praktisch situierten Herausforderungen bei digital vernetzter Arbeit zu generieren. Zu diesem Zweck wurde das halbstandardisierte Verfahren des problemzentrierten Interviews (Witzel und Reiter 2012) mit dem offenen Verfahren des narrativen Interviews (Küsters 2009) kombiniert. Dies ermöglichte es uns, Thesen im Forschungsprozess zu entwickeln und diese systematisch entlang des erhobenen Erfahrungswissens der Beschäftigten zu ergänzen und zu erweitern. In drei KMU aus den Bereichen Elektronikhandel, Blechbearbeitung und Baunebengewerbe wurden 56 Beschäftigte in Produktion, Verwaltung und Service und auf verschiedenen Hierarchieebenen befragt, deren Arbeitspraxis jeweils auf unterschiedliche Art und in unterschiedlichem Ausmaß vom Einsatz digitaler Technologien geprägt ist (siehe Tab. 1).

---

[3] Von 2018 bis 2022 wurde das vom BMBF geförderte Projekt „Arbeit oberhalb der mentalen Dauerbelastungsgrenze: Leistungsregulierung bei qualifizierter digital vernetzter Arbeit" (LediVA, Förderkennzeichen: 02L16D000) unter Konsortialführerschaft des ISF München und in Kooperation mit den Universitäten München (LMU) und Augsburg sowie Unternehmenspartnern durchgeführt. Eine ausführliche Darstellung der Forschungsfragestellungen und des methodischen Vorgehens findet sich bei Böhle (2023).

Tab. 1 Empirische Basis

	Eckdaten und Branche	Einsatz digitaler Technologien (zentrale Anwendungen)	Anzahl der Interviews, Berufe und Aufgaben der Interviewten
KMU 1	Inhabergeführtes Familienunternehmen, ca. 70 Beschäftigte, Blechbearbeitung	ERP-System, Produktionsplanungs- und Steuerungssystem (PPS), Entscheidungsunterstützungssysteme, Office Suite, Ticketsystem, Logistiksystem, Produktentwicklungssoftware	13 Interviews Geschäftsleitung, Produktionsleitung, Vertriebsleitung, Buchhaltungsleitung Beschäftigte aus Einkauf, Konstruktion, Produktion, Arbeitsvorbereitung, Logistik, Buchhaltung, Programmierung
KMU 2	Inhabergeführtes Familienunternehmen, ca. 400 Beschäftigte, Baunebengewerbe	ERP-System, PPS, Customer Relationship Management System (CRM), Personalmanagementsystem, Office Suite, Callcenter-Software, Warenwirtschaftsprogramme, Produktentwicklungssoftware	24 Interviews Stellvertretende Geschäftsführung, Werksleitung, Einkaufsleitung, Serviceteam-Leitung, Leitung und Teamleitung Vertriebsinnendienst, Meister Beschäftigte aus Personal, Versand, IT, Arbeitsvorbereitung, Disposition, Vertrieb, Produktmanagement
KMU 3	Inhabergeführtes Unternehmen, ca. 30 Beschäftigte, Vertrieb von elektronischen Bauteilen	ERP-System, Office Suite, Dokumenten- und Wissensmanagementsystem, Warenwirtschaftsprogramme, Ticketsystem, Wareneingangs- und Warenausgangskontrollsystem, digitales Kommissioniersystem, Datenbanken, Logistiksystem	19 Interviews Geschäftsführung, Leitung der Vertriebsteams, Beschäftigte aus Vertrieb/Einkauf und Lager

Um eine möglichst heterogene Gruppe zu befragen, wurde die Auswahl der Interviewpartner*innen durch eine Analyse ihrer Position in den jeweiligen Unternehmensnetzwerken der digital vernetzten Arbeit ergänzt. Dadurch konnten breitere Arbeitsprozesse in ihren manifesten und latenten Strukturen vor dem Hintergrund situativer und organisatorischer Arbeitskontexte sichtbar gemacht werden. Die Analyse des empirischen Materials zielte darauf ab, die sozialen, zeitlichen, räumlichen und materiellen Strukturen und Logiken der digital vernetzten Arbeit zu identifizieren und zu einem Modell zu verdichten. Dazu wurden die rekonstruktiven Methoden der Grounded Theory (Strauss und Corbin 1996) und die dokumentarische Methode (Nohl 2006) eingesetzt.

5 Dimensionen und Anforderungen digital vernetzter Arbeit

Digitalisierung wirkt auf unterschiedliche Weisen auf den Kern vernetzter Arbeit ein. In der Folge sind die Beschäftigten mit verschiedenen neuen Anforderungen konfrontiert, die sie in ihrer alltäglichen Arbeit bewältigen müssen. Diese Anforderungen werden in diesem Kapitel als Ausdrucksformen empirisch-konzeptuell identifizierbarer Dimensionen digital vernetzter Arbeit diskutiert. Im folgenden Kapitel wird dann näher auf die resultierenden Belastungen und Beanspruchungen für die Beschäftigten eingegangen.

Abb. 1 zeigt, dass digitale Technologien einen starken Einfluss auf basale Dimensionen vorhandener Arbeitsprozesse und -strukturen haben. Sie verändern die räumlichen, zeitlichen, sachlichen und sozialen Koordinaten vernetzter Arbeit, und dies manchmal in widersprüchlichen Richtungen. Ein Beispiel: Eine gegebene Menge digital übermittelter unterschiedlicher Informationen muss oft in sehr kurzer Zeit auf reale oder materielle Prozesse bezogen und angewandt werden, um daraus weitere Arbeitsschritte abzuleiten, ohne die die Arbeit an anderen Punkten im Betrieb nicht weitergehen kann. Solche Anforderungen, wie sie typisch für digital vernetzte Arbeit sind, können erheblichen Stress verursachen. So können etwa kleine Fehler aufgrund des hohen Mechanisierungs- und Vernetzungsniveaus oft kaskadierende Effekte auslösen und auf diese Weise zu massiver Überlastung führen, die das Stressniveau steil ansteigen lässt. Digital vernetzte Arbeit muss daher bewusst gestaltet werden (siehe Kap. 8).

Unser Modell erhebt nicht den Anspruch, dass alle Dimensionen für jede empirisch auffindbare Form der digital vernetzten Arbeit in gleicher Weise eine Rolle spielen. Dennoch erhebt es den Anspruch, die *allgemeinen* Konturen und Anforderungen digital vernetzter Arbeit zu beschreiben. Das Modell dient daher

Dimensionen und Anforderungen digital vernetzter Arbeit

Art der Information
Informationen liegen zunehmend in digital abstrahierter und gefilterter Form vor. Sie müssen bewertet und mit der analogen Welt abgeglichen werden.

Form der Technik
Digitale Technologien müssen im Arbeitsprozess kontrolliert und gesteuert werden. Aufgrund ihrer Eigenlogik und Intransparenz lassen sie dies jedoch nur begrenzt zu.

Struktur der Tätigkeit
In einer konkreten Tätigkeit müssen digital vermittelte Perspektiven und Handlungslogiken permanent aufeinander bezogen und integriert werden.

Struktur des Arbeitsprozesses
Im Arbeitsprozess muss fortlaufend zwischen isolierten und vernetzten sowie analogen und digitalen Tätigkeiten gewechselt werden. Dieser Wechsel kann fluide sein oder abrupt stattfinden.

Position im Netzwerk
Die eigene Position muss selbstorganisiert hergestellt werden. Dazu muss man sich aktiv digital mit anderen Akteuren und Technologien vernetzen oder Vernetzungen lösen.

Handlungsfähigkeit im Netzwerk
Arbeit ist auf Interaktion, Kooperation und Koordination angewiesen. Dafür müssen geeignete Formen im digitalen Raum gefunden werden.

Zeitstruktur
Digital vernetzte Arbeit macht es erforderlich, gleichzeitige und ungleichzeitige Ereignisse in echtzeitbasierten Prozessen zu antizipieren und zu synchronisieren.

Abb. 1 Dimensionen und Anforderungen digital vernetzter Arbeit

als Heuristik, die es erlaubt, die Konsequenzen der Digitalisierung vernetzter Arbeit zu erkennen. Dazu gehört auch die Eröffnung von Gestaltungsmomenten mit Blick auf die Möglichkeiten digitaler Technologien in der konkreten Arbeitspraxis.

Im Rahmen des Modells unterscheiden wir analytisch sieben Dimensionen der Arbeitspraxis, auf die die Digitalisierung einwirkt (siehe Abb. 1). Der Einfluss der Digitalisierung kann innerhalb einer einzelnen Dimension variieren. Zugleich sind die Dimensionen nicht unabhängig voneinander, d. h. sie können einander wechselseitig verstärken oder auch gegenläufige und widersprüchliche Wirkungen haben. Sie formen also auf komplexe Art und Weise die konstituierenden Bestandteile digital vernetzter Arbeit, die den Beschäftigten als objektive Wirklichkeit entgegentritt und von ihnen als solche erfahren wird. Er eröffnet spezifische Möglichkeits- und Gelegenheitsräume, die in reale Arbeitssituationen transformiert werden – durch die organisationale Einbettung digital vernetzter Arbeit, durch die konkrete Ausgestaltung der angewandten digitalen Techniken und durch die Art und Weise, wie die Beschäftigten sie nutzen.

Die Konstellationen von Abhängigkeit und Interaktion beziehen sich auf die Knotenpunkte zwischen Menschen und Technik, aber auch auf die Vernetzungseffekte verschiedener Techniken untereinander, auf die Prozesse der Kooperation und Interaktion zwischen Menschen und schließlich, auf einem höheren Komplexitätsniveau, auf Knotenpunkte und Vernetzungseffekte zwischen diesen drei Grundkonstellationen. Im Folgenden beschreiben wir diese Dimensionen mit ihren charakteristischen Merkmalen und den daraus folgenden Arbeitsanforderungen für Beschäftigte.

(1) Position im Netzwerk: Digital vernetzte Arbeit ist gekennzeichnet durch Beziehungen und Knotenpunkte, die ein Netzwerk bilden (Mütze-Niewöhner et al. 2021; Hardwig und Weißmann 2021). Dieses Netzwerk aus verschiedenen Akteuren und Techniken ist notwendig, um Arbeitsziele umzusetzen und zu erreichen. Es dient daher gleichzeitig als Arbeitsressource und als Arbeitsmittel. Entscheidend ist hier, dass die jeweilige Position im Netzwerk sich nicht allein aus im Voraus definierten formalen Regeln und Spezifikationen ableiten lässt. Vielmehr muss sie aktiv in der Interaktion mit anderen Menschen und mit digitalen Techniken hergestellt werden. Heuristisch lässt sich diese Dimension weiter differenzieren: Die *Reichweite* der Vernetzung gibt an, ob Grenzen zwischen Abteilungen, Unternehmen und hierarchischen Ebenen überschritten werden; die *Stärke* der Vernetzung bezieht sich auf feste und lose Kopplungen im soziotechnischen Gewebe und deren Funktionen; die *Dauer* der Vernetzung zeigt an, ob es sich um kurz- oder langfristige Beziehungen handelt. Subjekte, die digital vernetzt arbeiten, sind in ihren Vernetzungsaktivitäten bestimmten

Rahmenbedingungen unterworfen, die technischer (etwa begrenzte Kommuni-
kationsmöglichkeiten) oder sozialer Natur sein können (etwa formelle offizielle
Kommunikationskanäle, rigide Hierarchien). Unsere empirische Forschung hat
gezeigt, dass Beschäftigte Belastungen ausgesetzt sind, die aus dem Zusammenwirken von Zwang zur Vernetzung, begrenzten Vernetzungsmöglichkeiten und der
strategischen Schließung von Vernetzungsoptionen herrühren.

(2) Handlungsfähigkeit im Netzwerk: Neben dieser strukturellen Komponente
spielen bei der Positionierung im Netzwerk auch die damit verbundenen Handlungsmöglichkeiten und die Möglichkeiten zur Ausübung von Macht eine Rolle
(Castells 2000). Damit kommt die Dimension der Handlungsfähigkeit als ein
Netzwerkeffekt ins Spiel, der auf der machtverleihenden und machtbegren-
zenden Beziehung zwischen menschlichen und technischen Akteuren beruht
(Latour 2005). Handlungsfähigkeit in einer bestimmten Netzwerkposition lässt
sich demnach nicht allein aus der Position selbst ableiten. Die soziotechnischen Beziehungen sind entscheidend dafür, welche Modi des Handelns und der
Einflussnahme verfügbar sind und sich realisieren lassen. Daraus ergeben sich
Konsequenzen für die Art und Weise, wie formelle und informelle Anforderungen an Interaktion, Kommunikation und Kooperation ausgestaltet werden können.
Empirisch spiegelt sich diese Dimension in den sozialen und digitalen Mitteln,
die Beschäftigte nutzen, um ihre Arbeitsbeziehungen als Prozess zu organisieren, und in den Anforderungen, die aus der soziotechnischen Rahmung digital
vernetzter Arbeit resultieren.

(3) Zeitstruktur: Durch die Nutzung digitaler Techniken wird die Zeitstruktur
der Arbeit in mehrfacher Weise beeinflusst. Zunächst betrifft das die *Beschleunigung* der Arbeit. Digitalisierung erhöht tendenziell die Geschwindigkeit von
Arbeitsprozessen sowie die Informationsdichte (Rosa 2015). Darüber hinaus führt
die Digitalisierung dazu, dass mehr Prozesse *simultan* ablaufen. Dabei haben
all diese Prozesse ihre je eigenen zeitlichen Abläufe, werden jedoch digital-
und soziotechnisch zunehmend miteinander verwoben. Es entsteht ein komplexes, stets mit zeitlichen Widersprüchen und daher nie friktionslos zu händelndes
Zusammenspiel einander überlappender Zeitstrukturen (Mütze-Niewöhner et al.
2021; Ebert 2020), innerhalb derer Beschäftigte in Echtzeit reagieren müssen.
Wie unsere empirischen Befunde zeigen, gerät ihre Zeitautonomie damit unter
starken Druck, besonders wenn sie sich entweder auf niedrigen Hierarchieebenen
(etwa Sachbearbeitung und Kundendienst) oder in hochgradig exponierten Positionen an bestimmten Netzwerkknoten befinden (etwa mittleres Management).
Digital vernetzte Arbeit verlangt daher Synchronisationsstrategien von den Akteuren. Digitale Werkzeuge wirken hier einerseits unterstützend, indem sie ehemals
zeitaufwendige Tätigkeiten zeitlich verschlanken und somit Zeit als Ressource

verfügbar machen. Andererseits fördern sie die stetige Zunahme von Gleichzeitigkeit. Zeit wird dadurch als fehlend und unverfügbar wahrgenommen, qua einer externen Kraft, die zeitliche Ressourcen laufend ‚absaugt'.

(4) Struktur des Arbeitsprozesses: Unter der Struktur des Arbeitsprozesses wird der Ablauf von Tätigkeitsausführungen verstanden, die zur Erfüllung einer Arbeitsaufgabe erforderlich sind. Sie können zeitlich und sachlich definiert werden und bilden in ihrem Zusammenwirken eine beobachtbare Sequenz. Im Kontext digital vernetzter Arbeit ergeben sich diesbezüglich zwei Herausforderungen für die Beschäftigten. Zum einen ist es im Verlauf des Arbeitsprozesses notwendig, öfter zwischen Tätigkeiten, die in *Isolation* von anderen Knotenpunkten und Prozessen ausgeübt werden, und solchen, die nur in *aktiver Vernetzung* erbracht werden können, hin- und herzuwechseln. Zum zweiten verlangt die Struktur des Arbeitsprozesses auch immer wieder Wechsel zwischen *digitalen* und *analogen* Tätigkeiten oder Tätigkeitsanteilen. Das ist zum Beispiel dann der Fall, wenn digitale Informationen auf Prozesse in der physischen Welt bezogen werden müssen oder wenn digital vermittelte Interaktionen mit Interaktionen in physischer Kopräsenz abwechseln.

(5) Struktur der Tätigkeit: Die Struktur der Tätigkeit muss von der Struktur des Prozesses unterschieden werden. Eine *Tätigkeit* kann im Arbeitsprozess entweder als punktueller Arbeitsschritt und damit als eine Untereinheit verstanden werden oder als eine spezifische mitlaufende Tätigkeit, die sich über den Arbeitsprozess insgesamt erstreckt und damit Teilaspekt mehrerer Arbeitsschritte sein kann. Solche Tätigkeiten sind zum Beispiel Planen, Koordinieren, Antizipieren und, weitaus grundlegender, Wahrnehmen. Das in dieser Hinsicht Besondere bei digital vernetzter Arbeit ist, dass bei jedem Arbeitsschritt unterschiedliche digital vermittelte Perspektiven und Logiken aufeinander bezogen und integriert werden müssen. Für Beschäftigte bedeutet das, dass sie sich bei der Perspektivenübernahme, beim Rollenverständnis und bei der Ausbildung von Erwartungshaltungen zwangsläufig auf digitale Daten und Prozesse beziehen müssen. Doch diese bieten im Vergleich zu analogen, physischen Beziehungen eine viel geringere Bandbreite an Wahrnehmungsmöglichkeiten, -kanälen und -qualitäten. Daher müssen die Beschäftigten Kontextwissen (Bolte und Neumer 2020) mobilisieren, um beständig Perspektiven, Logiken und Erwartungen in Realbedingungen zu transferieren und zu ‚übersetzen', auch damit sie sie als Ressource für eine stabile Situationsdefinition im digitalen Raum nutzen können.

(6) Form der Technik: Digitale Techniken sind gekennzeichnet durch die Unterscheidung von drei Ebenen: einer algorithmischen Tiefenstruktur, einer zeichenförmigen Oberfläche und einem Interface (Nake 2008; Heinlein 2023). Die Daten kommen über User-Schnittstellen in die Praxis und werden aus dieser

extrahiert über geeignete Eingabewerkzeuge. Entscheidend ist hier, dass die algorithmische Tiefenstruktur nicht direkt zugänglich ist; was in der Tiefe passiert, ist für digital vernetzte Arbeit außer Reichweite und kann nicht intentional verändert werden. Zugänglich im Sinne von Austausch, Transparenz und Verständlichkeit ist lediglich das Zeichen, das auf der Oberfläche erscheint und über die Schnittstelle ausgegeben wird. Für Beschäftigte nimmt dies mitunter die Form einer widersprüchlichen Anforderung an: Sie sollen Kontrolle über digitale Arbeitsmittel ausüben, die sich zugleich systematisch ein großes Stück weit der Kontrolle entziehen. Dazu kommt, dass digitale Techniken auch als Mittel zur direkten oder indirekten Lenkung (Management) und Kontrolle der Arbeitsleistung eingesetzt werden. Es entsteht die aus Sicht der Arbeitenden paradoxe Situation, dass sie unkontrollierbare Techniken kontrollieren sollen, von denen sie zugleich selbst kontrolliert werden – oft ohne dass sie dies überhaupt, exakt oder explizit wahrnehmen können.

(7) Art der Information: Aufgrund der wachsenden Komplexität der Arbeitsprozesse und der IT-technischen Vernetzung wird eine immer weiter ansteigende Menge an digitalisierter Information in immer kürzerer Zeit relevant für den einzelnen Arbeitsprozess. Digitale Techniken abstrahieren und filtern diese Informationen. So machen sie latente Strukturen, Muster und Prozesse sichtbar und erlauben es, spezifische Beziehungen und Korrelationen zu erkennen, zu benennen und in Echtzeit visuell zu repräsentieren (Nassehi 2019). Sie ermöglichen Vorhersagen ebenso wie Dokumentationen vergangener Ereignisse und Daten. Zugleich vereinheitlichen diese Techniken die Wahrnehmung: Sie werden zur *black box,* indem sie alternative Wahrnehmungs- und Deutungsmuster durch Standardisierung und algorithmische, automatisierte Entscheidungsprozesse unterdrücken. Schließlich verleihen digitale Techniken der Information eine spannungsvolle Doppelstruktur: Information bezieht sich auf die reale Welt, hat aber dort nicht immer eine direkte Entsprechung. Informationsverarbeitung bei digital vernetzter Arbeit verlangt entsprechend von den Beschäftigten, abstrahierte Information zu bewerten, sie in spezifische Wissenskontexte einzubetten und sie mit der analogen Welt zu vergleichen. Dazu bedarf es eines hohen Grades an Kontextwissen und fachlicher Expertise.

Jede dieser Dimensionen digital vernetzter Arbeit ist mit Arbeitsanforderungen verbunden, die ambivalent oder gar widersprüchlich sein können. In der Arbeitspraxis überlappen sich diese Dimensionen, sodass die Anforderungen sich zudem wechselseitig verstärken und intensivieren können. Insofern ist das hier vorgestellte Modell in zweierlei Hinsicht als ein *relationales* Modell zu verstehen.

Erstens finden dynamische Prozesse *innerhalb* dieser Dimensionen statt, die je nach Situation zu unterschiedlichen Anforderungen und Belastungen führen können. Es ist mithin für die Analyse der Anforderungen digital vernetzter Arbeit wichtig, die empirische Variabilität dieser Prozesse im Auge zu behalten und keine vorschnellen Zuschreibungen und Erklärungen für ‚die' Effekte digitaler Technik vorzunehmen. Um dies an einem Beispiel zu illustrieren: Digitale Vernetzungstechniken müssen nicht zwangsläufig zu beschleunigten und zeitlich eng getakteten Arbeitsprozessen führen. Unter Umständen können sie den Beschäftigten auch neue Möglichkeiten einräumen, ihre Arbeit über die Zeit zu verteilen. Dazu muss jedoch eine angemessene organisationale Einbettung digital vernetzter Arbeit sichergestellt werden, und es müssen digitale Werkzeuge gewählt und genutzt werden, die den Beschäftigten die Möglichkeit autonomer Zeitstrukturierung geben (Priorisierung, Wiedervorlage usw.). In diesem Sinne muss jede Analysedimension unseres Modells als Raum für praktische Möglichkeiten und Gelegenheiten verstanden werden.

Zweitens erzeugen die Interaktionen *zwischen* den Analysedimensionen eine Dynamik, die digital vernetzte Arbeit als einen *komplexen Prozess* mit seiner je eigenen Konstellation von Herausforderungen und Belastungen erkennbar macht. Die Dimensionen sind nicht isoliert voneinander zu sehen, sondern als Teil reziproker Wirkungsbeziehungen. Unsere empirischen Befunde zeigen, dass die Beschleunigung digital vernetzter Arbeitsprozesse zu beträchtlichen Stresserfahrungen führt – besonders dann, wenn die digitalen Techniken zugleich zu einer Arbeitsverdichtung führen und wenn die Beschäftigten im Netzwerk kaum über Handlungsfähigkeit verfügen. Die Beziehungen zwischen den Dimensionen wirken sich direkt darauf aus, welche Konfigurationen digital vernetzter Arbeit empirisch zustande kommen und welche Belastungen sich daraus als relationaler Effekt ergeben. Es ist wichtig festzuhalten, dass digital vernetzte Arbeit sich jedem Akteur im Netzwerk jeweils unterschiedlich darstellt und (zunächst ganz unabhängig von individuellen Charakteristika wie persönlicher Resilienz und Verletzlichkeit) für jeden zu unterschiedlichen Belastungskonstellationen führt.

6   Empirische Einblicke[4]

Im Folgenden möchten wir die Dimensionen des digital vernetzten Arbeitens und ihr dynamisches Zusammenspiel anhand exemplarischer empirischer Befunde verdeutlichen. Empirisch spielen natürlich nicht alle Dimensionen bei jeder Form digital vernetzten Arbeitens eine gleichgewichtige Rolle. In der Praxis tauchen stets unterschiedliche Konstellationen und Mischungsverhältnisse auf, die zu verschiedenen Anforderungs- und Belastungskonstellationen führen. Das Modell dient als Heuristik für ein besseres Verständnis der Vielfalt digital vernetzter Arbeit und ihrer Konsequenzen.

Eine Geschäftsführung beschreibt die Vorteile der digital vernetzten Arbeit wie folgt:

> Das [der Einsatz digitaler Technologie] beeinflusst natürlich schon unser Handeln, unser Streben. Wir bringen die Sachen schneller und besser auf den Punkt. [...] Also für so was [Beauftragung eines Lieferanten] würde ich jetzt den Vertriebsleiter oder Innendienstleiter schriftlich informieren, ein paar Dokumente ran hängen, brauche ich keine Besprechung machen. Informationen zu diesem Lieferanten, der ist morgen hier im Haus, ein kurzes Briefing fällt damit eigentlich aus. [...] Wir sind also deutlich schneller geworden, auch deutlich professioneller wie man das auf den Punkt bringt. Aber wir sind natürlich abhängig von unseren Daten. Also wo man vorher eine Kundenakte hatte, die so vollständig war wie die Ablage eben durch jemanden gepflegt wurde, meist durch ein Sekretariat, und wo man natürlich nicht Suchbegriffe eingeben konnte, sondern man musste die Ablage so machen, dass man die Informationen findet. [...] Wenn man das richtig macht und alle Medien mixt, dann kann man sich da einfach und schneller organisieren und wissender sein als sein Gegenüber.

Diese Aussage verweist auf mehrere Dimensionen digital vernetzten Arbeitens, die in der konkreten Arbeit auf spezifische Weise miteinander verknüpft sind. Benötigte Informationen liegen zunehmend in digitaler Form vor, zuvor analog organisierte Strukturen wie die klassische Kundenakte fallen dadurch weg *(Art der Information)*. Dadurch verändern sich auch die zeitlichen Anforderungen an und die *Zeitstruktur* von Interaktion und Koordination, die hier in den digitalen Raum verlagert wird *(Handlungsfähigkeit im Netzwerk)*. Dies wird verbunden mit

---

[4] Zur kompakteren Darstellung der empirischen Ergebnisse konzentrieren wir uns in diesem Kapitel auf Beispiele aus den beiden produzierenden Unternehmen. Die konzeptuellen Darstellungen zu digital vernetzter Arbeit basieren jedoch auf der Empirie aus allen beschriebenen Unternehmen. Empirische Beispiele für Forschungsergebnisse im Feld der Dienstleistung finden sich bei Stöger und Merl (2023) und Weihrich (2023).

Attributen wie „schneller" und „professioneller", diese gelten jedoch nicht automatisch, sondern man muss die digitalen Mittel hierfür kompetent nutzen und miteinander kombinieren *(Form der Technik)*.

Demgegenüber beschreibt ein Mitarbeiter aus dem mittleren Management eines anderen Unternehmens den Einsatz digitaler Technologien und die damit verbundenen Konsequenzen anders:

> „Alle 20 Minuten [werde ich unterbrochen]. [...] Ich kann mich einfach hinsetzen und warten, bis die [Kolleg*nnen] nach und nach kommen und dann echt mit Fragen kommen, wo man sich schon mal Gedanken machen muss. [...] Und dann wird man halt echt aus seinem Tun rausgerissen. [...]. Ich muss immer wieder neu einsteigen. [...] Viele Mails auch. Teilweise bis zu 100 am Tag. Die Cc-Flut ist auch so ein Thema. Es gibt keine Kommunikationskultur. [...] Das ist eine Praxis hier, dass manche Kolleginnen und Kollegen fünf Leute anschreiben mit einem To-Do. [...] Aber wer macht es jetzt? Da folgen dann nochmal fünf oder sieben Minuten Kommunikation für eine Sache, die die eine Person, die es hätte tun sollen/können/müssen – wie auch immer –, selber in einer Minute erledigt hätte."

Der Interviewpartner adressiert ebenfalls die *Zeitstruktur,* spricht hier aber nicht von Beschleunigung im Sinne eines zeitlichen Gewinns, sondern im Sinne einer zeitlichen Verdichtung von Aufgaben und Anforderungen. Dies resultiert in seiner Darstellung zum einen daraus, dass keine geeigneten Formen der Abstimmung mittels digitaler Medien existieren *(Handlungsfähigkeit im Netzwerk),* in dieser „mangelnden Kommunikationskultur" entsteht eine „Cc-Flut". Zum anderen verdichtet sich sein Arbeitsprozess durch den permanenten Wechsel zwischen analogen und digitalen Abstimmungsanforderungen, was gleichzeitig seinen Arbeitsfluss massiv stört *(Struktur des Arbeitsprozesses).* Aus der Perspektive dieses Interviewpartners geht es bei der Nutzung digitaler Technologien also nicht allein um die richtige Kombination von Anwendungen und Medien. Er beschreibt die Notwendigkeit entlastender Konventionen bei der Nutzung. Zudem verweist seine Aussage darauf, dass mit dem Einsatz digitaler Mittel auch die Anforderungen an analoges Arbeiten steigen: es gibt laufend den Bedarf, Dinge sofort abzuklären, dadurch verdichtet sich auch die analoge Kommunikation. Der Mitarbeiter ist durch diese Arbeitssituation psychisch stark belastet und verweist auf die Folgen:

> „Auch körperlich. Also ich schlafe nachts drei Stunden. Ja, ich merke es körperlich. Ich habe Verspannungen, ich habe Schmerzen in diesem Bereich. Eigentlich bin ich über den Punkt hinaus, das muss ich ehrlich sagen. Ich mag es daheim, aber es ist nicht so, dass meine Beziehung nicht darunter leidet."

Das nächste Beispiel bezieht sich auf einen Mitarbeiter, der im Vertrieb und in der Arbeitsvorbereitung tätig ist. Er beschreibt eine Arbeitssituation, in der die *Form der Technik* und die *Art der Information* sein Handeln im Arbeitsprozess beeinflussen:

> „Einer unserer Kunden schickt alle seine Aufträge per E-Mail, aber er hat ein automatisiertes System. [...] Sein System merkt, dass etwas fehlt, wer der Lieferant ist und weiß auch, welche Lieferzeit der Lieferant dafür hinterlegt hat, und dann bestellt das System automatisch. [...] Und wenn ich nicht sofort mit einer Auftragsbestätigungsnummer reagiere, schickt das System eine weitere Mail mit der Bitte um die Auftragsbestätigung. Das heißt, ich habe 20 Mails, die immer das Gleiche enthalten. Aber ich muss sie einzeln anklicken, weil in jeder [Erinnerungs-]Mail eine weitere Bestellung stehen kann. Wenn ich sie also jetzt ignoriere, weil ich denke, dass es nur eine Erinnerungsanfrage für die eine Bestellung ist, die ich schon habe, dann kann es sein, dass ich eine andere Bestellung übersehe, die dort mit aufgeführt ist. [...] Das [automatisierte System] gibt mein Tempo vor. [...] Es schikaniert mich, denn solange ich keine Auftragsbestätigung abgeschickt habe, hört das System nicht auf, mich daran zu erinnern."

Neben den zuvor genannten Dimensionen sind auch die *Position im Netzwerk* und *Handlungsfähigkeit im Netzwerk* adressiert. Der Einsatz digitaler Technik beim Kunden erzeugt bei dem Interviewpartner Handlungszwänge, Zeitdruck und Mehrarbeit. Gleichzeitig hat er kaum die Möglichkeit, auf das digitale Kundensystem steuernd einzuwirken. Er ringt um einen Weg, sich von dem System nicht „schikanieren" zu lassen, sieht dabei aber kaum Handlungsmöglichkeiten. Auch der Versuch, auf das Kundenunternehmen einzuwirken läuft ins Leere, hier wird die Verantwortung für die negativen Folgen des Technikeinsatzes der Technik selbst zugeschrieben:

> „Und da macht das Unternehmen aber gar nichts. Das macht nur das System. Die haben keine Arbeitskräfte, die sich das anschauen. [...] Die sagen, das System ist automatisiert und wir können da nicht eingreifen."

Digital vernetzte Arbeit kann also mit Belastungen einhergehen, die auch zu Fehlern führen können. Ein Mitarbeiter aus dem Servicebereich eines anderen Unternehmens beschreibt, wie bereits die schiere Menge an digitalen Daten überfordern kann:

> „Es laufen einfach viele Daten über den Platz. Man merkt manchmal zum Beispiel gar nicht mehr, was man gemacht hat. Und manchmal, das passiert mir halt manchmal, dann fällt mir ein: ‚Ach, da war ja noch was! Mensch, hab ich das schon gemacht?'

Und dabei hab ich es aber schon lange gemacht. [...] Das sind so Themen, die wären
mir halt früher wirklich nicht passiert."

In diesem Beispiel sind zunächst die *Art der Information* und die *Struktur der
Tätigkeit* adressiert. Zum einen werden digitale Daten in einer schnelleren Taktung prozessiert als analoge Informationen. Dies führt dazu, dass die Datenmenge
die Kapazitäten des Gedächtnisses übersteigt. Zum zweiten sind digitale Daten
abstrakt und tendieren zur Gleichförmigkeit, es ist daher deutlich schwerer, sie als
einzelne Einheiten wahrzunehmen und zu erinnern, als das bei physischen Daten
(z. B. Aktenordnern oder Formularzetteln) der Fall ist. Beides führt dazu, dass
bereits Erledigtes schneller vergessen wird und dann Redundanzen und Mehrarbeit entstehen. Die eigene *Strukturierung des Arbeitsprozesses* fällt in Folge
immer schwerer, denn Vergessen und Redundanzen wären „früher wirklich nicht
passiert."

Im Kontext digital vernetzter Arbeit tendieren Fehler allerdings dazu, unver-
hältnismäßig große Folgen zu haben. Ein Mitarbeiter aus der Arbeitsvorbereitung
eines anderen Unternehmens nennt ein simples Beispiel:

> „Dann kommt eben ein Arbeitsplan raus, wo die einzelnen Kostenstellen drauf sind.
> Das läuft alles über das System und die Werker können sich draußen [an den Maschi-
> nen in der Produktionshalle] eben darauf anmelden. Und sie können sich nur darauf
> anmelden, wenn die Kostenstelle auch hinterlegt ist. Das heißt, wenn ich [der Arbeits-
> vorbereiter] das Kanten vergessen habe, dann kann das Werkstück ruhig an der Kant-
> bank liegen. Er [der Werker] kann sie nicht anmachen, er kriegt noch nicht mal die
> Zeichnung auf."

Hier sind ein ganze Reihe an Dimensionen digital vernetzter Arbeit angesprochen:
Art der Information, Form der Technik, Handlungsfähigkeit im Netzwerk sowie
Position im Netzwerk. Informationen über das Werkstück, das einzurichtende
Werkzeug und den Auftrag insgesamt liegen nur digital vor, die Werker können aber nicht korrigierend oder modifizierend in das digitale System eingreifen,
sie können nur Informationen abrufen. Bei Fehlern der im Zitat beschriebenen
Art, die also eigentlich nur minimal sind und an ganz anderer Stelle im Betrieb
gemacht wurden, können letztlich Beschäftigte in der Produktion ihre Arbeit
nicht erledigen. Sie müssen erst über die Arbeitsvorbereitung eine Änderung
im digitaltechnischen System initiieren. Demgegenüber konnten Produktionsmitarbeiter*innen vor der digitaltechnischen Vernetzung ihrer Arbeitsplätze viel
wirksamer, selbständiger und schneller agieren: Zeichnungen und Auftragsunter-
lagen sind mit dem Werkstück durch die Produktion gewandert, Versäumnisse
oder falsche Angaben konnten durch WerkerInnen vor Ort geändert werden.

Da Fehler bei digital vernetzter Arbeit tendenziell eine größere Reichweite haben, ist es aus Sicht der Einkaufsleitung eines anderen Unternehmens wichtig, über den eigenen Arbeitsbereich hinaus zu denken:

> „Man muss schon ein bisschen abteilungsübergreifend denken und sagen: Okay, wenn ich das [den Fehler] jetzt durchlaufen lasse, schiebe ich den schwarzen Peter nur in die nächste Abteilung. Also versuche ich alles, um das abzumildern und zu blockieren, dass die [Fehler] gar nicht weiterkommen können. […] Ja, und je mehr du dort dieses Gewurschtel verhinderst, umso mehr hast du auch die Kollegen dann selber an der Backe. […] Du musst halt dann wirklich diese Power haben, zu sagen: ‚Wir müssen hier alle an einem Strang ziehen und mit dem System arbeiten.' […] Wir sind auf einem guten Weg, dass das wirklich schön ineinandergreift."

Digitaltechnische Vernetzung von Arbeitsabläufen erfordert neues und anderes vorausschauendes Denken, das beim Vollzug der eigenen Tätigkeit immer mitlaufen muss *(Struktur der Tätigkeit):* Beschäftigte sind andauernd mit der Anforderung konfrontiert, den Überblick über eigenes und fremdes Handeln zu behalten. Nicht nur müssen die Folgen des eigenen Handelns für den eigenen und angrenzende Arbeitsbereiche antizipiert werden, sondern auch die Folgen dieser Folgen für ganz andere Abteilungen und KollegInnen an ganz anderen Orten des Unternehmens. Die Alternative dazu sind Konflikte und zeitraubende Fehlersuchen. Gleichzeitig ist die Verhinderung von „Gewurschtel" aber auch selbst ein Kraftakt, man braucht „Power", um gemeinsam mit und in einem digitaltechnischen System zu arbeiten *(Handlungsfähigkeit im Netzwerk):* Dass Abläufe „schön ineinandergreifen" ist auch mit digitaltechnischer Unterstützung kein Selbstläufer, ganz im Gegenteil muss man hierfür einen anforderungsreichen Weg der Interaktion, Kooperation und Koordination beschreiten. Dies läuft wiederum in weiten Teilen informell ab, das hat Vorteile (z. B. schnelle Absprachen, persönliche Verbindlichkeit), ist aber auch eine Aufgabe, die Zeit in Anspruch nimmt und durchaus selbst zur Belastung werden kann. Je kompetenter man sich in diesem Prozess zeigt, desto mehr KollegInnen sprechen einen an, bitten um Hilfe, erwarten Lösungsangebote – man hat sie „an der Backe".

In unserer Empirie wird sehr deutlich, dass die Digitalisierung vernetzter Arbeit nicht gleichbedeutend ist mit weniger Anforderungen an direkten Austausch und Abstimmung. Manche Abstimmungserfordernisse fallen weg (vgl. eingangs das Zitat eines Geschäftsführers), andere kommen aber neu hinzu. Die Werksleitung eines Nebenstandorts beschreibt am Beispiel der Vernetzung zwischen Fertigung und Logistik, wie das zustande kommen kann:

„Man kann systemisch die Ware so abbilden, als wäre sie verpackt, fertig und so weiter, wenn's pressiert. Das heißt, die Ware soll dringend noch nach A [Hauptstandort] runter. Die melden das in der Fertigung als fertig produziert. Geben das aber noch nicht vor [zur Verladestelle], weil sie irgendwas noch nachmontieren müssen. Dann steht das systemseitig in der Verpackung, die lassen da schon den Lieferschein raus, weil sie wissen: Das muss noch auf den LKW und die Lieferscheine in den roten Koffer. Sie geben alles schon mit, aber die Ware ist im Prinzip noch in der Fertigung."

Der digital abgebildete Prozess muss hier aktiv vom analogen Vorgehen entkoppelt werden, damit der Auftrag trotz Verzögerung in der Fertigung termingerecht verschickt werden kann. Dies betrifft zahlreiche Dimensionen digital vernetzten Arbeitens, insbesondere die *Zeitstruktur,* die *Struktur der Tätigkeit,* die *Struktur des Arbeitsprozesses* und die *Art der Information:* ungleichzeitige Prozesse müssen synchronisiert werden, analoge und digitale Tätigkeiten müssen in Einklang gebracht werden, digital vorliegende Informationen müssen mit der analogen Situation abgeglichen und bewertet werden – dies geschieht in direkter informeller Kooperation und Kommunikation.

Mit den angeführten empirischen Beispielen wurde bereits deutlich, dass digital vernetztes Arbeiten mit Belastungen einhergehen kann, die auch negative Auswirkungen auf die Gesundheit haben können. Im Folgenden gehen wir genauer auf potenzielle Belastungen ein.

7   Belastungen bei digital vernetzter Arbeit: Empirische Ergebnisse und Impulse für weitere Forschung

Belastungen, die aus dem Einsatz und der Nutzung digitaler Technologien resultieren, sind kein neuer Forschungsgegenstand. Die aktuelle Literatur zu diesem Thema konzentriert sich insbesondere auf das individuelle Erleben von digitalen Technologien und deren Anwendung (vgl. Zolg et al. 2021). Wie wir einleitend ausgeführt haben, besteht unseres Erachtens eine Lücke in der bisherigen Forschung über die Nutzung digitaler Technologien und die damit verbundenen Belastungen: Sie bezieht sich implizit oder explizit auf die *digitaltechnische Vernetzung* von Abläufen und Prozessen, nicht jedoch auf *Vernetzung als menschliche Arbeitsleistung* und die damit verbundenen Anforderungen. Wie im vorangegangenen Kapitel aber deutlich wurde, ist es eben gerade nicht so, dass digitaltechnische Vernetzung die aktive Vernetzung arbeitender Subjekte in laufenden Arbeitsprozessen überflüssig macht – also informelle verbale Kommunikation und direkte Interaktion, um Arbeitsstände abzugleichen, Probleme zu besprechen und zu lösen, Sachverhalte zu klären, Abläufe zu pausieren oder anzutreiben u. V. m. Digitaltechnische Vernetzung verändert allerdings die Voraussetzungen, Bedingungen und Anforderungen unter denen dies passiert. Hier sprechen wir von digital vernetzter Arbeit. An manchen Stellen wird sie geringer, an anderen Stellen hingegen dringlicher und mehr. Unseren Untersuchungen nach nimmt sie jedoch insgesamt deutlich zu und findet unter gesteigertem Zeitdruck statt. Zudem werden digitale Technologien in der bisherigen Forschung zumeist nur für bestimmte Arbeitsaufgaben und Arbeitsgebiete als relevant angesehen. Im Gegensatz dazu zeigt unsere Untersuchung, dass die Digitalisierung vernetzter Arbeit systematisch *alle* Arbeitsgebiete von Unternehmen erfasst und damit über organisationale Grenzen und Strukturen hinaus wirkt – und dass dies auch für die Belastungen und Stresserfahrungen gilt, die damit verbunden sind.

Unsere Befunde deuten darauf hin, dass digital vernetzte Arbeit dazu tendiert, jederzeit maximale Leistung zu fordern, d. h. über den ganzen Arbeitstag hinweg, ohne die Möglichkeit von nennenswerten oder selbstbestimmten Erholungspausen hochkonzentriert zu arbeiten. Dies führt zu spezifischen physischen und mentalen Belastungen und Beanspruchungen im Arbeitsprozess und hat Konsequenzen für die Work-Life-Balance und den gesamten Lebensstil von Beschäftigten. In unserer empirischen Forschung sind wir auf folgende typische Belastungen bei digital vernetzter Arbeit gestoßen:

- Häufige Unterbrechungen bei der Arbeit an verschiedenen Aufgaben und Themen;
- mehr Arbeit unter externer Kontrolle kombiniert mit wachsenden Anforderungen an Selbstorganisation;
- Bedienung digitaler Werkzeuge, die nur begrenzte Kontrollmöglichkeiten bieten;
- zeitaufwendige Workarounds, die infolge technischer Probleme und Inkompatibilitäten oder unsauberer und inkonsistenter Daten nötig werden;
- Schnittstellenprobleme beim permanenten Wechsel zwischen digitalen und analogen Arbeitsaufgaben sowie unterschiedlichen Handlungs- und Systemlogiken;
- zeitliche Engpässe und wachsende Arbeitsintensivierung;
- ständige Erreichbarkeit während und außerhalb der Arbeitszeit;
- einseitige Belastung des Sinnesapparats (besonders des visuellen Sinns);
- Einschränkung und Verlust der sinnlich-ganzheitlichen Wahrnehmung des Arbeitsgegenstands infolge begrenzter Möglichkeiten umfassender Sinneswahrnehmung in digitalisierten Arbeitsprozessen;
- Erfahrungen von Entfremdung und Dequalifizierung;

• Anforderung höchster kognitiver Leistungsfähigkeit in jedem Augenblick bei zu wenig Zeit für Regeneration.

Unseren Erhebungen nach korrelieren diese Belastungen nur äußerst begrenzt mit individuellen Persönlichkeitseigenschaften oder Verhaltensmustern (etwa geringer Resilienz oder fehlendem Arbeitsengagement). Die eigentliche Quelle der Belastungen liegt woanders: Sie sind durchweg geprägt von Widersprüchlichkeiten und Ambivalenzen, sowohl in sich als auch untereinander (bspw. Erfahrung von Dequalifizierung einerseits, Anforderung höchster kognitiver Leistungsfähigkeit andererseits). Paradoxe Anforderungen und diffuse, nur schwer auf einen Ursprung zurückzuführende Problemlagen sind das Ergebnis, von denen Beschäftigte in den Interviews berichten. Solche Widersprüche und Ambivalenzen spiegeln sich auch im oben entwickelten Modell digital vernetzter Arbeit und seinen Dimensionen wider: sie können innerhalb der oben vorgestellten Dimensionen digital vernetzter Arbeit oder zwischen ihnen auftreten. Zum Beispiel sind häufige Unterbrechungen eine Folge der veränderten Zeitstruktur digital vernetzter Arbeit: Mehr und mehr Arbeitsaufgaben müssen in immer kürzerer Zeit und zunehmend parallel zueinander, d. h. gleichzeitig bewältigt werden. Dies wird oft erst durch digitale Planungswerkzeuge möglich, die es erlauben, mehrere Prozesse gleichzeitig im Auge zu behalten und zu organisieren. Diese neuen Möglichkeiten tendieren aber dazu, sich permanent in übermäßige Anforderungen zu verwandeln. Man kann dementsprechend auf der Ebene digitaler Planung reibungslos verschiedene Prozesse gleichzeitig organisieren, während man im physischen Arbeitsprozess den gedanklichen Faden verliert oder überhaupt keine sinnvolle Handlungskette mehr nachvollziehen kann, da Arbeitsinhalte und Arbeitsaufgaben ständig wechseln. Ein weiteres Beispiel ist die widersprüchliche Situation, dass man immer mehr von Anforderungen getrieben wird, die von außerhalb der eigenen Einflusssphäre kommen, zugleich aber nicht mit den Anforderungen der eigenen Arbeitsprozesse zusammenpassen. Die Belastung wird umso größer, je mehr man selbst verantwortlich dafür ist, seine eigene Arbeit zu organisieren. In solchen Situationen sind die Beschäftigten einem strukturellen Widerspruch zwischen ihrer Position im (digitalen) Netzwerk (etwa: sehr enge Kopplung) und ihren Einfluss- und Handlungsmöglichkeiten (etwa: sehr geringer Einfluss) ausgesetzt, zum Beispiel in der Dimension der Zeitstruktur oder auch der Form der Technik. Derartige strukturelle Widersprüche und Ambivalenzen müssen von Unternehmen erkannt werden; unser Modell der Dimensionen und Anforderungen digital vernetzter Arbeit bietet eine Grundlage dafür. Die Aufgabe des Managements ist es dann, die identifizierten Belastungen durch angemessene Arbeitsorganisation und Maßnahmen zum Kompetenzerwerb zu reduzieren, hierauf gehen wir im abschließend Folgenden ein.

8 Schlussfolgerungen für die beschäftigtenorientierte Arbeitsgestaltung bei digital vernetzter Arbeit

Nachdem wir das technische Potenzial digital vernetzter Arbeit sowohl zur Erweiterung als auch zur Einschränkung von Handlungsmöglichkeiten diskutiert und die empirisch beobachtbaren Belastungsfolgen beschrieben haben, gehen wir in diesem Kapitel auf die Implikationen ein, die sich daraus für eine auf die Beschäftigten und den Schutz ihrer Interessen (insbesondere hinsichtlich Gesundheit und persönlicher Entwicklung) gerichtete Perspektive ergeben. Denn je tiefer die Digitalisierung in alle Bereiche und Aspekte der Arbeit eindringt und je mehr sie dazu beiträgt, eine globalisierte, international vernetzte Arbeitswelt zu schaffen, desto dringender wird es, ihre Konsequenzen für die Arbeitsbelastung, die Interessenvertretung der Beschäftigten und eine nachhaltige, gesundheitsförderliche Arbeitsgestaltung zu bedenken (Böhle 2018; Huchler et al. 2018; Carls et al. 2021).

Bekanntlich findet die Einbettung digital vernetzter Arbeit in die Arbeitsorganisation nicht in einem herrschaftsfreien Diskurs statt. Hierarchische Strukturen, formale und reale Autorität und die Entscheidungsmacht von Vorgesetzten prägen Organisationen und die in ihnen verrichtete Arbeit in beträchtlichem Maß; damit werden auch die Handlungsspielräume beeinflusst, die den beteiligten Subjekten offenstehen (diGAP 2021; Menz et al. 2011; Pfeiffer et al. 2014; Pfeiffer 2021; Rüb 2021). Diese präformierende Konfiguration mit ihren formalisierten und informellen Regeln folgt im Wesentlichen kommerziellen bzw. kapitalistischen Interessen. Ähnlich verhält es sich bei den Technologien, die in Unternehmen eingesetzt werden, um digital vernetzte Arbeit zu ermöglichen und auszugestalten. Auch sie werden in erster Linie entwickelt, programmiert, verwaltet, erworben und eingesetzt, um kommerziellen und kapitalistischen Interessen zu dienen. Dies gilt es zu berücksichtigen, wenn Handlungsspielräume in konkreten empirischen Ausprägungen digital vernetzter Arbeit analysiert und der betriebliche Mitbestimmung Gestaltungsmöglichkeiten eröffnet werden sollen.

Die komplexen, teils ineinandergreifenden und sich überlappenden Arbeitsprozesse digital vernetzter Arbeit lassen sich nicht vollständig formalisieren. Wie wir oben beschrieben haben, gehen mit diesem neuen Gefüge von Arbeit auch neue Anforderungen einher, die transparent gemacht werden müssen, um auf sie gestaltend einwirken zu können. Einerseits wird es damit leichter, strategische Handlungsoptionen zu identifizieren, andererseits kommen die begrenzenden Faktoren digital vernetzter Arbeit in den Blick, d. h. organisationale Regeln, starre hierarchische Beziehungen, technische Restriktionen oder technikbedingte Anforderungen. Im Ergebnis können Beschäftigte und Arbeitgeber sich bei ihren Aushandlungen auf konkrete Arbeitsprozesse beziehen. Zudem können auch Arbeitsbeziehungen zwischen wechselseitig voneinander abhängigen Beschäftigten in einem Netzwerk jenseits hierarchischer Stufen ausgehandelt werden. Es wird auf diese Weise möglich, bereits etablierte Konventionen – wie etwa die Vorgehensweise beim Ansetzen von Online-Meetings, bei der Nutzung von Kollaborationstools oder auch die Verhaltenserwartungen im Fall von E-Mail-Anfragen – offen zur Diskussion zu stellen und die Grundlage für eine nachhaltige und belastungsarme Arbeitsgestaltung zu schaffen. Auf einer anderen Ebene ist es ebenso wichtig und hilfreich, die zu nutzenden Technologien und ihre den Arbeitsprozess strukturierenden Eigenschaften sowie die Szenarien, in denen sie genutzt werden, kritisch zu hinterfragen. Mag die algorithmische Tiefenstruktur in der Praxis in den allermeisten Fällen unzugänglich bleiben, so ist es doch möglich, transparent auszuhandeln, zu welchem Zweck und in welchem Umfang datensammelnde und -verarbeitende Software genutzt werden soll.

Unabhängig davon kann die Komplexität der Anforderungen digital vernetzter Arbeit auch ein Argument dafür sein, über bestehende Klassifizierungen und Eingruppierungen bestimmter Arbeitstätigkeiten neu nachzudenken und entsprechend – ggf. tariflich – zu verhandeln. Interessenvertretung muss sich jedoch nicht in Tarifverhandlungen erschöpfen. In den letzten Jahren haben sich Gewerkschaften zunehmend mit Fragen von Arbeitsbelastung und humaner Arbeitsgestaltung befasst. Dies sind Themen, die im Kontext digital vernetzter Arbeit in neuer Form und mit massiven Auswirkungen akut werden. Wenn man die komplexen Anforderungen digital vernetzter Arbeit systematisch dechiffriert und die Bedingungen erfolgreicher und guter (digitalisierter) Arbeit mit ihren technischen und sozialen Rahmenbedingungen beschreibt, kommen auch abstrakte Zielvereinbarungen und die zugehörigen Mechanismen indirekter Steuerung (u. a. Nies 2021; Nies und Sauer 2012) in Reichweite der Aushandlung.

Partizipative Prozesse können ein konkreter Ausgangspunkt für die Gestaltung und Aushandlung der Bedingungen digital vernetzter Arbeit sein. Bei digital vernetzter Arbeit bedeutet dies, dass Beschäftigte, Betriebsräte, Führungskräfte und das Management über alle Hierarchieebenen hinweg aktiv in Analyse-, Planungs-, Entscheidungs-, Umsetzungs- und Evaluationsprozesse einbezogen werden. Das Ziel besteht darin, das im Unternehmen verfügbare, für die akute Herausforderung relevante formelle wie informelle Wissen zusammenzutragen und gemeinsam,

d. h. alle betroffenen Akteure und Akteursgruppen, in einem offenen Diskurs weiterzuentwickeln (Heinlein et al. 2018). Auf diese Weise werden Beschäftigte als Expert*innen ihrer eigenen Arbeit anerkannt. Zugleich können in einem partizipativen Prozess unterschiedliche Interessen artikuliert und gebündelt werden. Über den konkreten Einzelfall hinaus können damit fundierte und übertragbare Einsichten gewonnen werden, etwa über die mögliche und wünschenswerte betriebliche Entwicklung der Digitalisierung von Arbeit oder für eine betriebliche Technikgestaltung, die auf die Fähigkeiten und Bedürfnisse der Nutzenden abgestimmt ist. Für gewöhnlich müssen digitale Techniken ohnehin an die betrieblichen Arbeitsabläufe angepasst werden. Hier besteht also eine strukturelle Chance und Gelegenheit, aktuelle und künftige Nutzer*innen einer digitalen Technologie in deren Anpassung und Ausgestaltung für betriebliche Zwecke einzubinden. Was die Technologie können muss, wie sie Nutzen stiften kann, wie sie am besten zu bedienen ist und wie sie lernförderlich wirken kann – all diese Fragen können im gemeinsamen Austausch gestellt, ausgehandelt und entschieden werden.

Letztendlich geht es darum, dass die digitale Technologie, ihr Einsatz und der Umgang mit ihr den Erfordernissen der Arbeitspraxis angepasst wird und nicht umgekehrt. Denn auch bei digital vernetzter Arbeit gilt (womöglich sogar umso mehr), dass sich die reale Arbeitspraxis als weit komplexer und weit abhängiger von erfahrungsgeleitetem und informellem Arbeitshandeln zeigt, als dass sie in digitaltechnischer Vernetzung abgebildet werden und aufgehen könnte.

Literatur

Andries, F.; Bijleveld, C.; Pot, F. (1991): Working conditions and mental strain of automation personnel. In: International Journal of Human-Computer Interaction, 3(4), S. 363–373.
Avis, J. (2018): Socio-technical imaginary of the fourth industrial revolution and its implications for vocational education and training: a literature review. In: Journal of Vocational Education & Training, 70(3), S. 337–363.
Awada, M., Lucas, G., Becerik-Gerber, B., Roll, S. (2021): Working from home during the COVID-19 pandemic: Impact on office worker productivity and work experience. In: WORK, 69(4), S. 1171–1189.
Ayyagari, R.; Grover, V.; Purvis, R. (2011): Technostress: technological antecedents and implications. MIS Q. 35(4), S. 831–858.
Azhar, S. (2017): The fourth industrial revolution and labour: a Marxian theory of digital production. In: Review of Socio-Economic Perspectives, 2(1), S. 103–124.
Bader, V.; Kaiser, S. (2017): Autonomy and Control? How Heterogeneous Sociomaterial Assemblages Explain Paradoxical Rationalities in the Digital Workplace. In: Management Revue, 28(3), S. 338–358.

Baethge, M. (1991): Arbeit, Vergesellschaftung, Identität. Zur zunehmenden normativen Subjektivierung der Arbeit. In: Soziale Welt, 42(1), S. 6–19.

Baethge-Kinsky, V.; Kuhlmann, M.; Tullius, K. (2018): Technik und Arbeit in der Arbeitssoziologie – Konzepte für die Analyse des Zusammenhangs von Digitalisierung und Arbeit. In: AIS-Studien, 11(2), S. 91–106.

Barad, K. (2012): Agentieller Realismus. Über die Bedeutung materiell-diskursiver Praktiken. Berlin: Suhrkamp.

Barrett, M.; Oborn, E.; Orlikowski, W.J.; Yates, J. (2012): Reconfiguring Boundary Relations: Robotic Innovations in Pharmacy Work. In: Organization Science, 23(5), S. 1448–1466.

Benanav, A. (2020): Automation and the future of work. London, New York: Verso.

Bengtsson S.; Johansson S. (2021): A phenomenology of news: Understanding news in digital culture. In: Journalism, 22(11), S. 2873–2889.

Bernardy, V.; Müller, R., Röltgen, A.; Antoni, C. (2021): Führung hybrider Formen virtueller Teams – Herausforderungen und Implikationen auf Team- und Individualebene. In: Mütze-Niewöhner, S.; Hacker, W.; Hardwig, T.; Kauffeld, S.; Latniak, E.; Nicklich, M.; Pietrzyk, U. (Hrsg.): Projekt- und Teamarbeit in der digitalisierten Arbeitswelt. Berlin, Heidelberg: Springer, S. 115–138.

Bjørn, P.; Søderberg. A.-M.; Krishna, S. (2019): Translocality in Global Software Development: The Dark Side of Global Agile. In: Human–Computer Interaction, 34(2): 174–203.

Böhle, F. (2023): Darstellung und Wahrnehmung von Informationen bei Digitalisierung: eine Differenzierung und Präzisierung. In: Heinlein, M.; Neumer, J.; Ritter, T. (Hrsg.): Digital vernetzte Arbeit – Merkmale und Anforderungen eines neuen Typus von Arbeit. Wiesbaden: Springer VS.

Böhle, F. (2018): Arbeit und Belastung. In: Böhle, F.; Voß, G. G.; Wachtler, G. (Hrsg.): Handbuch Arbeitssoziologie. Band 2: Akteure und Institutionen. Wiesbaden: Springer, S. 59–98.

Böhle, F. (2017): Arbeit als Subjektivierendes Handeln. Handlungsfähigkeit bei Unwägbarkeiten und Ungewissheit. Wiesbaden: Springer.

Böhle, F.; Bolte, A. (2002): Die Entdeckung des Informellen. Der schwierige Umgang mit Kooperation im Arbeitsalltag. Frankfurt, New York: Campus.

Böhle, F.; Huchler, N. (2016): Cyber-Physical Systems and Human Action. A re-definition of distributed agency between humans and technology, using the example of explicit and implicit knowledge. In: Song, H.; Rawat, D. B.; Jeschke S.; Brecher, C. (Hrsg.): Cyber-Physical Systems: Foundations, Principles, and Applications. A volume in Intelligent Data-Centric Systems. Waltham: Elsevier, S. 115–127.

Böhle, F.; Bolte, A.; Pfeiffer, S.; Porschen, S. (2008): Kooperation und Kommunikation in dezentralen Organisationen – Wandel von formalem und informellem Handeln. In: Funken, C.; Schulz-Schaeffer, I. (Hrsg.): Digitalisierung der Arbeitswelt. Wiesbaden: Springer, S. 93–115.

Bolte, A.; Neumer, J. (2023): Digital vernetzte Arbeit in mittelständischen Unternehmen: Anforderungen im Umgang mit ERP-Systemen und Grenzen Digitalisierung. In: Heinlein, M.; Neumer, J.; Ritter, T. (Hrsg.): Digital vernetzte Arbeit – Merkmale und Anforderungen eines neuen Typus von Arbeit. Wiesbaden: Springer VS.

Bolte, A.; Neumer, J. (2020): Erfahrungsbasiertes Kontextwissen bei digital vernetzter Arbeit: Erfordernisse, Lernhemmnisse und Erwerb. In: Richter, G. (Hrsg.): Lernen in der digitalen Transformation. Wie arbeitsintegriertes Lernen in der betrieblichen Praxis gelingt. Stuttgart: Schaeffer-Poeschel, S. 65–82.

Bolte, A.; Neumer, J.; Porschen-Hueck, S. (2008): Die alltägliche Last der Kooperation. Abstimmung als Arbeit und das Ende der Meeting-Euphorie. Berlin: edition sigma.

Bonekamp, L.; Sure, M. (2015): Consequences of Industry 4.0 on Human Labour and Work Organisation. In: Journal of Business and Media Psychology, 6(1), S. 33–40.

Borle, P.; Boerner-Zobel, F.; Voelter-Mahlknecht, S.; Hasselhorn, H.M.; Ebener, M. (2021): The social and health implications of digital work intensification. Associations between exposure to information and communication technologies, health and work ability in different socio-economic strata. In: International Archives of Occupational and Environmental Health, 94(3), S. 377–390.

Braña, F.J. (2019): A fourth industrial revolution? Digital transformation, labor and work organization: a view from Spain. In: Journal of Industrial and Business Economics, 46(3), S. 415–430.

Briken, K.; Chillas, S.; Kryzywdzinski, M.; Marks, A. (Hrsg.) (2017): The Digital Workplace: How New Technologies Revolutionise Work. London: Palgrave.

Brödner, P. (2015): Industrie 4.0 und Big Data – wirklich ein neuer Technologieschub? In: Hirsch-Kreinsen, H. (Hrsg.): Digitalisierung industrieller Arbeit. Die Vision Industrie 4.0 und ihre sozialen Herausforderungen. Baden-Baden: Nomos, S. 231–250.

Butollo, F.; Ehrlich, M.; Engel, T. (2017): Amazonisierung der Industriearbeit?: Industrie 4.0, Intralogistik und die Veränderung der Arbeitsverhältnisse in einem Montageunternehmen der Automobilindustrie. In: Arbeit, 26(1), S. 33–59.

Büchner, S. (2018): Zum Verhältnis von Digitalisierung und Organisation. In: Zeitschrift für Soziologie, 47(5), S. 332–348.

Carls, K.; Gehrken, H.; Kuhlmann, M.; Thamm, L.; Splett, B. (2021): Digitalisierung, Arbeit und Gesundheit – Arbeitsbelastungen im Wandel? In: Buss, K.-P.; Kuhlmann, M.; Weißmann, M.; Wolf, H.; Apitzsch B. (Hrsg.): Digitalisierung und Arbeit. Triebkräfte – Arbeitsfolgen – Regulierungen. Frankfurt, New York: Campus, S. 235–272.

Castells, M. (2000): The Rise of Network Society. Band 1. 2. Auflage. New York: Blackwell.

Chesley, N. (2014): Information and Communication Technology Use, Work Intensification and Employee Strain and Distress. In: Work Employment and Society, 28(4), S. 589–610.

Čizmić, E.; Kurtić, E. (2020): Impact of the fourth industrial revolution in business management and work-places shaping. In: PREGLED, 61(3), S. 1–27.

Corbett, J. M. (1987): A psychological study of advanced manufacturing technology: The concept of coupling. In: Behaviour & Information Technology, Jg. 6, H. 4, S. 441–453.

DeSanctis, G.; Poole, M.S. (1994): Capturing the Complexity in Advanced Technology Use: Adaptive Structuration Theory. In: Organization Science, 5(2), S. 121–147.

Dettling, W. (2004): Work-Life-Balance als strategisches Handlungsfeld für die Gewerkschaften. Eine Expertise für die Hans-Böckler-Stiftung. Arbeitspapier der Hans-Böckler-Stiftung, 90. Düsseldorf.

diGAP (2021): Gute agile Projektarbeit in der digitalen Arbeitswelt (diGAP). Abschlussbroschüre zum Forschungsprojekt. Nürnberg: diGAP.

Dörre, K.; Röttger, B. (2003): Das neue Marktregime – Konturen eines nachfordistischen Produktionsmodells. Hamburg: VSA.

Dörre, K.; Sauer, D.; Wittke, V. (2012): Kapitalismustheorie und Arbeit – Neue Ansätze soziologischer Kritik. Frankfurt am Main: Campus.

Dorschel, R. (2022): Reconsidering digital labour: Bringing tech workers into the debate. In: New Technology, Work and Employment, 37(1), S. 1–20.

Dragano N; Lunau T. (2020): Technostress at work and mental health: concepts and research results. Curr Opin Psychiatry. 33(4), S. 407–413.

Dunkel, W.; Kratzer, N. (2016): Zeit- und Leistungsdruck bei Interaktionsarbeit. Neue Steuerungsformen und subjektive Praxis. Baden-Baden: Nomos.

Ebert, C. (2020): Verteiltes Arbeiten kompakt. Virtuelle Projekte und Teams. Homeoffice. Digitales Arbeiten. Wiesbaden: Springer.

Falkenberg, J.; Haipeter, T.; Krzywdzinski, M.; Kuhlmann, M.; Schietinger, M.; Virgillito, A. (2020): Digitalisierung in Industriebetrieben: Auswirkungen auf Arbeit und Handlungsansätze für Betriebsräte. Forschungsförderung Report No. 6. Düsseldorf: Hans-Böckler-Stiftung.

Faraj, S.; Azad, B. (2012): The materiality of technology. In: Leonardi, P. M.; Nardi, B. A.; Kallinikos, J. (Hrsg.): Materiality and Organizing. Oxford: Oxford University Press, S. 237–258.

Faust, M.; Funder, M.; Moldaschl, M. (2005): Die Organisation der Arbeit. München, Mering: Hampp.

Frone, M. (2003): Work-family balance. In: Quick, J.; Tetrick, L. (Hrsg.): Handbook of Occupational Health Psychology. Washington: American Psychological Association, S. 143–162.

Gerst, D. (2015): Industrie 4.0 als Herausforderung für den Gesundheitsschutz. In: Schröder, L.; Urban, H.-J. (Hrsg.): Gute Arbeit. Frankfurt am Main: Bund, S. 245–257.

Glißmann, W. (2005): Neue Selbständigkeit in der Arbeit und die Frage der Gesundheit. In: Kuhn, J.; Göbel, E.; Busch, R. (Hrsg.): Leben um zu arbeiten? Betriebliche Gesundheitsförderung unter biographischem Blickwinkel. Frankfurt am Main: Mabuse, S. 63–89.

Graham, M., Hjorth, I.; Lehdonvirta, V. (2017): Digital labour and development: impacts of global digital labour platforms and the gig economy on worker livelihoods. Transfer: European Review of Labour and Research, 23(2), S. 135–162.

Handrich, C.; Koch-Falkenberg, C.; Voß, G. G. (2016): Professioneller Umgang mit Zeit- und Leistungsdruck. Baden-Baden: Nomos.

Haraway, D. (2016): Staying with the Trouble. Making Kin in the Chthulucene. Durham, London: Duke University Press.

Hardwig, T.; Weißmann, M. (2021): Das Arbeiten mit Kollaborationsplattformen – Neue Anforderungen an die Arbeitsgestaltung und interessenpolitische Regulierung. Mütze-Niewöhner, S.; Hacker, W.; Hardwig, T.; Kauffeld, S.; Latniak, E.; Nicklich, M.; Pietrzyk, U. (Hrsg.): Projekt- und Teamarbeit in der digitalisierten Arbeitswelt. Berlin, Heidelberg: Springer, S. 203–224.

Hassel, A.; Sieker, F. (2022): The platform effect: How Amazon changed work in logistics in Germany, the United States and the United Kingdom. In: European Journal of Industrial Relations, 28(3), S. 1–20. https://doi.org/10.1177/09596801221082456.

Healy, M. (2020): Marx and Digital Machines: Alienation, Technology, Capitalism. London: University of Westminster Press.

Heidling, E.; Neumer, J. (2021): Kompetenzprofile von Ingenieurinnen und Ingenieuren im digitalen Wandel. In: Lehmann, L.; Egelhardt, D.; Wilke, W. (Hrsg.): Kompetenzen für die digitale Transformation. Berlin: Springer Vieweg, S. 93–106.

Heinlein, M. (2023): Künstliche Intelligenz als kontingenzerzeugende Technologie: Eine praxistheoretische Perspektive. In: Heinlein, M.; Huchler, N. (Hrsg.): Künstliche Intelligenz, Mensch und Gesellschaft. Wiesbaden: Springer VS. (im Erscheinen)

Heinlein, M.; Huchler, N. (Hrsg.) (2023): Künstliche Intelligenz, Mensch und Gesellschaft. Wiesbaden: Springer VS. (im Erscheinen)

Heinlein, M.; Huchler, N. (2021): Digitalisierung und die Bearbeitung von Ungewissheit: Gestaltungsmöglichkeiten im Konzept der prospektiven Organisation. In: Gruppe. Interaktion. Organisation. Zeitschrift für Angewandte Organisationspsychologie (GIO), Jg. 52, S. 525–637.

Heinlein, M.; Huchler, N.; Ritter, T. (2018): Digitalen Wandel mit partizipativer Forschung begleiten und gestalten. In: *BWP – Berufsbildung in Wissenschaft und Praxis*, 47(6), S. 11–15.

Hildebrandt, E.; Linne, G. (2000): Reflexive Lebensführung. Zu den soziologischen Folgen flexibler Arbeit. Berlin: edition sigma.

Hirsch-Kreinsen, H. (2017): Digitalisierung industrieller Einfacharbeit: Entwicklungspfade und arbeitspolitische Konsequenzen. In: Arbeit, 26 (1), S. 7–32.

Huchler, N.; Voß, G. G.; Weihrich, M. (2007): Soziale Mechanismen im Betrieb. Empirische und theoretische Analysen zur Entgrenzung und Subjektivierung von Arbeit. München, Mering: Hampp.

Huchler, N.; Porschen-Hueck, S.; Ritter, T.; Sauer, S. (2018): Arbeitssoziologische Belastungsforschung zu neuen Arbeitsformen. In: Kawohl W.; Rössler, W. (Hrsg.): Arbeit und Psyche. Grundlagen, Therapie, Rehabilitation, Prävention – Ein Handbuch. Stuttgart: Kohlhammer, S. 29–43.

Huws, U. (2014): Labor in the global digital economy: the cybertariat comes of age. New York: Monthly Review Press.

Jarrahi, M.H.; Newlands, G.; Lee, M.K.; Wolf, C.T.; Kinder, E.; Sutherland, W. (2021): Algorithmic management in a work context. In: Big Data & Society, 8(2), S. 1–14.

Johannessen, J-A. (2018): The workplace of the future: The Fourth Industrial Revolution, the precariat and the death of hierarchies. London: Routledge.

Kaghan, W. N.; Bowker, G. C. (2001): Out of machine age? Complexity, sociotechnical systems and actor network theory. In: Journal of Engineering and Technology Management, 18(3/4), S. 253–269.

Kim, J. (2001): Phenomenology of Digital-Being. In: Human Studies, 24(1/2), S. 87–111.

Knorr-Cetina, K. (1997): Sociality with objects. Social relations in postsocial societies. In: Theory, Culture and Society, 14(4), S. 1–43.

Körner, U.; Müller-Thur, K.; Lunau, T.; Dragano, N.; Angerer, P.; Buchner, A. (2019): Perceived stress in human–machine interaction in modern manufacturing environments – results of a qualitative interview study. in: Stress Health, 35(2), S. 1–13.

Kratzer, N. (2003): Arbeitskraft in Entgrenzung. Berlin: edition sigma.

Krömmelbein, S. (2004): Kommunikativer Stress in der Arbeitswelt – Zusammenhänge von Arbeit, Interaktion und Identität. Berlin: edition sigma.

Kuhlmann, M.; Splett, B.; Wiegrefe, S. (2018): Montagearbeit 4.0? Eine Fallstudie zu Arbeitswirkungen und Gestaltungsperspektiven digitaler Werkerführung. In: WSI Mitteilungen, 71(3), S. 182–188.

Küsters, I. (2009): Narrative Interviews: Grundlagen und Anwendungen. 2. Auflage. Wiesbaden: Springer.

Latniak, E.; Schäfer, J. (2021): Belastungs- und Ressourcensituation operativer Führungs-
kräfte bei virtueller Teamarbeit. Herausforderungen für die Gestaltung der Arbeit. In:
Mütze-Niewöhner, S.; Hacker, W.; Hardwig, T.; Kauffeld, S.; Latniak, E.; Nicklich, M.;
Pietrzyk, U. (Hrsg.): Projekt- und Teamarbeit in der digitalisierten Arbeitswelt. Berlin,
Heidelberg: Springer, S. 75–95.

Latour, B. (2005): Reassembling the Social. An Introduction to Actor-Network-Theory.
Oxford: Oxford University Press.

Leonardi, P.M.; Treem, J.W. (2020): Behavioral Visibility: A new paradigm for organization
studies in the age of digitization, digitalization, and datafication. In: Organization Studies,
41(12), S. 1601–1625.

Leonardi, P.M. (2011): When Flexible Routines Meet Flexible Technologies: Affordance,
Constraint, and the Imbrication of Human and Material Agencies. In: MIS Quarterly,
35(1), S. 147–167.

Lindner, D. (2020): Virtuelle Teams und Homeoffice. Empfehlungen zu Technologien,
Arbeitsmethoden und Führung. Wiesbaden: Springer.

Marler, J. H.; Liang, X. (2012): Information technology change, work complexity and service jobs: a contingent perspective. In: New Technology, Work and Employment, 27(2),
S. 133–146.

Mazmanian, M.; Orlikowski, W. J.; Yates, J. (2013): The autonomy paradox: The implications of mobile email devices for knowledge professionals. In: Organization Science,
24(5), S. 1337–1357.

McDonald, P.; Williams, P.; Mayes, R. (2020): Means of Control in the Organization of Digitally Intermediated Care Work. In: Work, Employment and Society, 35(5), S. 872–890.

Menz, W.; Dunkel, W.; Kratzer, N. (2011): Leistung und Leiden. Neue Steuerungsformen
von Leistung und ihre Belastungswirkungen. In: Kratzer, N.; Dunkel, W.; Becker, K.;
Hinrichs, S. (Hrsg.): Arbeit und Gesundheit im Konflikt. Analysen und Ansätze für ein
partizipatives Gesundheitsmanagement. Berlin: edition sigma, S. 143–198.

Meyer, S.-C.; Tisch, A.; Hünefeld, L. (2019): Arbeitsintensivierung und Handlungsspielraum
in digitalisierten Arbeitswelten – Herausforderung für das Wohlbefinden von Beschäftigten? In: Industrielle Beziehungen. Zeitschrift für Arbeit, Organisation und Management,
26(2), S. 207–231.

Moldaschl, M. (2001): Herrschaft durch Autonomie. Dezentralisierung und widersprüchliche Arbeitsanforderungen. In: Lutz, B. (Hrsg.): Entwicklungsperspektiven von Arbeit.
Berlin: Akademie, S. 132–164.

Moldaschl, M. (2005): Ressourcenorientierte Analyse von Belastung und Bewältigung in der
Arbeit. In: Moldaschl, M. (Hrsg.): Immaterielle Ressourcen. Nachhaltigkeit von Unter-
nehmensführung und Arbeit I. München, Mering: Hampp, S. 243–280.

Moldaschl, M.; Sauer, D. (2000): Internalisierung des Marktes – Zur neuen Dialektik von
Kooperation und Herrschaft. In: Minssen, H. (Hrsg.): Begrenzte Entgrenzung. Wand-
lungen von Organisation und Arbeit. Berlin: edition sigma, S. 205–224.

Moldaschl, M.; Voß, G. G. (2003): Subjektivierung von Arbeit. 2. Auflage. München,
Mering: Hampp.

Moore P.V.; Upchurch M.; Whittaker X. (2018): Humans and Machines at Work. Dynamics
of Virtual Work. Cham: Palgrave Macmillan.

Mütze-Niewöhner, S.; Latniak, E.; Hardwig, T.; Nicklich, M.; Hacker, W.; Harlacher, M.; Pietrzyk, U.; Kauffeld, S. (2021): Projekt- und Teamarbeit in der digitalisierten Arbeitswelt. In: Mütze-Niewöhner, S.; Hacker, W.; Hardwig, T.; Kauffeld, S.; Latniak, E.; Nicklich, M.; Pietrzyk, U. (Hrsg.): Projekt- und Teamarbeit in der digitalisierten Arbeitswelt. Berlin, Heidelberg: Springer, S. 1–30. https://doi.org/10.1007/978-3-662-62231-5_1.

Nake, F. (2008): Surface, Interface, Subface. Three Cases of Interaction and One Concept. In: Seifert, U.; Kim, H. J.; Moore, A. (Hrsg.): Paradoxes of Interactivity. Perspectives for Media Theory, Human-Computer Interaction, and Artistic Investigations. Bielefeld: transcript, S. 92–109.

Nassehi, A. (2019): Muster. Theorie der digitalen Gesellschaft. München: C. H. Beck.

Newlands, G. (2020): Algorithmic Surveillance in the Gig Economy: The Organization of Work through Lefebvrian Conceived Space. In: Organization Studies, 42(5), S. 719–737.

Nies, S. (2021): Eine Frage der Kontrolle? Betriebliche Strategien der Digitalisierung und die Autonomie von Beschäftigen in der Produktion. In: Berliner Journal für Soziologie, 31, S. 475–504.

Nies, S.; Sauer, D. (2012): Arbeit – mehr als Beschäftigung? Zur arbeitssoziologischen Kapitalismuskritik. In: Dörre, K.; Sauer, D.; Wittke, V. (Hrsg.): Kapitalismustheorie und Arbeit. Neue Ansätze soziologischer Kritik. Frankfurt am Main: Campus, S. 34–62.

Nohl, A-M. (2006): Interview und dokumentarische Methode. Anleitungen für die Forschungspraxis. Wiesbaden: Springer.

Orlikowski, W. J. (2000): Using technology and constituting structures: A practice lens for studying technology in organizations. In: Organization Science, 11(4), S. 404–428.

Orlikowski, W. J. (2010): The sociomateriality of organizational life: Considering technology in management research. In: Cambridge Journal of Economics, 34(1), S. 125–141.

Orlikowski, W. J.; Barley, S. R. (2001): Technology and Institutions: What Can Research on Information Technology and Research on Organizations Learn from Each Other? In: MIS Quarterly, 25(2), S. 145–165.

Orlikowski, W. J.; Scott, S. V. (2016): Digital work: a research agenda. In: Czarniawska, B. (Hrsg.): A Research Agenda for Management and Organization Studies. Cheltenham, Northampton: Edward Elgar, S. 88–95.

O'Shiel, D. (2019): Phenomenology and the Challenge of Virtuality. In: Braga, J. (Hrsg.): Conceiving Virtuality: From Art To Technology. Numanities – Arts and Humanities in Progress, Vol. 11. Cham: Springer, S. 21–43.

Palumbo, R. (2020): Let me go to the office! An investigation into the side effects of working from home on work-life balance. In: International Journal of Public Sector Management, 33(6/7), S. 771–790.

Parenti, E. (2001): Big brother's corporate cousin – high-tech workplace surveillance is the hallmark of a new digital Taylorism. In: Nation, 273(5), S. 26–30.

Pepperell, R. (2003). *The Posthuman Condition: Consciousness beyond the brain*. Portland, Oregon: Intellect Books.

Peticca-Harris, A.; Weststar, J.; McKenna, S. (2015): The perils of project-based work: Attempting resistance to extreme work practices in video game development. In: Organization, 22(4), S. 570–587.

Pfeiffer S. (2010): Technisierung von Arbeit. In: Böhle, F.; Voß, G. G.; Wachtler, G. (Hrsg.): Handbuch Arbeitssoziologie. Wiesbaden: Springer, S. 231–261.

Pfeiffer, S. (2018): The 'Future of Employment' on the shop floor: Why production jobs are less susceptible to computerization than assumed. In: International Journal for Research in Vocational Education and Training (IJRVET), 5(3), S. 208–225.

Pfeiffer, S. (2021): The Greater Transformation: Digitalization and the Transformative Power of Distributive Forces in Digital Capitalism. In: International Critical Thought, 11(4), S. 535–552.

Pfeiffer, S.; Sauer, S.; Ritter, T. (2014): Agile Methoden als Werkzeug des Belastungsmanagements? Eine arbeitsvermögenbasierte Perspektive. In: Arbeit. Zeitschrift für Arbeitsforschung, Arbeitsgestaltung und Arbeitspolitik, 23(2), S. 119–132.

Purcell, C.; Brook, P. (2020): At Least I'm My Own Boss! Explaining Consent, Coercion and Resistance in Platform Work. In: Work, Employment and Society, 36(3), S. 391–406.

Ragu-Nathan, T.S.; Tarafdar, M.; Ragu-Nathan, B.S.; Tu, Q. (2008): The consequences of technostress for end users in organizations: conceptual development and empirical validation. Inf Sys Research. 19(4), S. 417–433.

Rammert, W. (2003): Technik in Aktion: verteiltes Handeln in soziotechnischen Konstellationen. (TUTS – Working Papers, 2-2003). Berlin: Technische Universität Berlin, Fak. VI Planen, Bauen, Umwelt, Institut für Soziologie Fachgebiet Techniksoziologie.

Rammert, W.; Schulz-Schaeffer, I. (2002): Technik und Handeln: Wenn soziales Handeln sich auf menschliches Verhalten und technische Artefakte verteilt. In: Rammert, W.; Schulz-Schaeffer, I. (Hrsg.): Können Maschinen handeln? Soziologische Beiträge zum Verhältnis von Mensch und Technik. Frankfurt am Main: Campus, S. 11–64.

Rosa, H. (2015): Social Acceleration: A New Theory of Modernity. New York: Columbia University Press.

Rüb, S. (2021): Digitalisierung als Konfliktfeld betrieblicher Arbeitsbeziehungen. In: Apitzsch, B.; Buss, K. P.; Kuhlmann, M.; Weißmann, M.; Wolf, H. (Hrsg.): Digitalisierung und Arbeit. Triebkräfte – Arbeitsfolgen – Regulierung. Frankfurt: Campus, S. 135–166.

Ruiner, C.; Klumpp, M. (2022): Autonomy and new modes of control in digital work contexts – a mixed-methods study of driving professions in food logistics. In: Employee Relations, 44(4), S. 890–912.

Sauer, S.; Bolte, A. (2021): Erfahrungsbasiertes Kontextwissen: Der Blick aufs Ganze in der technischen Planung. In: Bolte, A.; Neumer, J. (Hrsg.): Lernen in der Arbeit. Augsburg, Mering: Hampp, S. 65–83.

Scholz, T. (2016): Uberworked and underpaid: how workers are disrupting the digital economy. Cambridge: Polity Press.

Schwab, K.; Davis, N. (2018): Shaping the future of the Fourth Industrial Revolution: A guide to building a better world. New York: Random House.

Stöger, U.; Merl T. (2023): Belastungen bei digital vernetzter Dienstleistungsarbeit – widersprüchliche Arbeitsanforderungen. In: Heinlein, M.; Neumer, J.; Ritter, T. (Hrsg.): Digital vernetzte Arbeit – Merkmale und Anforderungen eines neuen Typus von Arbeit. Wiesbaden: Springer VS.

Spencer, D. (2017): Work in and beyond the Second Machine Age: The politics of production and digital technologies. In: Work, Employment and Society, 31(1), S. 142–152.

Strauss, A.; Corbin, J. (1996): Grounded theory: Grundlagen qualitativer Sozialforschung. Weinheim: Beltz.

Tarafdar, M.; Tu, Q.; Ragu-Nathan, B.S.; Ragu-Nathan, T.S. (2007): The impact of Technostress on role stress and productivity. J Manag Inf Sys. 24(1), S. 301–328.

Terry, E.; Marks, A.; Dakessian, A.; Christopoulos, D. (2021): Emotional Labour and the Autonomy of Dependent Self-Employed Workers: The Limitations of Digital Managerial Control in the Home Credit Sector. In: Work, Employment and Society, January 2021, S. 1–18.

Voß, G. G.; Pongratz, H. (1998): Der Arbeitskraftunternehmer. Eine neue Grundform der „Ware Arbeitskraft"? In: Kölner Zeitschrift für Soziologie und Sozialpsychologie, 50(1), S. 131–158.

Weihrich, M. (2023): Alltägliche Lebensführung bei qualifizierter digital vernetzter Arbeit. In: Heinlein, M.; Neumer, J.; Ritter, T. (Hrsg.): Digital vernetzte Arbeit – Merkmale und Anforderungen eines neuen Typus von Arbeit. Wiesbaden: Springer VS

Witzel, A.; Reiter, H. (2012): The Problem-centred Interview: Principles and Practice. Los Angeles, London, New Delhi, Singapore, Washington D. C.: Sage.

Wood, A. J.; Graham, M.; Lehdonvirta, V.; Hjorth, I. (2019): Networked but Commodified: The (Dis)Embeddedness of Digital Labour in the Gig Economy. In: Sociology, 53(5), S. 931–950.

Zolg, S.; Heiden, B.; Herbig, B. (2021): Digitally connected work and its consequences for strain – a systematic review. In: Journal of Occupational Medicine and Toxicology, 16(42).

Darstellung und Wahrnehmung von Informationen bei Digitalisierung: eine Differenzierung und Präzisierung

Fritz Böhle

Inhaltsverzeichnis

Zusammenfassung

Der Beitrag befasst sich mit der Erfassung und Darstellung von Informationen im Zusammenhang mit der Digitalisierung von Arbeit. Es wird ein begrifflich-analytisches Instrumentarium vorgestellt, mit dem es möglich ist, sowohl Merkmale der technischen Erfassung und Darstellung von Informationen als auch Besonderheiten des menschlichen Umgangs mit Informationen zu erfassen. Beachtet werden dabei vor allem die sinnliche Wahrnehmbarkeit und sinnliche Wahrnehmung von Informationen. Hierzu werden Begriffe wie digital und analog, diskursiv und präsentativ, Zeichen und Symbol, Daten und Bedeutungen sowie empirischen Phonemen wie implizite und explizite Informationen oder unterschiedliche technische Konzepte wie die technische Vermittlung und Beschreibung von Information oder die Ab- und Nachbildung realer Gegebenheiten aufgegriffen und systematisch bestimmt. Einen konzeptuellen Rahmen für die begrifflich-analytischen Bestimmungen bildet

F. Böhle (✉)
Forschungseinheit für Sozioökonomie der Arbeits- und Berufswelt, Universität Augsburg,
Augsburg, Deutschland
E-Mail: fritz.boehle@phil.uni-augsburg.de

© Der/die Autor(en), exklusiv lizenziert an Springer Fachmedien Wiesbaden   73
GmbH, ein Teil von Springer Nature 2023
M. Heinlein et al. (Hrsg.), *Digital vernetzte Arbeit*,
https://doi.org/10.1007/978-3-658-40615-8_3

die Unterscheidung zwischen objektivierendem und subjektivierendem Wahrnehmen und Handeln. Auf dieser Grundlage folgen Thesen zur Entwicklung
der Digitalisierung und ihrer Auswirkungen auf Arbeit. Abschließend werden
Anforderungen und Möglichkeiten einer humanen Technikgestaltung umrissen. Der Beitrag schließt mit der Feststellung, dass eine Anpassung der Digitalisierung an den menschlichen Umgang mit Informationen kein Zugeständnis
an eine humane Arbeitsgestaltung, sondern ein zentrales Funktionserfordernis
der technischen Systeme selbst ist.

Mit den folgenden Ausführungen wird versucht, die Darstellung und Wahrnehmung von Informationen im Zusammenhang mit der Digitalisierung genauer
zu bestimmen. Es soll geklärt werden, was unter Informationen zu verstehen
ist und in welcher Weise sie unterschiedlich dargestellt und wahrgenommen
werden bzw. werden können. Ausgangspunkt und Anstoß sind hierfür sowohl
empirische Sachverhalte als auch Begriffe, die bei der Diskussion der Digitalisierung angesprochen und verwendet werden. Bedeutsam erscheinende empirische
Sachverhalte sind beispielsweise die Korrespondenz oder Differenz zwischen
technisch erzeugten Informationen und der real-physikalischen Welt. Häufig auf-
tauchende Begriffe sind etwa digital, analog, Daten, Zeichen, Signal oder Symbol.
Methodisch wird danach gefragt, auf welche empirischen Sachverhalte sich solche Begriffe beziehen und umgekehrt, mit welchen Begriffen sich bestimmte
empirische Sachverhalte angemessen erfassen lassen.

Die folgenden Ausführungen knüpfen an Forschungen im ISF München an,
die seit den 1980er Jahren zur Informatisierung und Digitalisierung von Arbeit
durchgeführt wurden. Im Mittelpunkt steht die Frage nach der Korrespondenz
zwischen der technischen Darstellung und Verarbeitung von Informationen einerseits und der menschlichen Wahrnehmung bzw. allgemein dem menschlichen
Umgang mit Informationen andererseits. Diese Frage richtet sich im Speziellen
auf die sogenannte Mensch-Technik- bzw. Mensch-Computer-Interaktion im Kontext von Arbeit. Digitalisierung wird dabei als eine Technik begriffen, die sich
vor allem auf die Steuerung, Regulierung sowie Kontrolle und Dokumentation
technischer und organisatorischer Prozesse richtet. Die alleinige Sammlung, Aufbereitung, Systematisierung und Bereitstellung von Informationen, wie etwa bei
Suchmaschinen im Internet oder auch Computerspiele u. Ä., wird nicht näher und
explizit einbezogen. Die Entwicklung und Gestaltung der Digitalisierung wird
als ein technischer und sozialer Prozess betrachtet, der neben technikimmanenten
Sachlogiken durch ökonomische, politische und soziokulturelle Ziele, Interessen
und Orientierungen beeinflusst wird. Dementsprechend gibt es auch keinen allein

sachlich begründeten ‚One best way', sondern grundsätzlich unterschiedliche Entwicklungs- und Gestaltungsmöglichkeiten von Technik. Diese im Zusammenhang mit der Digitalisierung zu erkennen und auszuloten, ist eine besondere Herausforderung für die sozialwissenschaftliche Analyse. Es gilt somit weder vorschnell die mit der Digitalisierung präjudizierte technische Verarbeitung und Darstellung von Informationen mit der menschlichen Wahrnehmung und Handhabung von Informationen gleichzusetzen noch als einzig mögliche technische Darstellung und Verarbeitung von Informationen zu begreifen. Die im Folgenden versuchte begriffliche Klärung soll daher dazu beitragen, nicht nur vorherrschende Entwicklungen zu erfassen, sondern vor allem auch unterschiedliche Entwicklungslinien und Alternativen in den Blick zu rücken. Vor diesem Hintergrund richten sich die Ausführungen auf die systematische Bestimmung von Kategorien und Dimensionen, mit denen die Erfassung, Darstellung und Wahrnehmung von Informationen bestimmt werden kann. Die Reihenfolge der Ausführungen ist einem diskursiven Vorgehen geschuldet und resultiert nur teilweise aus einer logischen Abfolge. So werden teils Begriffe eingeführt und verwendet, deren Gehalt erst im weiteren Verlauf sukzessive diskutiert und expliziert wird. Im Besonderen gilt dies für den Begriff der Information.

Die wissenschaftlichen, theoretischen und empirischen Grundlagen der folgenden Ausführungen werden zugunsten der besseren Lesbarkeit und Übersichtlichkeit des Textes nicht weiter ausgeführt; in den Anmerkungen erfolgen hierzu jedoch Hinweise. Die analytisch-dimensionale Bestimmung (Abschn. 1) beginnt mit einer allgemeinen Bestimmung von Informationen und schließt mit einer thesenhaften Zusammenfassung ab. An die theoretisch-konzeptuellen Erörterungen schließen Thesen zu den Auswirkungen der Digitalisierung auf Arbeit sowie zu Alternativen bei der technischen Erfassung und Darstellung von Informationen an (Abschn. 2).

1 Analytische Differenzierungen und Präzisierungen

1.1 Information – Daten und Bedeutung

Ein allgemeines Merkmal einer Information ist die Verbindung einer konkreten materiellen oder immateriellen Gegebenheit mit einer Bedeutung. Demnach ist eine Zahl noch keine Information; sie wird es erst dann, wenn sie sich auf einen bestimmten Gegenstandsbereich und auf ein bestimmtes Ereignis bezieht. Auf die Gegebenheit, mit der Bedeutungen verbunden werden, beziehen sich Begriffe wie Eigenschaften und Verhaltensweisen, Signale oder Daten. Im Folgenden sei hierfür allgemein der Begriff Daten verwendet.[1] Oft werden als Information nur solche Daten und ihre Bedeutung gesehen, die in und für bestimmte Handlungskontexte explizit als orientierungs- und erkenntnisleitend definiert sind – so beispielsweise Daten von Messgeräten, Uhren, Verkehrsschildern, Bedienungsanleitungen, Ratschläge, Sachberichte usw. Wichtige Informationen ergeben sich aber vor allem auch unmittelbar aus den Eigenschaften und Verhaltensweisen konkreter Gegebenheiten und aus Sachverhalten, die sich erst im praktischen Handeln und nur in bestimmten Situationen und für bestimmte Akteure als orientierungs- und erkenntnisleitend erweisen. So können beispielsweise für die Orientierung in einer Stadt neben oder auch anstelle von Stadtplänen und Wegweisern Straßenzüge, Gebäude, Geschäfte u. Ä. als wichtige Information dienen. Auch diese können grundsätzlich explizit als Information definiert werden. Zumeist handelt es sich jedoch eher um implizite oder potenzielle Informationen die (erst) in einem bestimmten Handlungskontext zu einer orientierungs- und erkenntnisleitenden Information werden. Ein Beispiel hierfür ist im Arbeitsbereich das Geräusch von Maschinen und technischen Anlagen. Es ist technisch nicht als Information vorgesehen und definiert. Gleichwohl orientieren sich in der Praxis qualifizierte Fachkräfte hieran, da sie am Geräusch frühzeitig Unregelmäßigkeiten und Störungen erkennen können.[2]

Es erscheint daher sinnvoll, nicht a priori begrifflich festzulegen, was informationsrelevante Daten sind, sondern dies offen zu halten. In dieser Perspektive sind zum einen Daten (s. o.) nur dann eine Information, wenn sich damit eine orientierungs- und erkenntnisleitende Bedeutung verbindet; zum anderen kann aber weder allgemein noch ex ante festgelegt werden, was informationsrelevante Daten sind. Dies bestimmt sich explizit (nur) unter Bezug auf bestimmte Handlungskontexte und implizit (erst) in und durch bestimmte Handlungskontexte. Unter Daten sind somit bei diesem Verständnis sowohl Zahlen auf einem Messgerät ebenso wie Geräusche einer Maschine u. Ä. zu verstehen.

Des Weiteren kann unterschieden werden zwischen Daten und Bedeutungen, denen eine allgemeine, von menschlicher Wahrnehmung unabhängige Geltung zugeschrieben wird und die dementsprechend als objektiv gelten und Informationen, die nur unter Bezug auf ihre menschliche Wahrnehmung in Erscheinung treten und daher als nur subjektiv gelten. Die Bestimmung eines Gewichts durch physikalische Messgrößen wie Kilogramm etc. entspricht Ersterem; wohingegen

---

[1] Siehe hierzu auch die Unterscheidung von Daten und Informationen in der internationalen Diskussion bei Rowley (2006) sowie Zins (2007).

[2] Siehe hierzu als empirische Befunde exemplarisch (Böhle und Milkau 1988), sowie (Pfeiffer 2001).

sich die Wahrnehmung eines Gewichts als schwer oder leicht auf das Zweite bezieht.[3]

1.2 Realität und Beschreibung – reale Daten und beschreibende Daten

Daten und ihre Bedeutung können nach dem zuvor umrissenen Verständnis sowohl unmittelbar durch reale Gegebenheiten als auch durch deren Beschreibung in Erscheinung treten und wahrgenommen werden. Beispiel für ersteres sind durch technische Anlagen erzeugte Geräusche, die Geografie technischer oder naturhafter Gegebenheiten, die Farbe und Farbveränderung bei Materialen, oder Gerüche etwa bei Chemikalien wie aber auch Eigenschaften und das Verhalten von Kund*innen bei Dienstleistungen. Ein Beispiel für Beschreibungen sind demgegenüber Buchstaben und Worte, Zahlen sowie auch Zeichnungen oder technisch erzeugte akustische Signale u. Ä. Entscheidend für die Beschreibung ist, dass die Darstellungen (Worte, Zahlen, Zeichnungen etc.) nicht ,für sich' stehen, sondern sich auf etwas beziehen, dessen Merkmale, Eigenschaften und Verhaltensweisen durch sie dargestellt und erkennbar werden bzw. werden sollen. Als orientierungs- und erkenntnisleitende Informationen können sie daher auch an die Stelle der realen Gegebenheiten, auf die sie sich beziehen treten.

Die technische Erzeugung und Darstellung von Informationen wird oft pauschal als technische Mediatisierung bezeichnet und dies mit beschreibenden Daten gleichgesetzt.[4] Die technische Mediatisierung kann jedoch sowohl durch beschreibende Daten mittels technischen Anzeigen und Bildschirmen erfolgen als auch durch die technische Vermittlung realer Daten. Ein Beispiel für Letzteres ist die technische Verstärkung eines Geräusches oder die Dokumentation mit einer Kamera. Es ist somit bei der technischen Erzeugung und Darstellung von Informationen zu unterscheiden zwischen der technischen Vermittlung realer Daten und beschreibenden Daten, im Sinne einer ,Verdoppelung der Realität'.[5] Es erscheint sinnvoll, den Begriff beschreibende Daten nur auf Letzteres zu beziehen. Man könnte hierfür auch den Begriff virtuell verwenden, sofern damit gemeint ist, dass real existierende Gegebenheiten technisch abgebildet und nachgebildet werden, um eine Wirklichkeit zu erzeugen die als real erscheint,

---

[3] Siehe hierzu grundlegend (Böhme 1980) und (Schmitz 1994).

[4] Siehe hierzu allgemein unter Bezug auf die technische Entwicklung bspw. Böhle (2001).

[5] Siehe grundlegend hierzu die Untersuchung zur historischen Entwicklung der Informatisierung und der damit verbundenen Verdopplung der Realität Schmiede (1996).

aber (physikalisch) nicht real existiert, da sie nur durch eine Software her-
vorgebracht wird.[6] In dieser Weise wäre der Begriff ‚virtuell' weitgehend mit
dem Verständnis von Digitalisierung als „computer based representation of physical phenomena"(Leonardi und Barley 2012) identisch. Doch der Begriff der
Virtualität wird gerade auch unabhängig vom Bezug auf reale Gegebenheiten
verwendet bzw. erst dann verwendet, wenn technisch erzeugte Repräsentationen
kein unmittelbares physikalisches Korrelat besitzen und somit Objekte, Ereignisse
und Personen jenseits realer Gegebenheiten erzeugt werden.[7] Um Missverständnisse zu vermeiden, sei daher im Folgenden anstelle von virtuell der Begriff
‚beschreibende Daten' verwendet und damit im Besonderen der Bezug zu realen
Gegebenheiten bzw. die „computer based representation of physical phenomena"
(s. o.) betont.

Oft werden Beschreibungen als Zeichen oder Symbole bezeichnet. Es
erscheint jedoch sinnvoll, für Beschreibungen oder Abbildungen zunächst den
allgemeinen, eher neutralen Begriff ‚beschreibende Daten' zu verwenden. Hiermit kommt zum einen zum Ausdruck, dass es sich ebenso wie bei realen Daten
um Merkmale und Eigenschaften ‚von etwas' handelt und zum anderen aber
diese nicht real existieren, sondern ‚nur' beschrieben werden. Gleichwohl können solche (beschreibende) Daten in bestimmten Handlungskontexten, wie bereits
erwähnt, die gleiche Bedeutung erlangen wie reale Daten und damit an deren
Stelle treten. Des Weiteren wird es durch den allgemeinen Begriff ‚beschreibende
Daten' möglich, Begriffe wie Zeichen und Symbole (erst) zur weiteren Charakterisierung und Präzisierung unterschiedlicher Erscheinungsformen beschreibender
Daten zu verwenden (s. u.).

Die Erzeugung beschreibender Daten erfordert besondere Aktivitäten. Es ist
daher davon auszugehen, dass sie in hohem Maße explizit als Information definiert werden bzw. aus dem Bedürfnis nach Informationen (erst) hervorgehen.
Reale Daten enthalten demgegenüber weit mehr implizite und potenzielle Informationen. Dabei zeigt sich, dass die Transformation von impliziten zu expliziten
Information zwar auf der Ebene realer Daten möglich ist, aber vor allem mit
ihrer Ergänzung durch beschreibende Daten erfolgt. Daher werden vielfach nur
beschreibende Daten als Information betrachtet bzw. der Begriff Information
hiermit gleichgesetzt. Weite Bereiche von Informationen, die für menschliches
Handeln maßgeblich und möglich sind, werden damit jedoch ausgegrenzt.

---

[6] Sie hierzu exemplarisch Vogel (2022).
[7] Siehe hierzu ausführlicher Heinlein et al. (2021).

1.3   Sinnliche Wahrnehmbarkeit von Daten – vielschichtig diffus und eindeutig messbar

Daten haben grundsätzlich eine sinnlich-wahrnehmbare Qualität. Oder anders ausgedrückt: Sie müssen eine sinnlich-wahrnehmbare Qualität haben, damit sie wahrgenommen und kommuniziert werden können. Übersinnliche Phänomene wie Gedankenübertragung und ein rein spirituelles, intuitives Erkennen u. Ä. werden damit ausgeschlossen. Auch Zahlen und Buchstaben haben eine sinnlich wahrnehmbare Qualität. Oft werden allerdings nur bildhafte, akustische oder taktil wahrnehmbare Daten als sinnlich wahrnehmbar angesehen und demgegenüber Zahlen und Buchstaben als rein geistige Phänomene betrachtet. Doch auch Zahlen und Buchstaben haben eine sinnlich wahrnehmbare Qualität. Dies besagt, sowohl reale als auch beschreibende Daten können unterschiedliche sinnlich wahrnehmbare Qualitäten aufweisen. Zu unterscheiden ist dabei zwischen einer vielschichtigen und diffusen Wahrnehmbarkeit einerseits und eindeutiger sowie, *im Prinzip,* messbarer Wahrnehmbarkeit andererseits. Beispiele für vielschichtig und diffus wahrnehmbare Daten sind Geräusche, Vibrationen, Farbschattierungen oder unebene Oberflächen von technischen Geräten und Materialen sowie auch die Gestalt, das Verhalten und die Mimik von Personen. Beispiele für die eindeutige und messbare Wahrnehmbarkeit sind Zahlen und Buchstaben sowie schematische Zeichnungen oder akustische Signale. Oft wird die Eindeutigkeit der sinnlichen Wahrnehmbarkeit als ein Merkmal beschreibender Daten gesehen und demgegenüber reale Daten als vielschichtig und diffus unterschieden. So etwa, wenn zwischen digitaler Beschreibung und analoger Realität unterschieden wird. Doch auch beschreibende Daten können in ihrer sinnlich wahrnehmbaren Qualität vielfältig und diffus sein (s. u.) und ebenso können reale Daten eindeutig sein, wie bspw. ein akustisches Signal durch eine Sirene oder einen Klingelton.[8]

Bei der Diskussion der Gestalt und Darstellung von Informationen bezieht sich hierauf die Unterscheidung zwischen digitalen und analogen Darstellungen[9]

---

[8] Dabei ist zu berücksichtigen, dass auch reale Gegebenheiten keine ‚rohe Natur' sind, sondern immer auch selbst (bereits) technisch gestaltet sind bzw. gestaltet werden. So sind bspw. an technischen Anlagen vielfach Geräusche aufgrund von Maßnahmen zum Lärmschutz u. a. nurmehr sehr begrenzt und selektiv wahrnehmbar. Des Weiteren ist darauf hinzuweisen, dass sich die hier getroffenen Unterscheidungen ausschließlich auf die Qualität der sinnlichen Wahrnehmung von Daten und nicht auf ihre Bedeutung beziehen. Es bestehen hier zwar Zusammenhänge, sie werden jedoch erst im Weiteren näher erläutert.

[9] Siehe hierzu weiter unten nochmals ausführlicher.

oder zwischen diskursiven und präsentativen Darstellungen.[10] Der Begriff ‚digital' bezieht sich hier auf Zahlen und entsprechende Zeichen und der Begriff ‚diskursiv' auf Sprache bzw. Worte. Die Bezeichnungen ‚analog' und ‚präsentativ' beziehen sich auf bildliche wie auch auf musikalische oder bewegungsmäßige Darstellungen.

Die Bezeichnungen ‚digital' oder ‚diskursiv' werden oft nur auf beschreibende Daten bezogen. Es erscheint aber sinnvoll, sowohl bei beschreibenden als auch bei realen Daten zwischen analogen-präsentativen und digitalen-diskursiven Darstellungen zu unterscheiden. So können auch reale Daten wie beispielsweise Geräusche durch technische Vorrichtungen in eindeutig messbare Daten wie beispielsweise ein akustisches Signal transformiert werden. Dabei ist zu berücksichtigen, dass auch bei der technischen Vermittlung realer Daten (s. o.) ähnliche Effekte auftreten können, sodass hier teils die Grenzen zwischen technischer Vermittlung und Beschreibung fließend sind.

Die hier getroffene Unterscheidung der sinnlichen Wahrnehmbarkeit von Daten hat maßgebliche Folgen für die Verbindung von Daten mit Bedeutungen bzw. die Wahrnehmung von Daten und des Erkennens ihrer Bedeutung. Bevor dies näher ausgeführt wird, erfolgt zunächst jedoch noch eine weitere Differenzierung zur sinnlichen Wahrnehmbarkeit von Daten.

1.4   Modalitäten sinnlicher Wahrnehmbarkeit – multimodal und unimodal

Reale und beschreibende Daten können unterschiedliche wahrnehmbare Modalitäten aufweisen; wie insbesondere eine optisch-visuelle, akustische oder taktil-haptische Wahrnehmbarkeit. Oft wird die Multimodalität sinnlicher Wahrnehmbarkeit nur bei analogen und präsentativen Daten gesehen. Doch auch Daten in digitaler und diskursiver Form können multimodal sein. Exemplarisch hierfür sind schematisch-bildliche Darstellungen oder akustische Signale. Des Weiteren können umgekehrt Worte und Buchstaben auch zu einer analogen und präsentativen

---

[10] Dabei ist zu unterscheiden zwischen unterschiedlichen technischen Prinzipien und Verfahren wie Digital- und Analogtechnik (vgl. Schröter und Zons 2004) und unterschiedliche Darstellungen (vgl. Aicher 1991).

Die Unterscheidung zwischen präsentativen und diskursiven Symbolen geht zurück auf die Philosophin Susanne Langer. Sie betont damit die Möglichkeit, reale Gegebenheiten nicht nur diskursiv, sondern ebenso auch akustisch-musikalische oder durch bewegungsmäßige Darstellungen zu beschreiben und zu kommunizieren (vgl. Langer 1965).

Beschreibung, wie etwa bei Erzählungen und Poesie, verwendet werden. Die vielschichtige und diffuse Wahrnehmbarkeit verlagert sich dabei auf durch Worte angestoßene sinnliche Imaginationen.[11] Die multimodale Darstellung beschreibender Daten (visuell, akustisch, taktil) ermöglicht eine vielfältige sinnliche Wahrnehmung, sie ist aber nicht per se gleichbedeutend mit einer analogen oder präsentativen Gestalt von Daten. Dies wird noch deutlicher, wenn der Zusammenhang zwischen sinnlicher Wahrnehmbarkeit von Daten und deren Bedeutung beachtet wird.

1.5   Realitätsbezug – sinnlich-erfahrungsgeleitet und mental-wissensbasiert

Die Bedeutung von Daten kann in unterschiedlicher Weise mit Daten verbunden sein bzw. verbunden werden. Zu unterscheiden sind dabei mental-wissensbasiert definierte Bedeutungen einerseits und Bedeutungen, die in der sinnlich wahrnehmbaren Gestalt von Daten enthalten sind andererseits. Daten in digitaler und diskursiver Gestalt sind in der Regel mit mental-wissensmäßig definierten Bedeutungen verbunden. Die sinnliche Wahrnehmung beschränkt sich dabei auf sensorische Reize, die durch eine mental-wissensbasierte Interpretation ergänzt wird bzw. werden muss.

Demgegenüber kann aber die Bedeutung von Daten auch durch ihre jeweilige sinnlich wahrnehmbare Gestalt zum Ausdruck kommen. Vielschichtig und diffus wahrnehmbare Daten enthalten diese Möglichkeit; die Bedeutung kann hier quasi selbsterklärend in der Beschaffenheit und Gestaltung der Daten enthalten sein und somit durch die sinnliche Wahrnehmung entschlüsselt werden. Dies ist bspw. bei der bereits erwähnten Wahrnehmung von Geräuschen als Indikatoren für technische Verläufe der Fall. Auch bei analogen und präsentativen beschreibenden Daten ist eine solche sinnliche Wahrnehmung der Bedeutung möglich. So kann beispielsweise durch die bildliche Darstellung eines Prozesses in Form von Kurven ‚mit einem Blick‘ der zeitliche (Gesamt-)Verlauf erkannt werden und ggf. auch eine Tendenz, die eine Prognose des weiteren Verlaufs ermöglicht.[12] Ein bekanntes Beispiel ist auch das Ziffernblatt einer Uhr. Am Stand der Zeiger kann ein aktueller Zeitpunkt im Tagesverlauf verortet oder/und die Uhrzeit auch dann erkannt werden, wenn Ziffern fehlen bzw. nicht lesbar sind.

---

[11] Siehe hierzu grundlegend sowie kritisch Merleau-Ponty (1966) und Schmitz (2005).

[12] Siehe hierzu am Beispiel der Überwachung und Steuerung komplexer technischer Anlagen in Leitwarten Böhle und Rose (1992).

Mit dieser Unterscheidung wird ein grundlegender Unterschied zwischen der digitalen und diskursiven Gestalt von Daten einerseits und ihrer analogen und präsentativen Gestalt andererseits sichtbar. Digitale und diskursive Daten weisen in ihrer sinnlichen Qualität keinen Bezug zu den realen Gegebenheiten auf, auf die sie sich beziehen. Der Bezug zu den realen Gegebenheiten wird allein durch mental wissensmäßige Zuschreibungen und Definitionen hergestellt. Die analoge und präsentative Gestalt von Daten enthält demgegenüber die Möglichkeit, reale Gegebenheiten sinnlich wahrnehmbar darzustellen.

Da (auch) analoge und präsentative Beschreibungen nicht identisch sind mit einer konkretistischen Abbildung realer Gegebenheiten, aber gleichwohl Entsprechungen zwischen Beschreibung und dem Beschriebenen (Realität) bestehen, erscheint es sinnvoll, hierfür den Begriff Symbol zu verwenden. Digitale und diskursive Beschreibungen wären demgegenüber ‚nur' als Zeichen zu benennen.[13]

1.6   Sinnliche Wahrnehmung – objektivierend und subjektivierend

Für die Wahrnehmung digitaler und diskursiver sowie analoger und präsentativer Daten und des Erkennens ihrer expliziten oder ihrer implizit enthaltenen Bedeutung spielen unterschiedliche Formen und Möglichkeiten der sinnlichen Wahrnehmung eine wesentliche Rolle. Zu unterscheiden ist dabei eine objektivierende und subjektivierende Wahrnehmung und ein damit verbundenes objektivierendes und subjektivierendes Handeln. Bei der objektivierenden Wahrnehmung richten sich sinnliche Wahrnehmungen auf ein möglichst exaktes Registrieren von Daten. Die sinnliche Wahrnehmung besteht damit im Wesentlichen in sensomotorischen Reizen, deren Bedeutung (erst) verstandesmäßig erfasst und interpretiert wird. Ohne verstandesmäßige Ordnung sind dabei die Sinne ‚blind' (eine Feststellung, wie sie sich etwa exemplarisch bei Kant und auch in großen Teilen der Wahrnehmungspsychologie findet). Bei der subjektivierenden Wahrnehmung sind demgegenüber sinnliche Wahrnehmungen mit subjektivem Empfinden und

---

[13] Es ist nochmals darauf hinzuweisen, dass sich der Begriff digital hier ausschließlich auf die Darstellung und Gestalt von Daten und nicht auf ihre technische Erzeugung bezieht. Dementsprechend können auch digital erzeugte Daten sowohl digital als Zahlen u. Ä. oder analog als bildlich u. Ä. dargestellt werden; siehe hierzu auch nochmals unter Abschn. 2.

Erleben verbunden, so wie dies bspw. im Begriff der Sinnlichkeit oder ästhetischen Wahrnehmung zum Ausdruck kommt.[14] Die Wahrnehmung realer Daten und analoger sowie präsentativer Beschreibungen eröffnen die Möglichkeit, sinnliche Wahrnehmungen mit einem subjektiven Empfinden und leiblichen Spüren zu verbinden. Hierauf beruht beispielsweise die Wahrnehmung von Geräuschen als Indikator für den Verlauf technischer Prozesse. Geräusche werden nicht nur als laut und leise sondern auch als warm, stimmig oder schmerzhaft empfunden. Bei der Wahrnehmung von Kurvenverläufen wird ein bestimmter Bewegungsablauf subjektiv nachvollzogen und auf dieser Grundlage der weitere Verlauf antizipiert. Des Weiteren lösen grafische Darstellungen auf Monitoren visuelle Imaginationen über die nicht unmittelbar sichtbaren konkreten Gegebenheiten aus. Man sieht auf diese Weise mehr, als man faktisch sieht bzw. sehen kann. So wird bei der Wahrnehmung beschreibender Daten ihre unmittelbare sinnliche Wahrnehmung durch (sinnliche) Vorstellungen über die realen Gegebenheiten, auf die sie sich beziehen, ergänzt. Die beschreibende Darstellung dient hier quasi als Anstoß und Anreiz für eine subjektive (sinnliche) Vorstellung über reale Gegebenheiten. Eine Voraussetzung hierfür ist die Verbindung der sinnlichen Wahrnehmung nicht nur mit subjektivem Empfinden, sondern auch bildhaft-assoziativen mentalen Prozessen und einem erfahrungsbezogenen Wissen über konkrete Gegebenheiten. Die Realitätsnähe beschreibender analoger und präsentativer Daten bemisst sich somit

---

[14] Die hier getroffene Unterscheidung sinnlicher Wahrnehmung zwischen der Ausrichtung auf Sinnesreize und deren mentale wissensbasierte Interpretation einerseits und der Verbindung sinnlicher Wahrnehmung mit subjektivem Empfinden und Spüren andererseits knüpft an phänomenologische Theorien leiblich-spürender Wahrnehmung an (vgl. Merleau-Ponty 1966; Schmitz 2005). In der arbeitssoziologischen Forschung wurde dies mit unterschiedlichen Ausformungen menschlichen Handelns insgesamt verbunden. Die leiblich-spürende Wahrnehmung ist demnach verbunden mit einem intentionalen, aber zugleich dialogisch-interaktiven Umgang mit Personen wie Dingen, assoziativ-bildhaften mentalen Prozessen sowie einem Verhältnis zur Umwelt, das auf Nähe und Verbundenheit beruht. Theoretisch-konzeptuell lässt sich dies als ein subjektivierend-erfahrungsgeleitetes Handeln bestimmen. Demgegenüber ist die auf sensorische Reize ausgerichtete sinnliche Wahrnehmung verbunden mit einem objektivierenden Handeln, das auf Distanz zur Umwelt sowie planmäßigem Vorgehen und analytisch-logischem Denken beruht. Die Unterscheidung zwischen einem subjektivierenden und objektivierenden Handeln beruht auf unterschiedlichen Forschungsansätzen sowie vor allem auch auf empirischen Untersuchungen. Letztere zeigen, dass für die Bewältigung von Arbeitsanforderungen sowohl ein objektivierendes als auch ein subjektivierendes Handeln erforderlich ist, wobei sich das subjektivierende Handeln vor allem auf den Umgang mit Ungewissheiten und Unwägbarkeiten in technischen und organisatorischen Prozessen sowie bei der Arbeit an und mit Menschen bezieht und hierfür notwendig ist. Siehe hierzu ausführlicher zu den theoretischen Grundlagen und empirischen Untersuchungen (Böhle 2017).

danach, in welcher Weise für die jeweiligen ,Nutzer*innen' bei ihrer Wahrnehmung Vorstellungen über reale Gegebenheiten angestoßen und unterstützt werden.
In diesem Sinne sind solche beschreibenden Daten keine konkretistische Abbildung, sondern ein Symbol für konkrete Gegebenheiten. Die Besonderheit der
analogen und präsentativen Gestalt von Daten besteht somit vor allem darin, dass
hierdurch eine subjektivierende Wahrnehmung ermöglicht und unterstützt wird,
und umgekehrt kommen die Potenziale der analogen und präsentativen Gestalt
von Daten nur dann zum Tragen, wenn sie subjektivierend wahrgenommen werden. Ein Grenzfall sind Piktogramme, wie sie bspw. bei Wegweisern verwendet
werden. Sie sollen leicht und eindeutig wahrnehmbar sein und zugleich aber
sinnlich wahrnehmbar über reale Gegebenheiten informieren.

1.7   Realitätsnähe – symbolisch und Nachbildung

Abschließend zu den getroffenen Unterscheidungen und Präzisierungen ist bei
beschreibenden Daten noch auf den Unterschied zwischen dem symbolischen
Bezug auf reale Gegebenheiten und deren konkretistischen Ab- und Nachbildung einzugehen. Eine 1:1 Abbildung wie bspw. bei einer Simulation richtet sich
auf eine möglichst vollständige, konkrete Abbildung realer Gegebenheiten. Im
Unterschied zur Beschreibung mittels eindeutig wahrnehmbarer Daten (Zeichen)
oder realitätsbezogenen Symbolen bezieht sich die Darstellung bei der Simulation auf eine möglichst konkrete Abbildung und Nachbildung realer Daten im
Sinne eines Realitätsersatzes. Dadurch kann jedoch zugleich der paradox erscheinende Effekt eintreten, dass trotz konkretistischer Abbildung Elemente, die für
eine subjektivierende Wahrnehmung bedeutsam sind, wegfallen. Auch konkretistische Abbildungen beruhen grundsätzlich auf der Selektion von Eigenschaften
und Verhaltensweisen konkreter Gegebenheiten. Es stellt sich hier beispielsweise
die Frage des Realitätsausschnitts, der Modalitäten sinnlicher Wahrnehmung und
Wahrnehmbarkeit, sowie der Stabilität und Dynamik der jeweiligen Simulation.
So können für die Arbeit bei einer technischen Anlage für Fachkräfte nicht nur
die unmittelbaren technischen Prozesse bedeutsam sein, sondern auch der Kontakt zu vor- und nachgelagerten Prozessen sowie auch die Umwelt und ihre
Einflüsse; ebenso wie nicht nur optisch-visuelle Wahrnehmungen, sondern auch
Gerüche, Vibrationen, taktil-haptische Berührungen. Und schließlich weisen auch
technisch und organisatorisch stabile Prozesse eine Eigendynamik auf, durch

die nicht vorhersehbare und nicht kontrollierbare Ereignisse stattfinden.[15] Durch eine konkretistische Ab- und Nachbildung realer Gegebenheiten wird somit keineswegs per se eine größere Realitätsnähe als bei analogen und präsentativen Darstellungen gewährleistet und zugleich besteht die Gefahr, dass hierdurch die Vergegenwärtigung der (unvermeidbaren) Differenz zwischen Abbildung und realen Gegebenheiten verloren geht. Beschreibende Daten erscheinen dann nicht (mehr) als Beschreibungen realer Gegebenheiten, sondern als Realität.

Es muss weiteren Diskussionen und Klärungen vorbehalten bleiben, in welcher Weise mit den vorangehenden Ausführungen Aspekte, Fragen und Probleme benannt sind die grundsätzlich nicht nur für die rechner- bzw. computergestützte Steuerung, Regulierung, Kontrolle und Dokumentation technischer und organisatorischer Prozesse Geltung haben, sondern (auch) für virtuelle Realitäten (virtual reality) wie auch den Umgang mit Datenbanken, Suchmaschinen, Experten- und Assistenzsystemen bis hin zur KI.

1.8   Zusammenfassung

Zusammenfassend ergibt sich aus den vorhergehenden Ausführungen thesenhaft:

- Informationen beruhen auf Daten und deren Bedeutungen. Daten können real oder beschreibend sein. Reale Daten ergeben sich aus Eigenschaften und Verhaltensweisen konkreter Gegebenheiten. Beschreibende Daten beruhen auf der Darstellung konkreter Gegebenheiten durch ein anderes Medium (Zahlen, Worte, Zeichnungen u. a.). Bedeutungen haben grundsätzlich einen relationalen Charakter unter Bezug auf die Verwendung von Daten.
- Daten und ihre Bedeutung können explizit oder implizit als Information wirksam werden. Bei expliziten Informationen sind die Daten und ihre Bedeutung als orientierungs- und erkenntnisleitend explizit ausgewiesen und definiert. Exemplarisch hierfür sind Anzeigen auf einem Messgerät, Wegweiser, Handbücher wie auch eine bestimmte explizit benannte und benennbare Eigenschaft oder Verhaltensweise konkreter Gegebenheiten wie die Größe, bestimmte Gebäude oder geografische Stellen u. Ä. Bei impliziten Informationen ergibt sich die orientierungs- und erkenntnisleitende Rolle und Nutzung erst im praktischen Umgang hiermit.

---

[15] Siehe hierzu ausführlicher zu empirischen Befunden in Produktion, Verwaltung und Dienstleistung Böhle (2017), jeweils in den Abschnitten ‚Unwägbarkeiten'. sowie nochmals unter Abschn. 2.

- Reale und beschreibende Daten können eine unterschiedlich sinnlich wahrnehmbare Gestalt haben. Zu unterscheiden ist zwischen (sinnlich) eindeutig und im Prinzip messbar wahrnehmbaren Daten und (sinnlich) diffus und vielschichtig wahrnehmbaren Daten. Exemplarisch für Ersteres sind beschreibende Daten in Form von Zahlen, Buchstaben sowie auch akustische Signale und geometrische Formen u. Ä. Sie können als digital und diskursiv benannt werden. Exemplarische für das Zweite sind reale Daten, wie Geräusche, Farbschattierungen, Vibrationen sowie beschreibende Daten in Form bildhafter oder auch vielschichtiger akustischer und bewegungsmäßiger Darstellungen. Solche Darstellungen können als analog und präsentativ bezeichnet werden. Die sinnlich wahrnehmbare Gestalt von Daten hat wesentliche Auswirkung auf die Verbindung von Daten mit Bedeutungen bzw. die Wahrnehmung und das Erkennen der Bedeutung von Daten.

- Die Bedeutung von Daten kann in ihrer sinnlich wahrnehmbaren Beschaffenheit enthalten sein oder durch explizit definierte Zuschreibungen bestimmt werden. Die analoge und präsentative Gestalt und, damit verbunden, die vielfältige und diffuse Wahrnehmbarkeit von Daten ermöglichen es, ihre Bedeutung durch ihre sinnliche Wahrnehmung zu erkennen. Bei der digitalen, diskursiven Gestalt von Daten beruht demgegenüber die Bedeutung auf expliziten Definitionen und erfordert hierauf bezogene mentale Leistungen und Wissen.

- Bei beschreibenden Daten weist die analoge und präsentative Gestalt einen sinnlich wahrnehmbaren Bezug zu den Gegebenheiten auf, auf die sie sich beziehen. Dies ist nicht identisch mit einer konkretistischen 1:1 Ab- bzw. Nachbildung. Es handelt sich vielmehr um sinnlich wahrnehmbare Entsprechungen. Exemplarisch hierfür ist die Beschreibung eines Prozessverlaufs durch visuell wahrnehmbare Kurven. Beschreibende Daten in einer analogen oder präsentativen Gestalt können als (bedeutsame) Symbole und in einer digitalen und diskursiven Gestalt als (bloße) Zeichen benannt werden.

- Die digitale und diskursive Gestalt von Daten und die explizite Definition von Bedeutungen korrespondiert mit einem objektivierenden Handeln. Dieses beruht auf der Orientierung an – im Prinzip – subjektunabhängigen, allgemeingültigen Kriterien, so wie dies für ein rationales, verstandesmäßiges geleitetes Handeln als typisch und notwendig gilt. Die sinnliche Wahrnehmung ist dabei weitgehend auf ein qualitativ einfaches sensorisches Registrieren beschränkt. Die analoge und präsentative Gestalt von Daten und das Erkennen ihrer Bedeutung durch die sinnliche Wahrnehmung erfordert und ermöglicht demgegenüber ein subjektivierendes Handeln. Die sinnliche Wahrnehmung ist hier mit leiblichem Empfinden und Spüren sowie assoziativ-bildhaftem Denken und einem explorativ-dialogischem Umgang nicht nur mit Personen, sondern auch mit Dingen verbunden. (Werden analoge und präsentative Daten ‚nur' objektivierend wahrgenommen, bleibt ihre Bedeutung unerkannt und ihre sinnliche Wahrnehmung muss wie bei digitalen und diskursiven Daten durch ein explizites Wissen über die ihnen zugeschriebene Bedeutung ergänzt werden.)

- Die sinnliche Wahrnehmbarkeit von Daten kann multimodal (optisch-akustisch usw.) oder unimodal (optisch oder akustisch usw.) sein. Hieraus ergeben sich unterschiedliche sensomotorische Beanspruchungen bei der Wahrnehmung von Daten. Die Multimodalität oder Unimodalität sagt allein jedoch noch nichts aus über die qualitative Vielschichtigkeit oder Eindeutigkeit der Wahrnehmbarkeit von Daten. Auch multimodale Daten können eindeutig sein bzw. auch digitale und diskursive Daten können eine multimodale Gestalt haben (visuell wahrnehmbare Zahlen und akustische oder haptisch wahrnehmbare Signale).
- Anstelle und neben der technischen Ergänzung realer Daten durch beschreibende Daten, können reale Daten technisch auch ‚nur' vermittelt wie beispielsweise akustisch verstärkt, räumlich verbreitet usw. werden. Bei der technischen Vermittlung bleibt im Unterschied zur Beschreibung die sinnlich wahrnehmbare Gestalt realer Daten im Prinzip erhalten. In der Praxis kann es dabei jedoch zu technisch bedingten Selektionen und Verzerrungen kommen. Ein bekanntes traditionelles Beispiel hierfür ist die Übertragung der Stimme beim Telefonieren. Aktuell sind hierfür die Videokonferenzen ein Beispiel. Trotz Erweiterung der sinnlichen Wahrnehmbarkeit kommt es zu Eingrenzungen des Wahrnehmungsfeldes und zur Aus- und Eingrenzung informeller Kontakte und impliziter Informationen.
- Anstelle und neben beschreibenden Daten kann technisch auch eine Ab- und Nachbildung realer Daten im Sinne einer Simulation bzw. eines Realitätsersatzes erzeugt werden. Da jedoch auch hier Selektionen und Differenzen zu realen Daten unvermeidbar sind, bleibt jeweils offen, ob die Simulation letztlich (nur) als eine eigenständige künstliche Wirklichkeit ohne Bezug auf reale Gegebenheiten wirksam wird oder ob der Realitätsbezug nur im Sinne einer analogen und präsentativen, symbolische Beschreibung wirksam wird bzw. werden kann.

2 Folgen der Digitalisierung – Thesen

Auf der Grundlage der dargestellten Differenzierungen und Präzisierungen wird erkennbar, in welcher Weise durch die vorherrschende Entwicklung, Gestaltung und Nutzung der Digitalisierung sowohl die Darstellung von Informationen als auch ihre Wahrnehmung verändert wird. Es werden allgemeine Tendenzen und unterschiedliche Formen des Umgangs hiermit sowie auch mögliche und wünschenswerte Alternativen der technischen Gestaltung fassbar. Sie seien im Folgenden thesenhaft umrissen:

2.1 Allgemeine Tendenzen

Durch die Digitalisierung erfolgt eine Verschiebung von realen Daten zu beschreibenden Daten und, damit verbunden, eine Ausweitung expliziter Informationen mittels der digitalen und diskursiven Darstellung von Daten und der wissensbasierten Definition ihrer Bedeutung. Damit verbindet sich eine Verschiebung von einer objektivierenden und subjektivierenden zu einer einseitigen objektivierenden sinnlichen Wahrnehmbarkeit und Wahrnehmung von Informationen. Die sinnliche Wahrnehmung wird auf das möglichst eindeutige und exakte Registrieren von Daten reduziert und als Medium der Bedeutungswahrnehmung und Entschlüsselung weitgehend ausgeschaltet.[16] Das Erkennen der Bedeutung von Daten erfordert primär explizites Wissen und mentale Denkleistungen.

Diese durch die Digitalisierung hervorgebrachte Veränderung von Informationen ist schon sehr viel früher in der Verwissenschaftlichung von Technik und Arbeit und der damit einhergehenden Verdoppelung realer Prozesse durch beschreibende Daten angelegt. Durch die Digitalisierung erreicht diese Entwicklung jedoch ein neues Niveau: die Objektivierung virtueller Daten nimmt zu und zugleich erscheinen sie nicht mehr zusätzlich und ergänzend zu realen Daten, sondern treten zunehmend an deren Stelle. Konkrete Gegebenheiten werden damit in weiten Bereichen nurmehr über die Ebene der Beschreibung zugänglich. Da die mit der Informatisierung einhergehenden beschreibenden Daten primär in Form digitaler und diskursiver Daten auftreten, erfordert das Erkennen ihrer Bedeutung besondere mentale (Denk-)Leistungen. Auch wenn die jeweiligen Sachverhalte und Probleme keine hohen mentalen Anforderungen stellen, so sind gleichwohl permanente kognitive (Denk-)Leistungen notwendig, um zu wissen,

---

[16] Siehe zur historischen Entstehung dieser Sicht auf die Erkenntnisfähigkeit der sinnlichen Wahrnehmung Böhle und Porschen (2012).

worum es sich handelt. Unter Bezug auf unterschiedliche Ausprägungen des menschlichen Gedächtnisses und von Gedächtnisleistungen besagt dies: Es werden primär semantische und deklarativ-explizite mentale Leistungen gefordert, wohingegen das episodische, prozedurale und erfahrungsbezogene Gedächtnis kaum (mehr) angesprochen wird.[17] Dies kann zur geistigen Erschöpfung führen, auch wenn keine geistig anspruchsvollen Aufgaben zu bewältigen sind. Das körperlich-sensomotorische Gedächtnis wird demgegenüber trotz hoher mentaler Anforderungen weiter gefordert, aber zugleich auf das einseitige Registrieren von Sinnesreizen eingegrenzt. An die Stelle qualitativ vielfältiger Wahrnehmungen tritt die quantitative Intensivierung spezieller Sinnesreize. Dies kann zu einer sinnlich-physischen Erschöpfung führen, auch wenn die sinnliche Wahrnehmung keine besondere Wahrnehmungsfähigkeit erfordert.[18]

2.2 Subjektive Bewältigung

Die Logik der Digitalisierung setzt sich in der Praxis nicht bruchlos durch, sondern wird durch unterschiedliche Formen des subjektiven Umgangs hiermit gebrochen und modifiziert. Dabei erscheinen vor allem zwei Richtungen subjektiver Strategien bedeutsam. Die Wiedererlangung subjektivierend-erfahrungsbezogenen Wahrnehmens und Erkennens zum einen und die Entkoppelung der Virtualität von der Realität zum anderen. Zunächst zu Ersterem.

Je vielfältiger und komplexer die konkreten Gegebenheiten sind, die durch digitale Daten beschrieben werden, umso umfangreicher müssen auch die Daten und das Wissen um die Bedeutung der Daten sein. Dies kann zu einer Informationsüberflutung führen oder/und die Daten und das Wissen sind nicht ausreichend, um die konkreten Gegebenheiten angemessen zu erfassen. In der Praxis werden daher von Fachkräften digitale und diskursive Daten auch als bzw. wie analoge und präsentative Daten wahrgenommen. In Leitwarten erhalten bspw. die Anlagenfahrer*innen bei Störungen eine Vielzahl von Informationen auf den Monitoren, die sie jedoch unter Zeitdruck weder einzeln wahrnehmen noch analysieren können. Die Fachkräfte orientieren sich daher an wenigen, von ihnen

---

[17] Siehe zu unterschiedlichen Ausprägungen menschlichen Gedächtnisses und von Gedächtnisleistungen bspw. Markowitsch (2012), Welzer (2002) sowie Herbig und Heiden (2023). Siehe zu handlungspraktischen und kognitiven Bedeutung episodischen und körperlich-sensomotorischen Gedächtnis Böhle (2016).

[18] Siehe zu Belastungen durch ‚einfache' sensomotorische Anforderungen am Beispiel visueller Beanspruchung bei Bildschirmarbeit Böhle et al. (1998) sowie Tisch und Wischnewski (2022).

ausgewählten Daten und verbinden diese mit Vorstellungen über die konkreten Vorgänge an den technischen Anlagen (s. o.) oder/und nehmen mehrere digitale Daten gleichzeitig als Bild war. Grundlegend hierfür ist ein erfahrungsbezogenes Wissen über die konkreten Gegebenheiten, auf die sich beschreibende Daten beziehen. Damit wird einerseits ein wahrnehmungsbasiertes Verständnis beschreibender Daten möglich und zugleich erfolgt eine Entlastung von rein mentalen, d. h. bewussten verstandesmäßigen explizit deklarativen und semantischen Denkleistungen. Zugleich entstehen aber besondere Beanspruchungen durch die Verbindung und den Abgleich von beschreibenden und realen Daten und deren jeweils unterschiedlichen Qualitäten. Zu berücksichtigen ist dabei, dass das sinnlich-erfahrungsbezogene Wahrnehmen und Verstehen beschreibender Daten durch ihre digitale und diskursive Gestalt nicht unterstützt wird, sondern quasi gegen sie subjektiv entwickelt und praktiziert werden muss.[19]

Eine andere Möglichkeit der mentalen Entlastung besteht in der Wahrnehmung beschreibender Daten als reale Daten. Die beschreibenden Daten treten dabei an die Stelle der Realität und bilden einen eigenständigen Informations- und Handlungsraum. Die Bedeutung beschreibender Daten wird dann nicht mehr auf konkrete Gegebenheiten bezogen, sondern nurmehr auf ihre Positionierung im Verhältnis zu anderen beschreibenden Daten. Dies ist etwa der Fall, wenn in einem Text in dem konkrete Sachverhalte geschildert werden bzw. werden sollen nur darauf geachtet wird, ob die immanente Argumentation schlüssig ist und andere beschreibende Daten berücksichtigt oder widerlegt werden, ohne zu beachten, in welcher damit die realen Sachverhalte, auf die sich der Text bezieht, angemessen erfasst werden. Gegenwärtig ist hierfür die Priorisierung von Kennzahlen und ökonomisch kalkulierbaren Daten bei der Unternehmenssteuerung und Begründung von Entscheidungen ein anschauliches Beispiel. Dieses Phänomen ist nicht völlig neu, sondern schon immer in der Logik geistiger Arbeit angelegt. Durch ihre Entkopplung von der körperlich-praktischen Arbeit, wie dies bspw. bei der Trennung von ausführender und planender Arbeit nach tayloristischem Muster der Fall ist, entsteht zugleich die Möglichkeit bzw. Gefahr, dass zum Gegenstand der Arbeit nurmehr geistige Modelle und nicht (mehr) reale Gegebenheiten werden. In der Wissensarbeit und speziell der wissenschaftlichen Arbeit zählt eine solche Entkopplung von der Realität teils zu einem besonderen Ausweis von Professionalität.[20]

---

[19] Siehe ausführlicher zu empirischen Belegen Bauer u. a. (2006) sowie weiter unten zur Bewältigung von Unwägbarkeiten.

[20] In Anknüpfung an Luhmann ließe sich dies als Transformation beschreibender Daten in eine selbstreferenzielle Virtualität beschreiben.

2.3 Alternativen der Gestaltung

Man könnte die geschilderten Entwicklungen der sinnlichen Wahrnehmbarkeit und Wahrnehmung von Informationen (Daten und ihre Bedeutung) als eine zwangsläufige Folge der Technisierung sehen. Die technische Aufbereitung und Verarbeitung von Informationen hätte dementsprechend zwangsläufig eine Umformung der sinnlich-wahrnehmbaren Qualität von Daten und des Erkennens ihrer Bedeutung zur Folge. Auf der Grundlage der in Abschn. 1 erfolgten Darstellungen erweist sich eine solche Annahme jedoch als Irrtum. Vor allem die folgenden Aspekte erscheinen technisch nicht zwangsläufig, sondern Ausdruck von Strategien bei der Entwicklung, Herstellung und Anwendung der Digitalisierung von Arbeit:

Technische vs. menschliche Informationsverarbeitung
Für die rechengestützte Aufnahme, Weitergabe und Verarbeitung von Daten eignen sich in besonderer Weise beschreibende Daten in digitaler und diskursiver Gestalt. Durch die Digitalisierung werden daher in besonderer Weise solche Informationen forciert bzw. das Verständnis von Information hierauf bezogen und eingegrenzt. Dies entspricht jedoch nur sehr eingeschränkt der menschlichen Wahrnehmung. Es bezieht sich einseitig auf die objektivierende (sinnliche) Wahrnehmung von Daten und die mentale-wissensbasierte Erfassung ihrer Bedeutung. Auch wenn eine subjektivierende Wahrnehmung in der Praxis stattfindet, ist sie technisch weder vorgesehen noch wird sie unterstützt. Für die menschliche Wahrnehmung und Verarbeitung von (technischen) Informationen ist, im Unterschied zur rechnerstützten Informationsverarbeitung, sowohl eine digitale und diskursive als auch analoge und präsentative Gestalt von Daten notwendig.

Das Verhältnis zwischen realen und beschreibenden Daten
Beschreibende Daten können als informations- und erkenntnisleitende Informationen für menschliches Handeln reale Daten ergänzen, aber nicht ersetzen, Technische Systeme sind daher so zu gestalten, dass auch weiterhin ein unmittelbarer Zugang zu realen Daten möglich ist, bestehen bleibt wie auch geschaffen wird.

Technische Vermittlung statt Beschreibung realer Gegebenheiten
Anstelle der Ergänzung realer Daten durch beschreibende Daten können reale Daten auch technisch vermittelt und hierdurch trotz räumlicher Distanz u. Ä. sinnlich wahrnehmbar sein. Grundlegend hierfür sind neben den bekannten visuellen und akustischen Medien technische Sensoren. Entscheidend ist dabei, dass bei

der technischen Vermittlung keine Transformation in (nur) beschreibende Daten erfolgt, so wie dies bspw. bei der Verbindung von technischen Sensoren mit Messgeräten der Fall ist. Exemplarisch für eine technische Vermittlung, bei der eine vielschichtige und diffuse Wahrnehmbarkeit erhalten und neu eröffnet wird, sind manuell steuerbare Roboter, bei denen eine unmittelbare Übertragung technischer Bewegungen bis hin zu einer taktil-haptischen Rückkopplung mit Gegenständen erfolgt. Wesentlich dabei sind eine handlungsorientierte Eingabe und Ausgabe von Informationen im Unterschied zur Steuerung durch über Tastaturen ausgelöste ,Befehle' oder durch Monitore dargestellte ,Anzeigen'.[21] Wie am Beispiel der fotografischen Dokumentation viel diskutiert, ist hier allerdings die Grenze zwischen der Vermittlung realer Daten und der Erzeugung eigenständiger virtueller Daten im Sinne einer Beschreibung fließend und muss in besonderer Weise beachtet werden.

Analoge und präsentative beschreibende Daten und partizipative Technik-Gestaltung
Auch die mit der Digitalisierung verbundenen beschreibenden Daten können nicht nur als digitale und diskursive, sondern auch als analoge und präsentative Daten dargestellt werden. Exemplarisch hierfür sind bildhafte Darstellungen der Geografie technischer Anlagen und von Prozessverläufen bei denen im Unterschied zu schematischen, funktionsbezogenen Abbildungen vor allem wahrnehmungsbezogene Größenverhältnisse, Entfernungen, Verläufe u. Ä. dargestellt werden. Entscheidend ist dabei der symbolische Charakter solcher analoger und präsentativer Darstellungen und die hierdurch ermöglichte Entwicklung von (sinnlichen) Vorstellungen bzw. Imaginationen über die konkreten Sachverhalte, auf die sie sich beziehen. Welche Darstellung hier im konkreten Fall hilfreich und notwendig wie auch ggf. störend sind, ist in hohem Maße kontext- und nutzerabhängig. Es ist daher speziell hierfür eine Einbeziehung der Nutze*rinnen und eine ,nutzer*innenorientierte' partizipative Technikentwicklung und -gestaltung notwendig.

Multimodale Gestaltung virtueller Daten
Die Verwendung bildlicher und akustischer Darstellungen anstelle von Zahlen oder Buchstaben erweitert das Spektrum sinnlicher Wahrnehmung und kann zur Entlastung sinnlich-physischer Beanspruchungen beitragen. Sie garantiert allein aber noch nicht, dass durch die sinnliche Wahrnehmung die Bedeutung von Daten wahrgenommen und erkannt werden kann. Dies ist nur dann der Fall,

---

[21] Siehe hierzu grundlegend Hornecker et al. (2001), Schulze (2001) und Martin (1995).

wenn durch die sinnlich wahrnehmbare Qualität von Daten auch ihre Bedeutung zum Vorschein kommt (s. u.). Die multimodale Gestaltung kann somit zwar zur Minderung physisch-sinnlicher Beanspruchung führen. Eine Entlastung von Beanspruchungen durch mentale (Denk-)Leistungen ist damit jedoch nicht gewährleistet.

Simulation
Die realitätsbezogene Abbildung und Nachbildung konkreter Gegebenheiten, wie sie bspw. durch Simulationen erfolgt, ist kein Ersatz für konkrete Gegebenheiten. Sie ist bzw. bleibt eine Beschreibung und beruht auf beschreibenden Daten. So sind zwar bei einer Vielfalt sinnlicher Wahrnehmbarkeit subjektivierende Wahrnehmungen möglich, sodass z. B. ein Gespür für technisch simulierte Abläufe entwickelt wird. Es bleibt dabei jedoch völlig offen, ob damit Eigenschaften realer Gegebenheiten oder nur Eigenschaften der technischen Simulation erfasst werden. Im Besonderen betrifft dies nicht vorhersehbare Ungewissheiten und Unwägbarkeiten.

Bewältigung von Ungewissheiten und Unwägbarkeiten
In der Praxis treten bei komplexen technischen, organisatorischen und sozialen Prozessen Unwägbarkeiten und Unregelmäßigkeiten auf, die als ‚unknown unknowns‘ bezeichnet werden können.[22] Es ist weder bekannt, ob und wann sie auftreten, noch um was es sich im konkreten Fall handelt und welche Ursachen dies hat. Sie unterscheiden sich daher von Risiken, deren Erscheinungsformen weithin bekannt sind und auf die sich dementsprechend präventive, korrigierende und kompensatorische Maßnahmen im Rahmen des Risikomanagements beziehen können, so wie dies beispielsweise bei Brandgefahren oder Wasserschäden der Fall ist. Die sogenannten ‚unknown unknowns‘ sind demgegenüber Unregelmäßigkeiten, die (erst) beim praktischen Verlauf in geplanten und kontrollierten technischen und organisatorischen Prozessen unerwartet auftreten und sichtbar werden. Ihre Ursachen liegen vor allem im Zusammenwirken unterschiedlicher Einflussfaktoren, die isoliert betrachtet kaum wirksam sind. In ihrem Zusammenwirken können sie sich jedoch wechselseitig verstärken und ‚aufschaukeln‘. Exemplarisch hierfür sind bei komplexen technischen Anlagen externe Einflüsse durch vor- und nachgelagerte Prozesse, Unterschiede bei den verwendeten Materialien bis hin zur Temperatur und Witterung bei im Freien stehenden Anlagen;

---

[22] Vgl. zur Abgrenzung gegenüber Risiken und zur internationalen Diskussion Heidling (2021).

oder es sind interne Einflüsse wie Verschleiß und Verschmutzungen. Des Weiteren können die Ursachen in der technischen und organisatorischen Be- und Verarbeitung liegen oder/und in deren technischer Steuerung, Regulierung, Kontrolle oder Dokumentation. Beispiel für letzteres sind Fehlermeldungen oder fehlerhafte Anzeigen infolge defekter elektrischer Leitungen oder Sensoren u. Ä. So wird es in der Praxis notwendig, dass qualifizierte Fachkräfte in die Prozesse eingreifen und ‚gegensteuern', um umfangreiche Störungen wie Stillstände und Qualitätsmängel oder auch Unfälle bis hin zu Explosionen zu vermeiden. Was hierbei jedoch im konkreten Fall zu tun ist und getan werden kann, ist ebenso unbekannt wie das Auftreten der Unregelmäßigkeiten und ihrer Ursachen. Da zudem zumeist unter Zeitdruck gehandelt und entschieden werden muss, sind systematische Analysen und umfangreiche Untersuchungen nicht möglich. Ein wissensbasiertes objektivierendes Handeln gerät daher an Grenzen, und es muss auf ein erfahrungsgeleitet subjektivierendes Handeln umgestellt werden. Es wird notwendig, sich explorativ und im Kontakt mit den Prozessen interaktiv an wirksame Interventionen heranzutasten und (erst) durch praktisches Handeln zu erkunden, was zu tun ist und was getan werden kann. Dabei ist und wird es notwendig, situativ auch solche Informationen zu eruieren, die nicht ex ante technisch als orientierungs- und erkenntnisleitende Informationen ausgewiesen und definiert werden. Neben der Verfügbarkeit beschreibender Daten ist hierfür vor allem ein Zugang zu realen Daten und ihrer subjektivierenden Wahrnehmung erforderlich. Da nicht ex ante sicher ist, welche Daten mit welchen Bedeutungen hilfreich sind, muss ihre Wahrnehmbarkeit vielschichtig und ihre sinnliche Wahrnehmung offen sein, um die in ihnen enthaltenen impliziten Bedeutungen kontext- und situationsbezogenen zu erkennen. So wird es möglich, an sich verändernden Gerüchen, Temperaturen, Verfärbungen, Vibrationen, Geräuschen u. Ä. Hinweise auf die Ursachen von Unregelmäßigkeiten, wie aber auch den Erfolg von Interventionen zu gewinnen. Bei der Orientierung an beschreibenden Daten erweisen sich in solchen Situationen vor allem analoge und präsentative Darstellungen als hilfreich, da ihre Bedeutung unmittelbar sinnlich erfasst werden kann und Rückschlüsse auf die Sachverhalte, auf die sie sich beziehen ermöglichen. Auch hier erweisen sich vielschichtig wahrnehmbare Daten mit impliziten Bedeutungen wichtig, da sie dafür offen sind, (erst) im praktischen Handeln situations- und kontextbezogen als handlungs- und erkenntnisleitende Information ‚entdeckt' zu werden. Ein in gewisser Weise klassisches Beispiel hierfür ist die Orientierung am Zeigerstand (anstelle von Messzahlen) bei einer Vielzahl von technischen Anzeigen in traditionellen Leitwarten der Prozessindustrie (Energieversorgung, Stahl-

und Chemieindustrie usw.). Mit ‚einem Blick', ‚blitzschnell' ohne ‚langes Nachdenken' war es hierdurch beispielsweise möglich zu erkennen, ob und an welcher Stelle an den Anlagen Unregelmäßigkeiten auftreten und wirksam werden.[23]

Vor diesem Hintergrund wird eine besondere Paradoxie und Widersprüchlichkeit der Digitalisierung sichtbar: Die mit der Digitalisierung einhergehende und durch sie (technisch) forcierte Erfassung und Darstellung von Informationen grenzt zugleich Informationen aus, die erforderlich sind, um die Funktionsfähigkeit technischer, organisatorischer und sozialer Prozesse durch menschliche Arbeit zu gewährleisten. Die Ausrichtung der mit Digitalisierung verbundenen Erfassung und Darstellung von Informationen nicht nur an der rechnergestützten Verarbeitung, sondern auch an der menschlichen Wahrnehmung und Wahrnehmungsfähigkeit erweist sich daher nicht nur als Zugeständnis an eine humane Arbeits- und Technikgestaltung, sondern vor allem auch als ein Funktionserfordernis der technischen Systeme selbst. Sie sind auch bei fortschreitender Automatisierung ohne menschliche Arbeit nicht funktionsfähig und müssen daher auch hieran angepasst werden, und nicht umgekehrt. Umso mehr gilt dies, wenn die auf Digitalisierung beruhenden technischen Systeme nicht als sich selbst regulierende Systeme, sondern als Assistenzsysteme, Werkzeuge oder kooperative und kooperierende Akteure konzipiert werden oder/und Unwägbarkeiten nicht nur eher verdeckt und unerwartet in der Praxis sichtbar werden, sondern als ein strukturelles Merkmal der jeweiligen Prozesse wie etwa in der technischen Entwicklung oder bei personenbezogenen Dienstleistungen erkannt und anerkannt sind.[24]

3   Ausblick

Es wurde versucht ein begrifflich-konzeptuelles Instrumentarium vorzustellen, mit dem sich die Anforderungen, die sich dabei speziell an die Erfassung und Darstellung von Informationen ergeben, zu bestimmen und zu diskutieren. Es bleibt weiteren Untersuchungen überlassen, genauer zu klären, wie sich dies nicht nur in

---

[23] Die hier exemplarisch am Beispiel komplexer technischer Anlagen beschriebenen Ungewissheiten und Unwägbarkeiten sowie das zu ihrer Bewältigung notwendige und praktizierte Arbeitshandeln findet sich in einer je spezifischen Ausprägung sowohl in unterschiedlichen Bereichen industrieller Produktion als auch in der technischen Entwicklung, in der Verwaltung, im Verkehrswesen und in besonderer Weise bei Dienstleistungen. Sie hierzu ausführlich die Dokumentation der Ergebnisse von Untersuchungen unterschiedlicher Sozialwissenschaftler*innen (vgl. Böhle 2017).

[24] Vgl. Böhle und Huchler (2017) und Huchler (2018).

verschiedenen, sondern im Unterschied etwa zur Steuerung technischer Anlagen neuartigen und bisher wenig beachteten Anwendungsgebieten der Digitalisierung zeigt. Die Arbeit in digital vernetzten Systemen zählt hierzu. Vernetzung erscheint im Zusammenhang mit Digitalisierung keineswegs als neuartig und wenig beachtet. Doch gleichwohl trifft dies auf die spezifischen Anforderungen und Veränderungen, die sich aus der mit der Digitalisierung verbundenen und durch sie hervorgebrachten, sowie möglichen Vernetzung für menschliche Arbeit ergeben, zu.

Literatur

Aicher, O. (1991): Analog und digital. Schriften zur Philosophie des Machens, Berlin: Ernst & Sohn.

Bauer, H.; Böhle, F.; Munz, C.; Pfeiffer, S.; Woicke, P. (2006): Hightech-Gespür. Erfahrungsgeleitetes Arbeiten und Lernen in hochautomatisierten Arbeitsbereichen. Schriftenreihe des Bundesinstituts für berufliche Bildung, Bielefeld: Bertelsmann.

Böhle, F. (2001): Sinnliche Erfahrung und wissenschaftlich-technische Rationalität – ein neues Konfliktfeld industrieller Arbeit. In: Lutz, Burkart (Hrsg.): Entwicklungsperspektiven von Arbeit, Berlin: De Gruyter, S. 113–131.

Böhle, F. (2016): Körpergedächtnis jenseits von sensomotorischer Routine und nur subjektiver Bedeutsamkeit. In: Heinlein, Michael; Dimbath, Oliver; Schindler, Larissa; Wehling, Peter (Hrsg.): Der Körper als soziales Gedächtnis, Wiesbaden: Springer VS, S. 19–47.

Böhle, F. (2017): Arbeit als Subjektivierendes Handeln. Handlungsfähigkeit bei Unwägbarkeiten und Ungewissheit, Wiesbaden: Springer VS.

Böhle, F.; Rose, H. (1992): Technik und Erfahrung. Arbeit in hochautomatisierten Systemen. Frankfurt und New York: Campus.

Böhle, F.; Milkau, B. (1988): Vom Handrad zum Bildschirm – Eine Untersuchung zur sinnlichen Erfahrung im Arbeitsprozeß, Frankfurt a. M. u. a.: Campus.

Böhle, F.; Porschen, S. (2012): Verwissenschaftlichung und Erfahrungswissen. Zur Entgrenzung, neuen Grenzziehungen und Grenzüberschreitungen gesellschaftlich anerkannten Wissens. In: Wengenroth, Ulrich (Hrsg.): Grenzen des Wissens – Wissen um Grenzen, Weilerswist: Velbrück, S. 154–192.

Böhle, F.; Huchler, N. (2017): Cyber-Physical Systems and Human Action. A Re-Definition of Distributed Agency between Humans and Technology, Using the Example of Explicit and Implicit Knowledge. In: Song, Houbing; Rawat, Danda B.; Jeschke, Sabina; Brecher, Christian (Hrsg.): Cyber-Physical Systems: Foundations, Principles and Applications, London: Academic Press, S. 115–127.

Böhle, F.; Weishaupt, S.; Hätscher-Rosenbauer, W.; Fritscher, B. (1998): Tätigkeitsbezogene Sehschulung – Ein zukunftsweisender Ansatz zur Förderung der Gesundheit bei visueller Beanspruchung am Arbeitsplatz, München.

Böhme, G. (1980): Alternativen der Wissenschaft. Frankfurt: Suhrkamp.

Heidling, E. (2021): Erfahrungswissen in der Projektarbeit. In: Bolte Annegret; Neumer Judith. Lernen in der Arbeit. Augsburg: Rainer Hampp. S. 49–64

Heinlein, M.; Huchler, N.; Wittal, R.; Weigel, A.; Baumgart, T.; Niehaves, B. (2021): „Erfahrungsgeleitete Gestaltung von VR-Umgebungen zur arbeitsintegrierten Kompetenzentwicklung: Ein Umsetzungsbeispiel bei Montage- und Wartungstätigkeiten". Zeitschrift für Arbeitswissenschaft 75, Nr. 4: 388–404.

Herbig, B.; Heiden, B. (2023): Das Arbeitsgedächtnis als limitierender Faktor mentaler Belastung bei digital vernetzter Arbeit: Annäherung an eine mentale Dauerbelastungsgrenze. In: Heinlein, M.; Neumer, J.; Ritter, T. (Hrsg.): Digital vernetzte Arbeit – Merkmale und Anforderungen eines neuen Typus von Arbeit. Wiesbaden: Springer VS

Hornecker, E.; Robben, B.; Bruns, W. F. (2001): Technische Spielräume: Gegenständliche Computerschnittstellen als Werkzeug für erfahrungsorientiertes, kooperatives Modellieren. In: Matuschek, Ingo; Henninger, Annette; Kleemann, Frank (Hrsg.): Neue Medien im Arbeitsalltag: Empirische Befunde – Gestaltungskonzepte – Theoretische Perspektiven, Wiesbaden: Westdeutscher Verlag, S. 193–218.

Huchler, N. (2018): Die Grenzen der Digitalisierung. Begründung einer Arbeitsteilung zwischen Menschen und Technik und Implikationen für eine humane Technikgestaltung. In: J. Hofmann (Hrsg.) Arbeit 4.0-Digitalisierung, IT und Arbeit Wiesbaden: Springer Vieweg. S. 143–162

Langer, S. (1965): Philosophie auf neuem Wege – Das Symbol im Denken, im Ritus und in der Kunst, Berlin: S. Fischer.

Leonardi, P.; Barley S. (2012): The Lire of the Virtual Organ. Sci23(5): 1485–1504

Markowitsch, H. J. (2012): Dem Gedächtnis auf der Spur: Vom Erinnern und Vergessen, Darmstadt: Primus.

Martin, H. (Hrsg.) (1995): CeA – Computergestützte erfahrungsgeleitete Arbeit, Berlin: Springer.

Merleau-Ponty, M. (1966): Phänomenologie der Wahrnehmung, Berlin: De Gruyter.

Pfeiffer, S. (2001): Information@Work: Neue Tendenzen in der Informatisierung von Arbeit und vorläufige Überlegungen zu einer Typologie informatisierter Arbeit. In: Matuschek, Ingo; Henninger, Annette; Kleemann, Frank (Hrsg.): Neue Medien im Arbeitsalltag: Empirische Befunde – Gestaltungskonzepte – Theoretische Perspektiven, Wiesbaden: Westdeutscher Verlag, S. 237–255.

Rowley, J. (2006): The Wisdom Hierarchy: Represantations of the DIKW Hierarchy: Journal of Information Science, 33 (2), S. 163–180.

Schmiede, R. (1996): Informatisierung und gesellschaftliche Arbeit: Strukturveränderungen von Arbeit und Gesellschaft. In: WSI-Mitteilungen, 49 (9), S. 533–544.

Schmitz, H. (2005): Die Wahrnehmung: Das System der Philosophie. Bd. III, 5. Bonn: Bouvier.

Schmitz, H. (1994): Neue Grundlagen der Erkenntnistheorie. Bonn: Bouvier.

Schröter, J.; Zons, A. (Hrsg.) (2004): Analog/Digital – Opposition oder Kontinuum? Zur Theorie und Geschichte einer Unterscheidung, Bielefeld: transcript.

Schulze, H. (2001): Erfahrungsgeleitete Arbeit in der industriellen Produktion: Menschliche Expertise als Leitbild für Technikgestaltung. In: Soziologische Revue, 26 (3), S. 338–344.

Tisch, A.; Wischneswki, S. (2022): Sicherheit und Gesundheit in der digitalisierten Arbeitswelt. Kriterien für eine menschengerechte Gestaltung, Baden-Baden: Nomos.

Vogel, M. (2022): „Das kleine Computerlexikon von Dipl.-Ing. Martin Vogel": https://martinvogel.de/lexikon/. Letzter Zugriff: 15.11.2022

Welzer, H. (2002): Das kommunikative Gedächtnis: Eine Theorie der Erinnerung, München: Beck.

Zins, C. (2007): Conceptual Approaches for Defining Data, Information and Knowledge. In: Journal for the American Society for Information and Technology, 58 (4), S. 479–493.

Das Arbeitsgedächtnis als limitierender Faktor mentaler Belastung bei digital vernetzter Arbeit. Annäherung an eine mentale Dauerbelastungsgrenze

Britta Herbig und Barbara Heiden

Inhaltsverzeichnis

Zusammenfassung

Im folgenden Beitrag werden bekannte Konzepte und Theorien der Informationsverarbeitung und des komplexen Problemlösens mit Merkmalen der Arbeit im digitalen Zeitalter zusammengebracht, um sich der Fragestellung nach einer mentalen Dauerleistungsgrenze anzunähern. In Analogie zur physischen Belastungsgrenze der Arbeitsmedizin wird nach einem limitierenden System gesucht, das die kognitive Leistungsfähigkeit bei dauerhafter Beanspruchung begrenzen kann. Mit dem Arbeitsgedächtnis wird ein grundlegendes psychologisches System identifiziert, das durch digital vernetzte Arbeit in seiner „natürlichen" Arbeitsweise fundamental herausgefordert wird, und potenziell zur Ermittlung einer mentalen Dauerbelastungsgrenze genutzt werden

B. Herbig (✉) · B. Heiden
Institut und Poliklinik für Arbeits-, Sozial- und Umweltmedizin, LMU Klinikum, München, Deutschland
E-Mail: britta.herbig@med.uni-muenchen.de

© Der/die Autor(en), exklusiv lizenziert an Springer Fachmedien Wiesbaden GmbH, ein Teil von Springer Nature 2023
M. Heinlein et al. (Hrsg.), *Digital vernetzte Arbeit,*
https://doi.org/10.1007/978-3-658-40615-8_4

könnte. Dabei zu berücksichtigende Herausforderungen und Chancen werden im Abschluss des Beitrags diskutiert.

1 Interdisziplinäre Betrachtung des Begriffs „mental" im Kontext von Belastung

Seit Langem wird in verschiedenen Forschungsfeldern (z. B. Psychologie, Soziologie, Medizin, Pädagogik, Human Factors, Ingenieurwissenschaften) versucht, mit Hilfe von Modellen eines Phänomens habhaft zu werden, das Beschäftigte im Kontext der zunehmenden Computerisierung/Digitalisierung als Be- und Überlastung erleben und das nicht Folge körperlicher, sondern „mentaler" (Über-) Anstrengung ist. Dabei nimmt beinahe jede Disziplin ihre eigene Definition des „Mentalen" im Belastungskontext vor, insbesondere im englischsprachigen Raum, wo vielfach von „mental load" oder „mental workload", aber gleichzeitig auch von „cognitive load" die Rede ist und sich hinter diesen Begriffen unterschiedliche Konzept-Definitionen verbergen, die je nach Disziplin bzw. Zielsetzung einen etwas anderen Fokus haben. Unterschiede finden sich bereits bei der grundlegenden Charakterisierung von Anforderungen, aber ebenso bei der Beschreibung von Verarbeitungsmechanismen und Beanspruchungsmerkmalen. So werden darunter zum einen allgemein psychische Belastungen und Beanspruchungen gefasst, zum anderen aber auch – in Abgrenzung zu emotionalen Belastungen und Beanspruchungen und somit etwas spezifischer – geistige oder kognitive Anforderungen und Beanspruchungen.

In ihrem Review geben Van Acker et al. (2018) einen Überblick über die unterschiedliche Verwendung des Begriffs „mental workload" im Rahmen verschiedener Konzepte. Gemäß dem Dictionary for Human Factors/Ergonomics (Stramler 1992) wird „mental workload" verstanden als „any measure of the amount of mental effort required to perform a task" mit einem Fokus auf Leistungskriterien (Performance) wie zum Beispiel Qualität oder Sicherheit. Im Bereich der Erziehungswissenschaften findet sich ein ähnliches Verständnis, allerdings – ergänzend zur Performance – mit Lernen als weiterer Beanspruchungsfolge (Sweller 1988, 1994). In der Kognitionspsychologie wird „cognitive load" z. T. als die Belastung verstanden, die durch die Bearbeitung von und/oder die Ablenkung durch eine sekundäre Aufgabe verursacht wird (Ricker und Cowan 2017; Sweller 2011), z. T. aber auch in einem weiteren Sinn als ein Aspekt der Schwierigkeit einer Aufgabe (Martin 2017; Paas et al. 2003; Sörqvist et al. 2016).

Einig ist man sich jedoch über das zugrunde liegende „Problem", mit dem man sich bei der Analyse und Bewertung des „Mentalen" konfrontiert sieht: Das Gehirn als Black Box, dessen Prozesse und Mechanismen naturwissenschaftlich nach wie vor weder im Detail beobachtet, geschweige denn in Gänze verstanden oder nachvollzogen werden können. Zwar macht die Diagnostik, u. a. die Bildgebung, Fortschritte, gleichzeitig wird mit jedem Zugewinn an diagnostischen Möglichkeiten die Komplexität der Abläufe deutlicher und die Herstellung valider Kausalitätsbezüge zwischen physiologischen sowie biochemischen Prozessen und psychischen Belastungen und Beanspruchungen vorerst nicht wahrscheinlicher. So können zwar zerebrale Aktivitätsmuster oder Signale mit gleichzeitig stattfindenden (psychischen) Aktivitäten korreliert werden (etwa bei fMRT- oder EEG-Untersuchungen), eine potenziell parallel vorhandene, tatsächliche „mentale" 1:1-Abbildung der Aktivität beim Tätigen, geschweige denn eine ggf. auftretende Erfahrung von Überanstrengung sind aber nicht nachverfolgbar (Ayres et al. 2021; Matthews et al. 2015; Paas und van Merriënboer 2020).

Das spiegelt sich auch in existierenden Modellen und Theorien wider, die versuchen, mentale Prozesse abzubilden und mit Mess- und Anwendungsmethoden zu verbinden (z. B. Cognitive Load Theory, Sweller 1994; Multiple Ressource Theory, Wickens 2008). In deren Fokus steht die Betrachtung und Analyse von Informationsverarbeitungsprozessen des Gehirns. Es gelingt dabei zwar, einzelne Modellelemente schlüssig darzustellen, zu verbinden und zu belegen, aufgrund der Komplexität bzw. der nach wie vor unklaren Funktionsweise des Gesamtsystems fehlt aber noch immer eine umfassende Theorie, die mit Blick auf die Messbarkeit mentaler Belastung/Beanspruchung alle relevanten Aspekte erfolgreich integriert.

2   Veränderungen in der Bedeutung und Betrachtung mentaler Belastungen im Zeitverlauf

Bezogen auf die Veränderung der Forschungslandschaft findet sich eine erste Welle experimenteller Studien zum Thema arbeitsbezogener „mentaler Belastung" im Zuge der Automatisierung, häufig im Rahmen sicherheitskritischer Tätigkeiten, z. B. im militärischen Umfeld, der Überwachung von Atomkraftwerken oder im Bereich der Flugsicherung. In diesem Zusammenhang standen v. a. der Sicherheitsaspekt und die Verhinderung gravierender Auswirkungen menschlicher Fehler im Umgang mit der Technik im Vordergrund. Sie haben einen wesentlichen Beitrag geleistet, um die Zusammenhänge zwischen verschiedenen geistigen Arbeitsanforderungen, dem Erleben (u. a. Ermüdung, Monotonie, Sättigung) von Beschäftigten und ihren Konsequenzen (v. a. fehlerhaftes Verhalten) besser zu verstehen. Diese Studien erfolgten vorwiegend unter Laborbedingungen zur Betrachtung einzelner, reproduzierbarer Anforderungsbedingungen, die eine Steuerung und Messung von Belastung und Beanspruchung erlauben. Auch methodengemischte Arbeitsanalysen wurden durchgeführt, bei denen allerdings die Erfassung der mentalen Belastung gerade auch im Zeitverlauf nur indirekt erschließend möglich war und ist (Zolg et al. 2021).

Im Zuge der Digitalisierung ist in den letzten Jahren eine zweite Welle an Forschungsprojekten zu verzeichnen, bei denen erneut Informationsverarbeitungsprozesse im Zentrum des wissenschaftlichen Interesses stehen. Ein wesentlicher Treiber dürften dabei die inzwischen sektorenübergreifende Relevanz dieser Entwicklung und die erwarteten gravierenden Auswirkungen auf die Arbeitswelt und die Beschäftigungssituation sein. Entsprechend gewinnt die Notwendigkeit tragfähiger Arbeits- und Gesundheitsschutz-Maßnahmen für „digitale" Tätigkeiten eine höhere gesellschaftliche Bedeutung.

3   Mentale versus physische Belastungsgrenze

Bereits das Forschungsprogramm „Humanisierung der Arbeit" in den 70er und 80er Jahren verfolgte einen ganzheitlichen Ansatz mit Blick auf die physische UND psychische Gesundheit der Beschäftigten (für einen kurzen Überblick im Kontext „Industrie 4.0" s. Hartmann 2015). In dieser Phase wurden erstmalig psychische Belastungen als relevante Quelle von Fehlbeanspruchungen in den Fokus der Aufmerksamkeit gebracht, in erster Linie allerdings psychische Beanspruchungen, die aus einem „Zuwenig" an geistiger Anforderung respektive Aktivität entstanden und in Anforderungserweiterungskonzepten wie Job Enrichment oder (teil)autonomer Gruppenarbeit mündeten. Ein wesentliches Augenmerk, v. a. aufseiten der Arbeitsmedizin, lag damals noch auf dem Schutz der Beschäftigten vor physischer Überlastung bei manuellen Tätigkeiten. In diesem Bestreben lässt sich eine Zweigleisigkeit der Entwicklung nachvollziehen: Einerseits findet sich auf wissenschaftlicher Ebene die Suche nach einer absoluten Grenze der körperlichen Belastbarkeit, andererseits geht es um eine sozialpartnerschaftliche Auseinandersetzung um eine praktische und praktikable Limitierung körperlicher Anforderungen im konkreten Arbeitsalltag. Sämtliche rechtlichen Regelungen sind – stets unter Einbindung der jeweils vorliegenden wissenschaftlichen Erkenntnisse – letztlich Ergebnis dieses Aushandlungsprozesses. Es stellt sich die Frage, ob eine vergleichbare Annäherung an eine (praxistaugliche) mentale Dauerbelastungsgrenze wissenschaftlich zulässig und praktisch möglich ist.

Bei der Betrachtung einer körperlichen Belastungsgrenze muss berücksichtigt werden, dass zwischen statischer und dynamischer Muskelarbeit unterschieden wird, und bei letzterer zusätzlich zwischen einseitiger dynamischer und schwerer dynamischer Muskelarbeit. Statische Muskelarbeit kann nur für einen sehr kurzen Zeitraum geleistet werden, dann reicht die Blutzufuhr zur Muskulatur für die Versorgung nicht mehr aus (Reduzierung des Blutflusses durch den Muskelinnendruck). Einseitig dynamische Arbeit hingegen kann über einen langen Zeitraum schädigungsfrei aufrechterhalten werden. Hier liegt die Limitierung in einer Schädigung der anatomischen Strukturen. Schwere dynamische Arbeit kann so lange geleistet werden, bis die Energiereserven aufgebraucht bzw. nicht mehr schnell genug regeneriert werden können. Historisch beschränkte sich die Forderung nach einer Begrenzung der Belastungen – gesundheits-, aber auch sozialpolitisch – lange auf diese Form der schweren körperlichen Arbeit. In der wissenschaftlichen Annäherung an eine Dauerbelastungsgrenze wurde dabei die begrenzte physiologische Leistungsfähigkeit der Muskulatur als Ausgangspunkt gewählt und die maximal zulässige Belastung in Form eines Prozentsatzes der Belastung bei – ergometrisch ermittelter – Maximalleistung definiert und nach Zeitdauer differenziert (zwei, vier oder acht Stunden), d. h. letztlich wurde sie auf Messungen unter Laborbedingungen begründet (Frauendorf et al. 1990; Hartmann et al. 2018a, b; Hettinger 1981; Müller und Karrasch 1956; REFA Verband für Arbeitsstudien und Betriebsorganisation e. V. 1978; Laurig 1992; Rohmert und Laurig 1975; Serafin et al. 2018). Die Festlegung einer intolerablen Obergrenze in dieser Form ist somit in gewisser Weise willkürlich bzw. Resultat eines Aushandlungsprozesses. Die Messung der konkreten, individuellen Belastung und Beanspruchung bleibt weiterhin schwierig. Dennoch wird diese Grenze mehrheitlich akzeptiert und dient als Grundlage für weitere Verfeinerung und Verbesserung, z. B. in Form einer Berücksichtigung der tätigkeitsbezogenen Ausführungsbedingungen (z. B. Leitmerkmalmethode, BAuA 2019).

Eine vergleichbare Herangehensweise mit Blick auf eine mentale Dauerbelastungsgrenze ist nur vorstellbar, wenn sich für das Gesamtsystem der „mentalen Arbeit" zum einen ein vergleichbares, limitierendes Teilsystem benennen lässt wie die „Energiebereitstellung" für das Gesamtsystem der „Muskelarbeit", und sich zum anderen dafür auf der Beanspruchungsseite ein Pendant der Maximalleistung findet (Abb. 1).

Eine Annäherung an ein mögliches limitiertes Korrelat „mentaler Arbeit" setzt zunächst voraus, übergreifend relevante mentale Belastungen und Beanspruchungen der veränderten/neuen Tätigkeitsprofile zu spezifizieren sowie allgemeine menschliche kognitive Fähigkeitsbereiche zu identifizieren, die einen limitierenden Einfluss haben könnten.

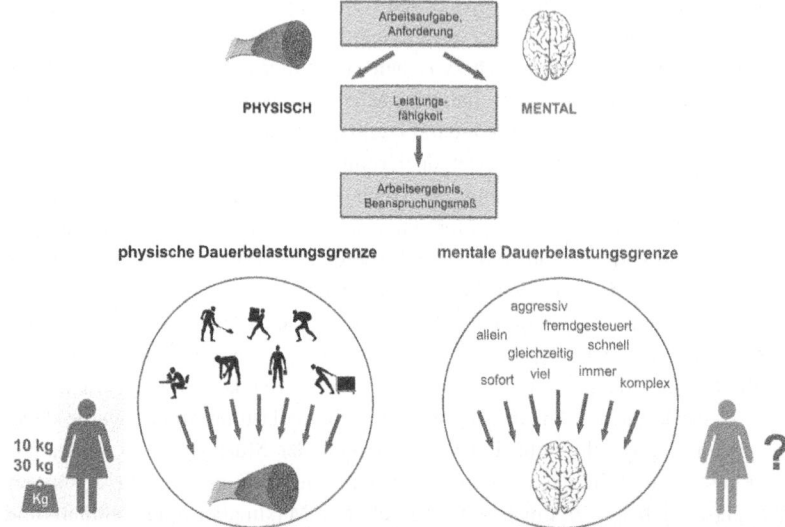

Abb. 1 Annäherung an eine physische und mentale Dauerbelastungsgrenze

4 Informationsverarbeitung im Zeitalter digitaler Technologien

Mensch und Computer sind in der Lage, eine immense Menge an Daten und Informationen zu speichern und zu verarbeiten. Folgt man dem Grundgedanken der sog. „Wissenspyramide" (z. B. Rowley 2007), in der Daten als primäre Einheit stehen und Informationen bereits eine (Sinn-)Verbindung von mindestens zwei Daten enthalten, zeigt sich allerdings bereits ein deutlicher Unterschied: Während Computer herausragend mit Daten umgehen können, liegt die Stärke menschlicher Kognition in der Verarbeitung von Informationen, ihrer Wahrnehmung bzw. Aufnahme sowie der Entschlüsselung/Verarbeitung und dem Abruf. Der Mensch kann über seine verschiedenen Sinne Reize unterschiedlichster Qualität wahrnehmen, ohne ihnen bewusst Aufmerksamkeit schenken zu müssen. Dieses gleichzeitige Erfassen multimodaler Daten (die damit bereits Informationen im obengenannten Sinn sind) aus verschiedenen Quellen (externen wie auch internen), aber auch das Erinnern und (Neu-)Verknüpfen gelingt über die parallele Erregung multipler neuronaler Netzwerke im Gehirn mit seinen bis zu 100 Mrd. Neuronen und bis zu 10.000 Synapsen pro Neuron. Computer (mit Ausnahme der neuesten Entwicklungen im Bereich Quantencomputer) sind hingegen primär nur zu einer seriellen (algorithmischen) Verarbeitung binärer Daten in der Lage – auch wenn diese durch die enormen Geschwindigkeiten der Verarbeitungen oft wie parallele Prozesse erscheinen –, die in ihrer Logik der jeweiligen Programmierung folgt (Maschinenlernen im Kontext künstlicher Intelligenz bedingt ausgenommen, d. h. die „Lernvorgaben" sind hier zwar algorithmisch festgelegt, die „Ergebnisse", auf deren Basis z. T. weiter gelernt wird, aber nicht vorhersehbar). Daten, in diesem „klassischen" Sinn, haben im Gegensatz zu multimodalen Informationen keinen „bildlich/sprechenden" Charakter, sondern entsprechen in ihrer Gestalt am ehesten „abstrakten/stummen" Zeichen, deren Bedeutung nur im Zusammenhang mit anderen Daten erschlossen werden kann und deren symbolischer Gehalt bekannt sein bzw. gelernt werden muss, um sie zu interpretieren.

Nach wie vor ist der Mensch dem Computer in der Wahrnehmung und entsprechend auch der „Nutzbarmachung" multimodaler, analoger „Daten" überlegen. So ist diese Form der parallelen Informationsverarbeitung nach heutigem Stand der Wissenschaft eine Grundlage höherer kognitiver Funktionen (z. B. komplexes Problemlösen). Hingegen haben Computer und digitale Technologien bei der Verarbeitung und Speicherung binärer, virtueller Daten in ihrer Kapazität und Geschwindigkeit die Leistungsfähigkeit des menschlichen Gehirns längst weit überschritten. Seit längerem wird im Bereich der Robotik und Künstlichen Intelligenz (KI) versucht, sowohl bei der Wahrnehmung als auch der parallelen Informationsverarbeitung physiologische Prozesse zu imitieren. Trotz großer Fortschritte erreicht man bislang aber längst nicht das Niveau des menschlichen Gehirns und es bleibt fraglich, ob dies in bestimmten Bereichen überhaupt gelingen kann (siehe Kleiner Exkurs zur Künstlichen Intelligenz).

Gerade in der Bearbeitung von Aufgaben mit einem hohen Maß an kognitiven Anforderungen, wie sie bei Prozessen mit höheren intellektuellen Regulationsanforderungen (z. B. Lösung komplexer Probleme, Umgang mit Unsicherheit/Unplanbarkeit) entstehen, liegen entsprechend weiterhin die Stärken des Menschen. Der unterstützende Einsatz digitaler Technologien kann aber in zweifacher Hinsicht entlasten: Zum einen können durch eine Externalisierung algorithmisierbarer Aufgabenteile freie Kapazitäten für die kognitiven (Kern-) Anteile der Aufgabe geschaffen werden. Zum anderen kann das Risiko von Fehlern reduziert werden, wenn eine große Menge abstrakter/binärer Daten berücksichtigt werden muss.

Beim Lösen eines komplexen Problems ist der Mensch z. B. gefordert, gleichzeitig das Problem selbst präsent zu halten, Zwischenziele und -ergebnisse zu berücksichtigen und diese vorausschauend (bzw. teilweise auch rückblickend) wie auch strategisch zu verknüpfen (Kotovsky et al. 1985; Sweller 1988). Um dabei die immense Menge an Informationen be-/verarbeitbar zu halten, versucht er oftmals durch eine – meist unbewusste – Informationsreduktion eine Vereinfachung des „Problemraums" herzustellen, damit er besser und weniger belastend agieren kann (z. B. Fischer et al. 2011; Paas et al. 2004). Diese Vereinfachung birgt das Risiko falscher Schlussfolgerungen und Fehlhandlungen, z. B. wenn bei einem vermeintlichen Zuviel an Rückmeldungen eines Programms Teile einfach gelöscht werden, obwohl sie potenziell relevante Informationen beinhalteten. Die Aufbereitung von Daten durch digitale Technologien verdichtet vorhandene Informationen bei gleichzeitiger Minimierung des Risikos eines Informationsverlusts sowie „illegaler Operationen" und kann so das Gehirn entlasten.

In dem Maß, in dem digitale Technologien Arbeit prägen, verändern sich Qualität und Quantität von Daten bzw. Informationen, mit denen Beschäftigte an ihrem Arbeitsplatz konfrontiert sind. Bei vielen Tätigkeiten vollzieht sich eine durch die Technik erzwungene Veränderung der Arbeitsgrundlage von Informationen hin zu Daten, sowohl in der Zurverfügungstellung als auch im Abruf. In Folge ist die Arbeitsrealität heute mittlerweile immer öfter Spiegelbild der Logik digitaler Technologien und ihrer Notwendigkeiten, nicht Resultat einer aktiven Gestaltung durch den Menschen. Menschliche Fähigkeiten bleiben ungenutzt, d. h. dem Menschen wird die Möglichkeit genommen, all seine Fähigkeiten optimal zu nutzen. Fehlbeanspruchungen sind dann eine logische Konsequenz.

Geht man von der Unterstützung und Entlastung des Menschen als ursprünglich prioritärem Ziel des Technologie-Einsatzes aus, muss man bei hohem Digitalisierungsgrad und einer entsprechend hohen Kapazität digitaler Technologien inzwischen eine tendenziell gegenläufige Schlussfolgerung ziehen: Die Anzahl externalisierter Prozesse und die Fülle der daraus entstehenden, abstrahierten Ergebnisse ist so immens, dass diese virtuellen/abstrakten Daten erst wieder in den individuellen, konkreten Arbeitskontext „übersetzt" (= analogisiert) und zu nutzbaren Informationen gemacht und integriert werden müssen. Damit kann, bezogen auf die Anforderungen an die kognitiven Fähigkeiten, die Arbeitssituation selbst unter Umständen zu einem komplexen Problem werden.

4.1   Kleiner Exkurs zur Künstlichen Intelligenz

Die „Kapitulation" der Psychologie und anderer Disziplinen vor der Herausforderung, präzise zu definieren, was menschliche Intelligenz ist (operationale Definition „Intelligenz ist, was ein Intelligenztest misst"), setzt sich auch in der Geschichte der Entwicklung und Definition Künstlicher Intelligenz (KI) fort:

Bereits Mitte der 1950er Jahre wurde der Begriff der Künstlichen Intelligenz (KI) geprägt; es folgten Jahrzehnte einer grenzenlosen und enthusiastischen Erwartung, dass Computer „in der Lage sein würden, Aufgaben zu lösen, zu deren Lösung Intelligenz notwendig ist, wenn sie vom Menschen durchgeführt werden" (Zitat wird Marvin Minsky, Pionier der KI, zugeschrieben). Die Erwartung, dass Computer „wie Menschen" denken würden, nur eben (am Ende der Entwicklung) schneller, genauer und fehlerfreier, erfüllte sich in den Folgejahren nicht. Schnell wurden kritische Auseinandersetzungen mit dem Konzept der KI als „bessere" menschliche Intelligenz laut (lesenswert z. B. Dreyfus und Dreyfus 1986). Mit der zunehmenden technischen Leistungsfähigkeit von Computern und Entwicklungen wie Expertensystemen, hat sich seit den 1990ern die begriffliche Nutzung verschoben: Künstliche Intelligenz – meist weiterhin als nicht natürliches System verstanden, das kognitive Fähigkeiten des Menschen nachahmt – bezeichnet nun Systeme, die mithilfe künstlicher neuronaler Netze und Maschinenlernalgorithmen anhand großer Datenmengen (‚Big Data') trainieren, Muster zu erkennen und auf dieser Basis selbst Regeln zu entwickeln, nach denen dann weitere Daten durchsucht werden können, um z. B. Vorhersagen zu treffen. Die Fülle der Anwendungen erscheint riesig und wird in den nächsten Jahren weiter zunehmen. Heute wird zwischen starker und schwacher KI unterschieden – starke KI ist (wie der Mensch) unabhängig von einem konkreten Bereich oder einer konkreten Aufgabe lernfähig, während schwache KI meist ein Algorithmus ist, der für eine spezielle Aufgabe entwickelt wurde.

In der Mustererkennung und der Entdeckung von Zusammenhängen ist KI Menschen aufgrund ihrer schieren Rechenleistung bereits jetzt weit voraus. Was bisher aber kaum oder nur höchst spezialisiert gelingt und KI-Forscher umtreibt ist, KI ein „Verständnis" für Kausalität beizubringen (z. B. Max-Planck-Forschung 3/2021, „Künstliche Intelligenz macht sich schlau", https://www.mpg.de/17670795/MPF_2021_3 [letzter Zugriff 13.10.2022]) – was Menschen als Ursache-Wirkung-Beziehung meist sehr schnell und intuitiv wahrnehmen, ist für KI selbst im aktuellen Entwicklungsstatus oft unmöglich:

Ein einfaches, in Statistikvorlesungen oft genutztes Beispiel, das bei den meisten Menschen oft unmittelbar Erstaunen und Erheiterung hervorruft, ist die hochsignifikante positive Korrelation von $r = 0.62$ zwischen der Anzahl von

Storchenpaaren und der menschlichen Geburtenrate in 17 europäischen Ländern (Matthews 2000). Die Erheiterung speist sich dabei vermutlich aus mehreren Quellen: 1. einer ersten Umsetzung der Korrelation in eine Kausalbeziehung („Der Storch bringt die Babys"), 2. ein Wiedererkennen (also eine Gedächtnisleistung) dieses Satzes (aber oft auch zugehöriger Bilder und Karikaturen) als eine „gängige" Erzählung für Kinder, die man noch nicht aufklären möchte, mit möglicherweise einhergehenden Erinnerungen an solche Erzählungen, und 3. die kontrastierenden biologischen Fakten, die ebenfalls aus dem Gedächtnis zur Verfügung gestellt werden. Diese Intelligenzleistung lässt die meisten Menschen in Millisekunden erkennen, dass wir es mit einem (amüsanten) Zusammenhang zu tun haben, der eben nicht kausal ist und durch weitere Variablen bedingt sein muss (in diesem Fall etwa durch eine höhere Dichte an Storchenpaaren in ländlicheren Regionen, in denen der sozioökonomische Status geringer ist und mehr Kinder geboren werden). KI, die eine solche Korrelation in einem großen Datensatz mit Leichtigkeit findet, hat dieses „Weltwissen" nicht und müsste – gerade bei schwierig zu interpretierenden Zusammenhängen – mit unzähligen, im Vorhinein eigentlich nicht festzulegenden, Wissensbasen „gefüttert" werden. Dies wird noch schwieriger, wenn auf Basis von Faktenwissen viele Zusammenhänge kausal möglich erscheinen und es nur durch „Metawissen" und „Metakognition", d. h. ein reflektierendes Nachdenken über den Zusammenhang und sein Zustandekommen, gelingen kann, auch alternative Erklärungen (u. a. systematische Fehler in der Datenbasis!) in Betracht zu ziehen. Traurige Berühmtheit haben hier mittlerweile KI-Anwendungen erlangt, deren Vorhersagen „rassistisch" sind, weil die zugrunde liegenden Daten bereits von einem rassistischen Bias geprägt sind, wenn z. B. afroamerikanischen Straftätern eine wesentliche höhere Rückfallquote zugeschrieben wird als weißen, ohne dass dies der Realität entspricht. Der Problematik liegt allgemein zugrunde, dass eine ganze Gruppe von Menschen ignoriert wird, weil ihre Daten gar nicht erst erhoben und/oder in die KI eingespeist werden, z. B. der sogenannte „Gender Data Gap" in medizinischen KI-gestützten Diagnosetools oder in Spracherkennungssystemen, die durchgängig weibliche Stimmen schlechter erkennen als männliche.

5   Merkmale digital vernetzter Arbeit

5.1   Von der analogen nicht vernetzten über die vernetzte zur digital vernetzten Arbeit

Klassische, an den Betrieb gebundene, nicht vernetzte Arbeit bedeutet für das Individuum, dass es seine eigentliche Arbeitsaufgabe dort ausführt, wo es ist, und auch das Arbeitsergebnis vor Ort entsteht. In „Reinform" (v. a. in der Produktion) sind Arbeitsgegenstand und -mittel analog und konkret, und haben spezifische, multimodale Eigenschaften. Sofern Kooperation und Interaktion ein Bestandteil der Arbeitsaufgabe sind, werden diese strukturell über die Organisation oder die Technik in einer quasi unmittelbaren Form vorgegeben und ermöglicht. In zunehmend vernetzten Arbeitszusammenhängen entfällt immer häufiger diese Unmittelbarkeit und die Beschäftigten sind gezwungen mit Akteuren (Menschen und Technologien) zusammenzuarbeiten, zu denen sie physisch nicht in Kontakt stehen. Kooperation und Interaktion verlieren ihre Unmittelbarkeit im Arbeitshandeln und damit einen Teil ihrer Sinnlichkeit. Es findet ein Transfer der „Begegnung" in den virtuellen Raum statt. Hinzu kommt, dass das Zurverfügungstellen, der Abruf und die Nutzung von (Zwischen-)Ergebnissen in der Zusammenarbeit tendenziell nicht mehr in einer vorgegebenen, aufeinander bezogenen zeitlichen Abfolge stattfinden muss, sondern häufig in voneinander unabhängigen, abgegrenzten und zergliederten Einheiten erfolgt. In Summe findet eine räumliche, sinnliche und zeitliche Entkopplung der Akteure statt.

Diese Entkopplung trifft das gesamte Arbeitshandeln und vollzieht sich im gesamten Arbeitsprozess. Mit Zunahme der Digitalisierung befinden sich auch Arbeitsaufgabe und Arbeitsergebnis (z. B. Wartung von Endgeräten) nicht mehr zwingend am selben und nicht unbedingt nur an einem Ort. Der Arbeitsgegenstand ist oftmals virtuell/abstrakt. Die Arbeitsmittel (Computer-Soft-/Hardware) sind globaler einsetzbar und in Erscheinungsform und Handhabung in weiten Teilen unspezifisch und vom zu erzielenden Ergebnis primär unabhängig. Beides verliert seine sensorische Vielfalt und reduziert sich im Extrem auf die Bearbeitung optisch dargebotener digitaler Daten. Damit der Mensch deren Bedeutung erfassen und verstehen kann, muss eine Transformation in eine vom Menschen wahrnehm- und handhabbare Form erfolgen. Ein Beispiel ist die Visualisierung auftretender Störungen in Produktions- oder Logistikketten.

Für das Individuum bedeutet diese Veränderung der Arbeitsrealität den Verlust des mehrdimensionalen, spezifischen „Koordinatensystems" (sensorische Eigenschaften von Arbeitsgegenstand und Arbeitsmitteln, Zeit, Ort) der jeweiligen Arbeitstätigkeit. Entsprechend ist der/die Einzelne gefordert, selbst ein Modell seiner Aufgabenstruktur(en) herzustellen und zu „vergegenständlichen" sowie dieses Modell kontinuierlich mit der Realität abzugleichen und zu aktualisieren. Diese Situationsdefinition muss quasi in jedem Moment des Arbeitstages und z. T. sogar darüber hinaus erfolgen und lässt sich letztlich nie finalisieren.

Der Transfer in den virtuellen Raum und zurück, wie auch der kontinuierliche Abgleich zwischen analoger und digitaler Welt, stellen hohe Anforderungen an die mentale Leistungsfähigkeit. Während die Arbeit an und mit „Nicht-Gegenständlichem" im Bereich der Wissensarbeit quasi ein definitorisches Merkmal ist, hätte sich diese Veränderung in anderen Sektoren wie der Produktion oder der Logistik ohne die Entwicklungen der Digitalisierung nicht vollzogen. Mittlerweile hat sich jedoch diese Form mentaler Anforderung zu einer generalisierten Leistungsanforderung im Arbeitskontext entwickelt. Selbst wenn die eigentliche Arbeitsaufgabe keine hohen mentalen Anforderungen stellt, ist die Aktivierung einer permanenten mentalen Grundleistung notwendig, um überhaupt handlungsfähig zu sein. Das Aktivierungslevel hängt vom Digitalisierungsgrad der Arbeitstätigkeit ab.

5.2 Digital vernetzte Arbeit als komplexes System

Im Extrem entspricht digital vernetzte Arbeit in ihren strukturellen Voraussetzungen den Kriterien eines komplexen Systems (Dörner und Funke 2017): Es existiert eine Vielzahl an unterschiedlichen Akteuren (Menschen und Technologien), die in unterschiedlicher Weise miteinander verknüpft sind. Die Anzahl der Verknüpfungen ist hoch, der Grad der Interdependenz bzw. Autonomie unterschiedlich. Stattfindende Aktionen und Aktivitäten sind aufgrund dieser Vernetztheit in ihrer Abfolge nicht-linear. Die Akteure agieren primär autonom, d. h. nach eigenen Regeln und in ihrer eigenen Logik. In Summe ist der Zustand des Gesamtsystems dynamisch. Für alle Elemente des Gesamtsystems verlässlich anwendbare Regeln und Ziele existieren nicht. Die Vorhersage eines konkreten „Systemzustands" ist, bei einer immensen Menge theoretisch möglicher „Systemzustände", schwer bis gar nicht möglich (Kopetz 2019; Perrow 1992; Reeves et al. 2020; Sweller 1988). Hinzu kommt die enorme Geschwindigkeit, mit der sich Technik/Technologien, aber auch Strukturen ändern (Unternehmensstrukturen, Projektstrukturen, Zuständigkeiten).

Dabei beinhaltet die Nicht-Linearität auch zeitliche Zusammenhänge: die aufzugreifende Arbeitsaufgabe kann zeitlich aktuell, zurückliegend oder zukünftig verortet sein. Konsequenzen der eigenen Handlung sind aufgrund der Vernetztheit, Nicht-Linearität und unklaren Interdependenz schwer vorhersehbar/unsicher,

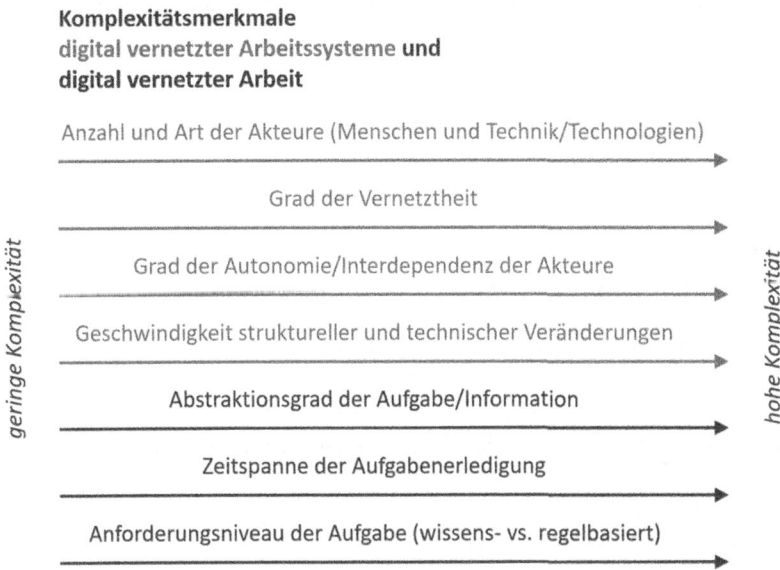

Abb. 2 Merkmale digital vernetzter Arbeit mit Relevanz für die Komplexität

können aber gravierend sein. Diese komplexen Rahmenbedingungen erschweren die Situationsdefinition für das Individuum zusätzlich (Braarud 2001) (Abb. 2).

Für einzelne Akteure sind Anforderungen von anderen oder Aktionen anderer in dem System nicht immer logische Folge einer Prozesskette, sondern treten lediglich als aktueller Zustand oder aktuelle Handlung in Erscheinung. Dies ist insbesondere dann der Fall, wenn sie in keinem Zusammenhang zur momentan zu bearbeitenden eigenen Arbeitsaufgabe stehen. Anzahl, Timing, Intensität, Frequenz und Sequenz eigener und „fremder" Aktionen sind nicht aufeinander bezogen. (Zusatz-)Aufgaben werden nicht mehr erteilt, sie „ereignen" sich und müssen selbständig in die eigene Arbeitstätigkeit integriert werden. Aufgrund der Nicht-Linearität müssen Wechsel-, Neben- und Fernwirkungen berücksichtigt werden.

5.3   Mentale Anforderungen digital vernetzter Arbeit

Die Komplexität des Gesamtsystems, inklusive der Verlagerung des Arbeitshandelns in den virtuellen Raum, geht auf Ebene des Individuums mit deutlich höheren Anforderungen an die kognitive Handlungsregulation einher. Es werden – im Sinne der hierarchischen Handlungsregulation – vermehrt Anforderungen in die Ebene der flexiblen Handlungsmuster und auf die intellektuelle Ebene verlagert (Tab. 2; Brodbeck et al. 1993). Das höhere Regulationsniveau ergibt sich dabei nicht ausschließlich aus der Arbeitsaufgabe selbst, sondern ist auch Folge von Widersprüchen, Ambivalenzen, Unbestimmtheiten etc. im Arbeitsprozess, die technisch nicht gelöst werden können (z. B. Konstitution und Koordination eines Netzwerks, Verknüpfung analoger und digitaler Welten, Planung unter Unsicherheit).

Insgesamt resultiert die mentale (Gesamt-)Belastung aus der Konstellation dreier Merkmalsgruppen, die diese Tätigkeitsform charakterisieren (Abb. 3):

1. Merkmale mit Relevanz im Hinblick auf die genutzten Technologien,
2. Merkmale mit Relevanz für die Zusammenarbeit/Vernetzung,
3. Merkmale mit Relevanz für die kognitive Handlungsregulation.

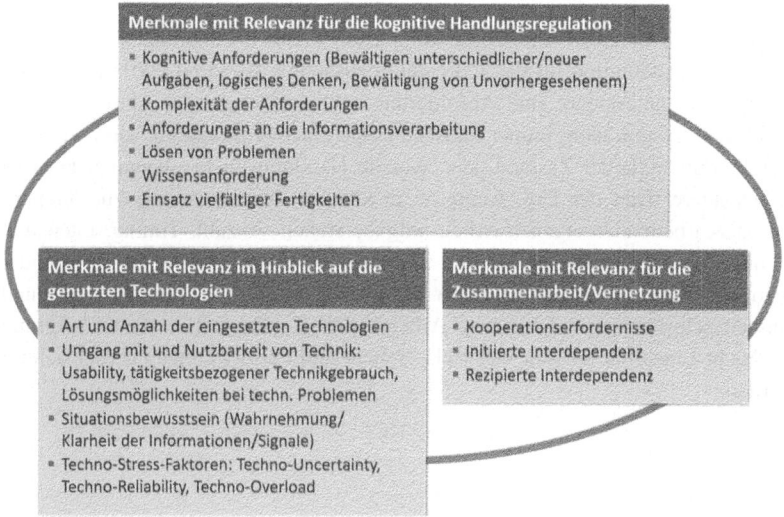

Abb. 3 Merkmalgruppen digital vernetzter Arbeit mit Relevanz für die mentale Belastung

In Folge der Vernetzung und Komplexität des Arbeitssystems ist das Individuum gefordert ...

- mit zeitgleich eintreffenden, in Menge und Art ungeplanten Aktionen/Aktivitäten/Anforderungen (Informationen) umzugehen,
- eintreffende Aktionen/Aktivitäten/Anforderungen (Informationen) bearbeitbar zu machen, indem es sie strukturiert, kategorisiert, priorisiert und letztlich reduziert (Datenreduktion durch Informatisierung, Modellbildung),
- die Regeln von Teilsystemen und Gesamtsystem zu kennen, einzubinden und aktuell zu halten, bezogen auf
  - das Technologieverständnis und Nutzung einzelner sowie kombinierter Technologien
  - die Technikanwendung (unternehmensintern/-extern),
  - die Unternehmensstruktur/-organisation (unternehmensintern/-extern),
- Wechsel-, Neben- und Fernwirkungen (in Abhängigkeit von loser vs. enger Kopplung des Systems) zu berücksichtigen,
- eigene Interessen und Kernaufgaben in Relation zu den (z. T. widersprüchlichen) Interessen/Notwendigkeiten anderer Akteure zu setzen (Komplementär- vs. Reziprozitätsbeziehung) und Zusatzaufgaben zu koordinieren und zu priorisieren (Zielbilanzierung),
- eigene Aufgaben anzupassen und ggf. Verknüpfungen mit zurückliegenden und zukünftigen Aufgaben herzustellen (Zielausarbeitung).

5.4 Grundlagen der Informationsverarbeitung im Arbeitsgedächtnis

Kognitive Fähigkeiten werden in einige grundlegende Funktionen (z. B. Aufmerksamkeit, Wahrnehmung, Gedächtnis) und zusammengesetzte Fähigkeiten (z. B. Problemlösen, Wissensbildung, Kopfrechnen, Sprachverstehen), für die die grundlegenden Fähigkeiten notwendig sind, unterteilt.

Als die wahrscheinlich zentrale „Schaltstelle", aber gleichzeitig auch das „Nadelöhr" für nahezu alle kognitiven Funktionen fungiert das Arbeitsgedächtnis (Sachse et al. 2014). Es nimmt Daten und Informationen auf, verknüpft diese mit dem Langzeitgedächtnis und stellt sie, als eine Art zentraler Speicher, bedarfsgerecht für eine zielgerichtete Verarbeitung und Nutzung zur Verfügung (Abb. 4).

Baddeley (1990) definiert das „working memory" als „a system for temporarily holding and manipulating information as part of a wide range of essential cognitive tasks such as learning, reasoning, and comprehending". Die primäre

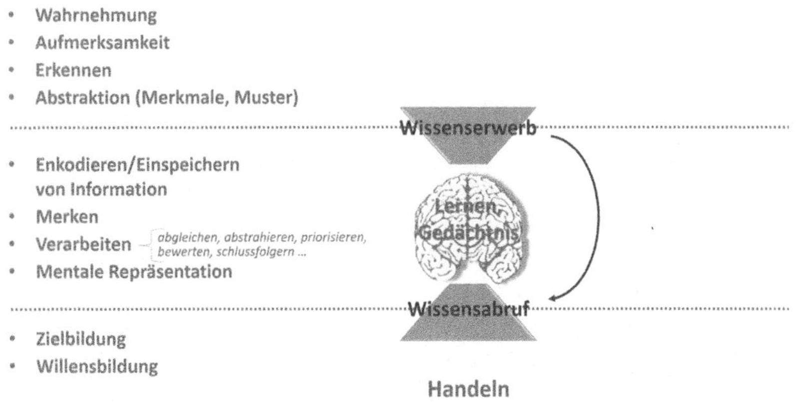

- Wahrnehmung
- Aufmerksamkeit
- Erkennen
- Abstraktion (Merkmale, Muster)

··· Wissenserwerb ···

- Enkodieren/Einspeichern
  von Information
- Merken
- Verarbeiten — abgleichen, abstrahieren, priorisieren, bewerten, schlussfolgern ...
- Mentale Repräsentation

·· Wissensabruf ·····························

- Zielbildung
- Willensbildung

Handeln

Abb. 4 Modell des regulären Erwerbs, der Verarbeitung und des Abrufs von Wissen

Kapazität der Informationsaufnahme ist sehr begrenzt. Während man zunächst von ca. 7 Einheiten ausging, die im Arbeitsspeicher des Arbeitsgedächtnisses präsent gehalten werden können (Miller 1956), gilt mittlerweile eine Größe von nur 3–4 Einheiten als eher zutreffend (Cowan 2010). Durch eine Anreicherung der Information je Einheit (sog. Chunks) lässt sich der Arbeitsspeicher allerdings um ein Vielfaches erweitern (multidimensionale oder kontextuelle Codierung der Information; für Grundlagen und Formen von Chunking vgl. z. B. Cowan und Chen 2009; Gobet und Simon 1998; Kazerounian und Grossberg 2014; Krivec et al. 2021; Nassar et al. 2018; Norris und Kalm 2021; von Bastian und Oberauer 2014). Diese Erweiterung kann über sämtliche Sinneskanäle erfolgen. Für die Aufrechterhaltung von Information bis zur Verarbeitung bzw. bis zum Übergang ins Langzeitgedächtnis beschreibt Baddeley in seinem erweiterten klassischen Gedächtnismodell drei Arten von „Puffer" (Übersichten in Baddeley, 2012, 2021): Mit der phonologischen Schleife wird sprachlich dargebotene Information durch „inneres Sprechen" aktiv gehalten, mit dem visuell räumlichen Notizblock werden über „innere Bilder" visuelle Informationen aufrechterhalten, und mit dem episodischen Puffer werden schließlich in einem multisensorischen Speichersystem Kontexte in Form von „Episoden" aufrecht erhalten (Baddeley 2000, 2002a). Die zentrale Exekutive (Baddeley 2002b; Collette und van der Linden 2002; D'Esposito und Postle 2015) als Teil des Arbeitsgedächtnisses fokussiert und teilt die notwendige Aufmerksamkeit zwischen diesen Puffern bis die Information schließlich verarbeitet bzw. ins Langzeitgedächtnis übergegangen

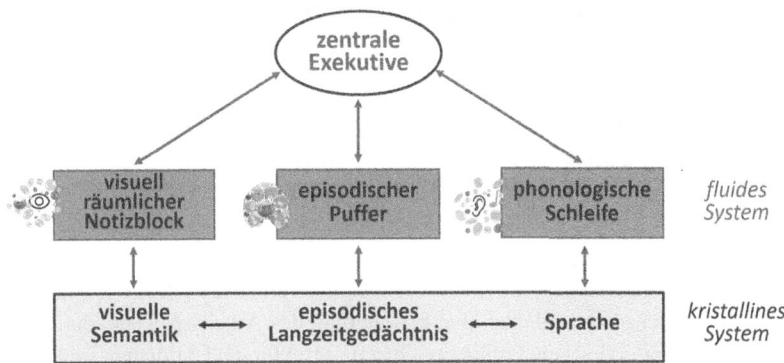

Abb. 5 Modell des Arbeitsgedächtnisses, inklusive Verknüpfung mit dem Langzeitgedächtnis, nach Baddeley (2000)

ist. Gleichzeitig modulieren die Inhalte der Puffer die Aufmerksamkeit und beeinflussen damit die zentrale Exekutive. Informationen, die multimodal (in mehreren Puffern oder Kontexten) zur Verfügung stehen, erhalten mehr Aufmerksamkeit und haben damit eine erhöhte Chance für weitere Prozesse zur Verfügung zu stehen (Abb. 5).

Die Bildung angereicherter Informationseinheiten über Chunking und/oder über sensorische Multimodalität erleichtert nicht nur die Enkodierung (d. h. die Übernahme von Information ins Langzeitgedächtnis), sondern auch die Möglichkeit, eintreffende Informationen dort an vorhandene Wissensstrukturen anzudocken oder neue auszubilden (Lernen) sowie den Abruf der Information aus dem Langzeitgedächtnis über den Arbeitsspeicher durch die verschiedenen Spuren/Abrufhinweise (vgl. z. B. Atkinson und Shiffrin 1968; Black und Bower 1979; Connolly 2014; de la Cruz-Pavia et al. 2020; Gobet und Clarkson 2004; Guida et al. 2012; Rossi-Arnaud et al. 2012).

Neben der generellen Begrenztheit der Kapazität des Arbeitsgedächtnisses kann es zu Problemen kommen, wenn die Aufrechterhaltung von Informationseinheiten/Daten in den Puffern durch sogenannte Interferenzen gestört wird (z. B. Makovski 2016; Rademaker et al. 2015; Shoval et al. 2020; Ternes und Yuille 1973). Diese tauchen vor allem dann auf, wenn eine neu eintreffende Informationseinheit den gerade im Puffer befindlichen Informationseinheiten in Inhalt und/oder Modalität ähnlich ist. Sie führen dazu, dass die „alten" Einheiten aus dem Arbeitsspeicher verdrängt („vergessen") werden, bevor sie überhaupt ins Langzeitgedächtnis überführt werden können, oder zu einer fehlerhaften Abspeicherung der Informationen (Brockhoff et al. 2022).

5.5 Veränderte Informationsmerkmale und die Auswirkung auf den Erwerb und den Abruf von Wissen bei digital vernetzter Arbeit

Aufgrund der veränderten Merkmale von Informationen und dem vermehrten Umgang mit bloßen Daten im Kontext der digital vernetzten Arbeit ist eine sensorische Anreicherung und/oder eine Erweiterung des Arbeitsspeichers durch die Nutzung des episodischen Puffers erschwert. Struktur und Ordnung sind zwischen den Informationseinheiten oftmals nicht zu erkennen und können auch nicht ohne Weiteres hergestellt werden. Die veränderte Darbietung (disjunkte Einzeleinheiten, Intransparenz, reduzierte oder einseitige Sensorik, zeitliche Parallelität und Verdichtung) entspricht nicht der „normalen" (angeborenen oder erworbenen) Funktionsweise des menschlichen Gehirns sowie bislang erlernten Mustern für den aktiven Erwerb neuen Wissens (Abb. 6 und 7).

Zudem kann bestehendes Wissen (u. a. in Form von Erfahrung) nicht eingebunden oder nutzbar gemacht werden, weil keine Anknüpfungspunkte gefunden

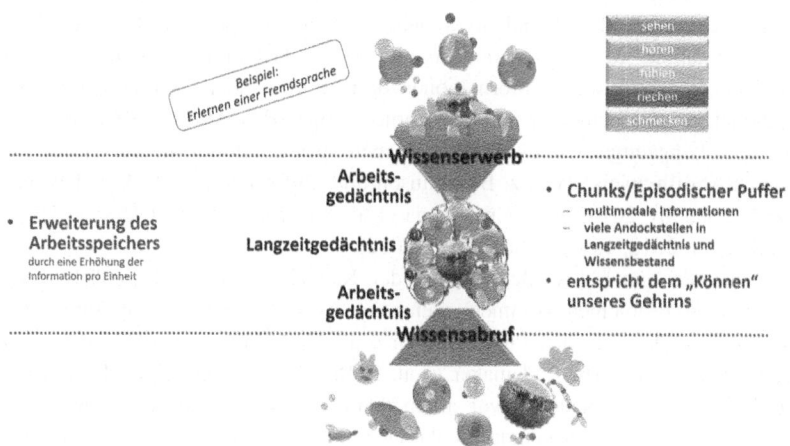

Abb. 6 Erweiterung des Arbeitsspeichers durch die (sensorische) Anreicherung von Informationseinheiten

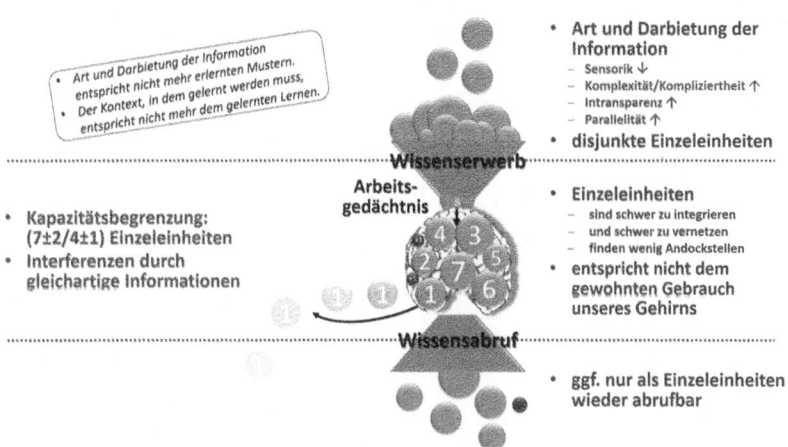

Abb. 7 Auswirkungen von Veränderungen in Art und Darbietung der Information bei digital vernetzter Arbeit auf das Arbeitsgedächtnis

werden. Darüber hinaus besteht die Gefahr, dass Informationen bei digital vernetzter Arbeit in Art und Darbietung so ähnlich sind, dass es zu einem vermehrten Auftreten von Interferenzen kommt, also bestimmte Informationen gar nicht erst für eine weitere Verarbeitung zur Verfügung stehen. Daraus resultieren nicht nur wesentlich veränderte Voraussetzungen für den Erwerb und die Verarbeitung von Wissen, sondern auch für seinen Abruf (Tab. 1).

Insgesamt ist durch die veränderten Rahmenbedingungen der Informationsverarbeitung hin zu mehr isolierten Daten oder gleichförmigen Informationen die mentale Repräsentation erschwert, was auch Auswirkungen auf die Handlungsplanung und Zielbildung haben kann. Es ist davon auszugehen, dass hierbei die kognitive Regulationsebene der Aufgabe eine Rolle spielt und insbesondere Aufgaben, die auf einer entsprechend hohen Regulationsebene angesiedelt sind, Probleme bei der Umsetzung bereiten.

Aber auch Tätigkeiten auf der sogenannten Ebene der flexiblen Handlungsmuster könnten durch einen gestörten Erwerb/Abruf dieser Muster betroffen sein. Lediglich Handlungsausführungen auf der sensumotorischen Ebene, deren Ablauf weitgehend implizit gesteuert ist, dürften sich nicht von Arbeitstätigkeiten mit stärker differenzierten Informationsmerkmalen unterscheiden (Tab. 2).

Prinzipiell ist der Erwerb von Wissen, d. h. Lernen, auch unter den geänderten Voraussetzungen möglich, allerdings mit deutlich höherem Aufwand,

Tab. 1 Merkmale digital vernetzter Arbeit und ihre Wirkung auf und über das Arbeitsgedächtnis

Merkmal der digital vernetzten Arbeit	Belastung des Arbeitsgedächtnisses	(Folge-)Problematik
• Multiple Akteure und Teilsysteme, die eigenen Regeln/Logiken folgen • Kein einheitliches/stabiles „Regelwerk" des Gesamtsystems	• **Daten-/Informationsmenge:** kontinuierlicher Abruf bekannter Regeln und Abgleich • Unter Umständen fehlende Spur ins Langzeitgedächtnis zum „Andocken"	• Schwierige Nutzung des episodischen Speichers durch fehlende Kausalketten; „Kausalnetze" sind unter Umständen zu groß für Arbeitsgedächtniskapazität • Kein Erwerb von Routinen/Handlungsmustern
Vielzahl an unbekannten und ungeplanten Aktionen/Aktivitäten/Anforderungen (Informationen)	• **Schwieriges Chunking** zur Daten-/Informationsreduktion, Modellbildung	• Aufbau potenziell ungeeigneter Muster (Schemata, Skripte) oder mentaler Repräsentation
Gleichzeitigkeit von Kernaufgaben und Zusatzaufgaben	• **Anforderung an zentrale Exekutive:** Priorisierung von Aufgaben beziehungsweise relevanter Information zur jeweilig priorisierten Aufgabe	• Unter Umständen Verlust von Informationen über die jeweils andere Aufgabe
Parallele Bearbeitung vieler (Teil-) Aufgaben (Kernaufgaben und Zusatzaufgaben)	• **Anforderung an zentrale Exekutive:** Priorisierung von Aufgaben bzw. relevanter Information zur jeweilig priorisierten Aufgabe sowie schneller Wechsel zwischen Pufferinhalten • Verknüpfung mit zurückliegenden, aktuellen und zukünftigen Aufgaben	• Kontinuierliche Bereithaltung und Aktualisierung bestehender Muster • Prozesse können nicht abgeschlossen und aus dem Arbeitsgedächtnis „vergessen" werden

(Fortsetzung)

Tab. 1 (Fortsetzung)

Merkmal der digital vernetzten Arbeit	Belastung des Arbeitsgedächtnisses	(Folge-)Problematik
Multiple Wechsel-, Neben- und Fernwirkungen von Handlungen	• **Daten-/Informationsmenge und Problematik der Enkodierung:** Enthält die Repräsentation der Wirkung die Information in relevanter Form, die Andocken in LZG an die jeweils relevante Kausalität ermöglicht?	• Falsch enkodierte Wirkungen verhindern korrekte Vorhersage eines konkreten „Systemzustands"
Inkludiert in nahezu allen obigen Merkmalen:		
Zahlreiche Unterbrechungen der eigenen Arbeitsaufgabe	**Störung des Rehearsals** in den Puffern zur Aufrechterhaltung der Information	Zusatzaufwand (erneuter Abruf oder Enkodierung) zur Wiederaufnahme der eigentlichen Tätigkeit
Vielzahl gleichartiger (da digitaler) Informationen	**Interferenzen** durch Ähnlichkeit von Informationen	Informationsverlust durch fehlenden Übergang ins Langzeitgedächtnis

Tab. 2 Vollständigkeit einer Tätigkeit (adaptiert nach Brodbeck et al. 1993)

		Sequenzielle Vollständigkeit → → →		
		Prozessphasen		
	Regulationsebene	Planung	Durchführung	Kontrolle/ Feedback
↓ ↓	Intellektuelle Regulationsebene			
↓ Hierarchische Vollständigkeit ↓ ↓ ↓	Ebene flexibler Handlungsregulation			
	Sensumotorische Regulationsebene			

größerer Anstrengung und einer höheren Fehlerquote. Die Ressourcen und Freiräume, die dafür erforderlich wären, sind im betrieblichen und gesellschaftlichen Kontext digital vernetzter Arbeit, deren Merkmal und gleichzeitiges Ziel Verdichtung und Beschleunigung sind, aber in der Regel nicht gegeben. Im Gegenteil, die darin mitbegründete hohe Anzahl unterschiedlicher, annähernd gleichzeitig zu erledigenden Aufgaben verschärft die Situation. Trotz erhöhter Konzentrations- und Koordinationsanstrengung gelingt die Verarbeitung oftmals nicht zufriedenstellend.

5.6   Nutzbarkeit eines Konzepts der „absoluten" Grenze mentaler Belastungen auf Grundlage des Arbeitsgedächtnisses

Im Hinblick auf die Frage nach einer „absoluten" Belastungsgrenze „mentaler Arbeit" lassen sich mit dem Arbeitsgedächtnis als limitierendem Teilsystem Parallelen zu dem Gesamtsystem der „Muskelarbeit" mit dem limitierenden Teilsystem der „Energiebereitstellung" ziehen. In beiden Fällen bestimmt ein basaler Baustein durch seine begrenzte Leistungsfähigkeit den Takt und die mögliche Bandbreite der Aktivität des Gesamtsystems.

Wie bei der physischen muss aber auch bei der mentalen Belastung der Begriff einer „absoluten" Grenze vorsichtig und im Bewusstsein seiner jeweiligen Beschränkung verwendet werden. Denn sowohl die Muskelkraft als auch die kognitiven Fähigkeiten sind im Rahmen der individuellen Voraussetzungen eines Menschen trainier- und erweiterbar und können von einzelnen Individuen oft weit über das hinaus entwickelt werden, was der Durchschnitt der Menschen schafft (z. B. Leistungssport oder Meisterschaften im Gedächtnissport). Zudem kann, ähnlich der Spitzenleistungen im Sport, darüber spekuliert werden, ob maximale kognitive (Höchst-)Leistung nur kurzfristig/punktuell erreichbar ist. Sicher scheint hingegen, dass länger andauernde mentale Hochleistung nicht ohne entsprechende Regenerationszeiten möglich ist. Entsprechend muss auch bei der mentalen Dauerbelastungsgrenze das „Absolute" stets bezogen auf den „Durchschnitt", d. h., den durchschnittlichen Arbeitstag, aber auch den durchschnittlich geschulten und trainierten Beschäftigten betrachtet werden.

Unter praktischen Gesichtspunkten setzt eine Festlegung der maximal möglichen Belastung des Arbeitsgedächtnisses (= Grenze zur mentalen Überlastung) bei digital vernetzter Arbeit in Form einer absoluten Größe – vergleichbar der Definition der Leistungsgrenzen dynamischer Muskelarbeit – eine Verständigung voraus, welche Parameter dafür herangezogen und welche Verfahren zur Messung eingesetzt werden sollen. Möglich wird dies, wenn einer begrenzten Zahl dimensionierbarer, spezifischer Anforderungsmerkmale, die mit validen Messverfahren erfassbar sind, auf der Beanspruchungsseite ein möglichst spezifisches, ebenfalls valide messbares Korrelat zuordenbar ist.

5.7   Beanspruchungsfolgen kognitiver Anforderungen digital vernetzter Arbeit

Vor Erreichen der absoluten Grenze der physischen Leistungsfähigkeit tritt rein physiologisch betrachtet ein Zustand ein, bei dem Leistungsreserven mobilisiert werden, die begrenzt, aber noch regenerierbar sind, d. h. die körperliche Be-/Überlastung führt zu keiner dauerhaften gesundheitlichen Einschränkung. Innerhalb dieser Reserven ist eine vorübergehende Überlastung tolerabel, sofern rechtzeitig eine ausreichende Regeneration möglich ist. Gleichzeitig gibt es im Kontext der konkreten Arbeitshandlung erschwerende Ausführungsbedingungen (objektspezifische, technische, organisatorische und soziale Faktoren), die die maximal mögliche Leistung relativieren.

Beide Aspekte müssen auch bei der Diskussion um die mentale Leistungsfähigkeit berücksichtigt werden. Auch bei mentalen Belastungen ist bereits nachgewiesen, dass Folgen einer Fehlbelastung nicht unmittelbar transparent werden, da sie zunächst durch eine Erhöhung der Anstrengung kompensiert werden können (Hockey 1997; Rau 1996) (Tab. 3).

Tab. 3 Folgen psychischer Fehlbeanspruchungen (Kaufmann et al. 1982)

		Kurzfristige aktuelle Reaktionen	Mittel- bis langfristige chronische Reaktionen
Physiologisch, somatisch		• Erhöhte Herzfrequenz • Blutdrucksteigerung • Adrenalinausschüttung („Stresshormon")	Allgemeine psychosomatische Beschwerden und Erkrankungen
Psychisch (Erleben)		• Anspannung • Frustration • Ermüdung • Monotonie • Sättigung	• Unzufriedenheit • Resignation • Depression
Verhaltens-bezogen	Individuell	• Leistungsschwankung • Nachlassen der Konzentration • Fehler • Schlechte sensumotorische Koordination	Vermehrter Nikotin-, Alkohol-, Tablettenkonsum Fehlzeiten (Krankheitstage)
	Sozial	• Konflikte • Streit • Aggressionen gegen andere • Rückzug (Isolierung) innerhalb und außerhalb der Arbeit	

Betrachtet man das Arbeitsgedächtnis mit seiner begrenzten Speicherkapazität als systemkritische „Engstelle" im Verarbeitungsprozess kognitiver Anforderungen digital vernetzter Arbeit, stellt sich also primär die Frage, wie eine Überlastung verlässlich „diagnostiziert" werden kann, d. h. wie sie in Erscheinung tritt und messbar ist. Es ist davon auszugehen, dass eine Überlastung kein ausschließlich punktuelles Ereignis ist, sondern sich auch summativ über eine gewisse Zeit einstellen kann. Welche Zeitfenster dafür und für die Erholung (Wann? Wie lange?) relevant sind, ist offen. Auch, ob und welche Leistungsreserven mobilisiert werden können und welche Ausführungsbedingungen Teil des Systems digital vernetzter Arbeit sind, ist – im Sinne relativer Belastungsgrenzen – zu berücksichtigen.

Als Folge einer mentalen Überlastung sind grundsätzlich sämtliche (unspezifischen) Auswirkungen psychischer Belastungen denkbar.

In Empirie und Theorie werden auf der Erlebensebene speziell Sättigung und auf der Leistungsebene Ineffizienz und eine höhere Fehlerquote als kurzfristige und unmittelbare Fehlbeanspruchungen digital vernetzter Arbeit beschrieben

(Zolg et al. 2021). Insbesondere letztere, kurzfristige individuelle verhaltensbezogene Folgen scheinen unmittelbar auf eine Beteiligung basaler kognitiver Fähigkeiten hinzuweisen. Aufwand, Anstrengung und eingesetzte Energie, die kompensatorisch verwendet werden, entsprechen dann oftmals nicht Qualität und Menge des Arbeitsergebnisses (subjektiv und/oder objektiv).

Merkmal kurzfristiger Beanspruchungsfolgen ist, dass sie durch eine Pause und entsprechende Erholung wieder vollständig reversibel sein sollten. Sie gelten im Arbeits- und Gesundheitsschutz als tolerabel. Unter Sicherheitsaspekten werden strengere Kriterien angelegt, da eine Häufung von Fehlern ein zu hohes Risiko birgt und eine „Systemüberlastung" möglichst bereits vor Eintreten erster Fehlbeanspruchungen erkannt werden muss. Ab wann kurzfristige Beanspruchungsfolgen durch mentale Überlastung in der dargestellten Form durch wiederholtes Auftreten, längeres Andauern und Koexistenz mit anderen Faktoren langfristig Auswirkungen mit nicht mehr tolerierbaren Effekten zur Folge haben, ist bisher leider nicht vorhersagbar. Denkbar ist aber, dass bei digital vernetzter Arbeit neben den „üblichen" physiologischen Vermittlungspfaden fortgesetzten Stresses, zusätzlich akzelerierende Prozesse hinzukommen: Die Schwierigkeit, Wissen und Routinisierung (flexible Handlungsmuster) aufzubauen, sowie selbstwertschädliche Kognitionen, wie sie in Abb. 8 dargestellt sind, könnten auf längere Sicht schneller zu schwerwiegenden Konsequenzen führen. Da sich das Individuum zusätzlich auch selbst im Umgang mit auftretendem Stress und Frustration steuern muss, werden weitere psychische Systeme aus dem Bereich Emotion und Motivation beansprucht und könnten zusätzlich den Übergang von kurz- und mittelfristigen zu langfristigen Beanspruchungsfolgen und Problemen vorantreiben (Abb. 9).

Mit Blick auf die Suche nach der „mentalen Dauerbelastungsgrenze" lässt sich zusammenfassen: Prinzipiell folgt der Entwicklungsprozess von Fehlbeanspruchungen aufgrund psychomentaler Anforderungen dem aufgrund physischer Fehlbelastungen. Das Arbeitsgedächtnis als Engstelle bei der Verarbeitung kognitiver Anforderung sollte als Anker für die weitere Annäherung an eine individuelle Leistungsgrenze genauer untersucht werden. Da der Zugang von Daten und Informationen zum und ihre Aufrechterhaltung im Arbeitsgedächtnis durch Aufmerksamkeit/Konzentration und die Exekutivfunktion gesteuert wird, sollten dabei auch diese beiden kognitiven Prozesse berücksichtigt werden. Es erscheint schlüssig, dass darauf aufbauend und in Anlehnung an das Vorgehen bei der Definition einer physischen Dauerbelastungsgrenze (einschließlich der Verständigung darüber), eine Annäherung an eine mentale Dauerbelastungsgrenze gelingen kann. Voraussetzung hierfür wäre allerdings neben der weiteren Untersuchung des

Abb. 8 Stresserleben bei mangelnden Ressourcen im Kontext digital vernetzter Arbeit

Arbeitsgedächtnisses und seiner Gatekeeper im realen Arbeitskontext, dass darauf aufbauend anhand großer Stichproben Einflussfaktoren sowie interindividuelle Unterschiede systematisch differenziert werden.

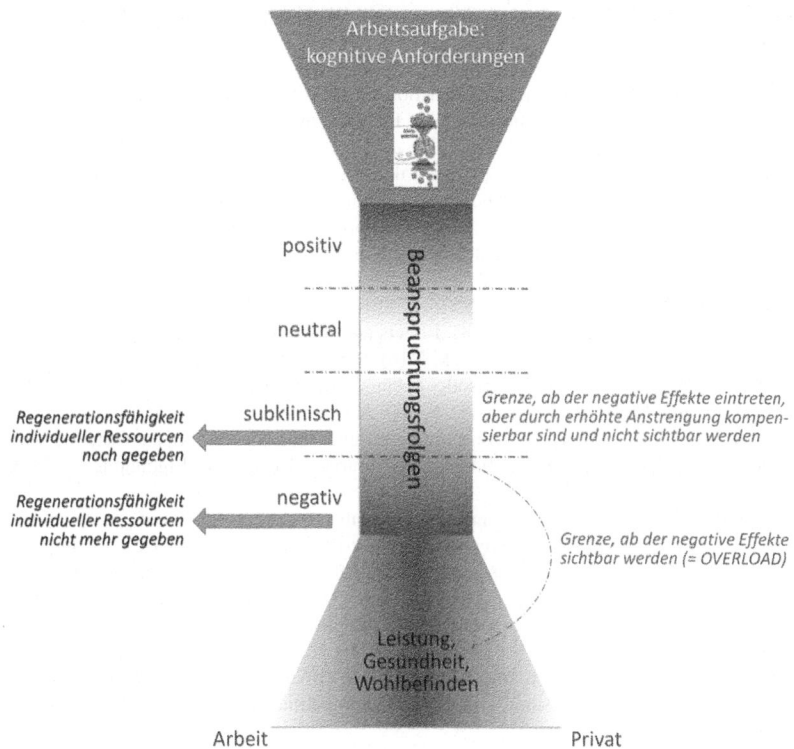

Abb. 9 Abgestufte Beanspruchungsfolgen kognitiver Anforderungen

---

Literatur

Atkinson, R. C.; Shiffrin, R. M. (1968): Human Memory: A Proposed System and its Control Processes. In: J. T. Spence; K. W. Spence (Hrsg.). Psychology of Learning and Motivation. Vol. 2: Advances in Research and Theory, S. 89–195. New York: Academic Press.

Ayres, P.; Lee, J. Y.; Paas, F.; van Merriënboer, J. J. G. (2021): The Validity of Physiological Measures to Identify Differences in Intrinsic Cognitive Load. Frontiers in Psychology, 12, 702538.

Baddeley, A. D. (2000): The episodic buffer: a new component of working memory? Trends in Cognitive Sciences. 4(11), S. 417–423.

Baddeley, A. D. (2002a): Is Working Memory Still Working? European Psychologist. 7(2), S. 85–97.

Baddeley, A. D. (2002b): Fractionating the Central Executive. In: D. T. Stuss & R. T. Knight (Hrsg.), Principles of Frontal Lobe Function, S. 246–260. Oxford University Press.

Baddeley, A. D. (2012): Working memory: theories, models, and controversies. Annual review of psychology. 63, S. 1–29.

Baddeley, A. D. (1990): The development of the concept of working memory: implications and contributions of neuropsychology. In: Neuropsychological Impairments of Short-Term Memory (1), S. 54–73. Cambridge: Cambridge University Press.

Baddeley, A. D. (2021): Developing the Concept of Working Memory: The Role of Neuropsychology1. Archives of Clinical Neuropsychology. The Official Journal of the National Academy of Neuropsychologists. 36(6), S. 861–873.

Bastian, C. C.; von Oberauer, K. (2014): Effects and mechanisms of working memory training: a review. Psychological research, 78(6), S. 803–820.

Black, J. B.; Bower, G. H. (1979): Episodes as chunks in narrative memory. Journal of Verbal Learning and Verbal Behavior. 18(3), S. 309–318.

Braarud, P. Ø. (2001): Subjective Task Complexity and Subjective Workload: Criterion Validity for Complex Team Tasks. International Journal of Cognitive Ergonomics, 5(3), S. 261–273.

Brockhoff, L.; Schindler, S.; Bruchmann, M.; Straube, T. (2022): Effects of perceptual and working memory load on brain responses to task-irrelevant stimuli: Review and implications for future research. Neuroscience and Biobehavioral Reviews, 135,104580.

Brodbeck, F. C.; Zapf, D.; Prümper, J.; Frese, M. (1993): Error handling in office work with computers: A field study. Journal of Occupational and Organizational Psychology. 66(4), S. 303–317.

Bundesanstalt für Arbeitsschutz und Arbeitsmedizin (BAuA) (2019): Gefährdungsbeurteilung bei physischer Belastung – die neuen Leitmerkmalmethoden (LMM). Dortmund: BAuA.

Collette, F.; van der Linden, M. (2002): Brain imaging of the central executive component of working memory. Neuroscience & Biobehavioral Reviews. 26(2), S. 105–125.

Connolly, K. (2014): Multisensory perception as an associative learning process. Frontiers in Psychology, 5, 1095.

Cowan, N. (2010): The Magical Mystery Four: How is Working Memory Capacity Limited, and Why? Current Directions in Psychological Science. 19(1), S. 51–57.

Cowan, N.; Chen, Z. (2009): How chunks form in long-term memory and affect short-term memory limits. In: A. Thorn; M. Page (Hrsg.), Interactions between short-term and long-term memory in the verbal domain, S. 86–107. New York: Psychology Press.

D'Esposito, M.; Postle, B. R. (2015). The cognitive neuroscience of working memory. Annual review of psychology. 66, S. 115–142.

Dörner, D.; Funke, J. (2017): Complex Problem Solving: What It Is and What It Is Not. Frontiers in Psychology, 8, 1153.

Dreyfus, H. L.; Dreyfus, S. E. (1986): Mind over machine: The power of human intuition and expertise in the era of the computer. New York: Free Press.

Fischer, A., Greiff, S.; Funke, J. (2011): The process of solving complex problems. The Journal of Problem Solving. 4(1), S. 19–42.

Frauendorf, H.; Kobryn, U.; Gelbrich W (1990): Blutdruck- und Herzschlagfrequenzverhalten bei fünf verschiedenen Formen dynamischer Muskelarbeit. Zeitschrift für Arbeitswissenschaft. 44, S. 214–216.

Gobet, F.; Clarkson, G. (2004): Chunks in expert memory: evidence for the magical number four … or is it two? Memory (Hove, England). 12(6), S. 732–747.

Gobet, F.; Simon, H. A. (1998): Expert chess memory: Revisiting the chunking hypothesis. Memory (Hove, England). 6(3), S. 225–255.

Guida, A.; Gobet, F.; Tardieu, H.; Nicolas, S. (2012): How chunks, long-term working memory and templates offer a cognitive explanation for neuroimaging data on expertise acquisition: a two-stage framework. Brain and Cognition. 79(3), S. 221–244.

Hartmann, E. (2015): Arbeitsgestaltung für Industrie 4.0. Alte Wahrheiten, neue Herausforderungen. In A. Botthof & E. A. Hartmann (Hrsg.), Autonomik Industrie 4.0. Zukunft der Arbeit in Industrie 4.0, S. 9–20. Berlin: Springer Vieweg.

Hartmann, B.; Klußmann, A.; Serafin, P. (2018a): Physische Leistungsfähigkeit, Alter und Geschlecht – Zur Beurteilung gesundheitlicher Risiken bei körperlich belastenden Tätigkeiten: Teil 1: Einführung, Methoden, Daten zum Körperbau und zur Belastbarkeit des Skelett-Systems. Zentralblatt für Arbeitsmedizin, Arbeitsschutz und Ergonomie. 68(6), S. 309–316.

Hartmann, B.; Klußmann, A.; Serafin, P. (2018b): Physische Leistungsfähigkeit, Alter und Geschlecht – Zur Beurteilung gesundheitlicher Risiken bei körperlich belastenden Tätigkeiten: Teil 3: Daten zur kardiopulmonalen und energetischen Leistungsfähigkeit sowie gemeinsame Schlussfolgerungen. Zentralblatt für Arbeitsmedizin, Arbeitsschutz und Ergonomie. 68(6), S. 325–333.

Hettinger, T. (1981): Methoden zur Erfassung von Belastbarkeit sowie der Belastung und Beanspruchung des Menschen in der Arbeitswelt. Freiburg i.Br.: Haufe.

Hockey, G. R. J. (1997): Compensatory control in the regulation of human performance under stress and high workload: A cognitive-energetical framework. Biological Psychology. 45(1-3), S. 73–93.

Kaufmann, I.; Pornschlegel, H.; Udris, I. (1982): Arbeitsbelastung und Beanspruchung. In L. Zimmermann (Hrsg.). Humane Arbeit – Leitfaden für Arbeitnehmer, 5: Belastungen und Stress bei der Arbeit, S. 13–48. Reinbek: Rowohlt.

Kazerounian, S.; Grossberg, S. (2014): Real-time learning of predictive recognition categories that chunk sequences of items stored in working memory. Frontiers in Psychology, 5, 1053.

Kopetz, H. (2019): Simplicity is complex: Foundations of cyber-physical system design. Cham, Switzerland: Springer.

Kotovsky, K.; Hayes, J.; Simon, H. (1985): Why are some problems hard? Evidence from Tower of Hanoi. Cognitive Psychology. 17(2), S. 248–294.

Krivec, J.; Bratko, I.; Guid, M. (2021): Identification and conceptualization of procedural chunks in chess. Cognitive Systems Research. 69, S. 22–40.

La Cruz-Pavía, I. de; Werker, J. F.; Vatikiotis-Bateson, E.; Gervain, J. (2020): Finding Phrases: The Interplay of Word Frequency, Phrasal Prosody and Co-speech Visual Information in Chunking Speech by Monolingual and Bilingual Adults. Language and Speech. 63(2), S. 264–291.

Laurig, W. (1992): Grundzüge der Ergonomie. Erkenntnisse und Prinzipien (4. Aufl., REFA-Fachbuchreihe Betriebsorganisation). Köln: Beuth Verlag.

Matthews, R. (2000): Storks deliver babies (p= 0.008). Teaching Statistics, 22(2), S. 36–38.

Makovski, T. (2016): Does proactive interference play a significant role in visual working memory tasks? Journal of Experimental Psychology: Learning, Memory, and Cognition. 42(10), S. 1664–1672.

Martin, S. (2017): A Critical Analysis of the Theoretical Construction And Empirical Measurement Of Cognitive Load. In R. Z. Zheng (Ed.), Cognitive load measurement and application. A theoretical framework for meaningful research and practice, S. 29–44. London: Routledge.

Matthews, G.; Reinerman-Jones, L. E.; Barber, D. J.; Abich, J. (2015): The psychometrics of mental workload. multiple measures are sensitive but divergent. Human Factors. 57(1), S. 125–143.

Miller, G. A. (1956): The magical number seven, plus or minus two: some limits on our capacity for processing information. Psychological Review. 63(2), S. 81–97.

Müller, E. A.; Karrasch, K. (1956): Die größte Dauerleistung beim Schaufeln. Internationale Zeitschrift für angewandte Physiologie einschließlich Arbeitsphysiologie. 16(4), S. 318–324.

Nassar, M. R.; Helmers, J. C.; Frank, M. J. (2018): Chunking as a rational strategy for lossy data compression in visual working memory. Psychological Review. 125(4), S. 486–511.

Norris, D.; Kalm, K. (2021): Chunking and data compression in verbal short-term memory. Cognition, 208, 104534.

Paas, F.; Renkl, A.; Sweller, J. (2004): Cognitive Load Theory: Instructional implications of the interaction between information structures and cognitive architecture. Instructional Science. 32, S. 1–8.

Paas, F.; Tuovinen, J. E.; Tabbers, H.; Van Gerven, P. W. M. (2003): Cognitive load measurement as a means to advance cognitive load theory. Educational Psychologist. 38(1), S. 63–71.

Paas, F.; van Merriënboer, J. J. G. (2020): Cognitive-Load Theory: Methods to manage working memory load in the learning of complex tasks. Current Directions in Psychological Science. 29(4), S. 394–398.

Perrow, C. (1992): Normale Katastrophen. Die unvermeidlichen Risiken der Grosstechnik (2. Aufl.). Frankfurt a. M.: Campus-Verlag.

Rademaker, R. L.; Bloem, I. M.; De Weerd, P.; Sack, A. T. (2015): The impact of interference on short-term memory for visual orientation. Journal of Experimental Psychology: Human Perception and Performance. 41(6), S. 1650–1665.

Rau, R. (1996): Einzelfallanalysen zur Bewertung von Handlungssicherheit in komplexen, automatisierten Systemen. Zeitschrift für Arbeits- und Organisationspsychologie. 40, S. 75–86.

REFA Verband für Arbeitsstudien und Betriebsorganisation e. V. (Hrsg). (1978): Methodenlehre des Arbeitsstudiums (6. Aufl.). München: Hanser.

Reeves, M.; Levin, S.; Fink, T.; Levina, A. (2020): Taming complexity. Harvard Business Review, January-February 2020, S. 113–119.

Ricker, T. J.; Cowan, N. (2014): Differences between presentation methods in working memory procedures: A matter of working memory consolidation. Journal of Experimental Psychology: Learning, Memory, and Cognition. 40(2), S. 417–428.

Ricker, T. J.; Cowan, N. (2017): Cognitive Load as a Measure of Capture of the Focus of Attention. In R. Z. Zheng (Ed.), Cognitive Load Measurement and Application. A Theoretical Framework for Meaningful Research and Practice. New York: Routledge.

Rohmert, W.; Laurig, W. (1975): Evaluation of work requiring physical effort. EUR 5221. Industrial health and safety. [EU Commission – Working Document]

Rossi-Arnaud, C.; Spataro, P.; Longobardi, E. (2012): Effects of pointing on the recall of simultaneous and sequential visuospatial arrays: a role for retrieval strategies? Psychological Research. 76(6), S. 699–712.

Rowley, J. (2007): The wisdom hierarchy: representations of the DIKW hierarchy. Journal of Information Science, 33(2), S. 163–180.

Sachse, P.; Martini, M.; Pinggera, J.; Weber, B.; Reiter, K.; Furtner, M. (2014): Das Arbeitsgedächtnis als „Nadelöhr" des Denkens. In P. Sachse & E. Ulich (Hrsg.). Psychologie menschlichen Handelns: Wissen und Handeln – Wollen und Tun. Zum 80. Geburtstag von Winfried Hacker, S. 339–367. Lengerich: Pabst.

Serafin, P.; Hartmann, B.; Klußmann, A. (2018): Physische Leistungsfähigkeit, Alter und Geschlecht – Zur Beurteilung gesundheitlicher Risiken bei körperlich belastenden Tätigkeiten: Teil 2: Daten zu Körperkräften. Zentralblatt für Arbeitsmedizin, Arbeitsschutz und Ergonomie. 68(6), S. 317–324.

Shoval, R.; Luria, R.; Makovski, T. (2020): Bridging the gap between visual temporary memory and working memory: The role of stimuli distinctiveness. Journal of Experimental Psychology: Learning, Memory, and Cognition. 46(7), S. 1258–1269.

Sörqvist, P.; Dahlström, Ö.; Karlsson, T.; Rönnberg, J. (2016): Concentration: The neural underpinnings of how cognitive load shields against distraction. Frontiers in Human Neuroscience, 10, 221.

Stramler, J. H. (1992): The Dictionary for Human Factors/Ergonomics: A Significant Reference Work in Human Factors. Proceedings of the Human Factors Society Annual Meeting. 36(6), S. 544–547.

Sweller, J. (1988): Cognitive load during problem solving: Effects on learning. Cognitive Science. 12(2), S. 257–285.

Sweller, J. (1994): Cognitive load theory, learning difficulty, and instructional design. Learning and Instruction. 4(4), S. 295–312.

Sweller, J. (2011): Cognitive load theory. In J. P. Mestre & B. H. Ross (Eds.), The psychology of learning and motivation: Cognition in education (pp. 37–76). Elsevier Academic Press.

Ternes, W.; Yuille, J. C. (1973): Additive interference processes in short-term memory. Journal of Experimental Psychology. 100(2), S. 432–434.

Van Acker, B. B.; Parmentier, D. D.; Vlerick, P.; Saldien, J. (2018): Understanding mental workload: From a clarifying concept analysis toward an implementable framework. Cognition, Technology & Work. 20(3), S. 351–365.

Wickens, C. D. (2008): Multiple resources and mental workload. Human Factors. 50(3), S. 449–455.

Zolg, S.; Heiden, B.; Herbig, B. (2021): Digitally connected work and its consequences for strain – a systematic review. Journal of Occupational Medicine and Toxicology, 16(42), S. 1–23.

Digital vernetzte Arbeit und ihre Beanspruchungsfolgen – Ein systematischer Review

Sabrina Zolg, Barbara Heiden und Britta Herbig

Inhaltsverzeichnis

Zusammenfassung

Der folgende Beitrag stellt die Ergebnisse eines systematischen Reviews (Englischer Volltext des Reviews unter https://occup-med.biomedcentral.com/articles/10.1186/s12995-021-00333-z.) vor, der zum Ziel hatte, (Cluster von) Arbeitsbedingungen zu identifizieren, die mit digital vernetzter Arbeit verbunden sind, und ihre Beziehungen zu Gesundheit und Wohlbefinden zu analysieren. Es wurden 14 Studien identifiziert. Trotz des Suchbegriffs, der die neuesten Technologien enthält, fanden sich hauptsächlich Studien aus den 1980er/90er Jahren. Eine Kategorisierung von Arbeitsfaktoren in kognitive Anforderungen, soziale Faktoren, organisatorische Faktoren und Umweltfaktoren sowie der Gesundheitsfaktoren in Motivation/Zufriedenheit, vermindertes Wohlbefinden/affektive Symptome, physiologische Parameter/somatische Beschwerden zeigte, dass die am häufigsten identifizierten Arbeitsfaktoren zur

S. Zolg · B. Heiden · B. Herbig (✉)
Institut und Poliklinik für Arbeits-, Sozial- und Umweltmedizin, LMU Klinikum,
München, Deutschland
E-Mail: britta.herbig@med.uni-muenchen.de

© Der/die Autor(en), exklusiv lizenziert an Springer Fachmedien Wiesbaden   131
GmbH, ein Teil von Springer Nature 2023
M. Heinlein et al. (Hrsg.), *Digital vernetzte Arbeit,*
https://doi.org/10.1007/978-3-658-40615-8_5

Kategorie der kognitiven Anforderungen gehörten. Bei den Gesundheitsfaktoren wurde Motivation/Zufriedenheit am häufigsten genannt. Neuere Studien untersuchten häufig individualisierte Gesundheitsfaktoren wie z. B. Lebenszufriedenheit, während physiologische Messdaten und objektive Erhebungsmethoden wie Arbeitsplatzanalysen nicht verwendet wurden. Der letztgenannte Ansatz findet sich überwiegend in den älteren Studien. Um ein umfassendes Bild zu erhalten, lohnt es sich jedoch, für künftige Studien in diesem Bereich eine Kombination aus diesen subjektiven und objektiven Ansätzen zu verwenden.

1   Einleitung

Der Prozess der Automatisierung und Digitalisierung führte zu Umbrüchen in der Arbeitswelt und tut dies weiterhin (Arntz et al. 2016; Zuboff 1988). Durch das Internet und die damit verbundene Möglichkeit der drahtlosen Vernetzung hat die Nutzung von Informations- und Kommunikationstechnologie (IKT) eine neue Ebene erreicht. Arbeit ist inzwischen in vielen Bereichen zeit- und ortsunabhängig möglich, wodurch neue Formen der Zusammenarbeit zwischen Menschen aber auch zwischen Mensch und Maschine entstanden sind und entstehen. Algorithmus-basierte, selbstlernende Maschinen entwickeln sich gegenwärtig zu „Teamkollegen" (Redden et al. 2014), mit denen man zusammenarbeiten muss (Ghislieri et al. 2018). Diese neuen technologischen Werkzeuge gestalten aktiv Prozesse, unterstützen oder ersetzen Aktivitäten und verstärken oder initiieren sogar Zusammenarbeit (Petropoulus 2018). All dies hat zu tiefgreifenden Veränderungen in der Art, wie Menschen arbeiten, geführt (OECD 2017).

Arbeit findet in zunehmendem Maße in Mensch-Maschine/Mensch-Technologie-Netzwerken statt, in denen eine Vielzahl von Akteuren, Menschen wie Technologien, ihren eigenen Logiken folgend miteinander interagieren. Dabei ergeben sich unterschiedliche Formen und Dimensionen der Interdependenz und eine Fülle gleichzeitig ablaufender Prozesse und Aktivitäten. Damit erfüllen diese Arbeitssysteme definitorische Kriterien von Komplexität (z. B. Reeves et al. 2020).

Während Vernetzung durch IKT in ihren anfänglichen Formen zunächst nur ermöglicht und unterstützt wurde, wird sie nun zunehmend von den digitalen Technologien aktiv mitgestaltet und gesteuert (Brynjolfsson und McAfee 2014; Davenport und Kirby 2016; für einen Überblick: Oztemel und Gursev 2020). Interkonnektivität und Simultanität von Abläufen und Prozessen reduzieren die Transparenz und Handhabbarkeit solcher Systeme. Resultierende plötzliche und unerwartete „Verhaltensweisen" können ein hohes Maß an Unsicherheit erzeugen (Kopetz 2019; Reeves et al. 2020).

Mit Blick auf die Untersuchung möglicher Auswirkungen digitaler Vernetzung auf die Gesundheit und das Wohlbefinden von Arbeitnehmern bildet sich die beschriebene technische Weiterentwicklung in drei Forschungswellen ab: Beginnend mit einer ersten Welle an Forschungsprojekten zu den Folgen der Automatisierung/Computerisierung und der frühen Nutzung von IKT zur Informationsverarbeitung und Kommunikation, gefolgt von einer zweiten Welle, die durch die neuen Möglichkeiten zeitlicher und örtlicher Flexibilisierung der Arbeit durch Internet und mobile Netzwerke geprägt wurde, und mündend in die dritte und jüngste Welle, die durch die Integration von und Vernetzung mit autonomen „Teamkollegen" und die funktionelle wie strukturelle Ausweitung von Netzwerksystemen ins Rollen kam.

Bereits in einer frühen Phase der IKT-Forschung hat sich gezeigt, dass Veränderungen der Arbeitsbedingungen, wie Beschleunigung, systembedingte Unterbrechungen und Arbeitsintensivierung, häufig mit negativen Beanspruchungsreaktionen wie Stresserleben, Informationsüberlastung, Müdigkeit oder emotionaler Erschöpfung für die Beschäftigten einhergehen (Brown et al. 2014; Graf und Antoni 2021; Baethge und Rigotti 2013; Chesley 2014; Eyrolle und Cellier 2000; Franke 2015). In der Forschung zur Flexibilisierung von Arbeit werden als Folge (erwarteter) permanenter Erreichbarkeit und/oder einer Ambivalenz zwischen Arbeitsanforderungen und individuellen Bedürfnissen positive (z. B. bessere Work-Life-Balance und Lebenszufriedenheit), aber auch negative Effekte (z. B. Stresserleben, Erholungsunfähigkeit, verstärkte Erschöpfung und Irritation) identifiziert (z. B. Allen et al. 2013; Barber und Santuzzi 2015; Derks und Bakker 2014; Duradoni et al. 2020; Harris et al. 2011; Merten und Gloor 2010; Palm et al. 2016). Im Hinblick auf soziale Folgen der Flexibilisierung im Arbeitskontext finden sich ebenfalls divergente Befunde. So zeigen sich Hinweise auf eine Reduzierung der sozialen Unterstützung durch flexible Arbeit, aber auch auf eine Verbesserung von Kooperation und Wissensaustausch (Martin und Omrani 2015; Paulsson und Sundin 2000; Axtell et al. 2004).

Im Zuge der jüngsten Entwicklungen im Bereich autonomer Technologien gerät die Forschung zu soziotechnischen Systemen wieder stärker in den Fokus und lässt u. a. die Technostress-Forschung wieder aufleben. Der ursprünglich von Brod 1982 geprägte Begriff beschreibt jede Stresserfahrung im Kontext von IKT-Nutzung, ohne dass zwischen Belastung und Beanspruchung differenziert oder der jeweilige Kontext berücksichtigt wird. Im Arbeitszusammenhang bezog er sich später auf die individuellen Fähigkeiten von Nutzern mit neuen Technologien umzugehen. Es wurden eine Reihe sogenannter Technostress-Treiber eingeführt, um den Begriff zu fassen (Ayyagari et al. 2011; Ragu-Nathan et al. 2008; Tarafdar et al. 2007). Das Konstrukt wird jedoch auch kritisiert, da bei der Betrachtung von Fehlbeanspruchungen nur zum Teil die Technologie als primärer Stressor betrachtet wird (z. B. ihre Verlässlichkeit, „Techno-Reliability"), während sie bei anderen Treibern nur eine Antezedenz anderer etablierter Arbeitsstressoren wie Arbeitsplatzunsicherheit oder Arbeitsüberlastung darstellt (Dragano und Lunau 2020). In Anbetracht der zunehmenden Vielfalt und Komplexität digitaler und digital vernetzter Systeme scheint dieser Kritik folgend eine präzisere Fokussierung auf Arbeitsmerkmale und Merkmalskonstellationen unabdingbar, um zu einer verlässlichen Einschätzung der gesundheitlichen Risiken solcher Systeme zu kommen. Neuere Reviews zeigen übereinstimmend, dass Technostress die Leistung, aber auch die Arbeits- und Lebenszufriedenheit von Beschäftigten reduzieren und insgesamt negative Auswirkungen auf die psychische Gesundheit haben kann (Dragano und Lunau 2020; La Torre et al. 2018; Fischer und Riedl 2017; Salazar-Concha et al. 2021).

Ein weiterer Forschungsstrang im Kontext von Digitalisierung („Industrie 4.0" oder „Arbeit 4.0") und deren Auswirkungen auf die Gesundheit der Beschäftigten stellt die Technologien in den Mittelpunkt, die für diese Phase der Technisierung charakteristisch sind, wie cyber-physische Systeme, Internet der Dinge, Augmented Manufacturing, Robotik (Oztemel und Gursev 2020). Es ist davon auszugehen, dass die Auswirkungen digital vernetzter Arbeit auf Gesundheit und Wohlbefinden ähnlich komplex und vielfältig sind, wie die Vernetzungsstrukturen im System selbst (z. B. Tarafadar et al. 2019). Insgesamt sind Forschungsergebnisse in diesem Bereich aber noch spärlich. Häufiger werden organisationale Veränderungen oder die Produktivität und Effektivität von Arbeitsprozessen betrachtet (z. B. Cascio und Montealegre 2016; Remes et al. 2018; Zammuto et al. 2007).

Zusammenfassend lässt sich sagen, dass zwar bezogen auf frühere technologische Entwicklungen zahlreiche Zusammenhänge zwischen Arbeitsmerkmalen und gesundheitlichen Folgen bekannt sind, eine systematische Analyse beanspruchungsrelevanter Arbeitsanforderungen digital vernetzter Arbeit aber bislang fehlt. Voraussetzung dafür ist, dass zunächst Arbeitsmerkmale und Konstellationen von Arbeitsmerkmalen identifiziert werden, die für diese Art von Arbeit charakteristisch sind.

Das primäre Ziel dieses systematischen Reviews ist daher, einen Überblick zu (Konstellationen von) Arbeitsbedingungen zu geben, die bisher im Kontext digital vernetzter Arbeit untersucht wurden. Das zweite Ziel ist es, den Einfluss dieser Arbeitsbedingungen auf die Gesundheit und das Wohlbefinden der Beschäftigten zu betrachten.

2 Methodik des systematischen Reviews

Der systematische Review wurde gemäß den PRISMA-Richtlinien (Preferred Reporting Items for Systematic Reviews and Meta-Analyses) durchgeführt (Moher et al. 2010) und vorregistriert (PROSPERO Nummer CRD42019135431). Insgesamt wurden sechs elektronische Datenbanken (EMBASE, Medline, PsycInfo, PSYNDEX, SocIndex und WISO) nach Originalstudien und ohne zeitliche Einschränkung mit dem unten dargestellten Suchstring durchsucht. Die Suche endete am 21. Oktober 2019, danach wurden keine Studien mehr aufgenommen. Die Studien wurden in einem dreistufigen Verfahren ausgewählt: 1) Titelscreening und Entfernung von Duplikaten, 2) Abstract- und 3) Volltextscreening. Die Einschlusskriterien wurden a priori festgelegt.

Der Suchstring wurde nach dem PEO-Schema erstellt. Die Grundgesamtheit (=Population) war die arbeitende Bevölkerung (Suchstring nach Mattioli et al. 2010). Um die Exposition zu erfassen, wurde ein breites Spektrum technischer Begriffe aus dem Kontext von Digitalisierung und Vernetzung gewählt. Eine thematische Literaturrecherche wurde durchgeführt, um häufig verwendete Begriffe aufzufinden, zum Beispiel Cloud Computing, Embedded Systems oder Big Data. Technostress (aus den genannten Gründen) und Begriffe, die sich auf IKT beziehen, wurden nicht in den Suchstring aufgenommen. Studien, die sich ausschließlich mit diesen Aspekten beschäftigen, wurden ausgeschlossen, da bereits Übersichtsarbeiten zu IKT und Gesundheit vorliegen (z. B. Berg-Beckhoff et al. 2017) und digital vernetztes Arbeiten als eine Entwicklung betrachtet wird, die über die reine Nutzung von IKT hinausgeht. Die Outcome-Suchbegriffe „Wohlbefinden", „Gesundheit" und „physiolog*" sollten alle physiologischen sowie psychosozialen gesundheits- und wohlbefindensbezogenen Folgen von Belastungen erfassen.

Aus den Studien wurden Autoren und Jahr der Veröffentlichung, Land, Population (Stichprobengröße und Art des Arbeitsplatzes oder der Arbeitsaufgabe), Arbeitsmerkmale, Forschungsfrage, abhängige Variablen, Methoden, Design und Ergebnisse extrahiert und eine Inhaltsanalyse mit Kategorisierung der Studieninhalte durchgeführt, da eine Meta-Analyse aufgrund der hohen Heterogenität der Studien nicht möglich war.

3   Ergebnisse

3.1   Studiencharakteristika

Insgesamt wurden 28.854 Studien gefunden. Nach der Entfernung von Duplikaten (n = 9337) und dem Titel-Screening verblieben 350 Texte für das Abstract-Screening. Nach der Auswertung der Volltexte (n = 64) erfüllten 14 Studien die Einschlusskriterien und wurden in den Review aufgenommen.

Tab. 1 zeigt die wichtigsten Merkmale und Ergebnisse der 14 eingeschlossenen Studien. Die Stichprobengröße der Studien reicht von 10 bis 3233 Teilnehmer*innen. Die älteste Studie stammt aus dem Jahr 1981, die jüngste aus dem Jahr 2019. Elf Publikationen wurden vor dem Jahr 2000 veröffentlicht und drei zwischen 2000 und 2019. Die untersuchten Stichproben variieren zu fast gleichen Teilen zwischen Büroangestellten (n = 4), Produktionsarbeitern (n = 4) und verschiedenen Angestellten (n = 6), zum Beispiel aus dem Bankensektor oder dem Dienstleistungsbereich. Elf Studien wurden in Europa durchgeführt, fünf davon in der ehemaligen Deutschen Demokratischen Republik (DDR), zwei in Nordamerika und eine in Neuseeland. Es handelt sich um acht Querschnittstudien und sechs Längsschnittstudien. Eine Studie verwendete eine Prä-Post-Messung. Fünf Studien verwendeten ein quantitatives Forschungsdesign, eine ein qualitatives Design, und acht Studien wählten einen gemischten Methodenansatz. Die am häufigsten verwendete Messmethode waren Fragebögen (n = 11), gefolgt von Arbeitsanalysen (n = 6) und physiologischen Messungen (n = 6) sowie Interviews (n = 5).

3.2   Zusammenfassung von Arbeitsmerkmalen, Gesundheitsfaktoren und Tätigkeitsgruppen in Clustern

Für die inhaltliche Analyse wurden zunächst alle identifizierten Arbeitsbedingungen als Arbeitsmerkmale (unabhängige Variablen) und die Outcomes als Gesundheitsfaktoren (abhängige Variablen) in Cluster zusammengefasst.

3.2.1   Cluster a–d: Arbeitsmerkmale

Die Clusterung der Arbeitsmerkmale erfolgte orientiert an den „Empfehlungen für die Durchführung der Gefährdungsbeurteilung psychischer Belastungen" (European Commission 1996).

Tab. 1 Charakteristika der eingeschlossenen Studien

Erstautor, Veröffentlichungsjahr, Land	Sample, Größe	Forschungsfrage	Design
Andries, 1991, Niederlande	Beschäftigte im Bereich Automatisierung, n = 3233	• Analyse der Arbeitsbedingungen und Karriereaussichten von 32 verschiedenen Berufsgruppen aus dem Bereich der Automatisierung • Identifizierung der Risikofaktoren für Stress und Belastung innerhalb dieser Berufsgruppen Tätigkeitsgruppe*: verschiedene Berufsgruppen im Bereich Automatisierung	Quantitativ; Querschnitt
Brenner, 1995, Schweden	„computerisierte" Mitarbeiter in der Verwaltung, n = 42	• Bewertung der Arbeitseffizienz, des Arbeitsumfelds und der psychischen Belastung vor und nach der Automatisierung Tätigkeitsgruppe: vor und nach der Automatisierung	Gemischt; Längsschnitt (innerhalb von 1,5 Jahren 5 separate Messungen)
Brougham, 2018, Neuseeland	Beschäftigte des Dienstleistungssektors, n = 120	• Analyse, wie Arbeitnehmer STARA (Smart Technology, künstliche Intelligenz, Robotik und Algorithmen)/Arbeitsplatzunsicherheit in Bezug auf ihre eigene Arbeit wahrnehmen und wie sie sich auf mögliche Veränderungen vorbereiten • Analyse, ob STARA-Bewusstsein/Arbeitsplatzunsicherheit altersabhängig ist • Analyse, welche Auswirkungen STARA-Bewusstsein/Arbeitsplatzunsicherheit auf Arbeits- und Wohlbefindensoutcomes hat (STARA-Bewusstseins beschreibt, wie hoch Beschäftigte die Wahrscheinlichkeit einschätzen, dass Smart Technology, künstliche Intelligenz, Robotik und Algorithmen Auswirkungen auf ihre zukünftigen Karriereaussichten haben werden; Brougham und Haar 2018, S. 241)	Quantitativ (plus eine offene Frage); Querschnitt

(Fortsetzung)

Tab. 1 (Fortsetzung)

Erstautor, Veröffentlichungsjahr, Land	Sample, Größe	Forschungsfrage	Design
Claussner, 1989, Deutschland (ehem.DDR)	Druckgussgießerei, n = 25	• Bewertung flexibler Automatisierungslösungen im Vergleich zu konventionellen Produktionsverfahren im Hinblick auf Arbeitsanforderungen, Arbeitsbedingungen und Persönlichkeitsentwicklung • Analyse der Auswirkungen auf das psychische Wohlbefinden und die Arbeitszufriedenheit Tätigkeitsgruppe: Arbeiter an konventionellen und flexiblen, automatisierten Druckgussmaschinen	Gemischt; Querschnitt
Corbett, 1987, Großbritannien	Beschäftigte eines Computer-herstellers, n = 31	• Definition und Bewertung fortschrittlicher Fertigungstechnologien („advanced manufacturing technologies" – AMT) anhand des Konzepts der Kopplung; Kopplung ist ein Konstrukt, das den Grad der Verknüpfung zwischen zwei Teilen beschreibt; vier Variablen bilden dieses Konstrukt: Synchronität, Starrheit des Arbeitsablaufs, Einförmigkeit des Vorgehens und Slack • Identifizierung von Unterschieden in den Arbeitsbedingungen der verschiedenen AMT-Jobs • Untersuchung des Einflusses der Kopplung auf das psychische Wohlbefinden	Quantitativ; Querschnitt
Dainoff, 1981, USA	Beschäftigte im Büro, n = 121	• Analyse der individuellen Erfahrungen der Beschäftigten mit dem Computer und ihrer Einstellung zu verschiedenen Aspekten der Computerarbeit • Ermittlung des Zusammenhangs zwischen verschiedenen Aspekten der Arbeit, insbesondere der Video-Display-Terminal-Zeit, und gesundheitlicher Beschwerden Tätigkeitsgruppe: Beschäftigte, die in unterschiedlichem Maße ein VDT (VDT = Video Display Terminal) benutzen	Gemischt; Längsschnitt (wiederholte Messungen an aufeinanderfolgenden Tagen und innerhalb eines Tages)

(Fortsetzung)

Tab. 1 (Fortsetzung)

Erstautor, Veröffentlichungsjahr, Land	Sample, Größe	Forschungsfrage	Design
Hacker, 1985, Deutschland (ehem.DDR)	Beschäftigte in Büro und Verwaltung, n = 240	• Beurteilung und Bewertung von Bildschirmarbeit, die sich in Aufgabeninhalt/-struktur und Anteil der Mensch-Maschine-Interaktion unterscheidet • Differenzierung der Auswirkungen auf Motivation und Lernmöglichkeiten • Identifizierung von Aufgabenmerkmalen, die sich durch die Computertechnologie und deren Einsatz verändern • Identifizierung der Auswirkungen dieser Veränderungen auf die Beschäftigten Tätigkeitsgruppe: traditionelle und computergestützte Dateneingabetätigkeiten, die sich im Grad der Vollständigkeit der Aufgabe unterscheiden; Tätigkeiten mit Mensch-Computer-Interaktion, die sich im Grad der Autonomie unterscheiden	Gemischt; Querschnitt
Jackisch, 1989, Deutschland (ehem.DDR)	Bildschirmtätigkeiten, n = 25	• Untersuchung des Zusammenhangs zwischen aktuellen und langfristigen Auswirkungen von Stress durch psychische Arbeitsanforderungen • Überprüfung, ob gefundene Zusammenhänge verallgemeinert werden können und, ob die Folgen von Stress vorhersehbar sind • Bewertung von Einflüssen, die über die Arbeitsanforderungen hinausgehen (wie Faktoren jenseits des Arbeitsplatzes oder persönliche Einstellungen) Tätigkeitsgruppe: Bildschirmdateneingabe; computergestützter Fahrkartenverkauf; computergestützte Tätigkeit zur Projektierung von Organisationsabläufen (Problemanalyse)	Gemischt; Längsschnitt (jährliche Erhebung über einen Zeitraum von 3 Jahren)

(Fortsetzung)

Tab. 1 (Fortsetzung)

Erstautor, Veröffentlichungsjahr, Land	Sample, Größe	Forschungsfrage	Design
Körner, 2018, Deutschland	Beschäftigte in Bereichen mit hohem Automatisierungsgrad, n = 36	• Identifizierung potenzieller Stressfaktoren, die bei der Einführung und Nutzung neuer Technologien in der Fertigungsindustrie auftreten	Qualitativ; Querschnitt
Rau, 1996, Deutschland	Beschäftigte eines Energieversorgungsunternehmens, n = 50	• Bewertung der Verlässlichkeit hochautomatisierter Systeme bei der Bedienung durch den Menschen anhand intra- und interindividueller Unterschiede in physiologischen und psychologischen Daten zur Identifizierung von Unzuverlässigkeit und Handlungsfehlern Tätigkeitsgruppe: Anlagenführer eines Energieversorgers mit unterschiedlichen Teilaufgaben: „geplantes Eingreifen", „Überwachung", „Fehlerbearbeitung"	Gemischt; Längsschnitt (wiederholte Messungen innerhalb des Tages der Untersuchung)
Rutenfranz, 1989, Deutschland (ehem.DDR)	Anlagenführer in der Automobilindustrie, n = 119	• Bewertung und Vergleich der physischen und psychischen Belastung bei Tätigkeiten mit unterschiedlichen Automatisierungsgraden in der Automobilindustrie Tätigkeitsgruppe: Anlagenführer im Karosseriebau; Anlagenführer in der automatisierten Endmontage; Anlagenführer in fahrerlosen Transportsystemen: Montagearbeiter in der Karosserie- und Fahrzeugendmontage	Gemischt; Querschnitt (physiologische Messungen, die im Laufe einer Schicht wiederholt werden)
Seibt, 1988, Deutschland (ehem.DDR)	Anlagenführer in einer Metallfabrik, n = 10	• Bewertung der psychophysischen Belastung und der daraus resultierenden Gesundheitsrisiken durch veränderte Arbeitsinhalte und verlängerte Arbeitsschichten in automatisierten Produktionsprozessen Tätigkeitsgruppe: Frühschicht 8 h; Frühschicht 12 h; Spätschicht 8 h; Spätschicht 12 h	Gemischt; Längsschnitt (Mehrfachmessung im Verlauf einer Schicht)

(Fortsetzung)

Tab. 1 (Fortsetzung)

Erstautor, Veröffentlichungsjahr, Land	Sample, Größe	Forschungsfrage	Design
Stellman, 1987, USA/Kanada	Weibliche Büroangestellte, n = 1032	• Untersuchung des Zusammenhangs zwischen dem Ausmaß der Nutzung von Bildschirmgeräten und der Wahrnehmung der physischen Arbeitsumgebung, der Arbeitsplatzmerkmale und der Gesundheit/des Wohlbefindens durch die Beschäftigten • Analyse der Unterschiede von Gesundheitssymptomen und Arbeitsplatzmerkmalen bei Vorgesetzten und Nicht-Vorgesetzten Tätigkeitsgruppe: Halbtags-Schreibkraft; Ganztags-Schreibkraft; Büroangestellte; Halbtags-Benutzer von Bildschirmgeräten; Ganztags-Benutzer von Bildschirmgeräten	Quantitativ; Querschnittstudie
Umans, 2018, Schweden	Bankangestellte, n = 151	• Analyse der Einschätzung von Bankangestellten zur Rolle der Digitalisierung in ihrer täglichen Arbeit • Analyse der Bewertung der Rolle der Digitalisierung und ihrer Auswirkungen auf das Wohlbefinden durch die Bankangestellten • Untersuchung der Wechselwirkung zwischen Digitalisierung und Organisationskultur (individualistisch oder kollektivistisch) und deren Auswirkungen auf das Wohlbefinden • Untersuchung des Einflusses von Alter, Betriebszugehörigkeit und Position	Quantitativ; Querschnittstudie

*Tätigkeitsgruppe – Klassifizierung innerhalb des Reviews; Details in Abschnitt 3.2.2

a) *Kognitive Anforderungen/Arbeitsinhalt (Aufgabe);* enthält u. a. Anforderungen
   und Arbeitsbedingungen wie Entscheidungsspielraum, Aufgabenvariabilität
   oder Qualifikation.

b) *Soziale Faktoren;* enthält die sozialen Beziehungen zwischen Kollegen
   und/oder Vorgesetzten, u. a. Konflikte und Unterstützungssituationen, Anzahl
   der Kontakte, fehlendes Feedback oder Führung.

c) *Organisationale Faktoren;* enthält u. a. Arbeitszeit und Arbeitsabläufe (z. B.
   Zeitdruck/hohe Arbeitsbelastung), Kommunikations- und Kooperationsmög-
   lichkeiten der Mitarbeiter*innen (z. B. isolierte Arbeitsplätze) oder Informationen zu Gehalt und Karrieremöglichkeiten.

d) *Umweltfaktoren/Arbeitsmittel;* Umweltfaktoren enthalten die Gestaltung des
   Arbeitsplatzes sowie ergonomische und physikalische/chemische Faktoren wie
   Licht oder Lärm. Die Arbeitsmittel umfassen neben den eingesetzten Technologien auch die Art der Anwendung sowie den Verwendungszweck, z. B. zur
   Informationsbeschaffung oder zur Arbeitsoptimierung. Darüber hinaus beinhaltet dieser Begriff nicht nur die Geräte, Anwendungen und Werkzeuge
   selbst, sondern auch Auswirkungen auf das Arbeitssystem wie technisch
   bedingte Unterbrechungen und Störungen oder z. B. den Kopplungsbegriff
   (Corbett 1987).

3.2.2   Cluster tg1–tg3: Tätigkeitsgruppen

Da die Mehrzahl der Studien (n = 10) nicht einzelne Arbeitsfaktoren, sondern
Konstellationen von Arbeitsfaktoren im Kontext spezifischer Arbeitstätigkeiten
untersuchten, wurde zusätzlich eine Clusterung nach Tätigkeitsgruppen vorge-
nommen.

(tg1) Tätigkeitsgruppe 1: Ausmaß der Techniknutzung, z. B. Bildschirmtä-
tigkeiten differenziert nach Dauer der Bildschirmnutzung (n = 5) (Andries et al.
1991; Claussner und Müller 1989; Dainoff et al. 1981a, b; Rutenfranz et al. 1989;
Stellman et al. 1987).

(tg2) Tätigkeitsgruppe 2: Arbeitsbedingungen vor und nach der Einführung
von Automatisierung/Computerisierung (n = 1) (Brenner und Östberg 1995).

(tg3) Tätigkeitsgruppe 3: Ausmaß und Umfang geistiger Aufgaben, z. B.
„Überwachungs-" vs. „Kontrolltätigkeiten" (n = 4) (Hacker und Schönfelder
1985; Jackisch und Richter 1989; Rau 1996; Seibt et al. 1988).

3.2.3 Cluster i–iii: Gesundheitsfaktoren

i. Motivation und Zufriedenheit: Motivation, organisationales Commitment oder Zufriedenheit in all ihren Facetten sowie die Absicht eines Arbeitsplatzwechsels.

ii. reduziertes Wohlbefinden/affektive Symptome: Psychologische Symptome wie Gereiztheit und Stressgefühle sowie Depressionen und Ängste, Müdigkeit, Monotonie und Sättigung.

iii. physiologische Parameter und somatische Beschwerden: Ergebnisse körperlicher Untersuchungen wie Blutdruck, Herzfrequenz oder somatische Beschwerden wie Muskel-Skelett- oder Augensymptome.

3.3 Befunde

Der Schwerpunkt der Analyse lag auf der Erhebung von Arbeitsmerkmalen, die mit digital vernetzter Arbeit in Verbindung stehen, sowie von Zusammenhängen dieser Arbeitsmerkmale und Gesundheitsfaktoren. Da nicht alle Studien statistische Ergebnisse berichten, musste die Auswertung auf Häufigkeiten beschränkt werden. Jede Nennung von Arbeitsmerkmale und gesundheitlichen Auswirkungen, die mit digital vernetzter Arbeit zusammenhängen, wurde gezählt, wobei die Kategorisierung der Merkmale im Cluster Tätigkeitsgruppen zusätzlich erfolgte. Insgesamt fanden sich folgende Häufigkeiten:

Arbeitsmerkmale. *Cluster (a)* kognitive Anforderungen/Arbeitsinhalte (-aufgaben): n = 102; *Cluster (d)* Umweltfaktoren/Arbeitsmittel: n = 73; *Cluster (c)* organisatorische Faktoren: n = 46; *Cluster (b)* soziale Faktoren: n = 17.

Gesundheitsfaktoren. *Cluster (iii)* physiologische Parameter und somatische Beschwerden: n = 72, *Cluster (ii)* reduziertes Wohlbefinden und affektive Symptome: n = 30; *Cluster (i)* Motivation und Zufriedenheit: n = 29.

Die Ergebnisse werden nachfolgend in absteigender Reihenfolge entsprechend der Anzahl der Nennungen beschrieben.

3.3.1 Zusammenhänge zwischen Arbeitsmerkmalen und Gesundheitsfaktoren

Abb. 1 zeigt alle Zusammenhänge zwischen Arbeitsmerkmals- und Gesundheitsclustern, die in den Studien untersucht wurden, unabhängig davon, in welchem Abschnitt der Studien (Ergebnisse oder Diskussion) sie berichtet werden. Die dargestellten Assoziationen beinhalten auch Ergebnisse aus Studien mit Tätigkeitsgruppen, sofern diese unterschiedliche Arbeits- und Gesundheitsfaktoren betrachtet haben.

Cluster (d) Umweltfaktoren/Arbeitsmittel ist am häufigsten mit dem *Cluster (i) Motivation und Zufriedenheit* verknüpft (13 Nennungen). Dabei zeigt sich ein positiver Zusammenhang zwischen der Nutzung digitaler Tools zum Informationsmanagement mit Lebenszufriedenheit sowie der Nutzung zur Arbeitsoptimierung mit Arbeits- und Lebenszufriedenheit. Allerdings stammen 12 der 13 Assoziationen ausschließlich aus einer Arbeit (Umans et al. 2018). Ein negativer Einfluss wird von Corbett (1987) beschrieben für Kopplung mit intrinsischer Arbeitszufriedenheit. Bezogen auf *Cluster (ii) reduziertes Wohlbefinden und affektive Symptome* finden sich Zusammenhänge zwischen technischen Unterbrechungen, Software-, Hardware- oder Usability-Problemen sowie bildschirmbezogenen Beleuchtungsproblemen mit Stress. Auch Kopplung weist eine positive Assoziation mit reduzierter mentaler Gesundheit auf (Umans et al. 2018; Corbett 1987; Dainoff et al. 1981a; Körner et al. 2019).

Zusammenhänge für **Cluster (a) kognitive Anforderungen/Arbeitsinhalte** mit *Cluster (ii) reduziertes Wohlbefinden/affektive Symptome* wurden in drei Studien untersucht. Komplexität und Rollenbreite (‚role breadth') stehen dabei in keinem signifikanten Zusammenhang mit psychischer Gesundheit. Ein hohes Qualifikationsniveau ist mit nervösen Symptomen verknüpft (Brenner und Östberg 1995), eine unzureichende Qualifikation im Hinblick auf digitalisierte Hard- und Software mit Stress (Körner et al. 2019). Auch physiologische Belastungen in Form von Schlaf-, Herz- und Ermüdungssymptomen aus *Cluster (iii)* stehen in positivem Zusammenhang mit dem Qualifikationsniveau (Brenner und Östberg 1995). Zusammenhänge mit *Cluster (i) Motivation und Zufriedenheit* werden nur von Corbett (1987) betrachtet, der zeigt, dass die Komplexität der Arbeit positiv mit der allgemeinen Arbeitszufriedenheit verbunden ist.

Cluster (c) organisationale Faktoren weist die meisten Assoziationen mit gesundheitlichen Effekten des *Clusters (ii) vermindertes Wohlbefinden/affektive Symptome* auf. Es finden sich positive Zusammenhänge zwischen Arbeitsdruck und psychischem Stress sowie zwischen Arbeitsdruck und Fatigue im Sinne von Müdigkeit und Erschöpfung (Dainoff et al. 1981a). Unter Bedingungen von Arbeitsplatzunsicherheit findet sich ein positiver Zusammenhang mit Depression und Zynismus (Brougham und Haar 2018). Positive Zusammenhänge zeigen sich auch mit *Cluster (iii) physiologische Parameter* und somatische Beschwerden für Arbeitsbelastung und Schlaf-, Herz- und muskuloskelettalen Symptomen (Brenner und Östberg 1995). Bezogen auf *Cluster (i) Motivation und Zufriedenheit* berichtet eine Studie, dass die allgemeine Wahrnehmung von

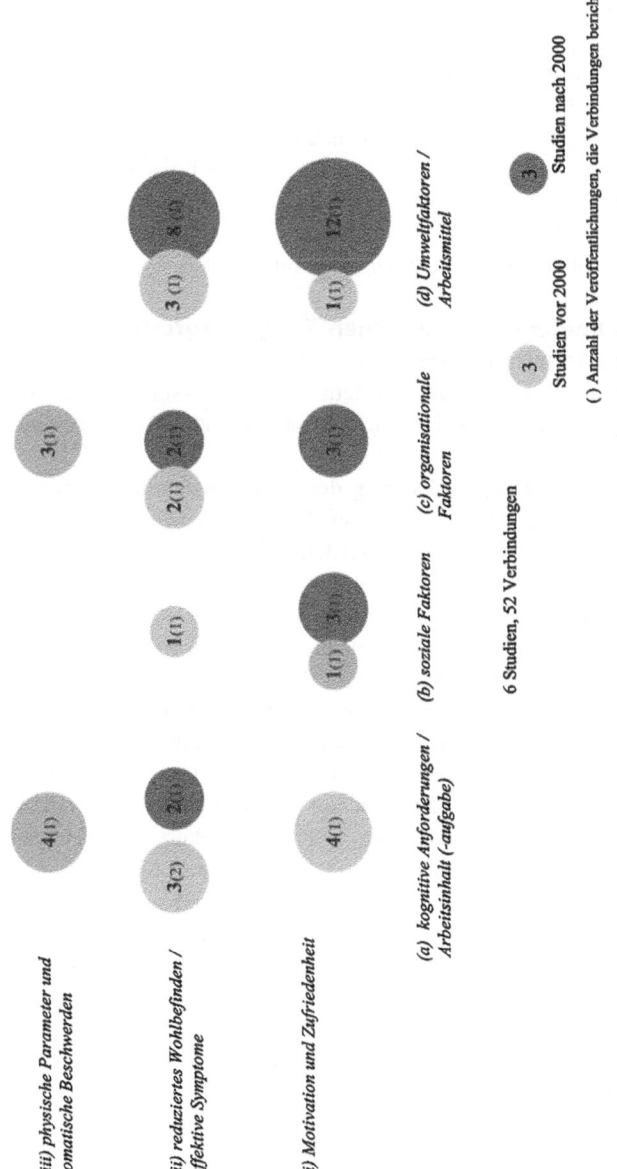

Abb. 1 Häufigkeit der Verknüpfung von Arbeitsmerkmalen und Gesundheitsfaktoren

Arbeitsplatzunsicherheit, in dem Sinne, dass Technologie Arbeitsplätze ersetzt, negativ mit organisationalem Commitment und Karrierezufriedenheit assoziiert ist (Brougham und Haar 2018).

Cluster (b) soziale Faktoren wurde am seltensten im Zusammenhang mit gesundheitlichen Effekten untersucht. Wenn digitale Tools zur Arbeitsoptimierung genutzt werden, hat eine kollektivistische Organisationskultur positiven Einfluss auf die Life-Balance aber nicht auf Arbeits- und Lebenszufriedenheit, beide *Cluster (i)* (Umans et al. 2018). Auch der Einfluss von Vorgesetzten zeigt keinen signifikanten Zusammenhang mit Arbeits- und Lebenszufriedenheit oder der mentalen Gesundheit, *Cluster (ii)* (Corbett 1987).

3.3.2 Zusammenhänge zwischen Tätigkeitsgruppen und Gesundheitsfaktoren

Alle Assoziationen zwischen den Clustern von Tätigkeitsgruppen und Gesundheitsfaktoren, die in den Studien betrachtet wurden, sind in Abb. 2 zusammengefasst.

Tätigkeitsgruppe 1 (tg1) – Umfang der Technologienutzung. Die meisten Assoziationen (43) zeigen sich mit dem *Cluster (iii) physiologische Parameter* und somatische Beschwerden. Im Vordergrund stehen dabei Untersuchungen der Augen, die zeigen, dass Personen, die Vollzeit am PC arbeiten, vermehrt Beschwerden haben (Dainoff et al. 1981a; Stellman et al. 1987). Allerdings trägt nur eine Studie (Dainoff et al. 1981a) 25 Assoziationen zu dieser Kategorie bei. Rutenfranz et al. (1989) zeigen, dass diejenigen, die am meisten automatisierte Hilfsmittel benutzen, sowohl eine höhere Herzfrequenz als auch einen höheren Blutdruck haben. Bei anderen somatischen Symptomen wie gastrointestinalen oder respiratorischen Beschwerden findet sich keine Abhängigkeit vom Umfang der Techniknutzung. Bezogen auf das *Cluster (ii) reduziertes Wohlbefinden/affektive Symptome* zeigt sich, dass Arbeitnehmer aus dem mittleren Management im Bereich Automatisierung häufig angespannt sind und sich Tätigkeitsgruppen mit einem hohen Anforderungs- und Verantwortungsniveau häufig unruhig und nervös fühlen (Andries et al. 1991). Bezogen auf die Dauer der Bildschirmarbeit findet sich kein relevanter Zusammenhang mit dem Stresslevel (Dainoff et al. 1981a).

Das *Cluster (i) Motivation und Zufriedenheit* (Claussner und Müller 1989; Stellman et al. 1987) wird durch Komponenten der Zufriedenheit dominiert. Claussner und Müller (1989) berichten, dass die Arbeiter*innen an automatisierten Maschinen zufriedener mit den geistigen und körperlichen Anforderungen waren als Arbeiter*innen an konventionellen Maschinen. Die Arbeitszufriedenheit bei ganztägig am Bildschirm arbeitenden Personen war geringer als bei

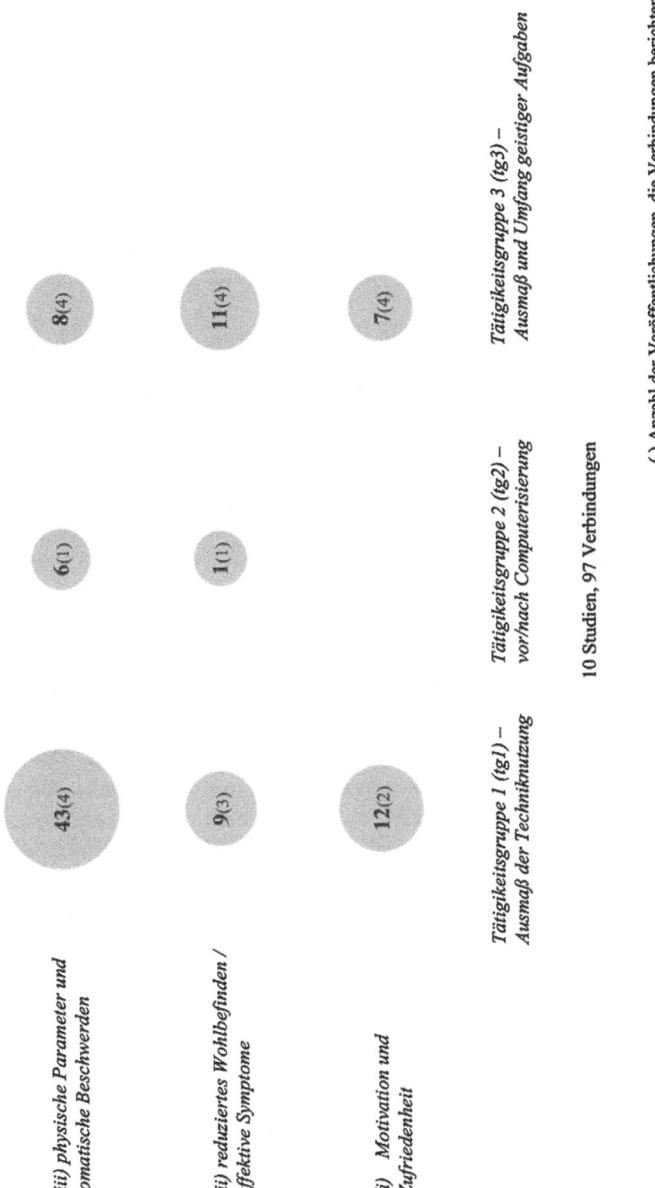

Abb. 2 Häufigkeiten der Verknüpfung von Tätigkeitsgruppen und Gesundheitsfaktoren

halbtags am Bildschirm arbeitenden Personen (Stellman et al. 1987) wohingegen Zufriedenheit mit dem Büro und der Umgebung bei ganztägig arbeitenden Bildschirmbenutzer*innen höher als bei halbtags arbeitenden Bildschirmnutzer*innen und als bei halbtags arbeitenden Schreibkräften war.

Tätigkeitsgruppe 2 (tg2) – vor und nach Computerisierung/Automatisierung beinhaltet nur eine Studie (Brenner und Östberg 1995). Für *Cluster (iii) physiologische Parameter* und somatische Beschwerden zeigen sich nach der Computerisierung positive Zusammenhänge zwischen Arbeitsbelastung und der Häufigkeit von Schlaf-, Herz- und Ermüdungssymptomen sowie mit nervösen Symptomen, d. h. nach der Computerisierung waren nervöse und Ermüdungssymptome höher als vorher.

In **Tätigkeitsgruppe 3 (tg3) – Anforderungsniveau und Anteil mentaler Aufgaben** werden alle drei Gesundheitscluster in den vier zugrundeliegenden Arbeiten fast gleich häufig untersucht. Bezogen auf *Cluster (ii) reduziertes Wohlbefinden/affektive Symptome* zeigen sich für Müdigkeit, Monotonie und Sättigung tätigkeitsspezifische Unterschiede (Jackisch und Richter 1989). Bei Beschäftigtengruppen mit weniger anspruchsvollen Aufgaben weisen diese Werte auf eine langfristig anhaltende Reduzierung der Arbeitseffizienz hin (Hacker und Schönfelder 1985). Weiterhin zeigt sich, dass das Anforderungsniveau der Tätigkeit wesentlich für die Beurteilung des emotionalen Zustands ist. Dieser ist negativer, wenn das höchste Anforderungsniveau vorhanden ist. Diese Gruppe berichtet auch über ein geringeres Gefühl der Kontrolle (Rau 1996). Zu *Cluster (i) Motivation und Zufriedenheit* wird für Tätigkeitsgruppen mit wenig anspruchsvollen Arbeitsinhalten eine geringere Zufriedenheit mit der Aufgabe und der Qualifikation berichtet. Gleichzeitig zeigen auch Beschäftigten mit höchstem Anforderungsniveau eine sehr geringe Zufriedenheit mit der Aufgabe und den Anforderungen, wofür das hohe Maß an Verantwortung und Zeitdruck als ursächlich angesehen wird (Hacker und Schönfelder 1985). Mit *Cluster (iii) physiologische Parameter* und somatische Beschwerden werden hauptsächlich Herzfrequenz- und Blutdruckwerte sowie körperliche Beschwerden betrachtet. Weniger Beschwerden, auch im Bereich Herzfrequenz und Blutdruck, gab es bei anspruchsvollerem Arbeitsinhalt (Hacker und Schönfelder 1985). Tätigkeiten, die sich mit Störungen befassten oder Eingriffe vornahmen, waren mit signifikant höheren Blutdruck- und Herzfrequenzen verbunden als Kontrolltätigkeiten (Rau 1996). Hinsichtlich Dauer der Tätigkeit und Tageszeit fanden sich keine Zusammenhänge zwischen Tätigkeitsgruppen und Herzfrequenz (Seibt et al. 1988).

3.3.3   Wechselseitige Zusammenhänge von Arbeitsmerkmalen

Abb. 3 bildet Zusammenhänge ab, die innerhalb und zwischen den Clustern von Arbeitsmerkmalen selbst untersucht wurden. Sofern Studien mit Tätigkeitsgruppen diesen Fokus haben, wurden die Ergebnisse ebenfalls eingeschlossen.

Für **Cluster (d) Umweltfaktoren/Arbeitsmittel** werden am häufigsten Zusammenhänge mit *Cluster (a) kognitiven Anforderungen/Arbeitsinhalte(-Aufgabe)* betrachtet. Körner et al. (2019) folgern aus ihrer qualitativen Studie, dass Mensch-Maschine-Interaktionen, die zu einer Beschleunigung von Arbeitsprozessen, einer größeren Präzision bei Fertigungsprozessen oder einer Reduktion unentdeckter Fehler führen, zahlreiche positive Effekte haben; aber auch, dass häufig wechselnde und immer komplexere Systeme eine verstärkte Qualifizierung erfordern. Kein signifikanter Zusammenhang fand sich zwischen Kopplung und Arbeitskomplexität und Rollenbreite (Corbett 1987). Im Hinblick auf *Cluster (b) soziale Faktoren* findet sich eine positive Assoziation zwischen Kopplung und dem Einfluss von Vorgesetzten (Corbett 1987). Eine kollektivistische Organisationskultur hat moderierenden Einfluss auf positive Effekte beim Einsatz digitaler Tools zur Arbeitsoptimierung (Umans et al. 2018). Zusammenhänge mit *Cluster (c) Organisationsfaktoren* sowie innerhalb von *Cluster (d) Umweltfaktoren/Arbeitsmittel* selbst wurden kaum untersucht. Vorrangig wurde Zeitdruck betrachtet, der häufig mit einer geringen Transparenz automatisierter Systeme und mit technischen sowie Hard- und Softwareproblemen verbunden ist, wobei Interdependenzen diesen Druck verschärfen können. Technische Fehler hängen mit nachfolgenden Unterbrechungen zusammen (Körner et al. 2019).

Cluster (a) kognitive Anforderungen/Arbeitsinhalte(-Aufgabe) und weitere Arbeitsmerkmale. Konstellationen dieser Art wurden in drei Studien berichtet. Innerhalb des *Clusters (a)* findet sich ein positiver Zusammenhang zwischen Komplexität und Rollenbreite (Corbett 1987). Bezogen auf *Cluster (b) soziale Faktoren* zeigt sich in derselben Studie kein signifikanter Zusammenhang zwischen dem Einfluss von Vorgesetzten und Rollenbreite sowie Komplexität. Eine signifikant positive Korrelation findet sich zwischen Arbeitsbelastung und Qualifikation aus *Cluster (c) Organisationsfaktoren* (Brenner und Östberg 1995). Flexibilität im Arbeitsprozess, ebenfalls *Cluster (c)*, hängt positiv mit der Mensch-Maschine-Interaktion zusammen (Körner et al. 2019).

Abb. 4 fasst die Zusammenhänge zwischen den Clustern der Arbeitsmerkmale und der Tätigkeitsgruppen zusammen.

Tätigkeitsgruppe 1 (tg1) – Ausmaß der Technologienutzung. Vier, eher frühe Studien aus (tg1) untersuchten Arbeitsfaktoren aus dem *Cluster (a) kognitive Anforderungen/Arbeitsinhalte (-Aufgabe)*. Insgesamt wird das Ausmaß der Technologienutzung als ein Faktor gesehen, der die kognitiven Anforderungen der

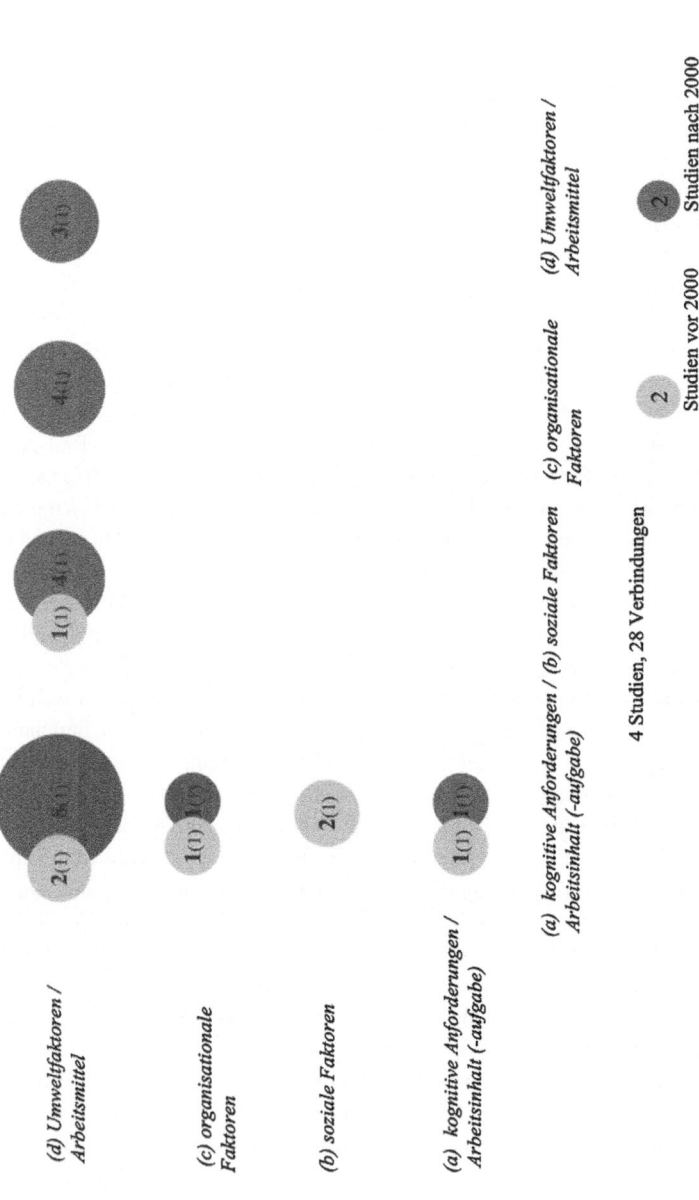

Abb. 3 Häufigkeiten der Verknüpfung von Arbeitsmerkmalen

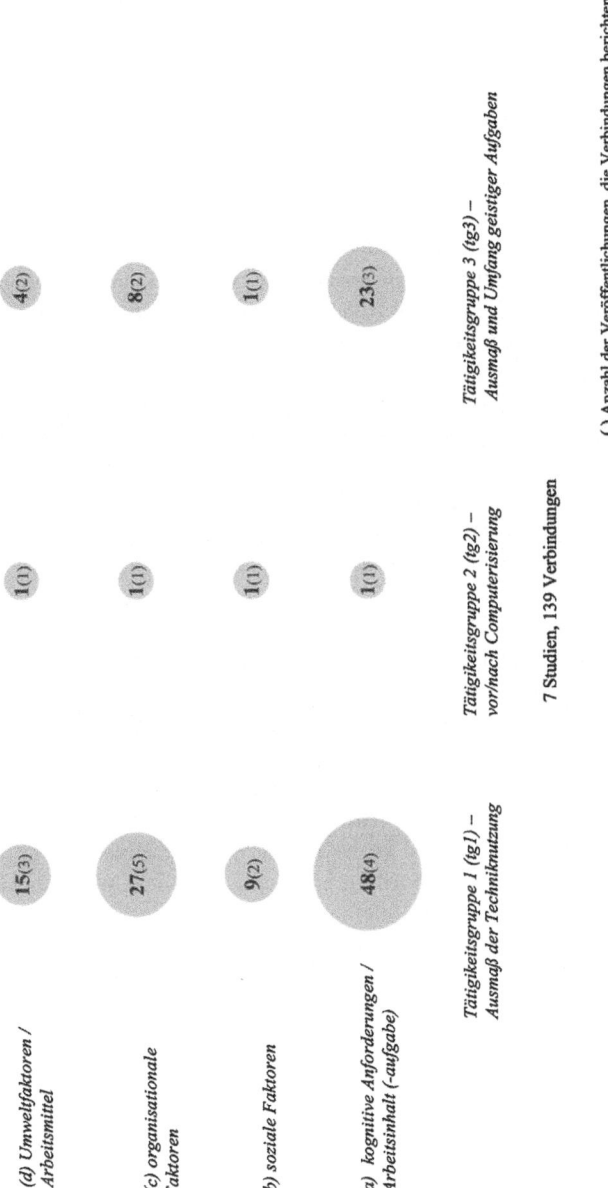

Abb. 4 Häufigkeiten der Verknüpfung von Tätigkeitsgruppen und Arbeitsmerkmalen

Arbeit verändert (Andries et al. 1991; Classner und Müller 1989). Das führt in Abhängigkeit von der resultierenden konkreten Tätigkeit zu positiven, aber auch negativen Effekten; positiv z. B. in Form einer größeren Aufgabenvariabilität und höheren kognitiven Anforderungen (Rutenfranz et al. 1989), negativ z. B. in Form eines reduzierten Entscheidungsspielraum und geringerer kognitiver Anforderungen (Stellman et al. 1987). Assoziationen mit dem *Cluster (c) Organisationale Faktoren* finden sich vor allem für Zeit- /Arbeitsdruck und Arbeitsbelastung, allerdings in Abhängigkeit von der Dauer der Bildschirmarbeit sowohl positiv (Stellman et al. 1987) wie negativ (Dainoff et al. 1981a). Unterschiede im Anforderungsniveau der Tätigkeiten spiegeln sich in der Höhe des erlebten Zeitdrucks wider, der aus der Verantwortung für Fehler und sich daraus entwickelnder Verzögerungen im Prozess resultiert (Rutenfranz et al. 1989). In Verbindung mit *Cluster (d) Umweltfaktoren/Arbeitsmittel* wurden nur ergonomische Aspekte betrachtet. So weisen beispielsweise Bildschirmarbeitszeit und Licht eine hochgradig positive signifikante Korrelation auf (Dainoff et al. 1981a). Stellman et al. (1987) berichten über die höchsten Werte für ergonomische Stressoren in der Gruppe mit dem höchsten Grad an Technologieeinsatz. Zu benannten Zusammenhängen mit Variablen aus *Cluster (b) soziale Faktoren*, z. B. Feedback, Führung, werden in den jeweiligen Studien keine Ergebnisse berichtet (Claussner und Müller 1989; Andries et al. 1991).

Tätigkeitsgruppe 2 (tg2) – vor/nach der Computerisierung. Die einzige Studie dieser Tätigkeitsgruppe (Brenner und Östberg 1995) betrachtet Konstellationen mit jedem Arbeitsmerkmalcluster. Bezogen auf *Cluster (a) kognitive Anforderungen/Arbeitsinhalt* wird die Arbeit nach der Computerisierung als qualifizierter empfunden als zuvor. Mit Blick auf *Cluster (c) organisationale Faktoren* und *Cluster (d) Umweltfaktoren/Arbeitsmittel* führen technologiebedingte Unterbrechungen zu einer höheren Arbeitsbelastung. Die Bewältigung dieser Unterbrechungen erfordert von den Beschäftigten mehr Aufmerksamkeit.

Tätigkeitsgruppe 3 (tg3) – Anforderungsniveau und Anteil mentaler Aufgaben. Drei der vier Studien (Hacker und Schönfelder 1985; Jackisch und Richter 1989; Seibt et al. 1988) untersuchen Zusammenhänge mit Arbeitsfaktoren. Es zeigt sich, dass Aufgaben mit höheren mentalen Anforderungen *(Cluster (a) kognitive Anforderungen/Arbeitsinhalt)* – in unterschiedlichem Umfang – mit höherer Kontrolle (zeitlich und inhaltlich), vielfältigen und anspruchsvolleren Teilaufgaben, besseren Planungsmöglichkeiten und höheren Qualifikationsanforderungen einhergehen. Die Arbeitsbelastung (in Form quantitativer Überlastung und Zeitdruck, *Cluster (c) organisationale Faktoren*) nahm mit stärker automatisierten und restriktiven Aufgaben zu (ähnlich zu den Ergebnissen bei tg1 – Ausmaß der Techniknutzung).

4 Diskussion

Ziel dieses systematischen Reviews war es, Arbeitsbedingungen zu identifizieren, die in Verbindung mit digital vernetzter Arbeit stehen, sowie einen Überblick über Zusammenhänge dieser Arbeitsbedingungen mit Gesundheits- und Wohlbefindensoutcomes zu geben. Vierzehn Studien aus den Jahren 1981–2019 konnten eingeschlossen und analysiert werden, fünf davon aus der ehemaligen DDR (Claussner und Müller 1989; Hacker und Schönfelder 1985; Jackisch und Richter 1989; Rutenfranz et al. 1989; Seibt et al. 1988). Insgesamt wurden 5235 Beschäftigte aus dem Produktions- und Dienstleistungssektor untersucht. Trotz der Fokussierung des Suchstrings auf digitale Technologien wurden die meisten der eingeschlossenen Studien vor dem Jahr 2000 durchgeführt. Die große Zeitspanne der Studien, die thematisch von der Einführung der Automatisierung und Computerisierung bis hin zur umfassenden Digitalisierung reicht, spiegelt sich in einer heterogenen Studienlage wider. Die Mehrzahl der Studien stützt sich auf „klassische" Arbeitsbedingungen (z. B. Entscheidungsspielraum, Aufgabenvariabilität) und etablierte Konzepte und Theorien (z. B. Job-Demand-Control), unabhängig vom Grad der Digitalisierung.

Ein Hauptaugenmerk aller Studien liegt auf dem Arbeitsmerkmal-Cluster der kognitiven Anforderungen. Insbesondere dessen zahlreichen Kombinationen mit dem Cluster der Umweltfaktoren/Arbeitsmittel sowie die vielen Verknüpfungen mit dem Cluster der organisationalen Faktoren sind ein Indiz für die einleitend erwähnte, mit Fortschreiten der Digitalisierung zunehmende Komplexität von Arbeit und Arbeitsbedingungen. Soziale Faktoren werden dagegen kaum betrachtet. Die identifizierten Zusammenhänge mit und Auswirkungen auf Gesundheit und Wohlbefinden sind vielfältig.

Bezogen auf die Untersuchung gesundheitlicher Auswirkungen sind die unterschiedlichen Schwerpunkte alter und neuer Studien auffällig. Während ein Fokus der älteren Studien auf Beanspruchungszeichen wie physiologischen Parameter und somatischen Beschwerden liegt, spielen diese in den neueren Publikationen keine Rolle. Letztere setzen den Schwerpunkt sehr deutlich auf psychische Auswirkungen wie Motivation und Zufriedenheit sowie subjektive Bewertungen (von affektiven Symptomen). Reduziertes Wohlbefinden/affektive Symptome werden in älteren und neueren Studien gleichermaßen erforscht.

Dieser Unterschied dürfte nicht primär auf die Digitalisierung zurückzuführen sein, sondern auf einen generellen Trend zur Individualisierung innerhalb westlicher Gesellschaften, der sich auch in der Arbeitswelt widerspiegelt. Das Individuum mit seinen Bedürfnissen steht im Mittelpunkt der Aufmerksamkeit. Der Wunsch nach Wertschätzung der eigenen Arbeitsleistung oder die Forderung nach mehr individueller Flexibilität sind Indikatoren für diese Subjektivierung der Arbeit (Moldaschl und Voß 2003). Aktuell ist in der Forschungslandschaft jedoch eine Tendenz zur Umkehr des Trends zu beobachten: Physiologisch messbare Gesundheitsoutcomes erhalten neue Aufmerksamkeit (Lohani et al. 2019). Moderne Sensortechnologie ermöglicht die Echtzeitüberwachung von Parametern wie Herzfrequenz und Herzfrequenzvariabilität (Peake et al. 2018). Daneben werden weitere, neuere Ansätze wie die Analyse von Immunmarkern verfolgt (Marsland et al. 2017). Die Nutzung solcher Entwicklungen in einem Multi-Methoden-Ansatz, der verschiedene Dimensionen von Gesundheit einbezieht, könnte für ein besseres Verständnis der Zusammenhänge und Wechselwirkungen zwischen Gesundheitsfaktoren und Arbeitsmerkmalen in komplexen Arbeitssystemen hilfreich sein.

Bei den Arbeitsmerkmalen umfasst das Cluster der **kognitiven Anforderungen** wichtige Elemente einer persönlichkeitsfördernden Arbeitsgestaltung wie das der „Qualifikation". Dieses Merkmal wurde sowohl in älteren als auch in neueren Studien betrachtet und lässt die Schlussfolgerung zu, dass über den gesamten Digitalisierungsprozess hinweg Basis-Fähigkeiten benötigt werden (Andries et al. 1991; Brenner und Östberg 1995; Claussner und Müller 1989; Hacker und Schönfelder 1985; Jackisch und Richter 1989; Körner et al. 2019; Stellman et al. 1987). Neben spezifischen Kenntnissen über die eingesetzten digitalen Tools sind übergeordnete kognitive Fertigkeiten wie Lese-, Schreib-, Rechen- und Problemlösungskompetenz notwendig (Grundke et al. 2017).

Darüber hinaus wird in der Verschiebung von körperlichen Tätigkeiten hin zu mentalen Aufgaben wie Überwachung und Steuerung ein viel diskutiertes digitales Dilemma sichtbar: Die Möglichkeit, Arbeitsprozesse zu vereinfachen oder gar zu ersetzen, führt für manche Beschäftigte zu einer Dequalifizierung, während sie für andere gleichzeitig eine Spezialisierung erzwingt. Die Erkenntnis, dass regelmäßige Schulungen sowie kontinuierliche Weiterbildung und Partizipation notwendig sind, um den veränderten Anforderungen gerecht zu werden, ist nicht neu (Brenner und Östberg 1995; Brougham und Haar 2018; Körner et al. 2019). Sie weist aber darauf hin, dass die Möglichkeit einer kontinuierlichen Qualifizierung als Teil einer persönlichkeitsfördernden Arbeitsgestaltung in zunehmend komplexen Systemen weiterhin von Bedeutung sein wird (Rau 2006; Van Ruysseveldt et al. 2011).

Auch wenn individuelle Qualifikation und Kompetenz wichtig bleiben, sind oft organisationale Faktoren entscheidend für die Auswirkungen digital vernetzter Arbeit (Oborski 2004). So wurden in den Studien häufig Zusammenhänge mit Arbeitsbelastung und Zeitdruck identifiziert (Andries et al. 1991; Brenner und Östberg 1995; Claussner und Müller 1989; Dainoff et al. 1981a, b;

Hacker und Schönfelder 1985; Rutenfranz et al. 1989; Stellman et al. 1987). Darüber hinaus wurde der Einfluss von Arbeitsorganisation und Aufgabengestaltung (beispielsweise Pausengestaltung oder Unternehmenskultur) auf die Gesundheit der Beschäftigten oft höher oder gleich hoch eingestuft wie der Einfluss der Technologien an sich (Dainoff et al. 1981a, b; Rutenfranz et al. 1989; Umans et al. 2018). Einige Studienergebnisse fassen dies dahingehend zusammen, dass Technologieanwendungen stets in Organisationsstrukturen eingebettet sind, weshalb die Gestaltung der Arbeitsorganisation entscheidenden Einfluss auf die gesundheitlichen Effekte hat (Hacker und Schönfelder 1985; Körner et al. 2019). Gesundheitliche Folgen werden in der Regel durch ein komplexes Bedingungsgefüge und nicht durch isolierte Ursache-Wirkungs-Beziehungen verursacht (Jackisch und Richter 1989). Dieses Gefüge, das sich aus der Einbettung technologischer Tools ergibt, scheint entscheidend für die Auswirkungen digital vernetzter Arbeit zu sein (Montealegre und Cascio 2017; Oborski 2004); eine isolierte Bewertung von Werkzeugen und Systemen ohne Berücksichtigung des organisationalen Kontextes ist nicht empfehlenswert (Carayon 2007; Day et al. 2012). Entsprechend sollten Arbeitsgestaltung und technologische Weiterentwicklung im Unternehmen Hand in Hand gehen.

Im Gegensatz zu den neueren wurden in den älteren Studien dieses Reviews bei der Untersuchung von Technologien interessanterweise nicht (nur) Aspekte der Nutzung, sondern (auch) ausführlich der Funktionalität, Anwendungsmöglichkeiten und Ergonomie einbezogen (Claussner und Müller 1989; Dainoff et al. 1981a, b; Hacker und Schönfelder 1985; Jackisch und Richter 1989; Rau 1996; Rutenfranz et al. 1989; Stellman et al. 1987). Dies ist sicherlich darauf zurückzuführen, dass der Einsatz von technologischen Tools und Anwendungen heutzutage allgegenwärtig ist und z. T. sogar Gestaltungsnormen und Vorschriften dazu vorliegen (z. B. DIN EN ISO 6385:2016 Carayon 2007; Dainoff et al. 1981a, b; Stellman et al. 1987). Auffällig ist aber trotzdem die hohe Anzahl aufgefundener Zusammenhänge zwischen „Umgebungsfaktoren/Arbeitsmitteln" und „organisationalen Faktoren", z. B. die Verknüpfung von technisch bedingten Unterbrechungen und erhöhtem Zeitdruck (Hacker und Schönfelder 1985; Körner et al. 2019; Rutenfranz et al. 1989). Ausgehend von der Annahme, dass mit zunehmender Konnektivität und Komplexität der Arbeit Organisationsstrukturen und Technik immer mehr miteinander verschmelzen, erhält die Reflektion technologischer Funktionen und deren Einbettung in die Arbeitsorganisation zunehmend Bedeutung für die Weiterentwicklung der Arbeitsgestaltung bei digital vernetzter Arbeit.

Um mögliche Übergänge innerhalb der technologischen Entwicklung identifizieren zu können, wurde der Suchstring nicht auf ein bestimmtes Zeitfenster eingegrenzt. Dies folgte der Annahme, dass ein Suchstring, der die neuesten digitalen Technologien abbildet, automatisch eine Grenze und einen klaren Fokus setzen würde. Dennoch wurden viele Studien gefunden, die in den frühen Phasen der Entwicklung digital vernetzten Arbeitens durchgeführt wurden. Darin liegt aber gleichzeitig auch ein wesentliches Ergebnis dieses Reviews: Mit Blick auf die Arbeitsbedingungen und die Arbeitsgestaltung zeigen sich zahlreiche Ähnlichkeiten zwischen der ersten Automatisierungswelle und der aktuellen Phase der Digitalisierung. Dies lässt sich insgesamt dahingehend deuten, dass sich die Digitalisierung von Arbeit eher in sanften Übergängen als in einem oft konstatierten „disruptiven technologischen Wandel" vollzieht (Christensen 1997). Auch Diebig et al. (2018) kommen hinsichtlich der Relevanz klassischer Arbeitsbedingungen im Kontext der „vierten industriellen Revolution" zu einem ähnlichen Schluss.

Dieser systematische Review zeigt, dass trotz der immensen technologischen Entwicklungen über die verschiedenen Digitalisierungsphasen hinweg, zahlreiche Arbeitsmerkmale wie etwa kognitive Anforderungen, Zeitdruck oder Arbeitsbelastung, und die ihnen zugrunde liegenden Theorien zur Arbeitsgestaltung als wesentliche Belastungsfaktoren Bestand haben, auch wenn sich Form, Ausprägung und Bezüge verändern. Die zwischen den verschiedenen Clustern gefundenen Assoziationen verdeutlichen, dass in einem technologisierten Arbeitsumfeld viele Faktoren als Komplexitätstreiber wirken und in vielfältiger Weise Folgen für die Belastung der Beschäftigten haben können. Lücken in den von uns betrachteten Cluster-Konstellationen wiederum können Hinweise auf offene Forschungsfragen zu Zusammenhängen von Arbeitsbedingungen und Gesundheit bei digital vernetzter Arbeit aufzeigen. Insgesamt könnte es erkenntnisfördernd sein, in der Forschung zukünftig den kontextreichen Ansatz älterer Studien mit neuen methodischen Entwicklungen zu kombinieren, um die Komplexität angemessen zu erfassen und eine gesundheits- und persönlichkeitsfördernde Arbeitsgestaltung in der digital vernetzten Arbeit voranzutreiben.

Literatur

Allen, T.D.; Johnson, R.C.; Kiburz, K.M.; Shockley, K.M. (2013): Work–family conflict and flexible work arrangements: deconstructing flexibility. Pers. Psychol. (66), S. 345–376. https://doi.org/10.1111/peps.12012.

Andries, F.; Bijleveld, C.J.H.; Pot, F.D. (1991): Working conditions and mental strain of automation personnel. Int. J. Hum. Comput. Interact. 3(4), S. 363–373. https://doi.org/10.1080/10447319109526021.

Arntz, M.; Gregory, T.; Zierahn, U. (2016): The risk of automation for jobs in OECD countries: A comparative analysis. OECD Social, Employment and Migration Working Papers Nr. 189. Paris.

Axtell, C.M.; Fleck, S.J.; Turner, N. (2004): Virtual teams: collaborating across distance. Int. Rev. Indus. and Organ. Psychol. (19), S. 205–248.

Ayyagari, R.; Grover, V.; Purvis, R. (2011): Technostress: technological antecedents and implications. MIS Quarterly. 35(4), S. 831–858. https://doi.org/10.2307/41409963.

Baethge, A.; Rigotti, T. (2013): Interruptions to workflow: Their relationship with irritation and satisfaction with performance, and the mediating roles of time pressure and mental demands, Work & Stress. 27(1), S. 43–63. https://doi.org/10.1080/02678373.2013. 761783.

Barber, L.K.; Santuzzi, A.M. (2015): Please respond ASAP: workplace telepressure and employee recovery. J. Occup. Health Psychol. 20(2), S. 172–189. https://doi.org/10.1037/ a0038278.

Berg-Beckhoff, G.; Nielsen, G.; Ladekjær, L. E. (2017): Use of information communication technology and stress, burnout, and mental health in older, middle-aged, and younger workers – results from a systematic review. Int. J. Occup. Environ. Health. 23(2), S. 160–171. https://doi.org/10.1080/10773525.2018.1436015.

Brenner, S.O.; Östberg, O. (1995): Working conditions and environment after a participative automation project. Int. J. Ind. Ergon. (15), S. 379–387. https://doi.org/10.1016/0169-814 1(94)00084-G.

Brod, C. (1982): Managing technostress: optimizing the use of computer technology. Pers. J. 61(10), S. 753–757.

Brougham, D.; Haar, J. (2018): Smart Technology, Artificial Intelligence, Robotics, and Algorithms (STARA): Employees' perceptions of our future workplace. J. Manag. Organ. 24(2), S. 239–257. https://doi.org/10.1017/jmo.2016.55.

Brown, R.; Duck, J.; Jimmieson, N. (2014): E-mail in the workplace: The role of stress appraisals and normative response pressure in the relationship between e-mail stressors and employee strain. Int. J. Stress Manag. 21(4), S. 325–347. https://doi.org/10.1037/a00 37464.

Brynjolfsson, E.; McAfee, D. (2014): The Second Machine Age: Work, Progress, and Prosperity in a Time of Brilliant Technologies. New York.

Carayon, P.; Smith, M.J. (2000): Work organization and ergonomics. Appl. Ergon. (31), S. 649–662. https://doi.org/10.1016/S0003-6870(00)00040-5.

Carayon, P. (2007): Healthy and efficient work with computers and information and communications technology—are there limits? Scand. J. Work Environ. Health. (Suppl 3), S. 10–16.

Cascio, W.F.; Montealegre, R. (2016): How technology is changing work and organizations. Annu. Rev. Organ. Psych. Organ. Behav. (3), S. 349–375. https://doi.org/10.1146/ annurev-orgpsych-041015-062352.

Chesley, N. (2014): Information and communication technology use, work intensification and employee strain and distress. Work Employ. Soc. 28(4), S. 589–610. https://doi.org/ 10.1177/0950017013500112.

Christensen, C.M. (1997): The Innovator's Dilemma: When New Technologies Cause Great Firms to Fail. Boston.

Claussner, C.; Müller, W. (1989): Arbeitsgestaltung und Arbeitserleben in der flexiblen automatisierten Fertigung – Analyse eines Beispiels aus dem VEB Kombinat Carl Zeiss JENA. Z. Hyg. 35(8), S. 464–467.

Corbett, J.M. (1987): A psychological study of advanced manufacturing technology: the concept of coupling. Behav. Inform. Tech. 6(4), S. 441–453. https://doi.org/10.1080/014492 98708901855.

Dainoff, M.J.; Happ, A.; Crane, P. (1981a): Visual Fatigue in VDT Operators. Hum. Factors. 23(4), S. 421–437. https://doi.org/10.1177/001872088102300405.

Dainoff, M.J.; Hurrell, J.J.; Happ, A. (1981b): A taxonomic framework for the description and evaluation of paced work. In Machine pacing occupational stress edited by Salvendy G, Smith MJ. London. S. 185–190.

Davenport, T.H.; Kirby, J. (2016): Just how smart are smart machines? MIT Sloan Manag. Review. (57), S. 21–25. http://sloanreview.mit.edu/article/just-how-smart-are-smart-machines.

Day, A.; Paquet, S.; Scott, N.; Hambley, L. (2012): Perceived information and communication technology (ICT) demands on employee outcomes: The moderating effect of organizational ICT support. J. Occup. Health Psychol. 17(4), S. 473–491. https://psycnet.apa.org https://doi.org/10.1037/a0029837.

Derks, D.; Bakker, A.B. (2014): Smartphone use, work-home interference, and burnout: A diary study on the role of recovery. Appl. Psychol.: An Intern. Review. (63), S. 411–440.

Diebig, M.; Müller, A.; Angerer, P. (2018): Psychische Belastungen in der Industrie 4.0. Eine selektive Literaturübersicht zu (neuartigen) Belastungsbereichen. ASU Arbeitsmed Sozialmed Umweltmed. (52), S. 832–839.

Duradoni, M.; Innocenti, F.; Guazzini, A. (2020): Well-Being and Social Media: A Systematic Review of Bergen Addiction Scales. Future Internet. 12(24). https://doi.org/10.3390/fi12020024.

Dragano, N.; Lunau, T. (2020): Technostress at work and mental health: concepts and research results. Curr. Opin. Psychiatry. 33(4), S. 407–413. https://doi.org/10.1097/YCO.000 0000000000613

European Commission (1996): Guidance on risk assessment at work. Luxembourg.

Eyrolle, H.; Cellier, J.M. (2000): The effects of interruptions in work activity: field and laboratory results. Appl. Ergon. 31(5), S. 537–543. https://doi.org/10.1016/s0003-687 0(00)00019-3.

Fischer, T.; Riedl, R. (2017): Technostress Research: A Nurturing Ground for Measurement Pluralism? Commun. Assoc. Inf. Syst. 40(17), S. 375–401. https://doi.org/10.17705/1CAIS.04017.

Franke, F. (2015): Is work intensification extra stress? J. Pers. Psych. 14(1), S. 17–27. https://doi.org/10.1027/1866-5888/a000120

Ghislieri, C.; Molino, M.; Cortese, C.G. (2018): Work and Organizational Psychology Looks at the Fourth Industrial Revolution: How to Support Workers and Organizations? Front. Psychol. (9), S. 2365. https://doi.org/10.3389/fpsyg.2018.02365.

Graf, B.; Antoni, C.H. (2021): The relationship between information characteristics and information overload at the workplace – A meta-analysis. Europ. J. Work Organ. Psychol. (30), S. 143–158. https://doi.org/10.1080/1359432X.2020.1813111

Grundke, R.; Jamet, S.; Kalamova, M.; Keslair, F.; Squicciarini, M. (2017): Skills and global value chains: A characterization. OECD Science, Technology and Industry Working Papers (5).

Hacker, W.; Schönfelder, E. (1985): Analyse und Bewertung der Arbeitsteilung und -kombination sowie der Mensch-Rechner-Funktionsteilung bei Arbeitstätigkeiten mit Bildschirmtechnik. Wiss. Z. Techn. Univ. Dresden. 34(5/6), S. 79–84.

Harris, K.; Marett, K.; Harris, R. (2011): Technology-Related Pressure and Work–Family Conflict: Main Effects and an Examination of Moderating Variables. J. Appl. Soc. Psychol. 41(9), S. 2077–2103. https://doi.org/10.1111/j.1559-1816.2011.00805.x.

Jackisch, D.; Richter, P.G. (1989): Psychophysiologische Beanspruchungsuntersuchungen bei Bildschirmarbeit – zum Zusammenhang zwischen aktuellen und langfristigen Beanspruchungsfolgen, deren Ursache-Wirkungsbeziehung und Prozeßcharakter. Wissen. Z Tech. Univ. Dresden. (38), S. 33–38.

Körner, U.; Müller-Thur, K.; Lunau, T.; Dragano, N.; Angerer, P.; Buchner, A. (2019): Perceived stress in human–machine interaction in modern manufacturing environments—results of a qualitative interview study. Stress Health. 35(2), S. 1–13. https://doi.org/10.1002/smi.2853.

Kopetz, H. (2019): Simplicity is Complex: Foundations of Cyber-Physical System Design. Springer.

La Torre, G.; Esposito, A.; Sciarra, I.; Chiapetta, M. (2018): Definition, symptoms and risk of technostress: a systematic review. Int. Arch. Occup. Environ. Health. (92), S. 13–35. https://doi.org/10.1007/s00420-018-1352-1.

Lohani, M.; Payne, B.R.; Strayer, D.L. (2019): A Review of Psychophysiological Measures to Assess Cognitive States in Real-World Driving. Front. Hum. Neurosci. 13(57). https://doi.org/10.3389/fnhum.2019.00057.

Martin, L.; Omrani, N. (2015): An assessment of trends in technology use, innovative work practices and employees' attitudes in Europe. Appl. Econom. 47(6), S. 623–638. https://doi.org/10.1080/00036846.2014.978072.

Marsland, A.L; Walsh, C.; Lockwood, K.; John-Henderson, N.A. (2017): The effects of acute psychological stress on circulating and stimulated inflammatory markers: a systematic review and meta-analysis. Brain Behav. Immun. (64), S. 208–219. https://doi.org/10.1016/j.bbi.2017.01.011.

Mattioli, S.; Zanardi, F.; Baldasseroni, A. (2010): Search strings for the study of putative occupational determinants of disease. Occup. Environ. Med. (67), S. 436–443. https://dx.doi.org/10.1136/oem.2008.044727.

Merten, F.; Gloor, P. (2010): Too much e-mail decreases job satisfaction. Procedia – Soc. Behav. Sci. (2), S. 6457–6465. https://doi.org/10.1016/j.sbspro.2010.04.055.

Moher, D.; Liberati, A.; Tetzlaff, J.; Altman, D.G.; PRISMA Group. (2010): Preferred reporting items for systematic reviews and meta-analyses: the PRISMA statement. Int J Surg. 8(5), S. 336–341. https://doi.org/10.1016/j.ijsu.2010.02.007.

Moldaschl, M.; Voß, G. (2003): Subjektivierung von Arbeit. München.

Montealegre, R.; Cascio, W. (2017): Technologydriven changes in work and employment. Commun. ACM. 60(12), S. 60–67. https://doi.org/10.1145/3152422.

OECD. (2017): OECD Employment Outlook. OECD Publishing, Paris, https://doi.org/10.1787/empl_outlook-2017-en.

Oborski, P. (2004): Man-machine interactions in advanced manufacturing systems. Int. J. Adv. Manuf. Technol. 23(3–4), S. 227–232. https://doi.org/10.1007/s00170-003-1574-5.

Oztemel, E.; Gursev, S. (2020): Literature review of Industry 4.0 and related technologies. J. Intell. Manuf. (31), S. 127–182. https://doi.org/10.1007/s10845-018-1433-8.

Palm, E.; Glaser, J.; Heiden, B.; Herbig, B.; Kolb, S.; Nowak, D.; Herr, C. (2016): Zusammenspiel von organisationalen Normen, individuellen Präferenzen und arbeitsbezogenem Entgrenzungsverhalten mit Konflikten zwischen Arbeits- und Privatleben. Wirtschaftspsychologie. 18(2), S. 44–54.

Paulsson, K.; Sundin, L. (2000): Learning at work – a combination of experience based learning and theoretical education. Behav. Info. Technol. 19(3), S. 181–188. https://doi.org/10.1080/014492900406173.

Peake, J.M.; Kerr, G.; Sullivan, J.P. (2018): A critical review of consumer wearables, mobile applications, and equipment for providing biofeedback, monitoring stress, and sleep in physically active populations. Front. Physiol. 9. https://doi.org/10.3389/fphys.2018.00743.

Petropoulos, G. (2018): The Impact of Artificial Intelligence on Employment. In The Fourth Industrial Revolution: Opportunities and Threats Work and Welfare edited by O'Reilly J, Neufeind M, Ranft F. London. S. 119–132.

Ragu-Nathan, T.S.; Tarafdar, M.; Ragu-Nathan, B.S.; Tu, Q. (2008): The consequences of technostress for end users in organizations: conceptual development and empirical validation. Inf. Sys. Research. 19(4), S. 417–433. https://doi.org/10.1287/isre.1070.0165.

Rau, R. (1996): Einzelfallanalysen zur Bewertung von Handlungssicherheit in komplexen, automatisierten Systemen. Z. Arbeits- und Organisationspsychol. (40), S. 75–86.

Rau, R. (2006): Learning opportunities at work as predictor for recovery and health. Europ. J. Work Orga. Psychol. 15(2), S. 158–180 https://doi.org/10.1080/13594320500513905.

Redden, E.S.; Elliott, L.R.; Barnes, M.J. (2014): Robots: the new teammates. In The Psychology of Workplace Technology edited by Coovert MD, Thompson LF. New York. S. 185–208.

Reeves, M.; Levin, S.; Fink, T.; Levina, A. (2020): Taming complexity. Harv. Bus. Rev. January-February, S. 113–119.

Remes, J.; Mischke, J.; Krishnan, M. (2018): Solving the Productivity Puzzle: The Role of Demand and the Promise of Digitization. International Productivity Monitor, Centre for the Study of Living Standards. (34), S. 28–51.

Rutenfranz, J.; Kylian, H.; Schmidt, K.H.; Klimmer, F.; Bubser, R.; Brandenburg, U. (1989): Belastungs- und Beanspruchungsanalysen bei Überwachungstätigkeiten in einer vollautomatisierten Fertigung. Z. Hyg. 35(8), S. 457–464.

Salazar-Concha, C.; Ficapal-Cusi, P.; Boada-Grau, J.; Camacho, L. (2021): Analyzing the evolution of technostress: a science mapping approach. Heliyon. 7(4). https://doi.org/10.1016/j.heliyon.2021.e06726.

Seibt, A.; Friedrichsen, G.; Geist, H.W.; Schurig, H.U.; Roehner, J. (1988): Untersuchungen zur Beanspruchung durch Schichtarbeit unter den Bedingungen automatisierter Fertigung. Z. Hyg. 34(7), S. 409–412.

Stellman, J.M.; Klitzman, S.; Gordon, G.C.; Snow, B.R. (1987): Work environment and the well-being of clerical and VDT workers. J. Organ. Behav. 8(2), S. 95–114. http://www.jstor.org/stable/3000364.

Tarafdar, M.; Tu, Q.; Ragu-Nathan, B.S.; Ragu-Nathan, T.S. (2007): The Impact of Technostress on Role Stress and Productivity. J. Manag. Inf. Sys. 24(1), S. 301–328. https://doi.org/10.2753/MIS0742-1222240109.

Tarafdar, M.; Cooper, C.; Stich, J.F. (2019): The technostress trifecta - techno eustress, techno distress and design: theoretical directions and an agenda for research. Information Systems Journal. 29(1), S. 6–42. https://doi.org/10.1111/isj.12169.

Umans, T.; Kockum, M.; Nilsson, E.; Lindberg, S. (2018): Digitalisation in the banking industry and workers subjective well-being: Contingency perspective. Int. J. Workplace Health Manag. 11(6), S. 411–423. https://doi.org/10.1108/IJWHM-05-2018-0069.

Van Ruysseveldt, J.; Verboon, P.; Smulders, P. (2011): Job resources and emotional exhaustion. The mediating role of learning opportunities. Work & Stress. 25(3), S. 205–223. https://psycnet.apa.org/ https://dx.doi.org/10.1080/02678373.2011.613223.

Zammuto, R.F.; Griffith; T.L.; Majchrzak, A.; Dougherty, D.J.; Faraj, S. (2007): Information technology and the changing fabric of organization. Organ. Sci. 18(5), S. 749–762. https://doi.org/10.1287/orsc.1070.0307.

Zuboff, S. (1988): In the Age of the Smart Machine: The Future of Work and Power. New York.

Einblicke in die Praxis digital vernetzter Arbeit: Arbeitsanforderungen und Belastungen

Digital vernetzte Arbeit in mittelständischen Unternehmen: Anforderungen im Umgang mit ERP-Systemen und Grenzen der Digitalisierung

Annegret Bolte und Judith Neumer

Inhaltsverzeichnis

Zusammenfassung

Digitalisierung und vernetzte Arbeit bedeuten in mittelständischen Unternehmen weit mehr als die bloße Einführung einer neuen Technik. Die Arbeit mit vernetzten Systemen stellt neue Anforderungen an die Beschäftigten: Ihre

A. Bolte · J. Neumer (✉)
ISF München, München, Deutschland
E-Mail: judith.neumer@isf-muenchen.de

A. Bolte
E-Mail: annegret.bolte@isf-muenchen.de

© Der/die Autor(en), exklusiv lizenziert an Springer Fachmedien Wiesbaden GmbH, ein Teil von Springer Nature 2023
M. Heinlein et al. (Hrsg.), *Digital vernetzte Arbeit*,
https://doi.org/10.1007/978-3-658-40615-8_6

eigene Arbeit steht immer mehr im Kontext von Informationen, Handlungen und Entscheidungen aus anderen Arbeitsbereichen. Gleichzeitig werden sie in ihrem alltäglichen Arbeitshandeln immer wieder mit neuen Grenzen der Digitalisierung konfrontiert, für die sie auch entsprechende Formen des Umgangs finden müssen. Um unter den Bedingungen der Digitalisierung weiterhin aufgaben- und situationsbezogen handlungs- und entscheidungsfähig bleiben zu können, benötigen die Beschäftigten mehr denn je ein Kontext- und Überblickswissen über betriebliche Abläufe und Zuständigkeiten, aber auch über Konsequenzen ihres Handelns für andere Personen und Bereiche.

Digitalisierung und vernetzte Arbeit bedeuten in mittelständischen Unternehmen weit mehr als die bloße Einführung einer neuen Technik. Die Arbeit mit vernetzten Systemen stellt neue Anforderungen an die Beschäftigten: Ihre eigene Arbeit steht immer mehr im Kontext von Informationen, Handlungen und Entscheidungen aus anderen Arbeitsbereichen. Gleichzeitig werden sie in ihrem alltäglichen Arbeitshandeln immer wieder mit neuen Grenzen der Digitalisierung konfrontiert, für die sie auch entsprechende Formen des Umgangs finden müssen. Um unter den Bedingungen der Digitalisierung weiterhin aufgaben- und situationsbezogen handlungs- und entscheidungsfähig bleiben zu können, benötigen die Beschäftigten mehr denn je ein Kontext- und Überblickswissen über betriebliche Abläufe und Zuständigkeiten, aber auch über Konsequenzen ihres Handelns für andere Personen und Bereiche. In diesem Sinne geht digitale Vernetzung stark mit der Anforderung eines vorausschauenden Handelns und Entscheidens einher (Heinlein und Huchler 2021; Heinlein et al. 2023).

Die Digitalisierung – hier am Beispiel der Einführung von ERP-Systemen dargestellt – ist und bleibt eine Herausforderung für mittelständische Unternehmen (Abschn. 1): Digitalisierung heißt zunächst, die grundlegenden betrieblichen Prozesse in ihrer Vielfalt abzubilden; heißt aber auch, Prozesse neu zu strukturieren (Abschn. 2). Damit ist Digitalisierung ein zumindest prinzipiell nicht endender Prozess (Abschn. 3), in dem beispielsweise das Spannungsfeld von Vorausplanung und Anforderungen an Flexibilität immer wieder neu definiert werden muss (Abschn. 4). Und es werden immer wieder neue Grenzen dieser Technik auftauchen, die von den Beschäftigten sowohl kreativ als auch effizient und effektiv bearbeitet, überbrückt und umgangen werden müssen (Abschn. 5). Aus diesen im täglichen Umgang festgestellten und bearbeiteten Grenzen ergeben sich dann wiederum Anstöße für neue Digitalisierungsschritte (Abschn. 6). Um unter den Bedingungen der Digitalisierung aufgaben- und situationsbezogen handlungs- und entscheidungsfähig zu werden und zu bleiben, benötigen die Beschäftigten erfahrungsbezogenes Kontextwissen über Abläufe, System- und Handlungslogiken in anderen Bereichen des eigenen Unternehmens und darüber hinaus (Abschn. 7).

Die empirische Basis für diesen Beitrag bilden 37 leitfadengestützte problemzentrierte Interviews (Witzel 1985, 2000) mit Beschäftigten aus wissensintensiven Berufen, die in zwei mittelständischen produzierenden Unternehmen mit digital vernetzten Systemen arbeiten. Der überwiegende Teil der Befragten arbeitet in Bereichen, die der eigentlichen Fertigung vor- und nachgelagert sind: Vertrieb, Einkauf, Produktionsplanung, Arbeitsvorbereitung, Konstruktion, Service, IT und Logistik. Flankierend wurden 20 leitfadenzentrierte Experteninterviews (Bogner et al. 2014) mit qualifizierten Fachkräften aus dem Bereich des Betriebsmittelbaus (inkl. indirekter Bereiche wie Planung von Fertigungs- und Produktionsprozessen, Maschinen und Materialien sowie Arbeitsgestaltung) eines Großkonzerns sekundär ausgewertet.

1 Einführung und Nutzung von ERP-Systemen als Herausforderung für mittelständische Unternehmen

Arbeitsplätze in Unternehmen des produzierenden Gewerbes haben sich in den letzten Jahren verändert: An vielen Büroarbeitsplätzen finden sich inzwischen gleich mehrere Computer-Monitore, auf denen parallel unterschiedliche Programme und Anwendungen dargestellt und genutzt werden – für E-Mails, für ERP-Systeme, für CAD- oder CNC-Programme usw. Das danebenstehende Telefon wird auch noch genutzt – und manchmal sogar Papier und Bleistift.[1] Die Mitarbeiterinnen und Mitarbeiter in der Produktion bekommen über das ERP- oder PPS-System direkt auf ihre Maschinen ihre Aufträge übermittelt, die sie dann über Touchscreens aufrufen und bearbeiten können. Auch teilautomatisierte Prozess- und Kooperationsstrukturen gewinnen an Bedeutung, beispielsweise verteilen automatisierte Push-Nachrichten via E-Mail Aufgaben und erinnern an Termine.

Die (versprochenen) Vorteile und Effekte sind offensichtlich: Die Beschaffung von Informationen ist schneller möglich; Informationen und Daten werden transparenter abgebildet und sind (teilweise) besser nachvollziehbar. Kontrollen auf der Zahlenebene werden einfacher; die Generierung und Sammlung von Daten ermöglicht neue Analyse- und Auswertungsmöglichkeiten in Echtzeit. Dabei

---

[1] Vgl. dazu die Beschreibung der Tätigkeiten von Mitarbeiterinnen und Mitarbeitern im Vertriebsinnendienst in einem mittelständischen Unternehmen (Bolte et al. 2023).

sind Auswertungen über die für einen Auftrag benötigten Zeiten, über die Auslastung von Maschinen, über Fehlzeiten oder Umsatz und weiteres mehr zum Standard geworden. Somit kann die Digitalisierung zu einer erhöhten Transparenz und Planungssicherheit beitragen, beispielsweise durch Echtzeiteinblicke in Bestandslisten.

Dabei ist die Digitalisierung im Sinne der Umwandlung analoger Informationen in digitale Formate und deren Verarbeitung und Speicherung in informationstechnischen Systemen kein neues Phänomen. Softwareprogramme werden seit Jahrzehnten eingesetzt. Das ‚Neue'[2] an den sogenannten Enterprise-Resource-Planning-Systemen (ERP-Systeme) ist, dass diese als betriebswirtschaftliche Softwarelösungen sämtliche Geschäftsprozesse wie Personalwesen, Buchführung, Controlling, Vertrieb, Einkauf, Produktion und Lagerhaltung in einem integrierten digitalen System abbilden. Die unterschiedlichen Funktionen sind eng miteinander verzahnt: Die verschiedenen Module greifen auf zentrale Datenbanken zu und erzeugen auch füreinander Datengrundlagen, indem sie dort Daten einspeisen oder modifizieren.

Viele mittelständische Unternehmen sehen sich augenblicklich mit der Frage konfrontiert, ob sie ein neues ERP-System einführen oder ein bestehendes ERP-System weiterentwickeln sollen. Diese Systeme stellen die technische Basis dar, auf der neue und unterschiedlichste Module und Anwendungen digitaler Technik aufsetzen. Hier wird die Vernetzung vorhandener und neu eingesetzter digitaler Anwendungen erzeugt.

Es kommen sowohl speziell für ein Unternehmen entwickelte Lösungen als auch Standardlösungen von großen ERP-Systemanbietern zum Einsatz. Dabei finden sich in den Unternehmen unterschiedliche Entwicklungsstufen; die Einführung solcher Systeme zieht sich meist über Jahre hin. Gerade bei mittelständischen Unternehmen, die nicht nur ‚Produkte von der Stange' verkaufen, sondern ihren Kunden individualisierte Produkte in den unterschiedlichsten Varianten anbieten, ist die Einführung eines ERP-Systems mit besonderen Aufwänden verbunden.

Alle ERP-Systeme müssen im Rahmen ihrer Einführung an die unternehmensspezifischen Bedarfe angepasst werden. Dies stellt gerade für mittelständische Unternehmen eine große Herausforderung dar: Produzierende Unternehmen mit

---

[2] In Großunternehmen sind ERP-Systeme seit vielen Jahren der Standard. Zwar nutzen inzwischen auch sehr viele mittelständische Unternehmen ERP-Systeme, aber bei weitem noch nicht alle. Der Einsatz dieser Technik erfordert nicht nur eine äußerst zeitintensive Einführung, sondern auch hohe Geldinvestitionen. Eine positive Kosten-Nutzen-Bilanz zeichnet sich hier für viele mittelständische und Kleinunternehmen nach wie vor nicht ab.

Einzelteilfertigung im Kundenauftrag funktionieren anders als Automobilkonzerne. Um ein ERP-System ‚passgenau' einsetzen zu können, ist ein breites Wissen über unternehmensspezifische Abläufe erforderlich.[3] Gleichzeitig bietet die Einführung eines solchen ERP-Systems aber auch die Chance, eingespielte Verfahren und Abläufe auf den Prüfstand zu stellen: Sind sie steigenden Anforderungen an Effizienz und Flexibilität noch angemessen oder müssen sie ggf. neu strukturiert und definiert werden, damit sie überhaupt digital abgebildet werden können?

2 „Man muss viel mehr im Detail verstehen, um das dann abbilden zu können" – Der Nachvollzug von Arbeitsprozessen als Voraussetzung für die Einführung von ERP-Systemen

Um Prozesse und Schnittstellen digitalisieren zu können, reicht es nicht aus, die digitale Technik und deren Funktionsweise zu verstehen: Die realen praktischen Arbeitsprozesse müssen in ihrer Vielschichtigkeit, ihrer Komplexität und ihrer Eingebundenheit in organisatorische sowie soziale Kontexte verstanden werden. Man muss nachvollziehen und verstehen, wie Abläufe konkret strukturiert sind und ob und an welchen Stellen Arbeitsprozesse evtl. auch verändert werden müssen, damit sie überhaupt digital dargestellt werden können. Diejenigen, die mit der Gestaltung und Implementierung solcher ERP-Systeme und darauf aufsetzender Module und Anwendungen beschäftigt sind, müssen zwischen unterschiedlichen Bereichen übersetzen und vermitteln können. Eine Key-Userin aus einem mittelständischen Unternehmen, das jüngst die Einführung eines ERP-Systems bewältigt hat, beschreibt das folgendermaßen:

> „Bevor man diese ganzen Automatisierungen anstrebt, muss man natürlich erst mal noch viel mehr im Detail verstehen, was man da genau macht, und auch eine genaue Idee von den Prozessen haben, die ablaufen. Also ich glaube nicht, dass das mit weniger Erfordernissen an Know-how an die Mitarbeiter einhergeht. Sondern ich glaube eher, dass das andersherum ist: Man muss viel mehr im Detail verstehen, um das dann automatisch abbilden zu können."

---

[3] Ein Beispiel dafür sind extrem kurzfristige Änderungen im Kundenauftrag, die ein mittelständisches Unternehmen seinen Kunden ermöglicht (vgl. dazu Bolte 2023). Derlei kurzfristige Anforderungsänderungen können in der Serienproduktion von Großkonzernen kaum berücksichtigt werden.

Damit bedeutet Digitalisierung immer auch, Prozesse neu zu strukturieren, die Abläufe zueinander so zu ordnen, dass sie reibungslos funktionieren. Es geht darum, einen optimalen Workflow zu bestimmen, in dem eindeutig ist, wer was wann und warum an welcher Stelle im Arbeitsprozess beisteuern muss. Somit sind die Analyse von Prozessen und deren optimale Abstimmung Voraussetzungen der Digitalisierung. Wesentlich ist es, Abläufe nicht nur aus der Abteilungs- und Bereichsperspektive zu betrachten, sondern als Gesamtprozesse, die das gesamte Unternehmen durchziehen. Es stellt sich immer die Frage, ob bisher bewährte und eingespielte Verfahrensweisen in den neuen Systemen abgebildet werden können (und sollen). Die oben schon zitierte Key-Userin formuliert es so:

> „Das ist für das Unternehmen einfach ein Neuanfang, weil du wirklich mal in jede Ecke guckst und du wirklich überall den Teppich hochhebst und sagst: ‚Boah, was haben wir denn hier über all die Jahre gemacht? Welchen Trampelpfad sind wir denn gegangen, weil wir uns nicht Gedanken gemacht haben?‘ […] Im normalen Tagesprozess hast du gar keine Zeit dafür. Da willst du irgendwie, dass das Produkt von A nach B kommt: ‚Stell das jetzt auf den LKW.‘ Und dann fängst du an, solche Schleichwege zu bauen mit roten Zetteln oder mal eine E-Mail zu schreiben: ‚Schick uns das mal rum, wir buchen das später nach.‘ Das sind so Sachen, das bereinigst du vielleicht mal zur Inventur. Aber dir so einen richtigen Kopf machen, wie du das eigentlich strukturiert kriegst – für's Finanzamt nachvollziehbar, für alle Abteilungen verständlich – das machst du ja nicht. Und wenn du dann mal so ein neues System kaufst, bist du ja gezwungen, mal rauszuholen und dir alles anzugucken. Und dir nimmst dir ja dann auch die Zeit dafür. Das SAP hat ja ein Jahr länger gebraucht mit der Einführung, weil wir einfach jeden Tag gegen einen neuen Baum gelaufen sind, wo du sagst: ‚Oh, wie habt ihr denn das jetzt 30 Jahre lang gemacht?‘ ‚Naja, mit der Schreibmaschine, mit einem Zettel.‘ Aber jetzt müssen wir es abbilden und erst dann machst du dir einen Kopf. Also da kann dort SAP oder was weiß ich stehen.“

Allerdings: Die (Neu-)Ordnung von Prozessen zum Zweck der Digitalisierung hat nicht zwangsläufig zur Folge, dass an jedem Arbeitsplatz Vereinfachungen erfolgen. An einzelnen Arbeitsplätzen können daraus auch Erschwernisse resultieren, wie ein Produktmanager aus einem Unternehmen, das ERP-Systeme entwickelt, beschreibt:

> „Wenn ich so einen Gesamtprozess gestalte, kann es durchaus sein, dass an *dieser* Stelle nach der Umstellung mehr Arbeit anfällt, weil die sich *hier* deutlich verringert. Und demjenigen das nachvollziehbar beizubringen, warum der jetzt mehr machen muss als vorher oder mehr Dinge beachten muss als vorher. Das muss ihn ja nicht unbedingt mehr Zeit kosten, aber er muss vielleicht mehr Verantwortung übernehmen, weil hinten der Prozess schlanker durchläuft. Das Verständnis dafür muss ich wecken. Und wenn ich das nicht tue, dann habe ich ein großes Problem, den Gesamtprozess zu steuern.“

Die Entwicklung und Einführung digitaler Technik ist nicht banal, weder aus Sicht der Entwickler*innen noch aus Sicht der Anwender*innen. Im Entwicklungsprozess können immer wieder wechselseitig Missverständnisse auftauchen, die dazu führen, dass selbst dann am tatsächlichen Bedarf vorbeientwickelt wird, wenn der Kunde eigentlich eine eigens für ihn entwickelte Lösung bekommt. Ein mittelständischer Maschinenbauer hat ein Softwarehaus mit der Entwicklung und Implementierung eines ‚maßgeschneiderten' ERP-Systems beauftragt. Allerdings kannten sich die beauftragten Softwareentwickler mit den in einem Maschinenbauunternehmen ablaufenden Prozessen nicht gut aus. Damit war auch die Zusammenarbeit in der Entwicklungs- und Einführungsphase nicht optimal, wie ein Arbeitsvorbereiter berichtet:

„(Die Firma X), das ist ja so ein Programmierhaus, was Software entwickelt. Aber die haben halt vom Maschinenbau eigentlich keine Ahnung. [...] Ich saß mal selber mit den Leuten hier so zusammen, und dann [...] habe ich von Baugruppen und Teilen geredet, und dann haben die mich gefragt: ‚Warum unterscheiden Sie eigentlich zwischen Teilen und Baugruppen?' Und da [...] wäre ich fast schon nach hinten umgefallen, weil ich gedacht habe: ‚Wenn so jemand eine Software entwickelt, um da die Daten zu verwalten und weiß nicht mal, was der Unterschied zwischen Teil und Baugruppe ist ...' Dann, puh, da wird's schwierig, sage ich mal so."

Eine ‚maßgeschneiderte Lösung' erfordert immer, dass sich die Entwickler*innen auf die Situation ‚vor Ort' einlassen. Ein Produktmanager eines Softwarehauses betont, dass es nicht ausreiche, nur mit den Chefs zu sprechen:

„Es gehört zum guten Stil, sich da direkt zu informieren, wie es wirklich abläuft. Sie müssen mit den Leuten reden, die wirklich mit dem System arbeiten, die es wirklich betreiben müssen, die wirklich die Probleme damit haben und die vielleicht auch beurteilen können, wie das Umfeld ist. Das bekommen Sie nur beim Kunden vor Ort hin. Da kriegt man dann auch mit, wer der richtige Ansprechpartner ist. In den Pausen oder nach den offiziellen Gesprächen kann man das dann im Einzelnen bereden. Oder die kommen direkt auf mich zu und fragen. Das kann auch passieren. [...] Man kann nicht von Kunden sprechen, wenn man den Kunden gar nicht gehört hat."

Wenn es gut läuft, entsteht die Entwicklung oder Anpassung eines ERP-Systems in einem dialogischen Verfahren, in dem sich die Vorstellungswelten der Systementwickler*innen und der Anwender*innen begegnen. Ein Produktmanager aus einem Softwarehaus fungiert hier als ‚Übersetzer' und ‚Vermittler' (vgl. auch Bolte 2006):

„Die einzige Möglichkeit, herauszukriegen, was der Kunde wirklich will, ist perma-
nentes Nachfragen: ‚Kann ich mir das so und so vorstellen? Ist das so richtig?‘ Das
heißt, ich nehme entgegen, was er mir erzählt, und hole mir sofort sein Feedback. Ich
frage ab, ob meine Vorstellung, die ich jetzt habe, nachdem er mir das erklärt hat, mit
dem übereinstimmt, was er sich vorstellt. Ich sage also: ‚Ich habe jetzt folgendes Bild.
Ist das so richtig, stimmt das mit dem, was Sie sich vorstellen, überein?‘ Also, es ist im
Prinzip ein Dialog, wo ich permanent nachhake und versuche festzustellen, ob unsere
Vorstellungswelten übereinstimmen.“

Ein solches Vorgehen ist an viele Voraussetzungen geknüpft: Die Softwareentwickler*innen sollten nicht nur wissen, wie man Datenbanken vernetzt; sie sollten
auch die Geschäftsprozesse in Produktionsunternehmen verstehen. Aber auch die
Anwender*innen benötigen einen Blick über ihren eigenen Tellerrand hinaus, um
betriebliche Zusammenhänge zu verstehen und diese beispielsweise in der Situation einer Weiterentwicklung eines ERP-Systems in den Prozess einbringen zu
können.

Doch selbst dann, wenn die Anpassung eines ERP-Systems an die betrieblichen Belange sehr gut gelingt, wird es immer wieder Situationen geben, in denen
die Beschäftigten mit den systemimmanenten Grenzen dieser digitalen Technik
konfrontiert werden.

3   „Wir haben wieder nicht alles abgebildet" – Digitalisierung als nicht endender Prozess

In klassisch strukturierten Unternehmen erfolgt die Koordinierung der verschiedenen Arbeitstätigkeiten hierarchisch: Management und Führungskräfte schaffen
Regularien, innerhalb derer das Fachpersonal agieren kann. Allerdings kommt die
hierarchisch gesteuerte Koordinierung an ihre Grenzen, wenn die zu steuernden
Prozesse immer komplexer werden (vgl. Böhle und Bolte 2002). Mit der Digitalisierung wird die traditionelle hierarchische Steuerung zwar nicht vollständig
abgelöst, aber sie wird in neue Formen der technisch-organisatorischen Vernetzung überführt oder durch diese ergänzt: Die Informatisierung und Technisierung
betrieblicher Abläufe geht mit eigenen Verfahrensanweisungen und formalen
Regelungen einher. So werden beispielsweise neue Schnittstellen erzeugt und
es wird festgelegt, wie an diesen Schnittstellen zu verfahren ist und wann welche Abteilungen in welcher Weise einbezogen werden müssen. Es werden neue
Abläufe definiert und es wird festgelegt, wer unter welchen Bedingungen Informationen (beispielsweise über Aufträge) oder Teilprodukte (etwa Zeichnungen)

an andere Bereiche oder Prozesse weitergeben darf und wann sie weitergegeben werden müssen. Über Zugriffsrechte ist geregelt, wer in welchem Umfang Zugang zu welchen Arbeitsergebnissen, -unterlagen, -instrumenten hat etc.

Vernetzte Arbeit gab und gibt es seit jeher auch unabhängig vom Prozess der Digitalisierung: Vernetzung zwischen Kolleginnen und Kollegen, mit Kunden sowie mit Maschinen und automatisierten Systemen. Durch die Digitalisierung wird eine Vernetzung im Arbeitsprozess aktuell jedoch enorm forciert; das Koordinationsgefüge wird immer weitreichender und komplexer. Das hat nicht nur Konsequenzen für die ‚bloße‘ Koordinierung, sondern kann auch zu Reibungen zwischen den unterschiedlichen Bereichen eines Unternehmens führen: In den verschiedenen Abteilungen wie Vertrieb, Logistik, Controlling, Konstruktion oder Produktionsplanung bzw. -steuerung bestehen jeweils spezifische Bereichslogiken, die aus den spezifischen Arbeitsanforderungen, -mitteln und -gegenständen resultieren. Dabei können sich die Logiken der verschiedenen Abteilungen durchaus widersprechen: Der Vertrieb hat das Interesse, Kunden auch kurzfristig geäußerte Wünsche zu erfüllen; die Materialwirtschaft hat eher das Interesse an einer langfristigen und verlässlichen Planung. Je intensiver die Vernetzung zwischen unterschiedlichen Bereichen wird, desto häufiger werden unterschiedliche Logiken zu einem organisatorischen Problem. Zudem formulieren diese Abteilungen aus ihrer jeweiligen Logik heraus unterschiedliche Anforderungen und Bedarfe an Softwarelösungen und setzen jeweils eigene Prioritäten. Auch das ist nichts grundsätzlich Neues, allerdings muss eine digitalisierte Koordinierung, die in Echtzeit agiert, nun abteilungsspezifische Anforderungen in *einem* System berücksichtigen.

Digitalisierung ist ein nicht endender Prozess: Ein einmal entwickeltes und implementiertes System ist kein starres Gebilde, das einmal konstruiert, aufgebaut und dann genutzt wird. Stattdessen werden permanent neue Schnittstellen definiert sowie neue Module und Anwendungen implementiert. Neue Anforderungen auf Markt- bzw. Kundenseite und neue Geschäftsmodelle forcieren diesen Prozess; vice versa befördern neue technische Entwicklungen wiederum neue Anforderungen und machen diese möglich. Digitalisierung als nicht endender Prozess geht daher auch mit immer neuen Arbeitsanforderungen einher. Damit müssen sich die Beschäftigten auch immer wieder neuen Herausforderungen und akuten Grenzen der Digitalisierung stellen. In den Worten einer Key-Userin: „Es wird hier auch in 20 Jahren wieder so werden, dass du wieder vor so einem Punkt stehst, wo du sagst: ‚Wir haben wieder nicht alles abgebildet.‘"

Aber auch jenseits von technischen Neuerungen und Erweiterungen müssen sich die Beschäftigten im laufenden Arbeitsalltag immer wieder neu mit den

vorhandenen Anwendungen und Systemen auseinandersetzen: So treten regelmäßig Situationen auf, in denen das abstrakte informationstechnische Abbild nicht
mit der konkreten Realität übereinstimmt. Dies führt zu Problemen, die von den
Beschäftigten gelöst werden müssen.

4   „Ey, Scheiße! Ich kann mich nicht anmelden!" – Planung versus Flexibilität

Das Bestreben, die vorhandenen technischen Ressourcen in der Fertigung optimal
auszulasten und gleichzeitig eine unmittelbare Kopplung mit weiteren Unternehmensbereichen wie Controlling, Buchhaltung und Wartung herzustellen, hat in
einem der untersuchten Unternehmen zu der Konsequenz geführt, dass strikte
Zugriffsrechte auf Daten und Maschinen definiert werden. Aber diese vermeintlich exakte Planung kann die Flexibilität einschränken und zu Mehrarbeit
führen: In der Arbeitsvorbereitung wird – unter verschiedenen Effizienzkriterien
wie Auslastung der Maschinen, vorhandenen Programmierungen für bestimmte
Maschinen usw. – festgelegt, auf welcher Maschine ein Auftrag gefertigt werden
soll. Dabei können Flüchtigkeitsfehler den Stillstand für die Weiterbearbeitung
dieses Teils bedeuten: Wenn im Arbeitsplan beispielsweise eine Kostenstelle
fehlt –jeder Maschine ist eine spezifische Kostenstelle zugeordnet –, kann der
Werker oder die Werkerin nicht weiterarbeiten. Selbst dann nicht, wenn es sich
um ein schon aus früheren Aufträgen bekanntes Teil handelt und die weiteren
Bearbeitungsschritte bekannt sind.

> „Dann […] kommt eben ein Arbeitsplan raus, […] wo die einzelnen Kostenstellen
> drauf sind. Das läuft alles über das System und die Leute können sich draußen (an den
> jeweiligen Maschinen) eben darauf anmelden. Und sie können sich nur darauf anmel-
> den, wenn die Kostenstelle auch hinterlegt ist. Das heißt, wenn ich (der Arbeitsvorbe-
> reiter) das Kanten vergessen habe, dann kann das Ding ruhig an der Kantbank liegen.
> Er (der Werker) kann sie nicht anmachen, er kriegt noch nicht mal die Zeichnung auf."

Die (starre) Festlegung der Kostenstellen kann die Flexibilität der Fertigung
erheblich einschränken – mit allen daraus folgenden Konsequenzen wie einem
erhöhten Aufwand für die Umplanung oder sogar einem (kurzfristigen) Stillstand
an bestimmten Bearbeitungsmaschinen. Wenn sich die geplante Vorgehensweise
im konkreten Arbeitsablauf nicht realisieren lässt, können die Beschäftigten
vor Ort nicht flexibel reagieren und den Auftrag kurzerhand auf einer anderen

Maschine – beispielsweise an der Kantbank statt am Biegezentrum – abarbeiten. Stattdessen muss in der Arbeitsvorbereitung aufwendig ein neuer Arbeitsplan erstellt werden, wie ein Arbeitsvorbereiter berichtet:

> „Früher haben wir da so ein bisschen Mischmasch gemacht, Kanten und auch [...] dieses Biegezentrum, das war im Prinzip egal. Die Leute konnten ihre Zeichnung angucken. Wenn jetzt in der Kalkulation aber das Biegezentrum drinsteht und wenn dann der Programmierer entschieden hat: ‚Das Teil mache ich nicht am Biegezentrum; ich mache es [...] an der Kantbank‘, dann können die an der Kantbank es nicht kanten, weil sie die Zeichnung nicht aufmachen dürfen: Die Kostenstelle (für die Kantbank) ist nicht mit drin, das geht nicht. Dann bleibt unter Umständen also auch mal ein Auftrag liegen. [...] Die (Werker) kommen höchstens mal genervt rein und sagen: ‚Ey Scheiße! Ich kann mich nicht anmelden!‘ Da musst du noch mal einen neuen Arbeitsplan machen. So, das ist eine Sache, die zu Unruhe führt, wenn die selber nicht weiterkommen. [...] Beim Lasern genauso. Früher war das egal, was (welche Maschine) drin war. Die Leute haben das vorne gemacht, aber die können sich auch entsprechend nicht mehr anmelden, kriegen – glaube ich – auch noch nicht mal die Programme hochgezogen, wenn die entsprechende Kostenstelle nicht drin ist."

In der Konsequenz wird das Konstrukt ‚Plantag‘[4] auf eine neue Weise störanfällig: Ein Fehler zu Beginn des Prozesses oder eine Unwägbarkeit im Fertigungsablauf bringen den gesamten Fertigungsprozess zum Stillstand. Dies kann nur mit größerem Aufwand behoben werden.

Eine – für alle Beteiligten – besonders herausfordernde Situation entsteht, wenn das ERP-System insgesamt zum Stillstand kommt. In einem der untersuchten Unternehmen läuft das System nicht verlässlich, es arbeitet stellenweise äußerst langsam und stürzt auch immer mal wieder komplett ab. Der Umgang mit solchen Ausfällen ist insbesondere für Verantwortliche in der Produktion stressig und aufwendig, wie der Produktionsleiter beschreibt:

> „Die ganzen Rechner, die stürzen alle regelmäßig ab. Dann stehen die, dann kommen die Kollegen nicht weiter. Dann sehen sie halt nicht, was sie gerade rüsten sollen, dann sehen sie halt nicht, ja, wo besondere Hinweise noch mal drinstehen. Und ja, das ist dann halt sehr ätzend, zumal man dann ja auch keine Rundmail mehr schreiben kann: ‚Achtung, die Rechner gehen nicht!‘ Die lesen es ja nicht. Und das ist natürlich dann wieder so ein Nachteil. Das ist ein zusätzlicher Faktor. Ich kriege bestimmt aus jeder Abteilung vier, fünf Anrufe: ‚Der Rechner geht nicht.‘ Und das von jedem Kollegen.

---

[4] Die Produktionsplanung eines Unternehmens ist immer darauf ausgerichtet – unter Berücksichtigung zahlreicher Randbedingungen wie Lieferverpflichtungen, vorhandenen Materialien, zur Verfügung stehenden Mitarbeiter*innen usw. – die Produktionskapazitäten bestmöglich auszulasten. Im Plantag wird festgelegt, welche Teile an einem bestimmten Tag an welchen Maschinen bearbeitet werden.

So, das heißt, ich kriege irgendwas bei 50 Anrufe, nur wegen dem einen Thema. [...]
Das ist wieder der Nachteil an so einer Geschichte (wie der Digitalisierung). Früher
hatten wir an der Kantbank Ordner: Da war zu jedem Artikel die Zeichnung mit dem,
wie es gerüstet werden soll, und dann konnte der arbeiten, und alles war gut."

ERP-Systeme werden auch dazu eingeführt, um mehr Transparenz herzustellen.
Allerdings müssen die vermeintlich exakten Daten nicht immer der Realität entsprechen. In einem untersuchten Unternehmen wurde das ERP-System top-down
eingeführt. Ein Grund für die Einführung – neben anderen – war der Wunsch,
bessere Daten zur Abrechnung der Aufträge zu bekommen.[5] So werden für jeden
Auftrag Sollzeiten hinterlegt, in denen er abgearbeitet werden soll. Stellt sich
dann heraus, dass die Bearbeitungszeiten länger als geplant sind, hat das Unternehmen bei späteren Preisverhandlungen über Nachfolgeaufträge gute Argumente
auf seiner Seite. Allerdings fühlen sich Beschäftigte in der Produktion durch
solche Sollvorgaben oftmals kontrolliert: Aus Angst, wegen zu langer Bearbeitungszeiten gerügt zu werden, melden sie den Auftrag als fertig, obwohl die
Bearbeitung noch nicht abgeschlossen ist. Damit ersparen sie sich lästige Nachfragen – aber der Auftrag kann somit nicht realitätsnah nachkalkuliert werden.
Die Idee, alle Vorgänge im Unternehmen detailliert aufzeichnen zu können, stößt
an ihre Grenzen. Ein Arbeitsvorbereiter:

„Oftmals wird sich (an den Produktionsmaschinen) angemeldet und gleich wieder
abgemeldet, und dann können sie es ja trotzdem weiter bearbeiten, damit dann niemand sagen kann: ‚Ja, warum hast du jetzt eine Stunde gebraucht, und nicht – wie
kalkuliert – eine Dreiviertelstunde?' Kann ja auch [...] wirklich Gründe geben. [...]
Dann kann man auch die Teile nachkalkulieren, um auch vielleicht das richtige Geld
zu kriegen vom Kunden. [...] Klar, ich kann die Kollegen verstehen: Da fühlt man sich
kontrolliert. Aber andersrum ist es auch vom Kaufmännischen her eigentlich nur richtig, wenn die sich vernünftig anmelden und wir vernünftige Belegzeiten haben, um
gegebenenfalls auch beim Kunden einfach zu sagen: ‚Hier, statt einer brauchen wir
drei Stunden, wir brauchen von dir zwei Stunden mehr Kostensätze.' [...] Wir müssen da ja auch belegen können, warum. Das ist halt das Problem mit dieser Technik,
was alles aufzeichnet, wo man immer noch wieder Nachweise hat."

In diesem Fall führt das Abweichen der erfassten von den tatsächlichen Daten
dazu, dass das mit der Einführung des ERP-Systems verfolgte Ziel der Transparenz nicht erreicht wird. Aber eine Differenz zwischen den erfassten und den
realen Daten kann auch ganz andere Ursachen haben: Sie kann Ausdruck eines

---

[5] Dieser Grund ist offensichtlich im Unternehmen nicht so kommuniziert worden, dass er bei
allen Beschäftigten ‚angekommen' ist.

Bemühens der Beschäftigten sein, einen anstehenden Auftrag möglichst schnell ‚am ERP-System vorbei' abarbeiten zu können.

5 „Aber das passt nicht immer ganz" – Der kreative Umgang mit dem ERP-System

In unseren empirischen Untersuchungen sind uns immer wieder Konstellationen geschildert worden, in denen Beschäftigte mit den Grenzen digitaler Technik konfrontiert sind. Die in den digitalen Anwendungen und Systemen abgebildeten Prozesse und Daten stimmen nie vollständig mit den realen Verhältnissen und Bedingungen überein. Dies zeugt nicht per se von einer Dysfunktionalität der Technik, sondern ist schlicht darin begründet, dass digitale Technik immer von den physischen Begebenheiten abstrahieren muss. In der Folge bleiben die digitale Abbildung physischer Prozesse und Zustände (beispielsweise zur Durchführung und Dokumentation von Kontrollen an bestimmten Prozessstellen) sowie die Digitalisierung ehemals physischer Vorgänge (beispielsweise die Ersetzung von Zeichnungen auf Papier durch digitale Zeichnungsdateien) immer entweder grundlegend unvollständig oder sie definieren Abläufe und Zusammenhänge, die im physischen Prozess anders gelagert sind oder gar nicht bestehen.

Diese Unvollständigkeiten und Abstraktionen können an unterschiedlichen Stellen auftreten; sie sind teilweise schon bei der Entwicklung der Systeme entstanden oder sie entstehen im Kontext aktueller Notwendigkeiten (etwa bei kurzfristigen Lieferänderungen, die im ‚Normalbetrieb' nicht vorgesehen und entsprechend im System nicht abbildbar sind).

In jedem Fall erfordern diese ‚Lücken' ein aktives Eingreifen der Beschäftigten: Im System vorgesehene Schritte müssen ausgelassen, umgangen oder in anderer Reihenfolge ausgeführt werden; Daten müssen an einer Stelle aufwendig generiert werden, die das System an anderer Stelle eigentlich bereithält; Daten, die das System fordert, aber nicht vorhanden sind, müssen simuliert werden etc. Die Beschäftigten sprechen hier von Workarounds (etwa ‚Umgehungslösungen'), die sie erzeugen müssen, um gleichzeitig den Erfordernissen des Systems und des Produktionsablaufs entsprechen können. Sie arbeiten also nicht nur mit dem System, sondern sind immer wieder auch gezwungen, gegen das System zu arbeiten, es gleichsam ‚auszutricksen‘.[6] Im Folgenden werden hierfür empirische Beispiele in der täglichen Arbeit in Produktionsunternehmen angeführt.

Die von uns untersuchten Unternehmen stellen nicht nur Produkte ‚von der Stange‘ her, sondern produzieren in unzähligen, nicht vorhersehbaren Varianten im Kundenauftrag. Unter diesen Voraussetzungen können nicht alle Daten im Vorhinein auf das Genaueste erfasst werden bzw. kann das digitale System nicht zu jedem Zeitpunkt in der Lage sein, jegliche aktuellen spezifischen Daten erfassen zu können. So können die Kalkulationsgrundlagen nicht immer stimmen, wie aus einem Unternehmen mit kundenspezifischer Einzelfertigung berichtet wird. Für die dort hergestellten Produkte werden Materialien verwendet, die in unterschiedlich großen Stücken aus dem notwendigen Rohmaterial herausgeschnitten werden. Dabei gibt es immer eine bestimmte Menge an Verschnitt, d. h. an Material, das sich aufgrund seiner zu geringen Größe nicht mehr für die Produktion verwenden lässt. Aber wie groß der Verschnitt sein wird, ist nicht vorhersehbar. Man kann zwar grob mit 20 % kalkulieren, aber dieser Wert kann bei einer Einzelteilfertigung je nach realisierten Aufträgen auch von der tatsächlichen Menge abweichen. Hier müssen die im System vorhandenen immer wieder mit den tatsächlich verfügbaren Beständen abgeglichen werden, wie eine Einkäuferin berichtet:

„Das Problem ist halt bei dem System auch: Der rechnet quer über die sechs Meter hinweg. Also der sagt jetzt nicht: ‚Ich habe jetzt vier Schnitte à 1,30 Meter, da kriege ich eben bloß vier Schnitte aus der Lagerlänge.‘ Sondern der rechnet dann die Schnitte darüber weg und rechnet das alles zusammen. Und […] dann muss ich mindestens – sage ich mal – 20 Prozent mehr im Jahr bestellen, weil ich mir dann sage. ‚Wir haben – sage ich mal – pro Auftrag immer so einen Verschnitt, der täglich ausgebucht wird. Aber das passt nicht immer ganz.‘“

Es kann auch ganz andere Gründe für eine Abweichung der erfassten von den realen Daten geben. So ist der Ort, an dem die Ware systemseitig verzeichnet ist, nicht unbedingt immer der Ort, an dem sie sich tatsächlich befindet. Diese Differenz kann verschiedene Ursachen haben: So kann beispielsweise Ware nicht auf einen LKW verladen werden, weil dieser schon voll ist, oder es wurde schlicht

---

[6] Dies ist nichts grundlegend Neues beim Einsatz von Technik: Solche Notwendigkeiten bei der Bedienung von technischen Anlagen finden sich in allen vom ISF München durchgeführten Untersuchungen der letzten Jahrzehnte zum Technikeinsatz. Die Ergebnisse dieser Untersuchungen waren der Ausgangspunkt für die Entwicklung des Konzepts des subjektivierend-erfahrungsgeleiteten Arbeitens. Eine Zusammenstellung dieser Untersuchungen findet sich in dem von Fritz Böhle herausgegebenen Band „Arbeit als Subjektivierendes Handeln – Handlungsfähigkeit bei Unwägbarkeiten und Ungewissheit" (2017).

vergessen, die Ware aufzuladen. Eine Planerin beschreibt solche im Alltag häufig wiederkehrende Unwägbarkeiten:

> „Sie haben vorher gefragt, ob wir wissen, wo die Ware ist. Das ist ein Knackpunkt. Da sind wir gerade am Diskutieren, wie wir das beheben können. Weil: Wir haben den Lieferschein da, wir haben im System alles so für uns quasi ersichtlich: ‚Hey, die Ware muss in A (dem Hauptsitz des Unternehmens) sein.‘ Ist aber nicht immer der Fall. Also es passiert immer, dass Ware einfach oben (im Zweigwerk) liegenbleibt. Also dass sie von B (dem Zweigwerk) nicht hergebracht wurde. Systemseitig hergebracht wurde, ja! Aber physisch? Und das ist ärgerlich, weil erstens, wir haben den Lieferschein da, wir haben es im System drin, also in unserem Planungsprogramm, verplanen es (beispielsweise zur Auslieferung an den Kunden) und so weiter. […] Zum Beispiel wurde die Ware verpackt, die haben's einfach nur stehenlassen, wirklich nur stehenlassen: Die ging nicht mehr auf den LKW."

Die Differenz kann aber von den Beschäftigten auch mit Absicht hergestellt werden, beispielsweise um einen Auftrag bei Zeitknappheit trotzdem termingerecht ausliefern zu können. In einem Unternehmen vermelden die Beschäftigten aus der Fertigung auf Bitten der Logistik bei besonders eiligen Aufträgen bestimmte Waren schon als fertig produziert, obwohl der Auftrag noch nicht abschließend bearbeitet ist. Der Grund dafür: Die Lieferscheine können systemseitig erst dann ausgedruckt werden, wenn der Fertigungs- und Verpackungsprozess für diese Waren tatsächlich beendet ist. Und nur wenn die Lieferscheine vorhanden sind, kann diese Ware in die Tourenplanung für den LKW aufgenommen werden. Falls sich nun die Fertigung der Ware verzögert, sie aber auf jeden Fall mit auf den LKW geladen werden soll, müssen die Beschäftigten jenseits der systemseitigen Vorgaben einen Weg finden, damit die Ware trotzdem pünktlich ausgeliefert werden kann. Eine Planerin beschreibt kreative Lösungen:

> „Auf der anderen Seite kann […] man systemisch die Ware so abbilden, als wäre sie verpackt, fertig und so weiter, wenn's pressiert. Das heißt, die Ware soll dringend noch nach A (Stammsitz des Unternehmens) runter. Die melden die in der Fertigung als fertig produziert. Geben das aber noch nicht vor (zur Verladestelle), weil sie irgendwas noch nachmontieren, irgendwas noch dazugeben müssen. Dann steht das systemseitig in der Verpackung, die lassen da schon den Lieferschein raus, weil sie wissen: Das muss noch auf den LKW und die Lieferscheine in den roten Koffer. Sie geben alles schon mit, aber die Ware ist im Prinzip noch in der Fertigung."

In einem solchen Fall wird die Ware von den Beschäftigten bewusst ins System als fertiggestellt eingegeben, um die weiteren Arbeitsschritte starten und die Ware pünktlich ausliefern zu können. Weitere Abweichungen zwischen den im System erfassten Daten und dem tatsächlichen Ist-Zustand sind beispielsweise systematisch in der Konfiguration des ERP-Systems begründet. Auch solche Abweichungen erfordern ein aktives Eingreifen der Beschäftigten.

6   „Da müssen wir noch gläserner werden" – Die Differenz zwischen dem Ist-Zustand und der informationstechnischen Abbildung

In den Unternehmen werden ERP-Systeme eingeführt, um größere Transparenz, bessere Kontrolle und mehr Planungssicherheit zu erlangen. Die generierten Daten erwecken dabei den Anschein von Unfehlbarkeit. Dabei gibt es eine Reihe von Gründen für Abweichungen zwischen Systemdaten und konkreten Zuständen und Zusammenhängen, beispielsweise: Teile aus dem Lager werden – weil es nicht anders möglich ist – nicht ausgebucht, sobald sie entnommen werden, sondern erst dann, wenn die Teile verbaut sind; der Verschnitt von Materialien kann systemseitig nicht adäquat erfasst werden; Lieferscheine und Waren laufen auf unterschiedlichen Wegen durch das Unternehmen; die tatsächlichen Arbeitszeiten entsprechen nicht den erfassten usw. Manche Abweichungen beruhen darauf, dass bestimmte Daten unternehmensseitig absichtlich nicht erfasst werden; andere darauf, dass bestimmte Daten aktuell nicht erfasst werden können.

In der Regel können Betroffene sehr genau erklären, warum Abweichungen zwischen Systemdaten und konkreten Zuständen bestehen und warum diese nicht ohne Weiteres behoben werden können. Zumeist handelt es sich dabei um technische oder organisatorische Problemstellungen. Es kommen aber auch Fehler im physischen Arbeitsprozess vor, die negative Auswirkungen auf die Effektivität des digitalen Systems haben. Weit weniger häufig gründen die Abweichungen in Unkenntnis relevanter Systemzusammenhänge und daraus resultierendem falschem Umgang mit dem System.[7] In jedem Fall erfordern jedoch aus Abweichungen resultierende fehlende und falsche Daten eine unmittelbare Reaktion der Beschäftigten.

Fehlende oder falsche Daten können auf kritischen Entscheidungen bei der Konfiguration des ERP-Systems beruhen: Um die Datenmengen nicht ins Unendliche anwachsen zu lassen und den Aufwand zur Speicherung, Analyse und Bereitstellung überschaubar zu halten, hat man in einem mittelständischen Unternehmen entschieden, die Zahl der zeitlichen und örtlichen Abschnitte, an denen

---

[7] Eine aktive Widerständigkeit der Beschäftigten im Umgang mit dem System, beispielsweise im Sinne einer Veränderungsaversion, wurde in unseren Untersuchungen dagegen empirisch kaum festgestellt.

Daten erfasst werden, möglichst klein zu halten. Damit wollte man verhindern, dass das System zu komplex wird und zu weit ausufert: Wenn man im Produktionsprozess stattfindende Änderungen an jedem physischen Prozesspunkt erfasst, bedeutet dies einen Aufwand, der sowohl Zeit (man muss die Materialbewegung erfassen) als auch Geld (das System wird komplexer) kostet. Diese rationale Entscheidung hat aber dazu geführt, dass die tatsächlichen von den im System abgebildeten Lagerbeständen abweichen: Im Lager fehlt Material, das schon verbraucht wurde, obwohl es im System als noch vorhanden dargestellt wird. In der Konsequenz bewirken solche Abweichungen eine Unsicherheit, ob die Kundenaufträge auch wirklich termingerecht abgearbeitet werden können. Eine Abteilungsleiterin weist auf die darin liegenden Gefahren hin:

> „Wir sind von der Materialwirtschaft schlecht eingestellt. Das [...] liegt einfach aktuell daran, dass es keine andere Lösung vom ERP-System her gibt. Also die IT unten, die sind schon dran. [...] Das ist ein Realtime-System, aber wir haben zu wenige Abschnitte definiert im System, um unsere Lagerbestände besser zu überprüfen. Wir haben 20 Stück da liegen, haben einen Plantag und das System will zehn Stück (für einen Auftrag) haben. Es liegen aber (laut ERP-System) immer 20 da, solange der Auftrag nicht auf dem LKW liegt. Und das ist für uns ein großes Problem, weil wir manchmal wirklich nur fünf Stück da haben."

Die Entscheidung, die Zahl der Abschnitte zu begrenzen, wurde im Prozess der Einführung des ERP-Systems getroffen. Die Konsequenzen dieser Entscheidungsind erst im täglichen Umgang deutlich geworden. Allerdings sind spätere Änderungen am System nicht von heute auf morgen zu realisieren. Aber sie sind notwendig, wie eine Key-Userin berichtet:

> „Das ist damals, ich will das jetzt nicht Fehlentscheidung nennen, das ist damals so entschieden worden, dass der Auftrag oder der Verbrauch der Materialien erst bei Fertigstellung des Produktes ausgebucht werden. [...] Wir sind so schwammig. Du kannst nicht an den Platz (im Lager) gehen und sagen: ,Ich sehe, hier sind jetzt noch zwölf drin.' ,Nein, da liegen 30 drin (Lagerbestand laut ERP). Was ist das? Sind da jetzt wirklich welche im Umlauf oder war hier eine Inventur nicht richtig?' Das ist das, wo ich sage: ,Da müssen wir noch gläserner werden.'"

Die ursprünglich getroffene Entscheidung wurde in Abwägung verschiedener konkurrierender Werte wie Echtzeitabbildung, handhabbare Datenmengen und Kosten getroffen. Die Priorisierung eines gemäßigten Umgangs mit knappen Ressourcen führte zur getroffenen Entscheidung, die nicht falsch war, die aber natürlich nicht alle Anforderungen erfüllen konnte. So werden nun – obwohl es sich in dem Unternehmen um ein sog. Echtzeitsystem handelt – die Daten nur

182

A. Bolte und J. Neumer

zweimal am Tag aktualisiert. Eine wirkliche Echtzeitaktualisierung würde die Kapazitäten der zur Verfügung stehenden Server übersteigen. Das schon konfigurierte ERP-System kann also nicht ohne weiteres verändert werden: Eine Umprogrammierung ist nicht nur mit viel Aufwand verbunden, die vorhandene Hardware bietet auch nicht den notwendigen Spielraum für eine entsprechende Änderung.

Das Beispiel steht exemplarisch für ein in mittelständischen Unternehmen weit verbreitetes Dilemma: Nicht alles, was technisch (grundsätzlich) möglich ist, kann unter den gegebenen Rahmenbedingungen umgesetzt werden. In der Konsequenz müssen die Beschäftigten wissen, wo und wie sie in das ERP-System und jenseits des ERP-Systems eingreifen müssen. In dem genannten Beispiel gehen einige Planerinnen und Planer regelmäßig vor Ort, beobachten, ob bestimmte Lagerbestände plötzlich knapp werden, und teilen dies den anderen Abteilungen per E-Mail mit, wie es die oben schon zitierte Abteilungsleiterin beschreibt:

„Wenn du das nicht übers E-Mail als direkten Hinweis mitbekommen würdest, dann kriegst du das nicht mit. Oder zu spät. Weil das System ja trotzdem so eingestellt ist, dass das jetzt nicht rund um die Uhr aktualisiert. Funktioniert nicht, solche Server können wir hier nicht reinstellen. […] Zweimal am Tag hast du diesen ERP-Lauf und zweimal diesen Wandlungslauf von Planauftrag in Fertigungsauftrag und über Nacht läuft ja immer der Job, dass der Kundenauftrag erstmal ein Planauftrag wird."

Dies ist ein geradezu klassisches Beispiel für die Notwendigkeit von Workarounds: Die bei der Einführung getroffene Entscheidung bezüglich der definierten Abschnitte bedeutet, dass sich die Beschäftigten nicht auf die im System hinterlegten Daten verlassen können und ihre Kolleginnen und Kollegen per E-Mail über die tatsächlichen Ist-Bestände informieren müssen. Allerdings: Die Beschäftigten kennen die Hintergründe dieses Mankos und wissen, dass es nicht mit einem Federstrich abzustellen ist („Solche Server können wir hier nicht reinstellen"). Deshalb akzeptieren sie, dass in der aktuellen Situation Workarounds in Form von E-Mails notwendig sind.

Ein ERP-System muss gepflegt und bedient werden. Auch simple Fehler wie die falsche Hinterlegung eines Lagerortes können zu Problemen führen, die dann laut einer Planerin wiederum aufwendige Nacharbeiten nach sich ziehen:

„Wir haben das Thema, was bei uns immer wieder vorkommt: Wir können unsere (LKW-)Tour nicht abschließen. Das heißt, wir wollen den Warenausgang buchen, und es ist nicht möglich, weil auf dem Lager, das für diese Lieferung hinterlegt wurde, kein Bestand drauf ist. Oder es ist das falsche Lager hinterlegt. Es greift dann auf einen Nullbestand zu, und dann kann man nichts ausbuchen. […] Dann schauen wir in den Auftrag vom Vertrieb, gucken uns das Lager an, springen in die Lieferung zurück, müssen alles ausbuchen, neues Lager hinterlegen, wieder einbuchen, kommissionieren und können es dann ausbuchen. Eigentlich nicht unsere Aufgabe. Machen wir trotzdem."

Mit diesem Zitat wird eines deutlich: Die Notwendigkeit eine funktionale Passung zwischen dem Ist-Zustand und der informationstechnischen Abbildung herzustellen, führt in den meisten Fällen zu Mehrarbeit für die Beschäftigten. Sie müssen durch das Unternehmen laufen, nachfragen, nachgucken, abklären, den Prozess im System neu anstoßen und wieder komplett durchlaufen. Das alles sind zusätzliche Aufgaben, die eigentlich außerhalb des eigenen Verantwortungsbereichs liegen, aber: „Machen wir trotzdem." Diese letzte Aussage wirft eine ganze Reihe von Fragen auf, die mit der Digitalisierung vernetzter Arbeit verbundenen sind: zum subjektiven Erleben, nach neuen Handlungsspielräumen und -eingrenzungen, nach Involviertheit und Devolviertheit, Kollegialität und Abgrenzung. Die genauere Erörterung dieser Fragen dürfte in Zukunft immer wichtiger werden.

7   Resümee: Erfahrungsbasiertes Kontextwissen als Grundlage für digital vernetztes Arbeiten

Mit den hier exemplarisch beschriebenen, ganz alltäglichen Grenzen der Digitalisierung im praktischen Arbeitsprozess wird deutlich, dass trotz aller Strukturierung, formalen Regelung und Effizienzsteigerung der inner- und überbetrieblichen Abläufe durch digitale Technologien – insbesondere im Zusammenhang mit der Einführung und Weiterentwicklung von ERP-Systemen – die Beschäftigten dennoch in der Lage sein müssen, auch an den Grenzen des digitalen Systems und jenseits der formalen digitalen Strukturen verantwortlich zu handeln. Die Beispiele zeigen, dass der Einsatz digitaler Technik vielfältigen Einfluss auf Arbeitstätigkeiten und -prozesse hat und auch oftmals an ein und demselben Arbeitsplatz mit heterogenen Anforderungsentwicklungen einhergeht: Einerseits werden Beschäftigte in ihrem Arbeitshandeln zunehmend an teilautomatisierte Vorgaben und Ablaufstrukturen gebunden, andererseits erfordert der Einsatz digitaler Technik den täglichen Umgang mit spezifischen Herausforderungen und Unwägbarkeiten, die erst im Arbeitsprozess selbst zutage treten und situativ bearbeitet werden müssen. Beschäftigte müssen grundsätzlich aber gerade auch beim Umgang mit digitaler Technik aufgaben- und situationsbezogen handlungsfähig sein.

Grundlage dieser Handlungsfähigkeit sind zunächst einmal das auf den eigenen Arbeitsplatz bezogene fachliche Wissen und Können sowie das Wissen um die Funktionsweisen der digitalen Tools und deren Beherrschung.[8] Zugleich ist aber auch – mehr denn je – ein erfahrungsbasiertes Kontextwissen notwendig: Als ein praktisches, auf Erfahrung beruhendes Wissen über die Kontexte und Zusammenhänge, die für die Erfüllung der eigenen Aufgaben zu berücksichtigen sind, sowie über Kooperationen, die zum Erwerb dieses Wissens notwendig sind, ist es besonders beim Umgang mit unvorhergesehenen Ereignissen und Unwägbarkeiten von genereller Bedeutung. Damit erhält dieses erfahrungsbasierte Kontextwissen gerade im Kontext der Digitalisierung und digitalen Vernetzung von Arbeit eine besondere Relevanz.

Wir haben an anderer Stelle (Sauer und Bolte 2021) in Anlehnung an das Konzept des erfahrungsgeleiteten Arbeitens (Böhle 2017) das Konzept des erfahrungsgeleiteten Kontextwissens entwickelt. Ausgangspunkt dieses Konzepts war folgende Beobachtung: Gerade wenn qualifizierte Spezialistinnen und Spezialisten – seien es Ingenieurinnen oder Betriebswirte – in fachlich sehr komplexen Prozessen arbeiten, sind sie auf ein Wissen über Arbeitsergebnisse, -logiken und -bedarfe von vor- und nachgelagerten Bereichen angewiesen. Ein solches Kontextwissen wird insbesondere in solchen Situationen virulent, in denen Handlungsroutinen durchbrochen werden müssen. Bei der Einführung von ERP-Systemen (vgl. Abschn. 2) und deren laufender Erweiterung und Anpassung müssen eingespielte lokale und übergreifende Abläufe auf den Prüfstand gestellt, oftmals verändert und neu zueinander geordnet werden. Dies erfordert zwingend sowohl ein Verständnis über die Logiken der anderen Bereiche al auch ein konkretes kooperatives Handeln über Team- oder Abteilungsgrenzen hinweg. Dies gilt ebenso bei Workarounds, in denen die vorgegebene Systemlogik aktiv umgangen werden muss (vgl. Abschn. 5).

Mit der digitalen Vernetzung sollen nicht nur einzelne Produktionsschritte sondern die gesamte Wertschöpfungskette optimiert werden. Gleichzeitig stößt diese Optimierung laufend an oben beschriebene Grenzen. Daher ist es sowohl für die Verfolgung des Ziels der digitaltechnischen Optimierung von Prozessen und Systemen als auch für den Umgang mit notwendigerweise dabei auftretenden Schwierigkeiten und Grenzen unerlässlich, die konkreten Vorgehenslogiken in den betroffenen Bereichen zu kennen. Ein solches Wissen muss mit Bezug auf konkrete Gegenstände und Prozesse im Arbeitshandeln erworben werden; es kann

---

[8] Diese Feststellung hat wichtige Konsequenzen für die Debatte um den Fachkräftemangel und aktuell zu beobachtende Strategien zum Umgang damit (Stichworte sind beispielsweise die „menschenleere Fabrik", der „digitale Taylorismus" oder auch die Idee der Produktion ohne Facharbeit), die an dieser Stelle jedoch nicht diskutiert werden können.

nicht lediglich ‚nachgelesen' werden. Das bedeutet aber, dass die Handelnden hierfür geeignete Ansprech- und Kooperationspartner finden müssen, mit denen sie interagieren können:

> „Beides ist nicht trivial: Es ist keinem Organigramm zu entnehmen, welche Kolleginnen oder Kollegen im Sinne eines erfahrungsbasierten Kontextwissens angesprochen werden können. Es kann nirgendwo nachgelesen werden, wer über entsprechendes Können verfügt und willens ist, dieses auch weiterzugeben, bzw. als Experte oder Expertin für den jeweiligen Bereich zur Verfügung steht" (Sauer und Bolte 2021, S. 78).

Auch für die Arbeiten ‚am System vorbei' – den Workarounds – müssen die Beschäftigten wissen, welche Konsequenzen ihre Handlungen für andere Bereiche haben (können), wen sie informieren müssen, mit wem sie was abklären müssen. Bezogen auf das Produkt bedeutet das beispielsweise, dass sie wissen müssen, wie die Arbeitsprozesse in den dafür relevanten anderen Abteilungen ablaufen und welche Aus- und Wechselwirkungen ihre Handlungen bezogen auf das Produkt, aber auch auf die notwendigen Arbeitsschritte in den anderen Abteilungen haben werden. Hinsichtlich der dort tätigen Ansprechpartnerinnen und -partner bedeutet das, diese überhaupt erst einmal zu kennen, um sie ansprechen zu können. Es bedeutet zudem einschätzen zu können, wie diese Ansprechpartner*innen auf Aktionen ‚jenseits des Systems' reagieren werden und zu realisieren, dass ein Entgegenkommen der Kooperationspartner*innen wechselseitige Erwartungen weckt (Abb. 1).

Beschäftigte benötigen also erfahrungsbasiertes Kontextwissen, um unter den Bedingungen der Digitalisierung aufgaben- und situationsbezogen handlungsfähig zu werden oder zu bleiben. Ihre eigene Arbeit steht immer mehr im Kontext von Informationen und Anforderungen aus anderen unternehmensinternen sowie -übergreifenden Arbeitsbereichen: Arbeit wird zunehmend digital vernetzt. Gleichzeitig sorgt die zunehmende Überführung und Abbildung physischer Prozesse in digitale Anwendungen dafür, dass praktische Bedingungen und Gegebenheiten mit der Datenlage im digitalen System permanent in Abgleich gebracht und auftretende ‚Abstraktionslücken' bearbeitet werden müssen.

Diese Arbeit in und mit sich laufend weiterentwickelnden digitalisierten Systemen kann nur dann erfolgreich sein, wenn den Beschäftigten nicht nur die virtuelle, sondern auch die physische Welt sowohl im eigenen als auch in den vernetzten Arbeitsbereichen bekannt ist. Das hierfür notwendige erfahrungsbasierte Kontextwissen, das über die direkte eigene Arbeit hinausreicht, kann nur

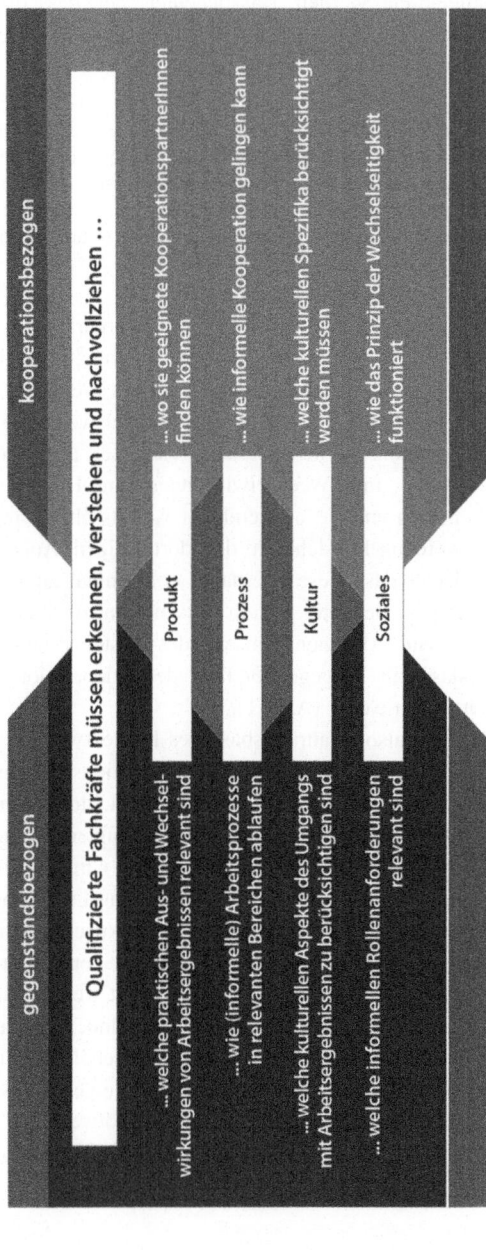

Abb. 1 Gegenstands- und kooperationsbezogenes erfahrungsbasiertes Kontextwissen. (Angelehnt an Sauer und Bolte 2021, S. 82)

im Prozess der Arbeit im direkten Kontakt zu anderen Arbeitsbereichen erworben werden.[9]

Literatur

Bogner, A.; Littig, B.; Menz, W. (2014): Interviews mit Experten. Eine praxisorientierte Einführung. Wiesbaden: VS Verlag für Sozialwissenschaften.

Böhle, F.; Bolte, A. (2002): Die Entdeckung des Informellen. Der schwierige Umgang mit Kooperation im Arbeitsalltag. Frankfurt a. M., New York: Campus.

Böhle, F. (Hrsg.) (2017): Arbeit als Subjektivierendes Handeln. Handlungsfähigkeit bei Unwägbarkeiten und Ungewissheit. Wiesbaden: Springer VS.

Bolte, A. (2006): Produktmanagement als Brückenfunktion zwischen Kundenanforderungen und Entwicklungsinteressen – Arbeitsorganisatorische Rahmenbedingungen für Interaktionsarbeit in der Softwareentwicklung. In: F. Böhle; J. Glaser (Hrsg.): Arbeit in der Interaktion – Interaktion als Arbeit. Wiesbaden: VS Verlag für Sozialwissenschaften, S. 153–175.

Bolte, A.; Neumer, J. (Hrsg.) (2021): Lernen in der Arbeit. Erfahrungswissen und lernförderliche Arbeitsgestaltung bei wissensintensiven Berufen. Augsburg, Mering: Hampp.

Bolte, A.; Gross, M.; Schüle, I. (2023): Digital vernetzte Arbeit gestalten: Das Beispiel Reflexa-Werke Albrecht GmbH. In: M. Heinlein; J. Neumer; T. Ritter (2023): Digital vernetzte Arbeit: Merkmale und Anforderungen eines neuen Typus von Arbeit. Wiesbaden: Springer VS.

Heinlein, M.; Neumer, J.; Ritter, T. (2023): Digital vernetzte Arbeit: Dimensionen und Anforderungen einer neuen Arbeitsform. In: Dies. (Hrsg.): Digital vernetzte Arbeit – Merkmale und Anforderungen eines neuen Typus von Arbeit. Wiesbaden: Springer VS.

Heinlein, M.; Huchler, N. (2021): Digitalisierung und die Bearbeitung von Ungewissheit: Gestaltungsmöglichkeiten im Konzept der prospektiven Organisation. In: Gruppe. Interaktion. Organisation. Zeitschrift für Angewandte Organisationspsychologie (GIO), Jg. 52, S. 525–637.

Sauer, S.; Bolte, A. (2021): Erfahrungsbasiertes Kontextwissen: Der Blick auf's Ganze in der technischen Planung. In: A. Bolte; J. Neumer. (Hrsg.) Lernen in der Arbeit. Erfahrungswissen und lernförderliche Arbeitsgestaltung bei wissensintensiven Berufen. Augsburg/München: Hampp, S. 65–83.

Witzel, A. (1985): Das problemzentrierte Interview. In G. Jüttemann (Hrsg.), Qualitative Forschung in der Psychologie: Grundfragen, Verfahrensweisen, Anwendungsfelder. Weinheim: Beltz, S. 227–255.

Witzel, A. (2000): Das problemzentrierte Interview. Forum Qualitative Sozialforschung/Forum: Qualitative Social Research, 1(1), Art. 22, http://nbn-resolving.de/urn:nbn:de:0114-fqs0001228.

---

[9] Wie dieses erfahrungsbasierte Kontextwissen im Prozess der Arbeit erworben werden kann, haben wir an anderer Stelle breit erforscht und dargestellt (vgl. Bolte und Neumer 2021).

Belastungen bei digital vernetzter Dienstleistungsarbeit – widersprüchliche Arbeitsanforderungen

Ursula Stöger und Tanja Merl

Inhaltsverzeichnis

Zusammenfassung

Im folgenden Beitrag werden unter Bezugnahme auf das Konzept der widersprüchlichen Arbeitsanforderungen typische Belastungskonstellationen vorgestellt, die bei qualifizierter digital vernetzter Dienstleistungsarbeit auftreten. Es zeigt sich, dass in der Praxis verschiedene Formen widersprüchlicher Arbeitsanforderungen in Kombination auftreten, was insgesamt zu einer Kumulation von Arbeitsbelastungen führt. Dies stellt die Arbeitsgestaltung vor neue Herausforderung und wirft neue Forschungsfragen auf, die abschließend angesprochen werden.

U. Stöger (✉) · T. Merl
Forschungseinheit für Sozioökonomie der Arbeits- und Berufswelt, Universität Augsburg,
Augsburg, Deutschland
E-Mail: ursula.stoeger@phil.uni-augsburg.de

© Der/die Autor(en), exklusiv lizenziert an Springer Fachmedien Wiesbaden   189
GmbH, ein Teil von Springer Nature 2023
M. Heinlein et al. (Hrsg.), *Digital vernetzte Arbeit*,
https://doi.org/10.1007/978-3-658-40615-8_7

1   Das Konzept der widersprüchlichen Arbeitsanforderungen

In der traditionellen Belastungsforschung wurde die Auswirkung einzelner Belastungsquellen im Arbeitsprozess auf den arbeitenden Menschen untersucht, wie beispielsweise Lärm oder Schichtarbeit (siehe z. B. Luczak und Volpert 1997). Mit der Herausbildung einer eigenständigen arbeitssoziologischen Belastungsanalyse wurde nicht mehr auf einzelne Faktoren fokussiert, sondern auf die kumulative Wirkung unterschiedlicher Belastungsquellen, wie negative Umgebungseinflüsse und ungünstige Arbeitszeiten (siehe Böhle 2018, S. 67). Derartige komplexe Wirkungszusammenhänge unterschiedlicher, voneinander unabhängiger psychischer und physischer Belastungen werden in der arbeitssoziologischen Belastungsforschung als „Mehrfachbelastungen" (Volkholz 1977) erfasst.

Im Gegensatz zu Belastungskonzepten, mit denen die Kumulation von Belastungen im Arbeitsprozess untersucht wurde, verfolgen relationale Belastungskonzepte einen ganzheitlicheren Analyseansatz, indem die gesamte Arbeitssituation bei der Untersuchung von Arbeitsbedingungen und -anforderungen einbezogen wird. Belastungen werden nicht abstrakt bestimmt, sondern im Verhältnis zur Aufgabe und den vorgegebenen Rahmenbedingungen untersucht (vgl. Böhle 2018, S. 75). Diese Belastungskonzepte gehen davon aus, dass die jeweiligen Arbeitsfaktoren nur unter bestimmten Bedingungen zu einer Belastung für die Beschäftigten werden, ohne dabei außer Acht zu lassen, dass es durchaus Faktoren gibt, die unabhängig von den sonstigen Rahmenbedingungen eine Arbeitsbelastung darstellen können, so etwa schädliche Umgebungseinflüsse wie Hitze oder chemische Dämpfe.

Einen solchen Ansatz verfolgt das von Manfred Moldaschl (1991) entwickelte Konzept der widersprüchlichen Arbeitsanforderungen, das eine strukturtheoretische mit einer handlungstheoretischen Perspektive verbindet und damit soziologische und psychologische Ansätze in der Belastungsforschung verknüpft. Das Konzept basiert auf der Annahme, dass vor allem psychisch-mentale Belastungen aus widersprüchlichen Arbeitsanforderungen resultieren. Im Blickpunkt stehen die jeweiligen Diskrepanzen zwischen Handlungsanforderungen und Handlungsmöglichkeiten der Beschäftigten bzw. die Diskrepanz zwischen offiziell festgelegten Anforderungen und Arbeitspraxis, die ihrerseits als soziales Verhältnis und nicht als jeweils individuelle Abweichung von Interesse sind. Das Konzept richtet den Blick auf Belastungen im Arbeitsalltag bei der Bewältigung der Arbeitsaufgabe; Belastungen, die sich aus dem Beschäftigungsverhältnis und dessen gesellschaftlicher Konstituierung und Rahmung ergeben, werden hingegen mit dem Konzept nicht erfasst. Widersprüchliche Arbeitsanforderungen ergeben sich aus Diskrepanzen zwischen Handlungsanforderungen und Handlungsmöglichkeiten; sie entstehen, wenn Beschäftigte bei der Bewältigung ihrer Arbeitsaufgaben Dinge tun müssen, die sie nicht tun dürfen, sollen oder aufgrund handlungsbeschränkender Bedingungen nicht tun können. Aus diesen meist täglich auftretenden Widersprüchen resultieren Belastungen, die die Beschäftigten in irgendeiner Weise verarbeiten müssen. Im Vordergrund der Belastungsanalyse stehen dabei nicht individuelle Bedürfnisse und Motive der Beschäftigten, die in Konflikt mit den vorgefundenen Bedingungen geraten, sondern betriebliche Aufgabenstellungen, Handlungsanforderungen und –beschränkungen, die personenunabhängig sind (Moldaschl 1991, S. 17 ff.).

Widersprüchliche Arbeitsanforderungen sind in der Arbeitspraxis auf unterschiedliche Kombinationen von Diskrepanzen zwischen Arbeitszielen, Ressourcen und Regeln zurückzuführen (siehe Moldaschl 2005; siehe auch Richter 2000, S. 18). Nach diesem Verständnis erschöpft sich die Aufgabe der Forschung nicht in der Identifikation möglicher Belastungsfaktoren, sondern sie hat darüberhinausgehend die Wirkung der gesamten Arbeitssituation zu analysieren und zu beurteilen (siehe hierzu Böhle 2018, S. 75 f.). Arbeitsanforderungen, die isoliert betrachtet positive Auswirkungen auf Beschäftigte haben, können unter bestimmten Konstellationen zu einer Arbeitsbelastung werden. So kann die Bewältigung anspruchsvoller Arbeitsaufgaben eine Quelle von Zufriedenheit und individueller Entwicklung sein. Mangelt es hingegen an der notwendigen fachlichen Qualifikation oder/und entsteht Zeitdruck, können anspruchsvolle Aufgaben zu einer besonderen psychischen Belastung oder Überforderung führen. Das Ziel der Arbeitsgestaltung besteht dann darin, widersprüchliche Arbeitsanforderungen zu vermeiden (siehe Moldaschl 2005).

Im folgenden Schaubild (Abb. 1) werden in Anlehnung an die Überlegungen von Manfred Moldaschl Aspekte bzw. Dimensionen der Arbeitssituation dargestellt, die in ihrem Zusammenwirken zu widersprüchlichen Arbeitsanforderungen führen können.

Nach dem Konzept der widersprüchlichen Arbeitsanforderungen entstehen psychische Belastungen also durch das Zusammenspiel der verschiedenen Elemente des gesamten Arbeitssystems. Sie treten auf, wenn spezifische Konstellationen der einzelnen Faktoren die Erreichung des Arbeitsziels erschweren und die Beschäftigten keine Einflussmöglichkeiten haben, um die auftretenden Widersprüche abzustellen (Moldaschl 1991, S. 18).

Wir knüpften bei unserer Untersuchung von Arbeitsbelastungen bei digital vernetzter Arbeit an diesen erweiterten Blick auf Belastungen an. Unser Fokus lag nicht auf einzelnen Belastungsfaktoren, wie z. B. die bekannte ‚Emailflut'. Stattdessen fragten wir danach, unter welchen Bedingungen (des gesamten

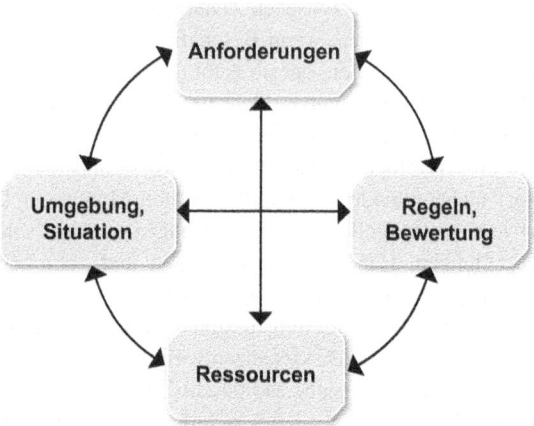

Abb. 1 Konzept widersprüchlicher Arbeitsanforderungen. (Eigene Darstellung)

Arbeitssystems) eine hohe Anzahl an Emails für Beschäftigte zu einer Belastung wird. Zunächst möchten wir jedoch darauf hinweisen, dass bei qualifizierter, digital vernetzter Arbeit Anforderungen an den arbeitenden Menschen gestellt werden, die grundsätzlich auch den Umgang mit schwierigen Situationen beinhalten. Herausforderungen dieser Art können mitunter im Arbeitsprozess bewältigt werden, ohne zur Belastung für die Beschäftigten zu werden. Dies ist erst dann der Fall, wenn durch die Arbeitssituation insgesamt die Bewältigung schwieriger Aufgaben beeinträchtigt wird, wie z. B. durch knappe Zeitvorgaben oder defekte Arbeitsmittel.

Im Folgenden soll eine Auswahl an typischen Belastungskonstellationen vorgestellt werden, die wir bei qualifizierter digital vernetzter Dienstleistungsarbeit vorgefunden haben. Diese fanden sich in unterschiedlicher Ausprägung in allen von uns untersuchten Tätigkeitsfeldern.[1]

---

[1] Die empirische Basis der hier vorgestellten Untersuchungsergebnisse bilden qualitative Interviews mit Beschäftigten aus dem Großhandel, aus Telekommunikationsunternehmen, einem Verlag, einem IT-Dienstleister, aus der Logistikbranche und dem öffentlichen Personennahverkehr sowie Arbeitsplatzbeobachtungen, die wir im Rahmen des vom BMBF geförderten Forschungsprojektes „Arbeit oberhalb der ‚mentalen Dauerbelastungsgrenze'. Leistungsregulierung bei qualifizierter digital vernetzter Arbeit" (LedivA; Förderkennzeichen: 02L16D005) an der Universität Augsburg durchgeführt haben.

2 Widersprüchliche Arbeitsanforderungen bei digital vernetzter Dienstleistungsarbeit

2.1 Widersprüche zwischen Anforderungen und Regeln – Arbeit an den Schnittstellen im Netzwerk

Eine zentrale Belastungskonstellation, die bei digital vernetzter Arbeit auftritt, akzentuiert speziell den Aspekt des vernetzten Arbeitens. Digital vernetzte Arbeit ist, wie beschrieben (Heinlein et al. 2023), die Tätigkeit an den Knotenpunkten in einem Wertschöpfungsnetzwerk (das menschliche Akteure ebenso umfasst wie digitale Technologien), wobei die damit verbundenen Anforderungen berufsfachliche Kompetenzen übersteigen. Die Arbeit an den Schnittstellen zwischen verschiedenen Prozessen erfordert neben fachlichen Kompetenzen die Kooperation mit verschiedenen, über den eigenen Arbeitsbereich hinausgehenden Akteur*innen und die Koordination unterschiedlicher, mitunter auch nicht passgenauer Prozesse zur Synchronisation von Inhalten und Abläufen, die ihrerseits unterschiedlichen Systemlogiken folgen.

Zur Bewältigung der gestellten Anforderungen ist nicht nur ein hohes fachliches Wissen im jeweiligen Tätigkeitsfeld, sondern überdies ein breites Überblickswissen notwendig und, wie später zu zeigen sein wird, ein hohes Maß an beruflichem und tätigkeitsfeldbezogenem Erfahrungswissen. Durch die Durchdringung der Ablaufprozesse mit digitalen Technologien veränderten sich die Qualifikationsanforderungen in den untersuchten Arbeitsbereichen. Neben einem Verständnis der jeweils eingesetzten digitalen Technologien sind nun auch Anforderungen zu bewältigen, die fachübergreifend auftreten, so etwa die Auseinandersetzung mit fehleranfälligen Technologien oder mit beschleunigten Prozessabläufen. Zugleich stellt der Umgang mit der Abhängigkeit von verschiedenen Akteur*innen im Netzwerk, die auch jenseits formaler Hierarchien liegen kann[2], Anforderungen an die Beschäftigten, wie etwa die Aneignung taktischen und strategischen Handlungswissens sowie eine hohe psychische Belastbarkeit.

Bei der Arbeit an den digitalen Schnittstellen in einem Netzwerk müssen Beschäftigte unterschiedliche Systemlogiken abgleichen, um den Arbeitsablauf zu sichern und Reibungsverluste so gering wie möglich zu halten. Neben den Eigenlogiken der digitalen Systeme sind überdies auch die Eigenheiten der jeweiligen Arbeits- und Ablauforganisation sowie Arbeitskulturen und Interaktionszusammenhänge zu berücksichtigen.

---

[2] Beispielsweise aufgrund des Wartens auf notwendige Vorarbeiten oder Informationen, ohne die die eigene Arbeit nicht zum Abschluss gebracht werden kann.

Die Tätigkeiten erfordern einen hohen Abstimmungsaufwand mit einer Vielzahl von technischen und menschlichen Akteure*innen, die an unterschiedlichen Stellen im Netzwerk Prozesse mitgestalten.

Die hohen Anforderungen an die Schnittstellentätigkeiten in einem Netzwerk und die damit einhergehenden widersprüchlichen Arbeitsanforderungen lassen sich paradigmatisch an der Tätigkeit eines Disponenten eines großen Speditionsunternehmens veranschaulichen. Dieses Beispiel eignet sich insbesondere, weil die Disposition von Waren einen sehr hohen Vernetzungsgrad mit anderen Akteur*innen aufweist und die Branche selbst bereits weitgehend digitalisiert ist, die digitalen Technologien an den einzelnen Knotenpunkten dabei aber nur teilweise kompatibel sind. In der Tätigkeit aus unserem Fallbeispiel zeigen sich Widersprüche zwischen den Anforderungen und den im Unternehmen geltenden Regeln:

Der Arbeitsplatz des Disponenten ist geprägt durch eine hochgradige digitale Vernetzung, die bereits anhand der eingesetzten Bildschirme und Softwareanwendungen ersichtlich wird. Der Disponent ist zuständig für die Planung und Steuerung des gesamten Lieferprozesses. In dieser Funktion muss er den reibungslosen Ablauf von mit unterschiedlichen Waren bestückten LKW-Lieferungen an Händler*innen innerhalb Deutschlands organisieren. Die Anforderung an den Disponenten besteht darin, den logistischen Vorgang so effizient wie möglich zu gestalten, indem etwa die Ladekapazität von LKWs bei der Tourenplanung so gut wie möglich genutzt wird.

Bereits vor der Digitalisierung war diese Tätigkeit sehr anspruchsvoll und setzte ein hohes Qualifikationsniveau voraus. Sie erforderte nicht nur das fachliche Wissen eines Speditionskaufmanns, sondern auch ein hohes berufliches Erfahrungswissen, wie der Befragte schilderte. Im Zuge der Digitalisierung wurden einerseits zentrale Qualifikationen des Speditionskaufmanns abgewertet, da organisatorische Schritte durch Technik übernommen werden, andererseits wird dennoch berufliches Erfahrungswissen abgefordert, um Fehler im Prozessablauf zu beheben, die teilweise auf technische Ursachen zurückzuführen sind. Dies zeigt sich in der Praxis wie folgt:

Die Digitalisierung der logistischen Prozesse hat für die Arbeit des Disponenten unterschiedliche Folgen. Er kann einerseits den Ablauf weniger steuernd und korrigierend beeinflussen, da seine Handlungsspielräume durch technische Vorgaben verengt werden. Ein früher übliches, korrigierendes Eingreifen „auf Zuruf" mit dem Ziel, Prozesse umzusteuern, ist heute eingeschränkt. So konnte der Disponent früher persönliche Kontakte zu Kund*innen nutzen, um z. B. bei einem Stau den Timeslot für eine Lieferung zu verlängern. Auch heute noch kann er auf sein Erfahrungswissen und die damit verbundene informelle Kooperation mit Kund*innen zurückgreifen, um mögliche Friktionen im Ablauf zu verhindern. Hierbei muss er allerdings die Regeln im Unternehmen und seinen durch die Digitalisierung von Prozessen und Arbeitsschritten formell eingeschränkten Handlungsspielraum umgehen bzw. erweitern – ein Arbeitshandeln das, wie er schildert, vielen seiner jungen Kolleg*innen nicht möglich ist. Im Regelfall fehlen sowohl Erfahrungswissen und auch der Mut, geltende Regeln zu „verletzen". Dennoch erzeugen auch bei dem sehr erfahrenen Disponenten die arbeitsorganisatorischen Rahmenbedingungen und die sich daraus ergebenden widersprüchlichen Arbeitsanforderungen einen hohen Druck, der bis zur mentalen Erschöpfung führen kann.

In den folgenden Interviewausschnitten wird die Bedeutung der informellen Kooperation mit den Netzwerkakteur*innen unter Umgehung der geltenden Regeln als Voraussetzung für den reibungslosen Ablauf des Arbeitsprozesses beschrieben:

> „(...) der Kundenbetreuungspart nimmt einen großen Teil ein und die Kundenbindung. Genau. Und final läuft aber trotzdem alles auf eine digitale Plattform heraus, für die ich eben die Daten konzernweit verarbeite oder abwickle. So lässt sich mein Arbeitsalltag auch beschreiben mit man handhabt, man händelt verschiedene Programme, drei bis vier Stück, aber trotzdem darf man den Aspekt mit den Menschen halt nicht vernachlässigen. Um einen optimalen Arbeitsablauf zu generieren."

> „Der Arbeitsalltag gibt mir bestimmte Zeiten vor, die durch bestimmte Deadlines gesetzt werden, die ich bevorzugen muss oder im Ernstfall dann wirklich abwägen muss, ist das jetzt wichtiger, die Arbeitsdeadline einzuhalten oder ist es jetzt wichtiger, doch dann bei einer extremen Entscheidung oder extremen Situation den Kunden vorzuziehen. Also ich könnte quasi einen Unternehmensablauf vernachlässigen, wenn ich wirklich meine, es wäre jetzt wichtiger, was anderes zu tun. Obwohl es dem Unternehmen schaden könnte."

Die Arbeit in der Disposition erfordert eine permanente Aufmerksamkeit. Zugleich bestehen kaum Möglichkeiten zur individuellen Leistungsregulierung durch kurzfristige Unterbrechungen und Möglichkeiten zum ‚Abschalten'. Die Arbeit erfordert somit nicht nur hohe Aufmerksamkeit und Konzentration, sondern diese müssen während des gesamten Arbeitstages permanent auf höchsten Niveau erbracht werden:

> „Ich mach auf dem einen Bildschirm die Sendungsdaten auf, auf dem anderen habe ich dieses Zeitbuchungssystem, da habe ich bestimmt so sechs, sieben kleine Fenster offen, also das ist echt irre ... also manchmal weiß ich echt nicht, was ich als nächstes machen wollte."

Die Folgen sind eine hohe mentale Anspannung, Stress und Überlastung. Ein Kollege unseres Interviewpartners hat sogar auf eine Teamleiterstelle und damit ein höheres Einkommen verzichtet, weil er dem Druck nicht mehr standhielt. Auch krankheitsbedingte Ausfälle aufgrund von Überlastungen sind keine Seltenheit in der Firma. Die Folgen der mentalen Erschöpfung zeigen sich jedoch nicht nur bei den Kolleg*innen sondern auch bei unserem Interviewpartner selbst:

> „So werden die Leute bei uns ausgebeutet und dann heißt es, der Mitarbeiter hätte sich selbst in die Situation gebracht, weil er hätte ja nichts gesagt (…) Bei mir hat zum Glück meine Frau was gemerkt. Aber wenn du Kinder hast und Rechnungen zu bezahlen [hast], dann brichst du unter dem Druck zusammen".

2.2 Widersprüche zwischen Anforderungen und Ressourcen – digitale Formalisierung und Entsinnlichung der Arbeitsprozesse

In den sozialwissenschaftlichen Debatten divergieren die Auffassungen über die Entwicklung von Arbeit und insbesondere der Qualifikationsanforderungen im Zuge der Verbreitung der Computertechnologien. Am pointiertesten wurden die unterschiedlichen Einschätzungen an der in den 1980er Jahren geführten Debatte über die „neuen Produktionskonzepte" (Kern und Schumann 1984), die eine Requalifizierung der Tätigkeiten und eine Erweiterung der Handlungsspielräume selbst in weiten Bereichen der ausführenden Tätigkeiten zur Folge hätten, ersichtlich. Die Diskussionen konzentrierten sich auf die Frage der Qualifikationsentwicklung. Die mit der Nutzung neuer Technologien einhergehende einseitige Ausrichtung des Denkens auf die Logik des Computers sowie eine Reduzierung der menschlichen Fähigkeiten wie Gefühl, Intuition oder assoziatives Denken im Arbeitsprozess wurden hingegen zunächst in der Arbeitssoziologie kaum problematisiert. Dies waren eher Themen der Philosophie und der Psychologie (siehe Böhle 2018, S. 73).

Erst Ende der 1980er Jahre wurde auch in der Arbeitssoziologie die Bedeutung der spezifischen Merkmale des menschlichen Denkens und Handelns für einen erfolgreichen Ablauf des Arbeitsprozesses thematisiert. Neue entstandene Forschungsansätze betonten die Unverzichtbarkeit von sinnlicher Wahrnehmung und Erfahrungswissen für die Erreichung von Arbeitszielen. Diese wurden mit dem Konzept des subjektivierenden Arbeitshandelns (Böhle und Milkau 1988) aufgezeigt, mit dem der Blick auf die spezifisch menschliche Herangehensweise an den Arbeitsprozess in der Industriearbeit gerichtet wird. Im Gegensatz zu einem planmäßigen-rationalen, objektivierenden Handeln sind für das menschliche Arbeitsvermögen (Pfeiffer 2004) Merkmale wie subjektives Empfinden und Gespür, assoziativ-bildhaftes Denken, eine explorative Vorgehensweise sowie eine emotionale Beziehung zum Arbeitsgegenstand typisch. Kennzeichnend für das subjektivierende Arbeitshandeln ist die Erfassung des Arbeitsgegenstandes und der Arbeitsumgebung mit allen Sinnen und die Nutzung der dadurch gewonnen Informationen für die nächsten Handlungsschritte (Böhle 2017). So werden auch nicht objektivierbare, in Zahlen darstellbare Informationen, wie beispielsweise eine Atmosphäre im Raum oder Geräusche technischer Anlagen wahrgenommen und als handlungsleitende Information genutzt. Zunächst wurde das subjektivierende Arbeitshandeln in der industriellen Fertigung entdeckt. Es zeigt sich, dass insbesondere bei Unwägbarkeiten im Arbeitsablauf Beschäftigte ein subjektivierendes Arbeitshandeln nutzen, um Probleme im Arbeitsablauf zu beheben (Böhle und Milkau 1988; Böhle und Rose 1992; Pfeiffer 2007).

Später wurde das subjektivierende Arbeitshandeln auch im Bereich der sogenannten geistigen Arbeit sowie im Bereich von Dienstleistungsarbeit untersucht und auch dort seine Bedeutung für den reibungslosen Ablauf des Arbeitsprozesses herausgestellt (beispielsweise für personenbezogene Dienstleistungsarbeit im Verkauf, der Klinik, in Verwaltungen und in der Gastronomie siehe Böhle et al. 2015; für das ärztliche Handeln siehe Merl 2021).

Die Spezifik des subjektivierenden Arbeitshandelns liegt nun gerade darin, dass es sich gegen eine Formalisierung von Arbeitsabläufen sträubt und diese Eigenheit seine hohe Bedeutung für das Gelingen auch stark formalisierter Arbeit begründet. Formalisierung von Arbeitsabläufen ist keine Besonderheit digitalisierter Arbeit. Bereits vor der informationstechnischen Durchdringung und Digitalisierung von Dienstleistungsarbeit waren Arbeitsabläufe an Regeln gebunden, denen sich das menschliche Arbeitshandeln unterzuordnen hatte. Dies gilt für die meisten Tätigkeitsbereiche und ist weniger ein naturgegebenes, durch die stoffliche Bestimmtheit von Arbeit vorgegebenes Charakteristikum moderner Erwerbsarbeit, sondern eher bedingt durch die spezifische Organisation von industriellen Produktions-, Verwaltungs- und Dienstleistungsprozessen. Im Zuge der Digitalisierung von Arbeitsprozessen erfährt Formalisierung jedoch eine neue Qualität. Arbeitsregeln werden durch die mithilfe von Algorithmen konstruierte Logik der Maschinen und Programme vorgegeben und den arbeitenden Menschen aufgezwungen. Der Mensch muss sich der Maschinenlogik unterordnen, indem er sein Arbeitshandeln an den mittels digitaler Zeichen vorgegeben Informationen und Arbeitsregeln ausrichtet.

Doch auch bei digital vernetzter Arbeit konnten wir die Bedeutung des subjektivierenden Arbeitshandelns feststellen. Eine zentrale Anforderung bei der Arbeit mit digitalen Technologien besteht eben gerade darin, situativ angepasst und zielgerichtet zu handeln und selbst in den Prozess einzugreifen, wenn etwas nicht so funktioniert, wie es soll. Unwägbarkeiten in den Arbeitsabläufen steigen mit dem Vernetzungsgrad und dem Einsatz digitaler Technologien. Insofern ist es auch für digital vernetzte Arbeit typisch, dass Beschäftigte im Arbeitsalltag ein planmäßig-objektivierendes Handeln mit einem subjektivierenden Arbeitshandeln verknüpfen, um auf unklare oder nicht planbare Situationen zu reagieren. Der Einsatz digitaler Technologien erschwert jedoch die Anwendung eines subjektivierenden Arbeitshandelns, da der Arbeitsablauf digital abgebildet ist und Informationsquellen, die unmittelbare sinnliche Wahrnehmung ermöglichen würden, fehlen. Die Folge hiervon ist, dass Beschäftigte mit widersprüchlichen Arbeitsanforderungen konfrontiert werden. Zur Erfüllung der Anforderungen stehen nicht ausreichende und geeignete Informationsquellen zur Verfügung. Mit der zunehmenden Durchdringung der Arbeitsprozesse mit digitalen Technologien kommen auf die Beschäftigten zusätzliche Anforderungen zu, die für sie Mehraufwand bedeuten:

Im Arbeitsalltag treten ihnen mit digitalisierten und algorithmengesteuerten Arbeitsprozessen einerseits sowie der materiellen Realität konkreter Arbeitsvollzüge andererseits zwei unterschiedliche Welten gegenüber (Nies et al. 2020, S. 22). Die Arbeit mit digitalen Technologien fordert den Beschäftigten dauerhafte Übersetzungsleistungen von analogen in digitale Informationen und umgekehrt ab. Um in beiden Welten sicher agieren zu können, müssen die unterschiedlichen Anforderungen von Maschine und konkreter Arbeitspraxis beherrscht werden. Diese Aufgabe kann nur gemeistert werden, wenn ausreichende Kenntnisse über die konkreten Arbeitsabläufe vorhanden sind.

Um alle notwendigen Informationen zu bekommen, müssen Hilfskonstruktionen genutzt werden, beispielsweise indem der materielle Arbeitsgegenstand bildlich vor dem geistigen Auge aufgebaut wird. Dies ist jedoch mit zusätzlichen Anstrengungen verbunden, die auch bei der offiziellen Beschreibung der Arbeitstätigkeit nicht berücksichtigt werden.

Exemplarisch für die hier beschriebenen widersprüchlichen Arbeitsanforderungen ist die Tätigkeit in der Warenein- und -ausgangsabfertigung in einem Logistikunternehmen. Zum untersuchten Tätigkeitsbereich gehören unterschiedliche Arbeiten im Bereich der Lagerlogistik, darunter die Organisierung von Wareneingängen und -ausgängen. In den letzten Jahren wurde der Tätigkeitsbereich zunehmend digitalisiert. So wurden früher Zeitfenster für das Be- und Entladen von Waren im Lager durch die zuständigen Sachbearbeiter*innen bereitgestellt. Heute ist diese Aufgabe automatisiert, indem Zeitfenster maschinell berechnet und an die Kund*innen weitergeben werden. Der Einsatz digitaler

Technologien führte zu einer massiven Beschleunigung der Abläufe. Fahrtwege werden mithilfe von Navigationstechnologien minutengenau berechnet, was eine Verkürzung von Zeitfenstern zur Folge hat, die für die Lieferung bzw. Abholung von Waren bei Kund*innen vorgesehen sind. Dies ermöglicht einen schnelleren Warenumschlag. Trotz des Einsatzes der Logistiktechnologie gehören Fehler im Ablaufprozess zum Arbeitsalltag. Jede zeitliche Verzögerung im Fahrplan der Transporter kann Auswirkungen auf nachgelagerte Prozesse haben. Zudem können auch Falschlieferungen, wie beispielsweise falsche Liefermengen den Ablauf verzögern. Aufgabe der Mitarbeiter*innen in der Lagerlogistik ist es u. a., solche Falschlieferungen und damit zusammenhängende Reklamationen zu bearbeiten. Unser Interviewpartner schilderte, in welcher Hinsicht durch die digitalisierte Auftragsabwicklung die Bearbeitung von Reklamationen nunmehr erschwert wird:

Früher wurden Aufträge analog auf Papier erfasst und in Ordnern abgelegt. Im Falle einer Reklamation konnte der Interviewpartner recht zügig, sozusagen „auf einen Blick", den Auftrag „vor seinem geistigen Auge" bildlich aufbauen und sich dadurch den Ablauf der Auftragsabwicklung und ev. Probleme meist recht zügig in Erinnerung rufen. Handschriftliche Notizen zu den Fällen unterstützten sein Erinnerungsvermögen und erleichterten ihm das Vorgehen bei der Reklamationsbearbeitung. Im Zuge der digitalen Erfassung der Abläufe wird ihm dieses Vorgehen erschwert. Formalisierte und standardisierte Informationsvorgaben ermöglichen kaum individuelle auftragsspezifische Eintragungen, die ihm eine Zuordnung der Informationen erleichtern würden. Stattdessen müssen Informationen zunächst aus mehreren Dateien zusammengesucht werden:

„Die Jahre, wo ich in der Firma bin, ist es wesentlich stressiger geworden, habe ich das Gefühl, seitdem es digital geht. Früher hast du halt deinen Ordner aufgemacht. Da hast du gewusst, an dem Tag war der Eingang. Da hast du deine Papiere raus gezogen und hast alles daliegen gehabt zum Schauen. Und das musst du halt jetzt alles digital suchen. Ich finde es ein bisschen komplizierter, manches ist komplizierter, manches ist besser. (…) Ich muss mehr denken. Dadurch, dass ich nicht mehr nur einfach einen Ordner aufschlagen kann und nachlesen kann, was abgehackt worden ist und was dort war. Ich muss jetzt alles digital nachvollziehen können. Und auch die Bewegungen, da fehlt halt manchmal die Beschreibung. Weil früher habe ich, wen ich es manuell gehabt habe, habe ich halt hin geschrieben „Palette war kaputt" oder „Ware war beschädigt, deswegen abgelehnt", es war halt immer ein Grund drin gestanden und das sehe ich halt jetzt digital nicht mehr. Ich sehe nur, da ist ein Karton geschwundet worden. Und vielleicht noch drin gestanden Bruch, aber warum die Ware Bruch war, kann ich schlecht nachvollziehen nach vier Monaten. So lange reicht mein Gedächtnis nicht dafür. Kann man im PC nicht eingeben, weil der Platz nicht reicht, wäre leichter, weil man es dann nachvollziehen könnte. (…) [es ist anstrengender, Anm. d. Verf.]

weil man sich viel merken muss und viel zurückdenken muss … Und weil ich halt in dem Moment schon fünf Fenster auf habe am PC, und dann ach (…), wo war ich jetzt. Also früher habe ich das Papier vor mir liegen gehabt und jetzt muss ich fünf Fenster öffnen, bis ich weiß, was da passiert ist, in dem Vorgang. Das macht es für mich komplizierter. (…) Und nebenbei klingelt das Telefon oder ein Kollege aus dem Lager steht neben dir und will was."

Die geschilderten Probleme bei der Auftragsbearbeitung lassen sich nicht auf ein Qualifikationsproblem zurückführen, das für Erschwernisse und dadurch bedingte Verzögerungen verantwortlich wäre. Im Gegenteil ist der Beschäftigte sogar ein sehr erfahrener Mitarbeiter im Unternehmen. Die Probleme resultieren vielmehr aus den Widersprüchen zwischen der Anforderungen, die Kundenreklamation zügig zu bearbeiten und den fehlenden Ressourcen, in diesem Fall fehlende bzw. zu unspezifische Informationsquellen, die eine schnelle Erfassung des Auftrages und der dabei entstandenen Probleme erlauben würden. Die Lösung der Arbeitsaufgabe ist nur mit einem zusätzlichen Arbeitsaufwand, die eine mentale Zusatzanstrengung zur Folge hat, möglich.

Der Beschäftigte schilderte an späterer Stelle im Interview die zusätzlichen Belastungen, die für ihn entstehen und welche Strategien ihm bei der Bewältigung helfen. Auch hier zeigt sich eine Veränderung gegenüber früheren Zeiten:

„Ich habe einmal in der Woche Stammtisch. Der tut mir immer wahnsinnig gut, wenn ich mich mit meinen Freunden treffe und einfach Spaß habe und einfach mal nur einen Schmarrn rede. Das gibt mir wirklich oft viel Kraft. Was mir auffällt, ich habe früher wahnsinnig gerne gelesen und viel gelesen, das mache ich jetzt nicht mehr, weil es mir zu viel ist, durch das, dass ich den ganzen Tag in der Arbeit Emails lese. Ich kann dann nicht mehr abschalten, weil man ja dann doch irgendwie die Email nicht löscht und dann doch irgendwie wieder als Vorlage liegen hat, wenn man sie nicht abgefertigt hat und dann jeden Tag erinnert wird."

2.3   Widersprüche zwischen unterschiedlichen Anforderungen – Arbeitsunterbrechungen

Arbeitsunterbrechungen stellen einen Widerspruch zwischen zwei unterschiedlichen Arbeitsanforderungen dar. Ihre belastungserhöhende Wirkung ist in der Arbeitspsychologie und -soziologie gut belegt (z. B. Rigotti et al. 2012; Rigotti und Baethge 2013). Unterbrechungen haben ein kurzfristiges Aussetzen der jeweiligen Handlung, die zur Erreichung eines Arbeitsziels ausgeführt wird, zur Folge. Sie sind in der Regel auf externe Ursachen zurückzuführen und dienen der Verfolgung eines anderen Arbeitsziels. Folgen von Unterbrechungen sind zeitliche Verzögerungen im Arbeitshandeln, da bei der jeweiligen Umstellung auf das andere Arbeitsziel, ein mentaler Zusatzaufwand betrieben werden muss. Man muss sich mental zunächst auf eine neue Situation einstellen und nach dem Handlungsvollzug wieder mental in die ursprüngliche Handlungssituation einfinden. Da die zusätzlichen Anforderungen durch größere Anstrengungen kompensiert werden müssen, verursachen häufige Arbeitsunterbrechungen höhere Arbeitsbelastungen. Aus Sicht der Belastungsforschung sind Arbeitsunterbrechungen deshalb durch geeignete Maßnahmen der Arbeitsgestaltung im Idealfall zu vermeiden bzw., sofern dies nicht möglich ist, deren negative Auswirkungen durch kompensatorische Gestaltungsmaßnahmen wie z. B. regelmäßige Pausen zu verringern (BAuA 2019).

Für den Bereich der Interaktionsarbeit, d. h. der Arbeit mit oder an Kunde*innen konnte gezeigt werden, dass Arbeitsunterbrechungen ein zentraler Bestandteil der Tätigkeit sind (Böhle et al. 2015). Gleiches zeigt sich auch bei qualifizierter digital vernetzter Arbeit. Eine zentrale Aufgabe bei der Arbeit an den Schnittstellen im Netzwerk ist die formelle und informelle Kommunikation mit Kund*innen und anderen Akteur*innen. Im Arbeitsalltag bestimmen unterschiedliche Formen der formellen und informellen Kommunikation die Tätigkeit, die meist durch digitale, aber auch analoge Techniken vermittelt wird. Sofern Arbeitsunterbrechungen nicht selbst gewählt und mit dem eigenen Arbeitsrhythmus synchronisiert werden können, sind sie auch hier eine Quelle von Arbeitsbelastungen. Beschäftigte kommen nicht umhin, Unterbrechungen zu akzeptieren und die dabei auftretenden widersprüchlichen Anforderungen zu bewältigen. Belastungen ergeben sich insbesondere bei mental anspruchsvollen Tätigkeiten, die ein hohes Maß an Konzentration erfordern.

In unserer empirischen Untersuchung fanden wir zahlreiche Hinweise auf Arbeitsunterbrechungen, die sich bei der Kooperation und Kollaboration mit Maschinen und anderen Akteur*innen ergeben. Aus einem Interview mit einem Beschäftigten eines Telekommunikationsunternehmens im Bereich der Privatkundenbetreuung wurde ersichtlich, dass Unterbrechungen bereits arbeitsorganisatorisch aufgrund der Vorgabe, unterschiedliche Kanäle (Telefon, Internet und Email) zu bedienen, die Regel sind. Aufgrund der hohen dadurch bedingten Zusatzbelastung wurde in diesem Unternehmen eine Vereinbarung mit dem Betriebsrat abgeschlossen, welches die parallele Bearbeitung von Kundenanfragen aus unterschiedlichen Kanälen auf eine bestimmte Stundenzahl je Arbeitstag begrenzt. Dieses positive Fallbeispiel zeigt, wie Arbeitsunterbrechungen zumindest reduziert werden können. In vielen anderen Bereichen sind derartige Vereinbarungen aufgrund der Arbeitsorganisation nicht möglich, wie im Fall eines untersuchten

Großhändlers für elektronische Bauteile. Im Vertrieb sind regelmäßige Unterbrechungen durch Kundenanrufe während einer Tätigkeit üblich. Dies ist durch das Geschäftsmodell des Unternehmens mitbegründet. Ein Alleinstellungsmerkmal der Firma ist die Betreuung von Kund*innen bei Anfragen in kleiner Stückzahl und die hohe Kundenbindung. Da Kund*innen unterschiedliche Wege der Auftragsabgabe – neben Email-Verkehr ist auch die Beauftragung per Telefon üblich – nutzen, werden die Beschäftigten bei der Bearbeitung von Aufträgen oder bei der Suche nach den jeweils günstigsten Lieferant*innen durch Telefonanrufe von Kund*innen oder auch durch telefonische Anfragen aus anderen Abteilungen des Unternehmens unterbrochen. Für die Vertriebsmitarbeiter*innen sind diese Unterbrechungen insbesondere dann belastend, wenn die gerade ausgeübte Tätigkeit eine erhöhte Konzentration erfordert, wie beispielsweise beim Abgleich der Produktnummern des Auftrags mit der daraufhin angefertigten Bestellung. Auch die Mitarbeiter*innen im Lager werden von Anfragen aus dem Vertrieb unterbrochen. In allen Unternehmensbereichen findet die Zusammenarbeit mit den Akteur*innen sowohl über digitale als auch analoge Kanäle statt.

Am Beispiel der Tätigkeit im Wareneingang im Lager lässt sich demonstrieren, dass Unterbrechungen fester Bestandteil der Arbeitsabläufe sind. Die Tätigkeit umfasst die Verwaltung von angelieferten Waren, die Kontrolle der Wareneingänge, den Vergleich von Bestell- und Lieferscheinen, die Erfassung der Waren im elektronischen System und schließlich die Auswahl eines geeigneten Lagerplatzes. Auch hier ist eine hohe Konzentration gefordert, etwa im Falle unterschiedlicher Lieferungen eines Lieferanten. Da sich elektronische Bauteile nicht auf den ersten Blick unterscheiden lassen, ist zur Fehlervermeidung eine genaue Kontrolle der Artikelnummern mit den Bestell- und Lieferscheinen notwendig. Verwechslungen von Artikeln können zu erheblichen Schäden führen, wenn eine Fehllieferung vom Kunden nicht erkannt wird und falsche Bauteile in Elektroprodukte eingebaut werden. Um Produktverwechslungen zu vermeiden, müssen mehrstellige Produkt- und Auftragsnummern sowie das bestellte und gelieferte Gewicht der Waren genauestens verglichen werden.[3] Die in der Ablauforganisation nicht unüblichen Anrufe aus dem Vertrieb führen zu Unterbrechungen der Kontrolltätigkeit. Die daraus resultierende Anstrengung wird in einer

---

[3] Zum Zeitpunkt der Interviews und Arbeitsplatzbeobachtungen im Lager des Unternehmens, wurde an einem Arbeitsplatz ein elektronisches Gerät zur optischen Identifikation von Waren in Betrieb genommen. Mittels einer Kamera erkennt der „Schlaue Klaus" die Artikel und meldet Stammdaten wie Bezeichnung, Artikelnummer oder Lagerfach. Ein Etikett mit den Artikelangaben wird ausgedruckt und auf den Artikel geklebt. Der „Schlaue Klaus" sollte nach der „Einlernphase" im Erfolgsfall im gesamten Wareneingang eingesetzt werden,

Interviewpassage eines Mitarbeiters im Wareneingang geschildert, auch wenn der Mitarbeiter angibt, sich zwischenzeitlich an die Unterbrechungen gewöhnt zu haben:

> „Also früher war das für mich sehr anstrengend, die häufigen Unterbrechungen. Inzwischen ist das für mich fast schon zur Gewohnheit geworden, das macht für mich nicht viel aus. Weil ich mich kurz umstellen muss in Gedanken usw., wenn was kommt vom Vertrieb. Er braucht unbedingt die Ware. Und er bittet mich zu schauen, ob die Pakete da sind. Da ist was für ihn drin. Oder er bittet mich, den Lieferschein für sieben Pakete zu überprüfen, ‚guck mal, was für Artikel in dem Paket sind. Bei X [Lieferant, Anm. d. Verf.] ist es ganz einfach, die Ware zu finden, wenn man die Lieferscheine hat'."

Die Arbeitsunterbrechungen durch andere Abteilungen sind Bestandteil im normalen Arbeitsalltag im Lager und werden von den Mitarbeiter*innen auch akzeptiert. Die dadurch entstehenden zusätzlichen Anstrengungen werden allerdings nur dadurch erträglich, dass man sich gegenseitig aushilft und weiß, dass ein reibungsloser Ablauf durch die gegenseitige Hilfe insgesamt erleichtert wird. Diese gegenseitige Hilfe ist bei der offiziell vorgegebenen Arbeitsorganisation nicht vorgesehen. Die Mitarbeiter*innen schätzen jedoch diese informellen Formen der Kooperation und können dadurch Anfragen aus anderen Abteilungen beantworten.

2.4 Widersprüche zwischen Anforderungen und Ressourcen – Intensivierung der Arbeit

Mit dem Einzug von digitalen Technologien in Produktion und Dienstleistungen stieg auch die Intensivierung von Arbeit an. Diese in empirischen Untersuchungen festgestellte Tendenz lässt sich in den meisten Branchen und Tätigkeitsbereichen (siehe Institut DGB-Index Gute Arbeit 2016) feststellen. Die Digitalisierung ist allerdings nicht ursächlich für die Leistungsverdichtung. Technik ist gestaltungsoffen und lässt unterschiedliche Entwicklungen der Arbeitsorganisation in Bezug auf Intensität und auch Qualifizierung zu. Dies wurde auch für den Einsatz digitaler Technologien gezeigt. Ob die Zukunft der Büroarbeit im digitalen Fließband (Boes et al. 2018) liegt oder Arbeitsplätze mit geringen Anforderung wegfallen und nur hochqualifizierte Tätigkeiten verbleiben, ist nicht vorhersehbar und wäre

---

was zu Entlastungen für die Mitarbeiter*innen führen würde. An den anderen Wareneingangsarbeitsplätzen wurde die Kontrolle und anschließende Verwaltung der Wareneingänge noch vollständig von den Mitarbeiter*innen erledigt.

im konkreten Fall empirisch zu klären. Zu vermuten ist allerdings, dass auch in Zukunft uneinheitliche Entwicklungen das Bild von Industrie- und Dienstleistungsarbeit kennzeichnen werden. Zumindest die bisherigen Forschungsarbeiten verweisen auf divergierende Entwicklungen mit ambivalenten Folgen für die Arbeit (siehe z. B. Ittermann et al. 2015). Insofern muss Digitalisierung nicht notwendigerweise zu deren Intensivierung führen.

Die Ursachen der Arbeitsintensivierung sind vielmehr in den Marktentwicklungen zu suchen. Unternehmen nutzen Rationalisierungsstrategien als Reaktion auf volatile Marktanforderungen und steigende nationale und internationale Konkurrenzen. Intensivierung der Arbeit ist Folge betrieblicher Rationalisierungsstrategien und des damit verbundenen Technikeinsatzes. Unternehmen geben Marktanforderungen und Konkurrenzdruck mittels Kennzahlen oder mithilfe indirekter Leistungssteuerung an die Beschäftigten weiter. Bei qualifizierter Arbeit entsteht Leistungsdruck nur selten durch direkte Anweisungen, sondern durch die Verbindung von Selbstverantwortung mit hohen Anforderungen an Flexibilität, direkt weitergereichte Marktzwänge und technischen Abhängigkeiten (Nies et al. 2020, S. 29). Digitale Technologien verschärfen dies, indem sie Arbeitsabläufe beschleunigen. Sie beeinflussen die Bedingungen der Leistungsverausgabung, da sie notwendige Eingriffe vorgeben und damit den Arbeitsrhythmus strukturieren. Beschäftigte sind grundsätzlich gezwungen, den eigenen Arbeitsrhythmus an die Geschwindigkeit technischer Systeme anzupassen. Dies kann auch eine Verzögerung von Handlungsabläufen zur Folge haben, wenn beispielsweise Rechenoperationen länger andauern.

Bei qualifizierter Arbeit führt Leistungsintensivierung in der Regel nicht zu einer Verengung von Handlungsspielräumen. Auch bei steigenden Handlungsspielräumen erfordert eine verantwortungsvolle Tätigkeit anlassgebundene Eingriffe in den Arbeitsprozess bei gleichzeitig knapper werdenden zeitlichen Ressourcen. Beschäftigte geraten dadurch unweigerlich in den Zwang, ihre Arbeitsverausgabung selbst zu intensivieren. An die Stelle des Taktes tritt die von Wilfried Glißmann und Klaus Peters (2001) bereits früh beschriebene Selbstintensivierung durch Formen indirekter Steuerung.

In unserem empirischen Material fanden wir eine Reihe von Hinweisen auf Formen der Leistungsintensivierung, die mit der Digitalisierung Einzug in den Arbeitsprozess hielt und weiter andauert. Dieser empirische Befund lässt sich tätigkeits- und branchenübergreifend feststellen. Die Beschäftigten erleben die Intensivierung der Arbeit als Widerspruch zwischen den Arbeitszielen und den zeitlichen Ressourcen mit der Folge erhöhter Arbeitsbelastungen. Der Druck auf die Arbeitsleistung wird möglich, gerade weil digitale Technologien Einsparpotenziale mit sich bringen. In einer vorgegebenen Zeiteinheit müssen mehr

Aufträge bearbeitet werden. Die Arbeitsverausgabung wird meist nicht durch direkten Druck erhöht, sondern indem fortwährend neue Kennzahlen vorgegeben, im Zuge der Personalfluktuation schrittweise Personal eingespart oder nach und nach neue Aufgaben in das Tätigkeitsfeld integriert werden.

Der bereits im oben angeführten Beispiel zitierte Beschäftigte eines Logistikunternehmens beschreibt die Arbeitsintensivierung, die mit der digitalen Technologie Einzug in seine Tätigkeit hielt:

> „Also das [gemeint ist die Einführung der digitalen Lagerverwaltung, Anm. d. Verf.] ist immer so ein zweischneidiges Schwert. Aber auch die Arbeit hat sich sehr gewandelt die letzten Jahre. Wenn ich daran denke, als ich hier angefangen habe, waren es wesentlich mehr Leute. Und das ist auch alles weniger geworden. Und trotzdem musst du mehr arbeiten. Keine Ahnung, wie das überhaupt noch weiter gehen soll in Zukunft mit der ganzen Digitalisierung. Vor allem Email-Verkehr geht halt viel, viel schneller, als früher. Früher hast du halt ein Fax an den Kunden zurück geschickt. Das hat dann gedauert (lacht), zwei Tage, bis eine Antwort gekommen ist. Und jetzt will halt jeder Kunde sofort eine Antwort auf seine Emails. Also dadurch ist der Zeitdruck schon wahnsinnig hoch. Weil Reklamationen und so kommen ja auch alles per Email mittlerweile. Früher hat halt der Kunde angerufen, dann hast halt nachgeschaut, aber das jetzt alles per Email und die erwarten dann alle sofort innerhalb von Sekunden eine Antwort. Das ist halt der Nachteil an der ganzen Digitalisierung, weil alles viel schnelllebiger ist und unpersönlicher."

Die Folgen der Arbeitsintensivierung zeigen sich bei Beschäftigten deutlich, so wie unser Interviewpartner berichtet:

> „Ich nehme mittlerweile die Arbeit mit nach Hause, was ich früher nicht gemacht habe. Früher habe ich nach einem stressigen Tag einfach ausgestempelt und dann war es gut. Und mittlerweile nehme ich die Arbeit in Gedanken oft mit nach Hause. Ich mache ja sogar meine Pause unten am Schreibtisch und arbeite dann oft noch nebenbei weiter, was ja auch grundsätzlich verkehrt ist. Dadurch dass der Druck so groß geworden ist. Ich glaube, ich habe schon wochenlang keine Mittagspause mehr gemacht. (...) Ich fühle mich halt oft nach einem Acht- oder Zehnstundentag ausgelaugt, wo ich dann heim komme und mich erst mal zwei Stunden hinlege, wo ich dann schlafe wie ein Stein."

Auch in der Leitstelle eines öffentlichen Personennahverkehrssystems kam es in den vergangenen Jahren zu einer Leistungsintensivierung. Digitale Verkehrstechnologien wurden genutzt, um den städtischen öffentlichen Verkehr enger zu takten. Da der Ablauf im Verkehrssystem auf wenige Sekunden abgestimmt ist, haben Ablauffehler, etwa bei Verspätungen einer Ablöse, sehr schnell Auswirkungen auf das gesamte Verkehrssystem. In diesen Fällen ist ein schnelles

Eingreifen der Leitstellenmitarbeiter*innen erforderlich, um ein Stocken des Gesamtverkehrsflusses möglichst weitgehend zu vermeiden und Beschwerden von Fahrgästen zu minimieren. Verzögerungen wirken sich auf Anschlüsse aus, die ihrerseits zeitlich auch nur bedingt angepasst werden können, um nicht einen Dominoeffekt auszulösen. Fahrgäste müssen zügig über die Lautsprecheranlage informiert werden, sollten Anschlüsse nicht mehr erreicht werden. Über den gesamten Prozessverlauf hinweg verkürzen sich die möglichen Reaktionszeiten der Mitarbeiter*innen durch die enge Taktung. Überdies wurden in den Tätigkeitsbereich der Leitstellenmitarbeiter*innen in den letzten Jahren immer mehr Aufgaben integriert.

Auch im oben angeführten Logistikunternehmen führt die Arbeitsverdichtung, die sich u. a. durch die Verkürzung von Lieferzeiten erklärt, aufgrund der Fehleranfälligkeit der Systeme und der hohen Folgen von Eingriffen in die Systeme zu hohen Belastungen. Ein ‚Klick' im Programm, so der Interviewpartner, löst aufgrund der Datenweiterleitung verschiedene Operationen im Warenverkehr aus, wie z. B. eine Rechnungstellung, die im Falle eines falschen Eingriffs auch wieder korrigiert werden müsste. Ein Umstand, der aufgrund der zeitlich angespannten Lage nicht immer möglich ist. Insgesamt erfordert die Tätigkeit eine permanente Aufmerksamkeit mit der Folge einer kontinuierlich hohen mentalen Anspannung.

3   Anforderungen an die Arbeitsgestaltung – neue Forschungsfragen

Die vorgestellten Belastungskonstellationen sind ausgewählte Beispiele von widersprüchlichen Arbeitsanforderungen, die in unseren Untersuchungsfällen in unterschiedlicher Form auftreten. Sie sind selten Einzelphänomene. In der Regel zeigen sich Häufungen unterschiedlicher Belastungskonstellationen, die aus widersprüchlichen Arbeitsanforderungen resultieren. Allein aus analytischen Gründen wurden sie hier getrennt beschrieben. Darüber hinaus lassen sich weitere Belastungskonstellationen aufgrund widersprüchlicher Arbeitsanforderungen aufzeigen, etwa resultierend aus einem erhöhten Daten- und Informationsfluss und zu geringer zeitlicher Ressourcen. Eine Häufung von mehreren widersprüchlichen Arbeitsanforderungen führt letztendlich zur Kumulation von Belastungen.

Die Beschäftigten nutzen unterschiedliche Bewältigungsstrategien, um widersprüchliche Arbeitsanforderungen zu verarbeiten, z. B. wechselseitige Hilfestellungen, wie sie oben beschrieben wurden. Vielfach nehmen sie Belastungen auch mit in ihre private Lebenswelt. Einige Auswirkungen der Arbeitsbelastungen auf die alltägliche Lebensführung werden von Margit Weihrich (2023) beschrieben. Nicht immer sind die individuellen Ressourcen jedoch ausreichend, um eine optimale Bearbeitung von Arbeitsbelastungen zu ermöglichen. Die Folgen reichen von innerer Kündigung, über hohe Fluktuationsraten bis hin zu manifesten physischen und psychischen Erkrankungen. Deshalb sind Maßnahmen der Arbeitsgestaltung gefragt, die geeignet sind, Belastungen abzubauen oder zu reduzieren. Einige Maßnahmen werden im Praxiskompass für betriebliche Praktiker*innen (Neumer et al. 2023) sowie im Instrumentenkoffer für Betriebsärzte vorgestellt (Heiden und Herbig 2023). Über bereits entwickelte und erprobte Maßnahmen hinaus sind Sozialwissenschaft und Arbeitsmedizin gefordert, neue Maßnahmen zu entwickeln, die in den Unternehmen umgesetzt werden können.

Dabei kann an folgende neue Forschungsfragen angeknüpft werden:

- **Gestaltung von digitalen Technologien:** Wie müssen digitale Technologien sowohl in Bezug auf die Hardware als auch die Software gestaltet sein, damit subjektivierendes Arbeitshandeln nicht beeinträchtigt, sondern auch unterstützt wird? Für die Industriearbeit mit hochtechnisierten Systemen wurden hierzu Ansätze für die Technikgestaltung entwickelt (Martin 1995). Gleiches gilt es für digital vernetzte Arbeit sowohl in der Industrie als auch in der Dienstleistung zu erarbeiten. Im Zusammenhang mit der Digitalisierung erweist sich hierfür ein Ansatz als hilfreich, der als kompetenzorientierte Arbeitsteilung zwischen Mensch und Technik beschrieben werden kann (siehe Huchler 2020 (Letzter Zugriff 16.10.2022); Huchler et al. 2020).
- **Umgang mit Arbeitsunterbrechungen:** Arbeitsunterbrechungen sind eine Quelle von Belastungen. Bei digital vernetzter Arbeit können Unterbrechungen jedoch häufig nicht unterbunden werden, da sie zentraler Bestandteil dieser Tätigkeit sind. Es gilt deshalb Wege zu finden, um Unterbrechungen während der Arbeit besser zu bewältigen. Hier ist zunächst an die Bereitstellung wichtiger Ressourcen in der Arbeit, ggf. häufigere Pausen, oder an eine Veränderung der Regeln – möglicherweise könnten Entscheidungsspielräume den Umgang mit Unterbrechungen vereinfachen – zu denken. In einem Kooperationsprojekt der Universität Augsburg, der Hochschule Aalen und des ISF in München wurden Instrumente für einen differenzierten Umgang mit Unterbrechungen in der Dienstleistungsarbeit entwickelt.[4] Forschungsfragen in diesem Themenfeld sind auch für digital vernetzte Arbeit relevant.

---

[4] Zum Forschungsprojekt „Unterbrechungsmanagement bei digital gerahmter Interaktionsarbeit (UMDIA)" siehe https://unterbrechungen-bei-interaktionsarbeit.de/ (Letzter Zugriff 16.10.2022).

- **Wege aus der Leistungsintensivierung:** Die steigende Arbeits- und Leistungsintensivierung muss als allgemeines Phänomen im Zusammenhang mit Digitalisierung angesehen werden. Eine Folge hiervon können erhöhte Arbeitsbelastungen sein. So zeigen Untersuchungen, dass digitaler Stress mit höheren gesundheitlichen Belastungen einhergeht (Gimpel et al. 2019, S. 36 ff.). Bei vernetzter Arbeit besteht die Gefahr einer Potenzierung der Belastungen durch eine weitere Arbeitsintensivierung. Es müssen Lösungen gefunden werden, wie Beschäftigte vor den Folgen der Leistungsintensivierung geschützt werden können. Dies ist nicht nur eine Frage des individuellen Gesundheitsschutzes, sondern auch ein zentrales gesellschaftliches Problem, da durch krankheitsbedingte Abwesenheiten von der Arbeit erhebliche volkswirtschaftliche Kosten entstehen. Daraus sind zwei grundsätzliche Lösungsansätze abzuleiten: zum einen die Begrenzung der Leistungsintensivierung, zum anderen die Begrenzung derjenigen (Arbeits-)Zeit, in der hohe Leistungsanforderungen erbracht werden müssen.
- **Partizipative Arbeitsgestaltung:** Das Arbeitsschutzgesetz bietet mit der Vorschrift der Gefährdungsbeurteilung ein Instrument, um Arbeitsbelastungen zu identifizieren. Arbeitgeber sind gefordert, daraus abgeleitet Maßnahmen umzusetzen, die geeignet sind, Belastungen abzubauen. Hierbei ist zunächst zu prüfen, ob die Belastungsquelle beseitigt werden kann. Sofern dies nicht möglich ist, haben technische und organisatorische Maßnahmen Vorrang gegenüber personen- bzw. verhaltensbedingten Maßnahmen. Die Maßnahmenentwicklung und -umsetzung wird umso erfolgreicher sein, wenn Beschäftigte in die Entwicklung einbezogen werden. Arbeitnehmer*innen sind Expert*innen ihrer eigenen Arbeitssituation. Ihre Expertise kann für die Entwicklung von geeigneten Arbeitsgestaltungsmaßnahmen genutzt werden. Hierzu gibt es bereits erprobte Methoden, z. B. Gesundheitzirkel. Dennoch wären weitere Wege zu suchen, wie Arbeitnehmer*innen in der Frage des Belastungsabbaus zu aktiven Akteur*innen werden können, die nicht nur Arbeitsbelastungen „anmelden", sondern auch einen gestaltenden Part bei der Erarbeitung von Lösungen übernehmen. Insbesondere müssten Methoden ausgebaut werden, die Benachteiligungen von spezifischen Beschäftigtengruppen, z. B. mit geringerer Qualifikation oder geringeren kommunikativen Kompetenzen vermeiden und die gleichberechtige Teilnahme aller Beschäftigtengruppen bei der Entwicklung von Arbeitsgestaltungsmaßnahmen unterstützen können.

Literatur

Böhle, F. (2018): Arbeit und Belastung. In: Böhle, F.; Voß, G. G.; Wachtler, G. (Hrsg.): Handbuch Arbeitssoziologie. Band 2: Akteure und Institutionen. 2. Auflage. Wiesbaden: VS Verlag für Sozialwissenschaften, S. 59–98.

Böhle, F. (Hrsg.) (2017): Arbeit als Subjektivierendes Handeln. Handlungsfähigkeit bei Unwägbarkeiten und Ungewissheit. Wiesbaden: Springer VS.

Böhle, F.; Milkau, B. (1988): Vom Handrad zum Bildschirm – Eine Untersuchung zur sinnlichen Erfahrung im Arbeitsprozeß. Frankfurt a. M. u. a.: Campus.

Böhle, F.; Rose, H. (1992): Technik und Erfahrung – Arbeit in hochautomatisierten Systemen. Campus, Frankfurt a. M. u. a.: Campus.

Böhle, F.; Stöger, U.; Weihrich, M. (2015): Interaktionsarbeit gestalten. Vorschläge und Perspektiven für humane Dienstleistungsarbeit. Berlin: edition sigma.

Boes, A.; Kämpf, T.; Langes, B.; Lühr, T. (2018): „Lean" und „agil" im Büro. Neue Organisationskonzepte in der digitalen Transformation und ihre Folgen für die Angestellten. Band 193 der Reihe Forschung aus der Hans-Böckler-Stiftung. Bielefeld: transcript.

Bundesanstalt für Arbeitsschutz und Arbeitsmedizin (BAuA) (Hrsg.) (2019): Arbeitsunterbrechungen und Multitasking täglich meistern. 2. Auflage. Dortmund: Kettler.

Gimpel, H.; Lanzl, J.; Regal, C.; Urbach, N.; Wischniewski, S.; Tegtmeier, P.; Kreilos, M.; Kühlmann, T. M.; Becker, J.; Eimecke, J.; Derra, N.D. (2019): Gesund digital arbeiten?! Eine Studie zu digitalem Stress in Deutschland. Augsburg.

Glißmann, W.; Peters, K. (2001): Mehr Druck durch mehr Freiheit. Die neue Autonomie in der Arbeit und ihre paradoxen Folgen. Hamburg: VSA-Verlag.

Heiden, B.; Herbig, B. (2023): Betriebsärztlicher Instrumentenkoffer ‚Digital vernetze Arbeit' – Betreuung und Beratung von Unternehmen und Beschäftigten. In: Heinlein, M.; Neumer, J.; Ritter, T. (Hrsg.): Digital vernetzte Arbeit – Merkmale und Anforderungen eines neuen Typus von Arbeit. Wiesbaden: Springer VS.

Heinlein, M.; Neumer, J.; Ritter, T. (2023): Digital vernetzte Arbeit: Dimensionen und Anforderungen einer neuen Arbeitsform. In: Heinlein, M.; Neumer, J.; Ritter, T. (Hrsg.): Digital vernetzte Arbeit – Merkmale und Anforderungen eines neuen Typus von Arbeit. Wiesbaden: Springer VS.

Huchler, N. (2020): Die Mensch-Maschine-Interaktion bei Künstlicher Intelligenz im Sinne der Beschäftigten gestalten – Das HAI-MMI-Konzept und die Idee der Komplementarität. In: digitale Welt. Science meets industry. https://digitalweltmagazin.de/fachbeitrag/die-mensch-maschine-interaktion-bei-kuenstlicher-intelligenz-im-sinne-der-beschaeftigten-gestalten-das-hai-mmi-konzept-und-die-idee-der-komplementaritaet/ (Letzter Zugriff 16.10.2022).

Huchler, N. et al. (Hrsg.) (2020): Kriterien für die menschengerechte Gestaltung der Mensch-Maschine-Interaktion bei Lernenden Systemen – Whitepaper aus der Plattform Lernende Systeme. München.

Institut DGB-Index Gute Arbeit (Hrsg.) (2016): Arbeitshetze und Arbeitsintensivierung bei digitaler Arbeit. So beurteilen die Beschäftigten ihre Arbeitsbedingungen. Ergebnisse einer Sonderauswertung der Repräsentativumfrage zum DGB-Index Gute Arbeit 2016. Berlin: PrintNetwork pn/ASTOV Vertriebsgesellschaft mbH.

Ittermann, P.; Niehaus, J.; Hirsch-Kreinsen, H. (2015): Arbeit in der Industrie 4.0. Trendbe-
stimmungen und arbeitspolitische Handlungsfelder. Düsseldorf: Hans-Böckler-Stiftung.

Kern, H.; Schumann, M. (1984): Das Ende der Arbeitsteilung? Rationalisierung in der industriellen Produktion: Bestandsaufnahme, Trendbestimmung. München: Beck.

Luczak, H.; Volpert, W. (Hrsg.) (1997): Handbuch Arbeitswissenschaft. Stuttgart: Schäffer-
Poeschel.

Martin, H. (Hrsg.) (1995): CeA. Computergestützte erfahrungsgeleitete Arbeit. Berlin, Heidelberg, New York: Springer.

Merl, T. (2021): Ärztliches Handeln zwischen Kunst und Wissenschaft. Wiesbaden: Springer
VS.

Moldaschl, M. (1991): Widersprüchliche Arbeitsanforderungen – Psychische Belastung und
doppelte Realität in der Produktion. In: Entwicklungsperspektiven von Arbeit. München:
Mitteilungen 3, S. 15–50.

Moldaschl, M. (2005): Ressourcenorientierte Analyse von Belastung und Bewältigung in der
Arbeit. In: Moldaschl, M. (Hrsg.): Immaterielle Ressourcen. Nachhaltigkeit von Unter-
nehmensführung und Arbeit I. München/Mering, S. 243–280.

Neumer, J.; Heinlein, M.; Ritter, T.; Stöger, U.; Merl, T. (2023): Praxiskompass zur partizipa-
tiven belastungsarmen Gestaltung digital vernetzter Arbeit. In: Heinlein, M.; Neumer, J.;
Ritter, T. (Hrsg.): Digital vernetzte Arbeit – Merkmale und Anforderungen eines neuen
Typus von Arbeit. Wiesbaden: Springer VS.

Nies, S.; Reindl, J.; Sauer, D. (2020): Digitalisierung, indirekte Steuerung und gesund-
heitliche (Selbst-)Gefährdung. In: Schröder, L. (Hrsg.): Gute Arbeit. Arbeitsschutz und
Digitalisierung – Impulse für eine moderne Arbeitsgestaltung. Frankfurt am Main: Bund-
Verlag.

Pfeiffer, S. (2004): Arbeitsvermögen: Ein Schlüssel zur Analyse (reflexiver) Informatisierung. VS Verlag für Sozialwissenschaften. https://doi.org/10.1007/978-3-322-80561-4.

Pfeiffer, S. (2007): Montage und Erfahrung. Warum ganzheitliche Produktionssysteme
menschliches Arbeitsvermögen brauchen. München und Mering: Rainer Hampp.

Richter, G. (2000): Psychische Belastung und Beanspruchung. Streß, psychische Ermüdung,
Montonie, psychische Sättigung. 3. überarbeitete Auflage. Schriftenreihe der Bundesanstalt für Arbeitsschutz und Arbeitsmedizin. Dortmund/Berlin: Wirtschaftsverlag NW.

Rigotti, T.; Baethge, A. (2013). Belastungen und Anforderungen in der modernen Arbeitswelt: Arbeitsunterbrechungen und Multitasking. In: Letzel, S.; Nowak, D. (Hrsg.): Handbuch Arbeitsmedizin (C II-1). Landsberg/Lech: ecomed.

Rigotti, T., Baethge, A.; Freude, G. (2012): Arbeitsunterbrechungen als tägliche Belastungsquelle. In: Badura, B.; Ducki, A.; Schröder, H.; Klose, J.; Meyer, M. (Hrsg.): Fehl-
zeitenreport 2012. Gesundheit in der flexiblen Arbeitswelt: Chancen nutzen – Risiken
minimieren. Berlin/Heidelberg: Springer, S. 61–69.

Volkholz, V. (1977): Belastungsschwerpunkte und Praxis der Arbeitssicherheit. Bonn: Bundesministerium für Arbeit und Sozialordnung.

Weihrich, M. (2023): Alltägliche Lebensführung bei qualifizierter digital vernetzter Arbeit.
In: Heinlein, M.; Neumer, J.; Ritter, T. (Hrsg.): Digital vernetzte Arbeit – Merkmale und
Anforderungen eines neuen Typus von Arbeit. Wiesbaden: Springer VS.

Alltägliche Lebensführung bei qualifizierter digital vernetzter Arbeit

Margit Weihrich

Inhaltsverzeichnis

Zusammenfassung

Die „Soziologie alltäglicher Lebensführung" wirft eine neue Perspektive auf Arbeit. Danach müssen Menschen nicht nur die Aufgaben bewältigen, die sich im Bereich der Erwerbsarbeit stellen. Sie müssen ihr gesamtes Leben *„auf die Reihe kriegen"* und damit all die unterschiedlichen und zum Teil auch widersprüchlichen Anforderungen, die sich in allen Lebensbereichen stellen: in der Erwerbsarbeit und im privaten Leben, das seinerseits wiederum von Arbeiten aller Art durchsetzt ist. Der Beitrag führt in die Forschung zur alltäglichen Lebensführung ein und zieht Parallelen zwischen den Konzepten der „alltäglichen Lebensführung" und der „Leistungsregulierung bei qualifizierter digital vernetzter Arbeit". Auf der Basis qualitativer Interviews mit

M. Weihrich (✉)
Forschungseinheit für Sozioökonomie der Arbeits- und Berufswelt, Universität Augsburg, Augsburg, Deutschland
E-Mail: margit.weihrich@phil.uni-augsburg.de

© Der/die Autor(en), exklusiv lizenziert an Springer Fachmedien Wiesbaden   211
GmbH, ein Teil von Springer Nature 2023
M. Heinlein et al. (Hrsg.), *Digital vernetzte Arbeit*,
https://doi.org/10.1007/978-3-658-40615-8_8

Beschäftigten, die qualifizierte digital vernetzte Arbeit leisten, wird herausgearbeitet, vor welchen Herausforderungen Beschäftigte bei der Organisation des Alltags stehen, welche Bewältigungsstrategien sie einsetzen, welche Typen alltäglicher Lebensführung sich finden lassen und was dies für den Umgang mit Belastungen bedeutet. Schließlich wird danach gefragt, was Unternehmen zu einer lebensführungsförderlichen Arbeitsgestaltung insbesondere bei digital vernetzter Arbeit beitragen können; am Ende wird dafür argumentiert, dass die gesamte Gesellschaft in die Pflicht genommen werden muss.

1   Erwerbsarbeit und Lebensführung

Die „Soziologie der alltäglichen Lebensführung" legt der Arbeitssoziologie eine neue Perspektive nahe: Menschen müssen nicht nur die Aufgaben bewältigen, die sich im Bereich der Erwerbsarbeit stellen. Sie müssen ihr gesamtes Leben *„auf die Reihe kriegen"* und damit all die unterschiedlichen und zum Teil auch widersprüchlichen Anforderungen, die sich in allen Bereichen stellen: in der Erwerbsarbeit und im privaten Leben, das seinerseits wiederum von Arbeiten aller Art durchsetzt ist. Deshalb, so das Credo dieser Forschungsrichtung, ist bei der soziologischen Analyse von Erwerbsarbeit immer auch all das zu bedenken, was Menschen außerhalb der Erwerbsarbeit zu schultern haben – und auch die Art und Weise, *wie* sie das alles *„auf die Reihe kriegen"*. Diese Leistung bezeichnen wir als „alltägliche Lebensführung", und ihre Muster lassen sich empirisch rekonstruieren (siehe für einen Überblick Jurczyk et al. 2016).

Auch bei der Analyse und Gestaltung „qualifizierter digital vernetzter Arbeit" (Bolte et al. 2020; Heinlein et al. 2023) spielte der Blick auf das Leben außerhalb der Erwerbsarbeit eine Rolle. So stellte man zum einen die Frage, inwieweit Anforderungen in der digital vernetzten Erwerbsarbeit in der privaten Lebensführung bewältigt bzw. kompensiert werden. Die Arbeitssoziologie identifiziert hier z. B. die freiwillige Ausweitung der Arbeitszeit in die Freizeit (vgl. Handrich et al. 2016; Dunkel und Kratzer 2016) oder klassische Techniken der Reproduktion von Arbeitskraft, wie etwa die Reduzierung von Beanspruchungen im Privaten. Zum anderen sollten Beschäftigte dabei unterstützt werden, eine dauerhafte und nachhaltige gesundheitsförderliche Verbindung von Erwerbsarbeit und Lebensführung bei digital vernetzter Arbeit zu etablieren. Und schließlich wurde dezidiert die Frage nach der „alltäglichen Lebensführung" gestellt: Das Konzept der „alltäglichen Lebensführung" (Projektgruppe „Alltägliche Lebensführung" 1995; Voß und Weihrich 2001; Jurczyk et al. 2016; Jochum et al. 2020) sollte herangezogen werden, um Erwerbsarbeit und Privatleben noch einmal auf eine andere Weise in den Blick zu nehmen. Dieser Perspektive widmet sich dieser Beitrag.

2 „Alltägliche Lebensführung" – konzeptueller Zugang und empirische Befunde

Die „Soziologie der alltäglichen Lebensführung" ermöglicht in der Tat einen anderen Blick auf Arbeit. Sie unterscheidet nicht zwischen „Erwerbsarbeit" und „Freizeit", weil eine solche Gegenüberstellung die gesellschaftliche Wirklichkeit schon in den späten 1980er Jahren nicht mehr ausreichend beschreiben konnte, als die Forschungen zur alltäglichen Lebensführung starteten (Projektgruppe „Alltägliche Lebensführung" 1995). Vielmehr betont sie den Arbeitscharakter der Tätigkeiten in Lebensbereichen außerhalb der Erwerbsarbeit, wie etwa Hausarbeit, Care-Arbeit oder all das, was „arbeitende Kunden" (Voß und Rieder 2005) zu erbringen haben. Vor allem aber nimmt sie die praktische „Arbeit des Alltags" (Jurczyk und Rerrich 1993) in den Blick. Diese Arbeit besteht darin, all das, was in den einzelnen Bereichen des Alltags zu erledigen, zu entscheiden und zu organisieren ist, *„auf die Reihe zu kriegen"* oder *„unter einen Hut zu bringen"* (wie Interviewpartner*innen aus den Forschungen zur alltäglichen Lebensführung das genannt haben). Die Erwerbsarbeit ist dabei nur einer dieser Bereiche – wenn auch in unserer Arbeitsgesellschaft ein herausragender.

Hinter diesem „Auf die Reihe kriegen" bzw. „Unter einen Hut bringen" steckt das „elementare Problem der alltäglichen Lebensführung". Dieses besteht „in der Vereinbarkeit dessen, was man selber möchte, mit dem, was von einem erwartet wird oder einem zugemutet wird, mit dem, was – gemessen an bestimmten Standards – notwendig ist und schließlich mit dem, was einem selbst möglich ist" (Kudera 1995, S. 345). Diese „Vereinbarkeit" ist eine aktive Leistung der Person. Mit ihrer „alltäglichen Lebensführung" entwickelt und etabliert die Person ein System, das ihren Alltag – und damit all das, was tagaus tagein zu tun ist – strukturiert und stabilisiert und mit dessen Hilfe sich auch neue Anforderungen bewältigen lassen. Dieses System ist tendenziell stabil und hält den Alltag wie ein Gerüst zusammen. Denn Handlungsentscheidungen werden nicht unabhängig voneinander getroffen: Das System dient als ein roter Faden, an dem sich die Person bei ihren Alltagsentscheidungen orientiert. So lässt sich die „alltägliche Lebensführung" als ein selbst erstelltes Regelsystem verstehen, das eine Eigenlogik aufweist. Diese Eigenlogik bleibt auch dann erst einmal erhalten, wenn sich die Verhältnisse ändern; daher lässt sich die alltägliche Lebensführung auch nicht so einfach verändern, selbst wenn die Person das möchte. Darin gründet auch die gesellschaftstheoretische Pointe der „Soziologie der alltäglichen Lebensführung", nach der die alltägliche Lebensführung die Person zusammenhält, gleichzeitig aber auch – gleichsam von unten – die ganze Gesellschaft. In einer Analyse der alltäglichen Lebensführung im ostdeutschen Transformationsprozess ließ sich diese These plausibilisieren (Weihrich 1998).

Die alltägliche Lebensführung einer Person lässt sich nicht nur konzeptuell bestimmen, sondern auch empirisch rekonstruieren. Aus den entsprechenden empirischen Forschungen hat die „Soziologie der alltäglichen Lebensführung" drei Idealtypen alltäglicher Lebensführung entwickelt: die traditionale, die strategische und die situative Lebensführung.[1] Die traditionale Lebensführung ist durch Gewohnheiten gekennzeichnet: Man orientiert sich an dem, was schon immer so gewesen ist; bei der strategischen Lebensführung geht man planend und kontrollierend vor; in der situativen Lebensführung wird je nach Lage der Dinge entschieden. Alle drei Formen sind voraussetzungsvolle Angelegenheiten: Während Personen mit einer traditionalen Lebensführung an Grenzen geraten, wenn es um die Bewältigung einschneidender Veränderungen geht, kann man mit einer strategischen Lebensführung in unsicheren Umwelten, in denen sich nicht planen lässt, Probleme bekommen. Für eine situative Lebensführung braucht man Vertrauen in andere und in sich selbst – und Gründe bzw. Umstände, um ein entsprechendes Vertrauen aufbauen zu können (vgl. hierzu Dunkel 1994; Projektgruppe „Alltägliche Lebensführung" 1995; Jurczyk et al. 2016).

Und es wurde auch eine zeitdiagnostische These entwickelt: Die alltägliche Lebensführung – ohnehin ja eine Leistung eigener Art – wird immer mehr zur Arbeit. In ihren ersten Untersuchungen in den späten 1980er Jahren identifizierte die Forschungsgruppe „Alltägliche Lebensführung" (1995) die Flexibilisierung der Erwerbsarbeit und die Erosion geschlechtsspezifischer Arbeitsteilung als Treiber für eine zunehmende „Rationalisierung" und „Individualisierung" von Lebensführung – Befunde, die bis heute gelten (Jurczyk et al. 2016). Was die Rationalisierung betrifft, wird es bei der immer weiter fortschreitenden Entgrenzung von Arbeit immer mehr zur Aufgabe der Person, ihrem Leben Struktur zu geben, sodass die effiziente Optimierung der Lebensführung zum Programm geworden ist. Was die Individualisierung betrifft, so ist zu beobachten, dass die ganze Gesellschaft immer mehr auf „Selbsterledigung" umgestellt wird, jedoch ohne dass die Gestaltungshoheit der Person zunähme (Voß 2012). Und während

---

[1] Neuerdings wurde ein vierter Typus alltäglicher Lebensführung herausgearbeitet: der Handlungs- und Orientierungsmodus der gemeinschaftlichen Lebensführung (Huchler 2020).

die Erwerbsintegration der Frauen weiter zunimmt, verläuft der Egalisierungsprozess paradox: Obschon das Ideal der Geschlechtergerechtigkeit weitgehend geteilt wird, haben traditionelle geschlechtsspezifische Arbeitsteilungsmuster wieder Konjunktur – nicht erst im Zuge von Corona.

3   „Alltägliche Lebensführung" und „qualifizierte digital vernetzte Arbeit" – konzeptuelle Parallelen

Wenn die alltägliche Lebensführung darin besteht, all die unterschiedlichen und zum Teil widersprüchlichen Anforderungen *„auf die Reihe zu kriegen"*, die der Person tagaus tagein in den einzelnen Bereichen des Alltags begegnen, so fällt eine große Nähe zur Beschreibung „qualifizierter vernetzter Arbeit" auf: „Kern qualifizierter vernetzter Arbeit ist die Integration, parallele Bearbeitung und Synchronisierung verschiedener Logiken und Anforderungen von Arbeitsprozessen und -bereichen". Darunter fällt unter anderem „Arbeit, die unterschiedliche Aufgaben mit eigenen Logiken, Dynamiken und Anforderungen umfasst" sowie auch die „Organisation des Vernetzungsprozesses als Herstellungsleistung eigener Art" (Bolte et al. 2020). Wie in der vernetzten Erwerbsarbeit, so sind Personen auch in ihrer alltäglichen Lebensführung mit Aufgaben konfrontiert, die „eigenen Logiken" unterliegen. Bei der „vernetzten Arbeit" sind dies zum Beispiel die Interessen und Zeithorizonte von Kolleg*innen, die nicht ohne Weiteres mit den eigenen Interessen und Ressourcen in Einklang zu bringen sind. Bei der „alltäglichen Lebensführung" sind dies die Anforderungen der Erwerbsarbeit, die nicht ohne Weiteres mit den Anforderungen der Familienarbeit und den anderen Bereichen des Lebens außerhalb der Erwerbsarbeit in Einklang zu bringen sind. In der Folge sind hier wie dort aktive und anspruchsvolle Herstellungsleistungen zu erbringen. Vor allem aber eröffnet die „vernetzte Arbeit" eine neue Perspektive auf die alltägliche Lebensführung: Denn auch dort sind Vernetzungsleistungen zu erbringen. Vielleicht ist die Formulierung, man müsse seinen Alltag *„auf die Reihe kriegen"*, zu linear formuliert. Es ist vielmehr Vernetzungsarbeit von Feinsten, wenn man sich vergegenwärtigt, was eine berufstätige Person zum Beispiel zu schultern hat, wenn ein Kind plötzlich erkrankt. Das könnte so aussehen: Frau A., die Mutter des Kindes, verständigt ihren Arbeitskollegen, der ihren ersten Kunden übernehmen muss, sie organisiert, dass die Nachbarin den Vormittag über bei der Tochter bleibt, vereinbart einen Arzttermin für den Nachmittag, sagt den eigenen Abendtermin ab und setzt den Vater der Freundin ihrer Tochter darüber in Kenntnis, dass sie die beiden Kinder nachmittags nicht wie vereinbart zum Fußballspielen fahren kann. Schon dieses Beispiel legt die Vermutung nahe, dass es sich auch bei der alltäglichen Lebensführung um digital vernetzte Arbeit handelt. Man kann sich vorstellen, dass Frau A. einen Messengerdienst nutzt; so erreicht sie auch gleich, während sie dabei ist, den Tag zu organisieren, die Bitte ihrer Mutter, nach der Arbeit bei ihr vorbeizukommen. Diese Bitte schlägt Frau A. gleich aus und hat dabei ein schlechtes Gewissen. Nachts liegt Frau A. wach im Bett und denkt den nächsten Tag durch. Ihrer Tochter geht es zwar wieder etwas besser, aber Frau A. muss auch für den nächsten Tag einiges umorganisieren. Nur wie soll sie das nun wieder hinkriegen? Das ist im Übrigen nicht das einzige Problem von Frau A. Frau A. liegt schon seit einiger Zeit nachts wach und fragt sich, ob sie beruflich herunterfahren muss. Denn ihre Mutter ist pflegebedürftig – die regelmäßigen Besuche dort setzen Frau A. immer stärker unter Zeitdruck, und ihr fehlt immer mehr die Kraft, auch noch ihre Mutter zu motivieren, wo sie das doch bei sich selbst schon nicht mehr schafft. Und schon allein die Frage, wie sie die schwierigen Verhandlungen mit ihren Kund*innen, die in den nächsten Tagen im Rahmen ihrer Berufstätigkeit anstehen, am besten angehen soll, würde sie am Einschlafen hindern.

Dieses Denkbeispiel zeigt, dass es durchaus plausibel ist, wie bei der digital vernetzten Arbeit auch in der alltäglichen Lebensführung damit zu rechnen, dass es (neben der physischen) eine mentale Dauerbelastungsgrenze gibt, die überschritten werden kann. In eine solche Richtung weisen auch die Blogs und Artikel von Patricia Cammerata zur „Mental Load", die mit der Alltagsorganisation einhergeht (und der vor allem Frauen ausgesetzt sind). Voß und Weiß (2013) gehen noch einen Schritt weiter. Sie benennen Depressionen, Angststörungen und Burnout als „Leiterkrankungen" im Übergang zum 21. Jahrhundert und interpretieren sie als „Krisen der Lebensführung" in einer entgrenzten Gesellschaft, in der es nicht mehr gelingt, die Anforderungen in den unterschiedlichen Lebensbereichen zu einem lebbaren Ganzen zu integrieren. Hier lassen sich deutliche Parallelen zur „mentalen Dauerbelastungsgrenze" ziehen. Die verschiedenen und zum Teil auch widersprüchlichen Anforderungen aus den unterschiedlichen Lebensbereichen werden – wie bei der vernetzten Erwerbsarbeit – von Akteur*innen an die Person gestellt, die ihrerseits eigenlogisch agieren und daher in der Summe ein Belastungsmuster produzieren, das in sich unkoordiniert ist und das die Person zusammenbringen muss: Aufgaben in der Erwerbsarbeit mitsamt den Erwartungen von Kolleg*innen und Vorgesetzten; Erziehungsarbeit mit der „anderen" Logik, die ihr unterliegt und die der Effizienzorientierung in der Erwerbsarbeit ohnehin widerspricht; die Anforderungen in Alltagsorganisation, Hausarbeit und dem damit verbundenen und auch mit Beziehungsarbeit „vermischten Tun"; Bürger*innenpflichten und -interessen jeglicher Art; die immer aufwendiger werdende Konsument*innen- und Nutzer*innenarbeit (Voß und Rieder 2005; Voß 2020) mit der hierfür notwendigen Selbstqualifikation – und nicht zuletzt die

Ansprüche, die die Person an sich selbst stellt, inklusive des Anspruchs an Selbstentfaltung, der schnell mit Selbstüberforderung einhergeht. Und das Wichtigste: Auch hier lässt sich die zu investierende Leistung nur schwer selbst regulieren. Wenn das Kind gerade jetzt krank wird, kann Frau A. sich nicht erst mal zurücklehnen, ganz gleich, wie dringend sie das nötig hätte.

4   Alltägliche Lebensführung bei qualifizierter digital vernetzter Arbeit – empirische Befunde

Diesem Beitrag liegt das folgende empirische Material zugrunde: Zum einen wurden 15 ausführliche qualitative Leitfadeninterviews mit Beschäftigten eines Elektronikhandels geführt, von denen einige auch bei ihrer Arbeit begleitet wurden (Hoffmann und Weihrich 2011). Um das Spektrum digital vernetzter Arbeit noch besser kennenzulernen, wurden weitere 15 Interviews mit Beschäftigten aus anderen Branchen geführt: aus der Logistik, der Telekommunikation, dem ÖPNV, dem Verlagswesen, der Finanzdienstleistungsbranche und einem weiteren Handels-Unternehmen, das Computer-Zubehör vertreibt. Auch wenn der Schwerpunkt der Interviews auf der Erfassung der Besonderheiten, der Herausforderungen und der Bewältigungsformen digital vernetzter Erwerbsarbeit lag, so wurden jeweils auch Fragen zum Alltag jenseits der Erwerbsarbeit gestellt; mitunter wurde diese Thematik auch von den Interviewpartner*innen selbst zur Sprache gebracht. Die Interviews wurden inhalts-, zum Teil aber auch sequenzanalytisch ausgewertet. Die Ergebnisse wurden in Workshops mit Beschäftigten vorgestellt, diskutiert und als Grundlage für eine partizipative Maßnahmenentwicklung genutzt.[2]

4.1   Lebensbereiche und Strategien alltäglicher Lebensführung

Unsere Interviewpartner*innen waren allesamt in Bereichen erwerbstätig, in denen qualifizierte digital vernetzte Erwerbsarbeit zu leisten ist, und sie sind hierbei spezifischen Belastungen ausgesetzt (siehe hierzu Stöger und Merl 2023). Um

---

[2] Die Autorin war von Mitte 2019 bis Mitte 2020 im vom BMBF geförderten Verbundprojekt „Arbeit oberhalb der ‚mentalen Dauerbelastungsgrenze'. Leistungsregulierung bei qualifizierter digital vernetzter Arbeit" (LedivA; Förderkennzeichen: 02L16D005) beschäftigt und an den Forschungs- und Entwicklungsarbeiten beteiligt, die an der Universität Augsburg durchgeführt wurden.

diese Belastungen besser zu verstehen, hilft ein Blick auf all das weiter, was im gesamten Leben zu bewältigen ist. Auch die herausgearbeiteten Coping-Strategien für den Umgang mit Belastungen lassen sich besser verstehen, wenn man nicht nur die Erwerbsarbeit fixiert.

So verfolgen einige Beschäftigte umfassende Projekte, die sie parallel zur ihrer Erwerbsarbeit in den jeweiligen Unternehmen betreiben. Zum Teil handelt es sich hierbei ebenfalls um Erwerbsarbeit. So wird beispielsweise ein eigener Ebay-Shop betrieben oder abends einem Nebenjob nachgegangen. Diese Betätigungen bilden – jenseits der ökonomischen Motivationen – mitunter ein Gegengewicht oder eine inhaltlich passende Ergänzung zur hauptberuflichen Erwerbsarbeit. Die Interviewpartnerin, die an einigen Abenden in der Woche in einem Nebenjob arbeitet, erfüllt auf diese Weise ihr Bedürfnis nach Geselligkeit. Unsere Interviewpartner*innen verfolgen aber auch private Projekte wie etwa das Schreiben eines Buches oder langjähriges Rennradfahren mit digitaler Erfassung von Zeiten und Kilometern als ein kontinuierliches Selbstoptimierungs-Projekt. Durchgängig wird jedoch von Care-Arbeit berichtet. Viele Interviewpartner*innen haben keine kleinen Kinder mehr zu versorgen, kümmern sich aber dafür nun um ihre pflegebedürftigen Eltern. Einen hohen Stellenwert kommt auch der Pflege von Freundschaftsbeziehungen zu – auch hier wird intensive Care-Arbeit geleistet, etwa wenn eine Freundin krank ist oder in anderweitigen Problemen steckt.

Die interviewten Beschäftigten legen großen Wert darauf, dass ihnen ihr Betrieb den Freiraum lässt, den sie für diese Tätigkeiten brauchen. Frühere Arbeitsstellen dienen dabei als Gegenhorizonte.

> „Was ist denn der erste Eindruck im Unterschied zu [frühere Tätigkeit]? Ich hab geregelte Arbeitszeiten und am Wochenende frei! (lacht) … man kann mal wieder Sachen planen außerhalb und so."

Aber es geht auch umgekehrt. Eine Interviewpartnerin sieht die Tatsache, dass ihre Kinder aus dem Haus sind und sie weiter keine Verpflichtungen hat, als Ressource, sich in ihrer Erwerbsarbeit flexibel engagieren zu können:

> „Ich bin wirklich auf mich selbst alleine gestellt und … wenn ich sehe, hier ist so viel Arbeit oder so, dann komm ich Samstagvormittag für drei Stunden … weil ich kann es einfach machen … Meine Kollegin hat zwei kleine Kinder, die kann es bestimmt nicht und sie denkt auch bestimmt während der Arbeit mehr daran, was sie noch einkaufen muss, wo die Kinder sind, wie viel Uhr ist es grade, ich muss die abholen, ich muss noch schnell das, das, das. Ja, ihr Kopf ist bestimmt nicht so frei wie meiner."

Die hier interviewte Beschäftigte unternimmt bestimmte private Aktivitäten auch gezielt deshalb, um die Beanspruchungen aus der Erwerbsarbeit zu kompensieren:

> „Also es ist schon wichtig, also täglich sollte ich mindestens eine halbe Stunde ein bisschen rausgehen, entweder in den Wald oder irgendwo hin und in die Weite schauen, also für die Augen, auch mental also ein bisschen abschalten brauch ich schon dann. Das ist sehr gut, wenn ich es so drei, viermal in der Woche schaffe, dann ist es gut. Aber da guck ich schon, dass ich es mache".

Das führt zu der interessanten Frage, wie wichtig es ist, „abzuschalten" und Erwerbsarbeit und Privatleben zu trennen. In unseren Interviews gibt es viele Beispiele, in denen dies nicht geschieht: So gibt ein Interviewpartner manchen Kund*innen seine private Telefonnummer; eine andere trifft sich mit Kund*innen oder Lieferant*innen zu Sportveranstaltungen. So kann man zwar nicht „abschalten", aber man will es auch nicht, denn all die Beispiele helfen den Interviewten, die Erwerbsarbeit besser erledigen zu können – etwa, indem sie die Beziehungen zu ihren Kund*innen verbessern. Gleichwohl wohnt dem eine gewisse Januskopfigkeit inne. Das gilt insbesondere für die vielzitierte „ständige Erreichbarkeit", wie ein Interviewpartner schildert:

> „Ich seh es immer als Vorteil, aber natürlich hat es Nachteile, wenn ich immer erreichbar bin, meine E-Mails immer am Handy abrufen kann, ja, kann Vorteile und Nachteile haben. Kommt natürlich auf den Menschen an, sag ich mal. Der eine will immer alles wissen und schaut dann auch abends nach Feierabend rein und der andere will seine Ruhe haben. Also, hat Vorteile, hat aber auch Nachteile."

Auch ohne ständige Erreichbarkeit kann man Probleme haben: Ein Beschäftigter grübelt am Wochenende heftig darüber nach, ob er in der Arbeit einen Fehler gemacht haben könnte. „Und wenn es am Wochenende ist, dann ist das Wochenende hinüber. Ich nehm mir so richtig einiges zu Herzen." Seine Kollegin nimmt es viel lockerer, wenn ihr ein Fehler unterläuft: „Was soll ich machen, ich kann es jetzt auch nicht ändern. Und es ist ja ... so, wir sind nicht im OP, es hängt kein Leben davon ab."
Ein weiterer Interviewpartner sagt auf die Frage, ob er zuhause an die Arbeit denke: „Eigentlich nicht ... Wenn ich da draußen ins Auto steig, kann ich eigentlich abschalten." Bei anderen dauert das „Abschalten" länger: „Nach einer halben Stunde Autofahrt hab ich die Arbeit dann vergessen". Der Weg von der Arbeit nach Hause ist ein wichtiges Übergangsritual zwischen Erwerbsarbeit und privatem Alltag. Sei es eine bestimmte Tätigkeit oder ein längerer Prozess: Man

lässt eine Sphäre hinter sich und betritt eine andere. Eine weitere Interviewpartnerin berichtet darüber, wie sie – umgekehrt – den Übergang von Zuhause in die Erwerbsarbeit gestaltet. Sie nimmt ihren privaten Alltag in die Erwerbsarbeit ein Stück weit mit hinein: *„Also um 8 fangen wir ja an, und ich komm immer so 20 vor 8 und … dann frühstück ich erst mal hier".*

4.2   Wahrnehmung von Beanspruchungen

Bei qualifizierter digital vernetzter Arbeit ist zu vermuten, dass Beschäftigte im Rahmen ihrer Erwerbsarbeit die mentale Dauerbelastungsgrenze auch deshalb überschreiten, weil es nicht so einfach ist, diese Grenze zu erkennen und darauf zu reagieren. Eine Interviewpartnerin berichtet:

> „Es hat mich erschreckt, dass ich doch verwundbar bin und dass nicht ich das gemerkt hab, sondern mein Körper … und dass ich auf mich hören sollte. Im wahrsten Sinne des Wortes, weil wenn man dann auf einem Ohr nichts mehr hört, ist das ziemlich erschreckend … Und ich hab eine ganz nette Ärztin … gehabt … sie hat dann … auch gesagt, also okay, dass das jetzt weggegangen ist, ist gut, super, aber man sollte auf sich achten und eben diese Entschleunigungsphasen einfach für sich selber festlegen."

Im Betrieb ist das nicht so einfach, wenn man digital vernetzt arbeitet – und im Privatleben auch nicht, wenn andere ihre Bedürfnisse anmelden, vielfältige Aufgaben erledigt werden müssen und man ja auch noch seine eigenen Vorstellungen davon hat, was man gerne realisieren und unternehmen würde. Die hier zitierte Interviewpartnerin hatte ein Bild von sich gezimmert, das es ihr erlauben sollte, zumindest mit den Belastungen in der Erwerbsarbeit zurechtzukommen, die sie so beschreibt:

> „Ich bin einfach früher gekommen, später heimgegangen, bin ja, und das war einfach too much … Und dass man dann einfach auch eine Ruhephase braucht, weil es ist ja nicht körperlich anstrengend, sondern es ist psychisch anstrengend. Weil wenn man die ganze Zeit gepusht wird von den Kunden, von den Lieferanten, von was weiß ich, von Zahlen und so, und es ist auch sehr anstrengend."

Die Interviewpartnerin bringt damit auch noch einmal auf den Punkt, was das Anstrengende bei digital vernetzter Arbeit ist: Kund*innen und Lieferant*innen melden ihre Interessen an, und zwar die *„ganze Zeit"*. Dem kann man sich schwer entziehen – und von den Zahlen wird man auch noch „*gepusht*". Als Coping-Strategie hatte die Interviewpartnerin ein Bild von sich selbst als „*stressbar*" entwickelt, das sie revidieren musste:

> „Also erstens mal bin ich erschrocken darüber, weil ich hab immer gedacht, ich bin so, also stressbar. Also ich bin wenig stressbar, weil ich denk immer, ich kümmer mich drum und ich mach eben diese Prioritätsliste schon im Kopf, wenn ich zur Arbeit fahr."

Letztendlich lässt sich nicht mit Sicherheit feststellen, ob Stresserleben oder gar psychische Erkrankungen wie etwa ein Burnout auf Belastungen in der Erwerbsarbeit oder auf Belastungen im Privaten zurückzuführen sind. Ein Interviewpartner sieht das auch so:

> „Ich glaub jetzt nicht nur, dass es nur dieses Geschäftliche ist, weil in den meisten Fällen ist es natürlich auch noch was Privates und wenn beides zusammenkommt, ich glaub, dann schaltet man aus."

Aus der Perspektive der „Soziologie der alltäglichen Lebensführung" würde das Problem gerade darin liegen, dass beides „zusammenkommt", aber eben nicht mehr zusammengebracht werden kann: Die Person schafft es nicht mehr, all die Anforderungen, vor die sie sich in den unterschiedlichen Sphären des Alltags gestellt sieht, zu einem bewältigbaren Ganzen zu verknüpfen, so sehr sie sich auch bemüht. Dann ist die „Selbst-Reproduktion der Person" (Heiden und Jürgens 2013) gefährdet, und das berührt auch das Verhältnis von Reproduktion und erwerbsförmiger Arbeit: Im Ergebnis wäre mit einer „Reproduktionskrise" (Jürgens 2010) zu rechnen, die – analog zum „erschöpften Selbst" (Ehrenberg 2004) – zu einer „erschöpften Gesellschaft" (Voß und Weiß 2013) führt (siehe hierzu auch Jurczyk et al. 2016).

4.3 Alltägliche Lebensführung als Handlungszusammenhang

Aus der hier vertretenen Perspektive ist es die alltägliche Lebensführung selbst, die einen Schutzraum vor den beschriebenen Überforderungen und Selbstüberforderungen bieten kann. Dabei geht es gerade nicht um die Anpassung oder gar die Optimierung von Lebensführung. Die tendenzielle Stabilität der alltäglichen Lebensführung führt dazu, dass die etablierten Lebensführungsmuster, die

in Auseinandersetzung mit all den verschiedenen Anforderungen in den einzelnen Sphären des Alltags entwickelt worden sind, aufrechterhalten werden. Dann
kann der ‚rote Faden' zur Orientierung in neuen Arbeits- und Lebenssituationen
dienen. Doch die alltägliche Lebensführung bedarf hierfür selbst eines Schutz-
raums: Es müssen „Freiräume für eigensinnige Reproduktionspraxen" geschaffen
werden (Heiden und Jürgens 2013). Wenn wir davon ausgehen, dass die alltägliche Lebensführung nicht nur die Person, sondern auch die Gesellschaft
zusammenhält, ist das nur umso wichtiger.

Im Folgenden wird der Versuch unternommen, die Lebensführungsmuster
unserer Interviewpartner*innen zu rekonstruieren. Die alltägliche Lebensführung
wird als ein Handlungszusammenhang verstanden, den die Person selbst her-
stellt, dem aber letztendlich eine Eigendynamik unterliegt. So bestimmt die
Logik der alltäglichen Lebensführung mit, auf welche Weise sich eine Person
mit den Anforderungen und Chancen auseinandersetzt, die sich in den verschiedenen Bereichen des Alltags stellen. Oben wurde schon darauf verwiesen,
dass die „Soziologie der alltäglichen Lebensführung" drei Idealtypen alltäglicher
Lebensführung herausgearbeitet hat: eine strategische, eine traditionale und eine
situative. Diese Idealtypen dienen als Sortierhilfe. Dabei geht es nicht darum,
welche Lebensführung die ‚richtige' ist. Vielmehr hat jeder Idealtyp seine Grenzen – und es liegt nahe, dass diese Grenzen bei digital vernetzter Arbeit noch
schneller erreicht werden. Die Grenzen liegen dort, wo Planung versagt, wo sich
die zentralen Rahmenbedingungen verändern und wo die Voraussetzungen für die
Vergabe von Vertrauen nicht (mehr) gegeben sind.

Strategische Lebensführung
Die Aussagen der zuletzt zitierten Interviewpartnerin weisen auf eine „strategische Lebensführung" hin. Die Interviewpartnerin setzt darauf, alles vorab gut
durchplanen zu können und verspricht sich davon, letztlich dann auch gut mit
Belastungen umgehen zu können – das zeigt das Übergangsritual, schon auf
dem Weg zur Arbeit einen Plan zu machen. Auch die Interviewpartnerin, der
es gelingt, auf dem Heimweg von der Arbeit nach einer halben Stunde Autofahrt *„abzuschalten"*, möchte gerne vorab wissen, *„was an Projekten ansteht"*.
Dann könne sie eines nach dem anderen abarbeiten, wissend, dass doch wieder etwas dazwischenkommt. Im Privaten ist sie *„nicht so vernetzt"* und meint,
Souveränität gegenüber neuen Medien müsse man lernen, das sei eine Frage der
„inneren Einstellung". Sie hätte auch gerne vorab gewusst, wie unsere Interview-
fragen lauten. Und eine dritte Interviewpartnern – diejenige, die in den Wald
geht oder in die Weite schaut, um sich von der Arbeit am Computer zu erholen – sagt auf die Frage nach ihrer Lebensphilosophie das Folgende: *„Das ist*

eher aus der Erfahrung heraus, ich weiß es nicht, also, irgendwie kommt man weiter, wenn man alles richtig macht." Solchermaßen strategische Lebensführungen haben zur Voraussetzung, dass es eine gewisse Erwartungssicherheit gibt. Diese lässt sich ein Stück weit herstellen – etwa dadurch, dass man am Wochenende an den Betriebsrechner geht, wenn ein Neustart fällig ist. So gibt es am Montag keine bösen Überraschungen.

Situative Lebensführung
Die Interviewpartnerin, die ihren Nebenjob wegen der Geselligkeit ausübt, die er bietet, hat in ihrer bisherigen kurzen Betriebszugehörigkeit immer wieder zusätzliche Aufgaben übernommen, die sie problemlos abarbeitet. Zusätzlichen Stress versucht sie zu vermeiden, indem sie als Gegenhorizont die Arbeit in einem Operationssaal anführt. Wir erinnern uns: Im Unterschied dazu hinge bei ihrer Tätigkeit kein Leben davon ab, wenn ihr mal ein Fehler unterlaufe. In ihrem Privatleben geht sie ihren Interessen nach, ist für ihre Freund*innen da, wenn sie gebraucht wird, und hält sich selbst zum Optimismus an:

„Es heißt ja auch, wenn man nachdenkt, kann man eigentlich nur einen Gedanken denken. Wenn man dann einen guten Gedanken denkt, kann man keinen schlechten Gedanken denken. Das müssen Sie mal probieren."

Diese Interviewpartnerin hat eine eher situative Lebensführung etabliert. Auf die Frage, was sie machen würde, wenn der Tag eine Stunde mehr hätte, sagt sie:

„Ich weiß es nicht, vielleicht, ich könnt jetzt sagen, ja, ich würde eine Stunde lang mal ein Buch lesen wollen, ja. Aber das kann morgen schon wieder anders sein, da würd ich in der Stunde lieber eine Schorle trinken ... also ich muss nicht unbedingt eine Stunde mehr haben."

Die Interviewpartnerin nimmt die Dinge, wie sie kommen. Eine solche situative Lebensführung baut darauf auf, dass man (berechtigtes) Vertrauen in sich selbst und in andere setzen kann. So ist die Interviewpartnerin nicht nur für ihre Freund*innen da, sondern sie kann sich umgekehrt auch darauf verlassen, dass diese für sie da sind.

Traditionale Lebensführung
Ein weiterer Interviewpartner sagt von sich augenzwinkernd, er sei *„ein Bauernbub vom Land"* und in seiner Firma *„geblieben und gewachsen"*; er wohnt auch in der näheren Umgebung und ist in seinem Wohnort gut integriert. Er legt

auch in seiner beruflichen Tätigkeit Wert darauf, dass die Dinge ineinandergreifen. *„Ich glaub immer noch dran, dass Leute gerne gemeinsam Erfolge feiern. Wir haben daheim ein Umbauprojekt, das ist nicht schön, aber wir freuen uns, wenn es fertig ist.“* Er ist einverstanden damit, dass ich ihn im Interview als *„gemäßigten Optimisten“* bezeichne. Diese Haltung macht er auch dafür verantwortlich, dass seine Eltern zu ihm sagen,

> „,Du bist ein glücklicher Mensch geworden.‘ Fand ich schön. Die wissen nicht genau, was ich tu, die verstehn das auch nicht, aber das ist nicht wichtig. Im Prinzip ruh ich einigermaßen in mir.“

Der Interviewpartner hat eine tendenziell traditionelle Lebensführung etabliert; hierfür kann er auf ein Umfeld zurückgreifen, das ihm Zeit seines Lebens vertraut ist – im Privaten wie im Beruf. Auf dieser Basis kann er im Unternehmen eine „moderne“ Führungskultur wagen, die gleichwohl auf die Bedeutung von Gemeinschaft setzt.

Man kann natürlich darüber diskutieren, wie eine „gelingende“ Lebensführung aussehen kann. Aus der Perspektive der „Soziologie der alltäglichen Lebensführung“ kommt es jedoch vielmehr darauf an, aufzuzeigen, dass im Rahmen der alltäglichen Lebensführung Praktiken institutionalisiert werden, die sich nicht einfach verändern, wenn die Umstände das tun – und die dennoch auf bestimmte Voraussetzungen angewiesen sind. Wer sich um humane Arbeitsgestaltung kümmert, sollte das zur Kenntnis nehmen. Vor allem aber sollte die komplexe Beanspruchungssituation berücksichtigt werden, die darin liegt, dass nicht nur die Anforderungen der Erwerbsarbeit bewältigt werden müssen, sondern dass das ganze Leben auf die Reihe zu bringen ist.

5 Lebensführungsförderliche Arbeitsgestaltung

Im letzten Kapitel wird danach gefragt, wie eine lebensführungsförderliche Arbeitsgestaltung aussehen kann. Hierzu wird zuerst darauf eingegangen, was Unternehmen tun können. Sodann wird die gesamte Gesellschaft in die Pflicht genommen, indem darauf verwiesen wird, welche Vorteile eine kollektive Arbeitszeitverkürzung für die alltägliche Lebensführung hätte – und damit für die Person selbst, die Unternehmen und die ganze Gesellschaft.

5.1   Arbeitsgestaltung im Unternehmen

Fragt man konkret nach Maßnahmen zur Absicherung und Unterstützung der alltäglichen Lebensführung in den Unternehmen, wird man hören, dass Unternehmen im Bereich der „Work-Life-Balance" ja durchaus aktiv seien. Erlaubt sei daher an dieser Stelle eine kleine Kritik dieses Konzepts. Es ist – zum ersten – ein betriebliches Instrument, das es den Beschäftigten erleichtern soll, ihr Privatleben an die Anforderungen der Erwerbsarbeit anzupassen: Es ist nicht zufällig, dass von „Work-Life-Balance" und nicht von „Life-Work-Balance" die Rede ist. Zum zweiten müssen Beschäftigte diese Balance selbst herstellen und laufen Gefahr, dafür verantwortlich gemacht zu werden (oder sich selbst dafür verantwortlich zu machen), wenn das nicht gelingt. Zum dritten werden „Arbeit" und „Leben" gegenübergestellt. Das legt die Assoziation nahe, dass die Erwerbsarbeit nicht zum „Leben" gehört und letzteres wiederum nichts mit „Arbeit" zu tun hat. Und zum vierten ist der Begriff der „Balance" bzw. der „Vereinbarkeit" von „Arbeit und Leben" ein Euphemismus, geht es doch darum, widersprüchlichen Anforderungen gerecht zu werden, für die es vermutlich überhaupt keinen Gleichgewichtszustand gibt.

Kratzer et al. (2015) haben vor einigen Jahren eine „balanceorientierte Leistungspolitik" vorgeschlagen. Sie kritisierten, dass die betrieblichen Maßnahmen zur Work-Life-Balance in der Regel nicht darauf abzielten, Stress zu reduzieren, sondern Beschäftigten lediglich dabei helfen würden, mit stressigeren Arbeitsbedingungen besser zurechtzukommen. Für Kratzer et al. muss die Frage nach einem ausgewogenen Verhältnis von Erwerbsarbeit und Privatleben die Arbeitsbedingungen und Leistungsanforderungen in der Erwerbsarbeit in den Mittelpunkt stellen und einer kritischen Betrachtung unterziehen: Wenn Beschäftigte unter Zeit- und Leistungsdruck stehen, wenn sie viele verschiedene Dinge gleichzeitig erledigen müssen oder wenn sie zu viel Arbeit zu bewältigen haben, dann wird es auch schwierig mit der Vereinbarkeit von Erwerbsarbeit und Privatleben. Blickt man auf qualifizierte digital vernetzte Arbeit, gilt dies noch einmal in besonderer Weise: Wenn Beschäftigte, wie das dort der Fall ist, die mentale Dauerbelastungsgrenze erreichen oder gar überschreiten, ist auch das der Vereinbarung von Erwerbsarbeit und Privatleben nicht zuträglich. Balanceorientierte Leistungspolitik setzt direkt am Verhältnis von Anforderungen und Ressourcen in der Erwerbsarbeit an und ermittelt vier Brennpunkte: Es fehle an Zeit, es fehle an Anerkennung, es leide die Gesundheit und es gebe – im Hinblick auf Anforderungen und Ressourcen – zu wenig Mitspracherechte (Kratzer et al. 2015, S. 23). Die Forschung zu qualifizierter digital vernetzter Arbeit kann diese Liste durch einen neuartigen Brennpunkt ergänzen: Wenn Beschäftigte ihre Leistungsverausgabung noch weniger selbst steuern können als dies bislang der Fall war, hat auch das negative Auswirkungen auf das Privatleben. Erschwerend kommt hinzu, dass auch im Privatleben digital vernetzte Arbeit und damit die entsprechenden Belastungen zunehmen. Die in diesem Beitrag präsentierten Beispiele zeigen allerdings auch, dass nicht nur die Arbeitssituation, sondern auch die individuellen Umgangsweisen von Personen mit Arbeitssituationen das Verhältnis von Erwerbsarbeit und Privatleben bestimmen. Im Sammelband von Kratzer et al. werden positives Denken, ein gutes Zeitmanagement in der Arbeit sowie Prioritätensetzungen zwischen Lebensbereichen als förderlich identifiziert – Umgangsweisen, die sich auch in den oben rekonstruierten Lebensführungsmustern wiederfinden. Aufgrund unserer Empirie spricht allerdings einiges dafür, dass diese Umgangsweisen, sollen sie funktionieren, auf ein Arbeitsumfeld angewiesen sind, das durch Anerkennung, Entscheidungsspielräume und ein kollegiales Betriebsklima gekennzeichnet ist.

Und doch ist aus der Perspektive der alltäglichen Lebensführung – und auf der Grundlage der Interviews, die wir herangezogen haben – bei aller „balance-orientierten Leistungspolitik" ein grundlegender Perspektivenwechsel anzuraten: Unternehmen sollten ernstnehmen, dass die alltägliche Lebensführung eine Arbeit eigener Art ist, die Anerkennung verdient und Unterstützung braucht. Welche Art von Unterstützung vonseiten des Unternehmens man braucht, um die Anforderungen aus den einzelnen Bereichen des Alltags zu einem lebbaren Ganzen zusammenzubinden, wissen die Mitarbeiter*innen selbst am besten – und manchmal wissen es auch die Führungskräfte. Eine Interviewpartnerin hebt eine spezifische Unterstützungsleistung des Unternehmens, in dem sie arbeitet, hervor:

> „Also ich hab dann auch, wo mein Vater dann gestorben ist, war ich ja hier im Geschäft … und dann bin ich auch gleich heim und ich hab auch vorher nicht mit meinem Chef gesprochen … aber meine Kollegin hat das dann gemacht … und ich hab dann einen Tag später angerufen und hab gefragt, ob ich die ganze Woche noch frei kriegen kann und da hat er auch kein Problem drin gesehen."

Bei ihrem früheren Arbeitgeber, so berichtet die Interviewpartnerin, wäre das nicht möglich gewesen. *„Deswegen"*, so setzt sie hinzu, *„bin ich froh, dass ich jetzt hier bin"*.

5.2 Kollektive Arbeitszeitverkürzung: ein Vorschlag zur Förderung einer nachhaltigen alltäglichen Lebensführung

Doch alltägliche Lebensführung braucht umfassendere Ressourcen. Die Autorin ist in der Initiative „Neue Arbeitszeit" tätig (https://neue-arbeitszeit.de; letzter Zugriff: 05.11.2022), die für eine kollektive Arbeitszeitverkürzung auf ca. 30 h Erwerbsarbeit pro Woche bzw. für eine „kurze Vollzeit" für alle bei vollem Lohnausgleich argumentiert (Böhle und Stöger 2022; Stöger et al. 2015, 2017). Dabei wird eine gesamtgesellschaftliche Perspektive eingenommen und danach gefragt, wie Menschen ihr Zusammenleben organisieren. Eine kollektive Arbeitszeitverkürzung, so die These, würde dabei helfen, die unterschiedlichen Probleme gesellschaftlichen Zusammenlebens besser bearbeiten zu können. Positive Folgen wären der Abbau von Arbeitslosigkeit, der bessere Schutz der physischen und psychischen Gesundheit der Beschäftigten, die Entlastung des Rentensystems durch die Verlängerung der Lebensarbeitszeit, mehr Chancengleichheit zwischen den Geschlechtern, eine bessere Kinderbetreuung, mehr Zeit für Care- und Pflegearbeit, die Stärkung der Zivilgesellschaft durch mehr Zeit für Ehrenamt und politische Partizipation, (besserer) Konsum, gerechtere Partizipation am sozialen und kulturellen Leben und mehr Zeit für Eigenarbeit und neue Ökonomien. Viele dieser Bereiche sind identisch mit den verschiedenen Sphären des Alltags, in denen all die Anforderungen generiert werden, vor die sich die Person gestellt sieht und die im Rahmen alltäglicher Lebensführung auf die Reihe gebracht werden. Ganz dezidiert benennt die Initiative aber auch die „Entlastung und Würdigung der Arbeit des Alltags" als eine mögliche positive Auswirkung einer kollektiven Arbeitszeitverkürzung und stellt fest, dass in diesem Falle den Beschäftigten mehr Zeit für diejenigen Tätigkeiten bleibe, die zur Organisation des Alltags notwendig sind, sodass die alltägliche Lebensführung leichter und stressfreier bewältigt werden könne. Erwerbsarbeit und Privatleben könnten so insgesamt besser in Einklang gebracht werden. Letztendlich würden Unternehmen davon profitieren, dass ihre Mitarbeiter*innen gesünder und zufriedener sind; vor allem aber fände auf diese Weise eine Neubewertung von Arbeit statt, indem die Arbeit jenseits der Erwerbsarbeit endlich adäquat gewürdigt würde (Stöger et al. 2015).

Aus der Sicht dieser Initiative wird es in der derzeitigen Arbeitswelt immer dringlicher, über eine radikale Verkürzung der Erwerbsarbeitszeit bzw. eine kurze Vollzeit für alle nachzudenken; auch aufseiten der Beschäftigten wird dieses Bedürfnis immer stärker artikuliert. In der Soziologie ist man sich darin einig, dass der „Zeit- und Leistungsdruck" weiter zunimmt (Dunkel und Kratzer 2016), die „Subjektivierung von Arbeit" (Moldaschl und Voß 2002) das Herzblut der Beschäftigten immer effektiver anzapft und das Privatleben in den Strudel der „Entgrenzung von Arbeit" (Huchler et al. 2007) gerät und auch selbst immer arbeitsförmiger wird. Gleichzeitig wird Sorgearbeit in allen ihren verschiedenen Ausprägungen immer wichtiger: die Sorge um Familienangehörige und Freund*innen, die Sorge um sich selbst und die Sorge um diejenigen Belange, die für das gesellschaftliche Zusammenleben unentbehrlich sind. Doch wenn digital vernetzte Arbeit in der Erwerbsarbeit und im Privaten weiter zunimmt, werden die für Sorgearbeit notwendigen Ressourcen immer knapper – und nicht zuletzt die Ressourcen für eine nachhaltige alltägliche Lebensführung, deren Notwendigkeit immer dringlicher wird (Jochum et al. 2020). Daher wird es höchste Zeit für ein „neues gesellschaftliches Produktionsmodell" (Stöger et al. 2015), das neben der Erwerbsarbeit auch anderen Formen von Arbeit den Raum gibt, den sie brauchen. Und auch innerhalb des Bereichs der Erwerbsarbeit, so sei am Ende angemerkt, wird es immer schwieriger, eine Vollzeitstelle so auszufüllen, dass man gesund bleibt und trotzdem gute Arbeit leisten kann.

Literatur

Bolte, A.; Böhle, F.; Heiden, B.; Herbig, B.; Neumer, J.; Ritter, T.; Stöger, U.; Weihrich, M.; Zolg, S. (2020): Digital vernetzte Arbeit in Produktion und Dienstleistung. Strukturmodell. Institut für Sozialwissenschaftliche Forschung e. V. – ISF München.
Böhle, F.; Stöger, U. (2022): Arbeitszeitverkürzung als gesellschaftliches Reformprojekt. WISO – Wirtschafts- und sozialpolitische Zeitschrift. AK Oberösterreich, 45(1), S. 16–28.
Dunkel, W. (1994): Pflegearbeit – Alltagsarbeit. Eine Untersuchung der Lebensführung von AltenpflegerInnen. Freiburg: Lambertus.
Dunkel, W.; Kratzer, N. (2016): Zeit- und Leistungsdruck bei Interaktionsarbeit. Neue Steuerungsformen und subjektive Praxis. Baden-Baden: Nomos.
Ehrenberg, A. (2004): Das erschöpfte Selbst. Depression und Gesellschaft in der Gegenwart. Frankfurt am Main: Campus.
Handrich, C.; Koch-Falkenberg, C.; Voß, G. G. (Hrsg.) (2016): Professioneller Umgang mit Zeit- und Leistungsdruck. Baden-Baden: Nomos.
Heiden, M.; Jürgens, K. (2013): Kräftemessen. Betriebe und Beschäftigte im Reproduktionskonflikt. Berlin: edition sigma.
Heinlein, M.; Neumer, J.; Ritter, T. (2023): Digital vernetzte Arbeit: Dimensionen und Anforderungen einer neuen Arbeitsform. In: Heinlein, M.; Neumer, J.; Ritter, T. (Hrsg.): Digital vernetzte Arbeit – Merkmale und Anforderungen eines neuen Typus von Arbeit. Wiesbaden: Springer VS.

Hoffmann, A.; Weihrich, M. (2011): „Wissen Sie, wo hier Schließfächer sind?" „Das trifft sich gut! Wir machen ein Forschungsprojekt und würden Sie gern bei der Suche begleiten". Die Begleitung als interaktive Methode in der Arbeitssoziologie. In: AIS. Arbeits- und Industriesoziologische Studien. 4(1), S. 5–18.

Huchler, N. (2020): Gemeinschaftliche individuelle Lebensführung. Argumente für einen neuen Grundtypus alltäglicher Lebensführung. In: Jochum, Georg; Jurczyk, Karin; Voß, G. Günter; Weihrich, Margit (Hrsg.): Transformationen alltäglicher Lebensführung. Konzeptuelle und zeitdiagnostische Fragen. Weinheim, Basel: Beltz Juventa, S. 59–82.

Huchler, N.; Voß, G. G.; Weihrich, M. (2007): Soziale Mechanismen im Betrieb. Theoretische und empirische Analysen zur Entgrenzung und Subjektivierung von Arbeit. München und Mering: Hampp.

Initiative „Neue Arbeitszeit": https://neue-arbeitszeit.de; letzter Zugriff: 5.11.22.

Jochum, G.; Jurczyk, K.; Voß, G. G.; Weihrich, M. (Hrsg.) (2020): Transformationen alltäglicher Lebensführung. Konzeptuelle und zeitdiagnostische Fragen. Weinheim, Basel: Beltz Juventa.

Jürgens, K. (2010): Deutschland in der Reproduktionskrise. In: Leviathan 38. (4), S. 559–587.

Jurczyk, K.; Rerrich, M.S. (Hrsg.) (1993): Die Arbeit des Alltags. Beiträge zu einer Soziologie der alltäglichen Lebensführung. Freiburg: Lambertus.

Jurczyk, K.; Voß, G. G.; Weihrich, M. (2016): Alltägliche Lebensführung – theoretische und zeitdiagnostische Potenziale eines subjektorientierten Konzepts. In: Alleweldt, E.; Röcke, A.; Steinbicker, J. (Hrsg.): Lebensführung heute – Klasse, Bildung, Individualität. Weinheim, Basel: Beltz Juventa, S. 53–87.

Kratzer, N.; Menz, W.; Pangert, B. (2015): Balanceorientierte Leistungspolitik: Eine Einführung. Ansätze für eine leistungspolitische Gestaltung der Work-Life-Balance. In: Kratzer, N.; Menz, W.; Pangert, B. (Hrsg.): Work-Life-Balance – eine Frage der Leistungspolitik. Wiesbaden: Springer VS, S. 13–38.

Kudera, W. (1995): Zusammenfassung der Ergebnisse. In: Projektgruppe „Alltägliche Lebensführung" (Hrsg.): Alltägliche Lebensführung. Arrangements zwischen Traditionalität und Modernisierung. Opladen: Leske + Budrich, S. 331–370.

Moldaschl, M.; Voß, G. G. (Hrsg.) (2002): Subjektivierung von Arbeit. München, Mering: Hampp.

Projektgruppe „Alltägliche Lebensführung" (Hrsg.) (1995): Alltägliche Lebensführung. Arrangements zwischen Traditionalität und Modernisierung. Opladen: Leske + Budrich.

Stöger, U.; Merl T. (2023): Belastungen bei digital vernetzter Dienstleistungsarbeit – widersprüchliche Arbeitsanforderungen. In: Heinlein, M.; Neumer, J.; Ritter, T. (Hrsg.): Digital vernetzte Arbeit – Merkmale und Anforderungen eines neuen Typus von Arbeit. Wiesbaden: Springer VS.

Stöger, U.; Böhle, F.; Huchler, N.; Jungtäubl, M.; Kahlenberg, V.; Weihrich, M. (2015): Arbeitszeitverkürzung als Voraussetzung für ein neues gesellschaftliches Produktionsmodell. ISF München, Universität Augsburg.

Stöger, U.; Weihrich, M.; Böhle, F.; Huchler, N.; Jungtäubl, M.; Kahlenberg, V. (2017): Vom konservativen zum egalitären Wohlfahrtsstaat. Radikale Arbeitszeitverkürzung als Voraussetzung für eine umfassende Work-Life Balance. In: Lessenich, S. (Hrsg.): Geschlossene Gesellschaften. Verhandlungen des 38. Kongresses der Deutschen Gesellschaft für Soziologie in Bamberg 2016.

Voß, G. G. (2020): Der arbeitende Nutzer. Über den Rohstoff des Überwachungskapitalismus. Frankfurt, New York: Campus.

Voß, G. G. (2012): Subjektivierte Professionalität. Zur Selbstprofessionalisierung von Arbeitskraftunternehmern und arbeitenden Kunden. In: Dunkel, W.; Weihrich, M. (Hrsg.): Professionalisierung interaktiver Arbeit. Theorie, Praxis und Gestaltung von Dienstleistungsbeziehungen. Wiesbaden: Springer VS, S. 353–386.

Voß, G. G.; Rieder, K. (2005): Der arbeitende Kunde. Wenn Konsumenten zu unbezahlten Mitarbeitern werden. Frankfurt am Main, New York: Campus.

Voß, G. G.; Weihrich, M. (Hrsg.) (2001): tagaus – tagein. Neue Beiträge zur Soziologie Alltäglicher Lebensführung. München, Mering: Hampp.

Voß, G. G.; Weiß, C. (2013): Burnout und Depression – Leiterkrankungen des subjektivierten Kapitalismus oder: Woran leidet der Arbeitskraftunternehmer? In: Neckel, S.; Wagner, G. (Hrsg.): Leistung und Erschöpfung. Burnout in der Wettbewerbsgesellschaft. Berlin: Suhrkamp, S. 29–57.

Weihrich, M. (1998): Kursbestimmungen. Eine qualitative Paneluntersuchung der alltäglichen Lebensführung im ostdeutschen Transformationsprozeß. Pfaffenweiler: Centaurus.

Gestaltungsmöglichkeiten bei digital vernetzter Arbeit: Ansatzpunkte für Arbeitsmedizin und betriebliche Praxis

Praxiskompass zur partizipativen belastungsarmen Gestaltung digital vernetzter Arbeit

Judith Neumer, Michael Heinlein, Tobias Ritter, Ursula Stöger und Tanja Merl

Inhaltsverzeichnis

Zusammenfassung

Digitalisierung sorgt in der Arbeitswelt an vielen Stellen für schnelle und flexible Prozesse und trägt dazu bei, die Herausforderungen der Gegenwart zu meistern. Durch die zunehmende digitale Vernetzung muss der arbeitende Mensch aber auch immer mehr Aspekte im Blick behalten, koordinieren, beurteilen, vorhersehen und planen. Der zeitliche und arbeitsinhaltliche Druck

J. Neumer (✉) · M. Heinlein · T. Ritter
ISF München, München, Deutschland
E-Mail: judith.neumer@isf-muenchen.de

M. Heinlein
E-Mail: michael.heinlein@isf-muenchen.de

T. Ritter
E-Mail: tobias.ritter@isf-muenchen.de

U. Stöger · T. Merl
Forschungseinheit für Sozioökonomie der Arbeits- und Berufswelt, Universität Augsburg, Augsburg, Deutschland
E-Mail: ursula.stoeger@phil.uni-augsburg.de

© Der/die Autor(en), exklusiv lizenziert an Springer Fachmedien Wiesbaden   233
GmbH, ein Teil von Springer Nature 2023
M. Heinlein et al. (Hrsg.), *Digital vernetzte Arbeit*,
https://doi.org/10.1007/978-3-658-40615-8_9

steigt und kann zu schwerwiegenden Belastungen und Fehlbeanspruchungen führen. Es gehört daher zu den Aufgaben eines Unternehmens, die Belastungsrisiken durch digital vernetzte Arbeit zu erkennen und Rahmenbedingungen zu schaffen, in denen Beschäftigte die neuen Anforderungen ohne gesundheitliche Beeinträchtigungen bewältigen können. In diesem Beitrag erfahren Führungskräfte und Verantwortliche für Arbeitsgestaltung welche Möglichkeiten es gibt, Belastungen bei digital vernetzter Arbeit vorzubeugen.

1   Einleitung

Digitalisierung sorgt in der Arbeitswelt an vielen Stellen für schnelle und flexible Prozesse und trägt dazu bei, die Herausforderungen der Gegenwart zu meistern. Digitale Technologien sind daher aus dem modernen Arbeitsleben kaum mehr wegzudenken. Mit ihrem Einsatz steigt jedoch das Risiko für teils schwerwiegende Belastungen und Fehlbeanspruchungen (siehe Heinlein et al. 2023; Bolte und Neumer 2023; Stöger und Merl 2023; Weihrich 2023; Bolte et al. 2023). Durch die zunehmende digitale Vernetzung muss der arbeitende Mensch immer mehr Aspekte im Blick behalten, koordinieren, beurteilen, vorhersehen und planen. Zugleich steigt der zeitliche Druck. Es gehört daher zu den Aufgaben eines Unternehmens, die Belastungsrisiken durch digital vernetzte Arbeit zu erkennen und Rahmenbedingungen zu schaffen, in denen Beschäftigte die neuen Anforderungen ohne gesundheitliche Beeinträchtigungen bewältigen können. In diesem Beitrag erfahren Führungskräfte und Verantwortliche für Arbeitsgestaltung welche Möglichkeiten es gibt, Belastungen bei digital vernetzter Arbeit vorzubeugen.[1]

Digital vernetzte Arbeit führt strukturell zu Belastungen. Diese lassen sich durch geeignete Gestaltungsmaßnahmen positiv beeinflussen und präventiv begrenzen. Bei Maßnahmen zum Belastungsabbau wird allgemein unterschieden zwischen *verhältnisbezogenen* Maßnahmen, die auf eine Veränderung der betrieblichen bzw. organisationalen Rahmenbedingungen (z. B. die Arbeitsorganisation oder die Personalbemessung) abzielen und *verhaltensbezogenen* Maßnahmen, die eine Veränderung individuellen Verhaltens (z. B. vorsichtiger Umgang mit Gefahrenstoffen oder Durchführung regelmäßiger Pausen) erreichen wollen. Da sich

---

[1] Es handelt sich bei diesem Beitrag um die gekürzte Fassung des „Praxiskompass für Führungskräfte zur Beurteilung kontinuierlich hoher Leistungsanforderungen und ihrer Folgen bei digital vernetzter Arbeit", online zugänglich unter www.lediva-mhkd.de. Die Onlinebroschüre enthält weitere Informationen zu Anforderungen digital vernetzter Arbeit, potenziellen Belastungen und hierauf hindeutenden Warnsignalen.

die Belastungen digital vernetzter Arbeit nicht auf individuelle Faktoren reduzieren lassen, kann ihnen nicht mit Maßnahmen begegnet werden, die allein auf eine Veränderung des individuellen Verhaltens abzielen. Zu ihrer effektiven Prävention bedarf es vor allem auch einer Veränderung der technischen und organisationalen Rahmenbedingungen. Ein erster entscheidender Hebel, mit den Anforderungen digital vernetzter Arbeit umzugehen, besteht daher in der Einbettung und Gestaltung digitaler Technik und digital vernetzter Arbeitsprozesse im Unternehmen. Ein weiterer zentraler Aspekt für die Prävention und Reduktion von Belastungen ist die Beteiligung der Beschäftigten – sowohl bei der Planung und Implementierung digitaler Technologien als auch bei der Entwicklung belastungsreduzierender Maßnahmen der Arbeitsgestaltung. Beschäftigte sollten einbezogen werden, damit konkrete Bedarfe und Anforderungen erfasst und Bedenken, Einwände und Verbesserungsvorschläge ernst genommen werden. Eine partizipative Gestaltung digital vernetzter Arbeit fördert auf diesem Wege die erfolgreiche Entwicklung und Umsetzung der Digitalisierungsstrategie im gesamten Unternehmen.

Mit folgenden Instrumenten kann eine Beteiligung der Beschäftigten erfolgen:

- Workshops und moderierte Gruppendiskussionen zur a) Analyse von Belastungen und zum Sammeln von konkreten Gestaltungs- und Verbesserungsvorschlägen (z. B. Gesundheitszirkel), b) zur gemeinsamen Entwicklung von Standards in Umgang mit und Nutzung digitaler Technologien
- Projektbezogene Besprechungen mit Beschäftigten, die an der Entwicklung konkreter einzelner Digitalisierungsschritte beteiligt oder davon betroffen sind
- Arbeitsgruppen zur längerfristigen Bearbeitung von Themen
- Schriftliche (anonym) und mündliche Befragung der Beschäftigten über ihre konkreten Belastungen
- Betriebliches Vorschlagswesen
- Mitarbeiterinformationsschreiben
- Schulungen zum Umgang mit neu eingeführten digitalen Technologien

In den *folgenden fünf Dimensionen* gibt der Praxiskompass Anregungen, wie digital vernetzte Arbeit im Sinne einer ‚Digitalisierung von unten‘ partizipativ und gut gestaltet werden kann. Für zentrale Aspekte der Arbeitsorganisation und des Technikeinsatzes sind Hinweise und Fragen formuliert, die darauf abzielen, die spezifischen Anforderungen im Unternehmen und die Bedarfe der Beschäftigten zu ermitteln. Sie dienen somit der Reflexion bei betrieblichen Entscheidungen und können eine partizipativ gestaltete Diskussion anleiten. Dahinter steht die Einsicht, dass es keine patentierten Lösungen und Rezepte ,von der Stange' gibt, die für alle Beschäftigten, Unternehmen und betrieblichen Digitalisierungsprojekte gleichermaßen gelten. Für die Prävention und Aufrechterhaltung von Leistungsfähigkeit ist es vielmehr ausschlaggebend, partizipativ unternehmensspezifische Maßnahmen zu entwickeln. Der Praxiskompass (Abb. 1) unterstützt dabei.

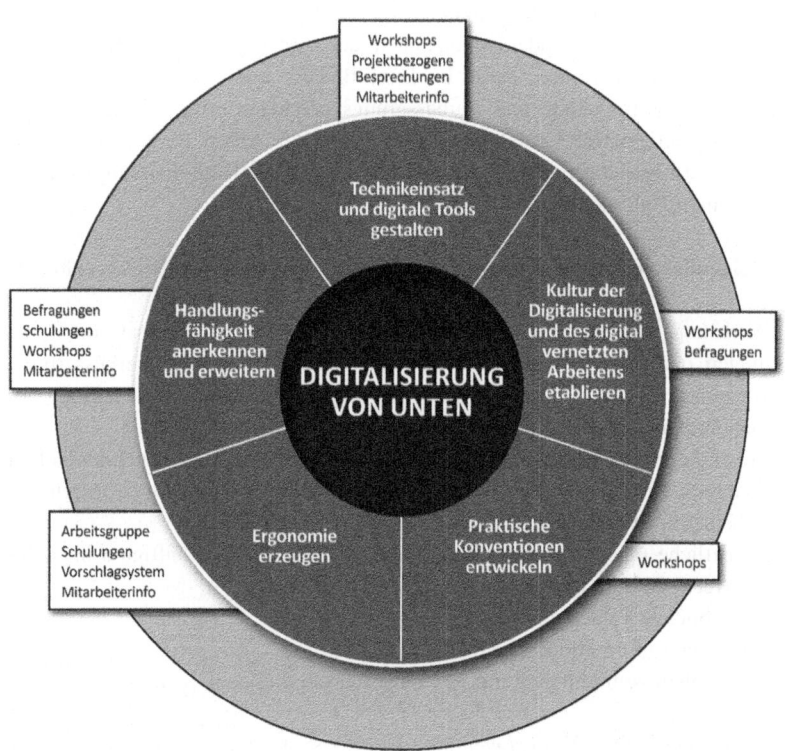

Abb. 1 Praxiskompass

2 Handlungsfähigkeit der Beschäftigten anerkennen und erweitern

Die Einführung digitaler Technologien weckt bei Beschäftigten häufig Unsicherheiten über die Zukunft ihrer Tätigkeit und ihres Arbeitsplatzes. Dies kann nicht nur ein schlechtes Betriebsklima erzeugen, sondern auch den Erfolg des Einführungsprozesses verringern. Es ist daher wichtig, nicht nur Vorbehalte und Unsicherheiten offen anzusprechen, sondern diese auch durch konkrete Maßnahmen zur Sicherung und Erweiterung von Qualifikationen und Kompetenzen abzubauen. Ebenso relevant sind die Anerkennung und der Einbezug des bereits vorhandenen Fach- und Erfahrungswissens der Beschäftigten. Dies kann durch folgende Maßnahmen und die Klärung entsprechender Fragen unterstützt werden:

- **Neue fachliche und überfachliche Qualifikationen und Kompetenzen identifizieren:** Digital vernetzte Arbeit braucht neue fachliche und überfachliche Qualifikationen und Kompetenzen (z. B. Prozess- und Zeitmanagement, Selbstorganisation, Kooperation, Koordination). Welche sind dies bei konkreten digital vernetzten Tätigkeiten und wie können sie im Betrieb vermittelt, gefördert und weiterentwickelt werden?
- **Durchgängige Entwicklungs- und Qualifikationsangebote:** Digital vernetztes Arbeiten stellt neue Anforderungen an Beschäftigte, zu deren Bewältigung unterstützende Angebote notwendig sein können. Von betrieblicher Seite sollten entsprechende Unterstützungsmaßnahmen (z. B. Qualifizierungsangebote) – auch über externe Anbieter – durchgängig verfügbar sein und den Mitarbeiter*innen aktiv angeboten werden.
- **Sicherung von Fachkräften:** Welches Fachkräfteprofil wird im Unternehmen mit Blick auf Digitalisierung und digital vernetzte Arbeit aktuell und zukünftig benötigt? Wie können diese Profile mit der vorhandenen Belegschaft entwickelt werden, wie Fachkräfte rekrutiert und gehalten werden?
- **Praxisbezug ernstnehmen:** Digitalisierung kann nicht einfach über vorhandene Prozesse gestülpt werden. Der Einsatz digitaler Technik bedarf immer einer genauen Betrachtung der vorhandenen Abläufe und Zusammenhänge, um erfolgreich implementiert und angepasst werden zu können. Hierfür sind die fachliche Expertise und das praktische Erfahrungswissen der Beschäftigten unerlässlich. Sie können Fragen beantworten wie z. B.: „Welche Anforderungen und Probleme tauchen im Arbeitsprozess an welcher Seite auf? Welche Schnittstellen sind relevant?"

- **Vernetzung ernstnehmen:** Die Digitalisierung der Arbeit vernetzt Menschen, Funktionen, Prozesse und Abteilungen auf neue Weise mit teils unvorhersehbaren Folgen. Die abteilungsübergreifende Kooperation sollte daher durch geeignete Formate (z. B. Personalaustausch, job rotation, Tandemmodelle) auch in der analogen Welt durchgehend unterstützt und gefördert werden.

3   Technikeinsatz und digitale Tools gestalten

Beim Einsatz digitaler Technologien ist es hilfreich, sowohl bei der ergonomischen Gestaltung der Technik als auch bei ihrer Implementierung und Anwendung auf Transparenz und Partizipation zu achten. Folgende Fragen sollten offen diskutiert und ggf. gemeinsam beantwortet werden, um den Technikeinsatz nachhaltig erfolgreich zu gestalten:

- **Transparenz bei der Datenerfassung und -verwertung:** Warum werden welche Daten am Arbeitsplatz erfasst (z. B. zur Nachkalkulation oder Dokumentation)? Was geschieht mit diesen Daten und was nicht?
- **Transparenz bei der Leistungskontrolle:** Welche Parameter werden in welcher Form (z. B. personen- oder teambezogen) erfasst, wozu werden sie genutzt und wie lange werden sie wo gespeichert? Welche Daten müssen gespeichert werden und welche nicht? Wie lässt sich die Speicherung von Daten begrenzen?
- **Offener Diskurs über Automatisierungsgrenzen:** Warum fällt nach einer Umstellung an einem Arbeitsplatz ggf. mehr statt weniger Arbeit an als vorher? Wie kann der Leistungsdruck begrenzt werden? Warum haben digitale Systeme Lücken und können nicht alles abbilden? Welche Lücken haben die Systeme, die vorhanden sind oder eingeführt werden sollen?
- **Offener Diskurs über digitale Einführungsprozesse:** Warum gestaltet sich die Einführung neuer digitaler Technologien manchmal schwierig (z. B. aufgrund unterschiedlicher Erwartungen, zu hoher Ansprüche an das System, divergierender Logiken analoger und digitaler Prozesse, ständiger Anpassungserfordernisse in der Praxis)? Kein technisches System ist perfekt, welche Schwachstellen im digitalen System sind akzeptabel und welche nicht? Wo kann man Defizite im System mit überschaubarem Aufwand ändern und wo nicht?
- **Digitalisierungsstrategie reflektieren:** Was will das Unternehmen mit digital vernetzter Arbeit erreichen und welche Entwicklungsperspektiven für Betrieb und Beschäftigte ergeben sich daraus? Welche Maßnahmen zur Unterstützung

der Beschäftigten (z. B. Kompetenzförderung und -entwicklung, zeitliche und personelle Ressourcen, Erweiterung von Handlungsspielräumen) sind nötig?

• **Partizipative Gestaltung und Anpassung digitaler Tools:** An welchen Stellen sollten Beschäftigte bestehende Eingabeschnittstellen und deren Funktionalitäten erweitern und anpassen können? Welche Anpassungsmöglichkeiten sollten im Arbeitsprozess prospektiv offengehalten werden? Wer ist interner oder externer Ansprechpartner bei unvorhergesehenen Problemen und übergreifenden Anpassungserfordernissen?

4 Kultur der Digitalisierung und des digital vernetzten Arbeitens etablieren

Die Diskussion folgender Fragen kann bei der Auswahl und Einführung neuer Tools hilfreich sein und eine (auch nachträgliche) Anpassung an die Bedarfe der Beschäftigten unterstützen:

• **Offener Diskurs über Digitalisierungserwartungen:** Soll die digitale Technologie Beschäftigte unterstützen oder Prozesse automatisieren? Welche Schnittstellenprobleme löst die digitale Technologie, welche neuen Schnittstellenprobleme können entstehen? Welche positiven und negativen Folgen für die Beschäftigen sind im konkreten Fall mit dem Einsatz eines digitalen Tools oder Systems verbunden?

• **Unternehmenskultur auf digital vernetzte Arbeit abstimmen:** Digitale Vernetzung erfordert wechselseitige Unterstützung in der analogen Zusammenarbeit und Vertrauen auch über verschiedene Arbeitsbereiche hinweg. Sind wechselseitige Unterstützung und Vertrauen bereits hinreichend in der Unternehmenskultur verankert? Wird eine ‚Fehlerkultur 4.0' gelebt, die anerkennt, dass auch bei digital vernetztem Arbeiten Fehler gemacht werden können?

• **Beteiligung der Mitarbeiter*innen sichern:** Sind die Beschäftigten mit ihrem auch für die Digitalisierung enorm wertvollen Erfahrungs- und Praxiswissen hinreichend in die betriebliche Gestaltung des digital vernetzten Arbeitens einbezogen? Findet ein abteilungs- und funktionsübergreifender Austausch statt, z. B. bei der Einführung digitaler Technologien oder bei der Gestaltung digital vernetzten Arbeitens? Wird höhere Akzeptanz (neuer) digitaler Technik durch einen frühzeitigen Einbezug in Entscheidungsprozesse gestärkt?

5   Praktische Konventionen für digital vernetztes Arbeiten entwickeln

Belastungen bei digital vernetzter Arbeit entstehen auch durch eine ständige Reizüberflutung aufgrund überbordender Menge an E-Mail-Kommunikation, paralleler Nutzung unterschiedlicher Kommunikationskanäle (z. B. E-Mail, Telefon, Videocalls, Chatfunktionen) und paralleler Bearbeitung unterschiedlicher Aufgaben. Diese Belastungen sind empirisch gut belegt und in vielen Tätigkeitsfeldern anzutreffen. Die partizipative Klärung folgender Fragen und die Einigung auf gemeinsame Konventionen können belastungsreduzierend wirken:

- **Sparsamkeitsregeln für den Versand von E-Mails festlegen:** An wen müssen welche E-Mails zwingend gehen und wer wird sinnvollerweise in Cc gesetzt? Wann gehen E-Mails an alle? Welche E-Mails können generell vermieden werden?
- **Sparsamkeitsregeln für den Abruf von E-Mails festlegen:** Wie oft muss das Postfach aktualisiert werden und wie schnell muss in welchen Situationen geantwortet werden?
- **Zeiten für störungsfreies Arbeiten schaffen:** Gibt es Zeiten, in denen Arbeitsunterbrechungen aktiv vermieden werden können? Kann eine Einzelperson oder ein Kontakt für ein Team benannt werden, die oder der nur zu bestimmten Zeiten ansprechbar ist?
- **Ausnahmen definieren:** Wann darf man stören, obwohl man eigentlich nicht stören darf?
- **Schutz vor Reizüberflutung regeln:** Können Geräusche am Arbeitsplatz reduziert oder verhindert werden (z. B. durch optische Signale beim Eintreffen einer Mail oder bei einem Telefonanruf)?
- **Regeln/Zeitbegrenzungen für Parallelbearbeitung:** Können Zeiten begrenzt werden, in denen gleichzeitig an mehreren Aufträgen gearbeitet wird?
- **Priorisierung von Aufgaben und Anfragen:** Welche Arbeiten und Anliegen haben Vorrang? Wo muss man längere Wartezeiten und Bearbeitungsdauern akzeptieren?
- **Adäquate Organisationssysteme am Arbeitsplatz entwickeln:** Welche technischen Möglichkeiten zur personalisierten Organisation des eigenen Arbeitsplatzes gibt es im Unternehmen? Wie kann man sie nutzen? Wo darf oder soll man personalisieren, wo nicht?

6 Ergonomie erzeugen

Ergonomisches Arbeiten ist eine Grundvoraussetzung für gesundheitsförderliche Gestaltung von Arbeit. Im Kontext digitaler Vernetzung erhält Ergonomie nochmal weiteres Gewicht: Sitzende Arbeit am Bildschirm mit Maus und Tastatur, Dauererreichbarkeit per Mail und Handy, dauerhaft konzentriertes Arbeiten im Großraumbüro – diese und weitere Aspekte verschärfen sich zunehmend. Wichtig ist es auch hier, in einem partizipativen Prozess die spezifischen ergonomischen Herausforderungen für unterschiedliche Beschäftigte an unterschiedlichen Arbeitsplätzen in den Blick zu nehmen, zu beurteilen und ggf. zu verbessern. Hierfür können Arbeitsgruppen eingerichtet, ein betriebliches Vorschlagswesen genutzt und Schulungen angeboten werden, Mitarbeiterinformationen können zur Kommunikation entsprechender Angebote und Informationen genutzt werden.

Ergonomisch korrekte Büroausstattung, kurze Besprechungen im Stehen, Übungen zur Entspannung von Augen und Muskeln, adäquate Aufteilung und Gestaltung von Büros und Produktionsbereichen sind nur allgemeine Ansatzpunkte, deren es weitere mehr gibt und die partizipativ unternehmens- und bereichsspezifisch ausbuchstabiert werden müssen. Umfangreiche Informationen zur Ergonomiegestaltung sind zu finden in der aktuellen DIN-Norm „Grundsätze der Ergonomie für die Gestaltung von Arbeitssystemen" (DIN EN ISO 6385:2016-12), weiterführende Links und Checklisten gibt es z. B. bei der Deutschen Gesetzlichen Unfallversicherung.

Literatur

Bolte, A.; Gross, M.; Schüle, I. (2023): Digital vernetzte Arbeit gestalten: Das Beispiel Reflexa-Werke Albrecht GmbH. In: Heinlein, M.; Neumer, J.; Ritter, T. (Hrsg.): Digital vernetzte Arbeit – Merkmale und Anforderungen eines neuen Typus von Arbeit. Wiesbaden: Springer VS.

Bolte, A.; Neumer, J. (2023): Digital vernetzte Arbeit in mittelständischen Unternehmen: Anforderungen im Umgang mit ERP-Systemen und Grenzen Digitalisierung. In: Heinlein, M.; Neumer, J.; Ritter, T. (Hrsg.): Digital vernetzte Arbeit – Merkmale und Anforderungen eines neuen Typus von Arbeit. Wiesbaden: Springer VS.

Heinlein, M.; Neumer, J.; Ritter, T. (2023): Digital vernetzte Arbeit: Dimensionen und Anforderungen einer neuen Arbeitsform. In: Heinlein, M.; Neumer, J.; Ritter, T. (Hrsg.): Digital vernetzte Arbeit – Merkmale und Anforderungen eines neuen Typus von Arbeit. Wiesbaden: Springer VS.

Stöger, U.; Merl T. (2023): Belastungen bei digital vernetzter Dienstleistungsarbeit – widersprüchliche Arbeitsanforderungen. In: Heinlein, M.; Neumer, J.; Ritter, T. (Hrsg.): Digital vernetzte Arbeit – Merkmale und Anforderungen eines neuen Typus von Arbeit. Wiesbaden: Springer VS.

Weihrich, M. (2023): Alltägliche Lebensführung bei qualifizierter digital vernetzter Arbeit. In: Heinlein, M.; Neumer, J.; Ritter, T. (Hrsg.): Digital vernetzte Arbeit – Merkmale und Anforderungen eines neuen Typus von Arbeit. Wiesbaden: Springer VS.

Betriebsärztliches Gesundheitscoaching bei Beschäftigten mit digital vernetzter Arbeit

Barbara Heiden und Britta Herbig

Inhaltsverzeichnis

Zusammenfassung

Der folgende Beitrag* richtet sich im ersten Teil zentral an Betriebsärzt*innen und stellt die grundlegenden Konzepte und Hintergründe eines betriebsärztlichen Gesundheitscoachings vor, das in einem dreieinhalbjährigen Forschungsprojekt mit der Zielsetzung, Gesundheit und Wohlbefinden von Beschäftigten mit digital vernetzter Arbeit zu verbessern, als eine besondere Form der betriebsärztlichen Beratung entwickelt und auf seine Wirksamkeit untersucht

---

*Kurzfassung einer Broschüre, die auf der Website des Instituts für Arbeits-, Sozial- und Umweltmedizin des Klinikums der LMU München zum Download zur Verfügung steht (http://ampa.arbeits.klinikum.uni-muenchen.de) (Heiden und Herbig 2022). Verzichtet wurde hier insbesondere auf einen Überblick über die wissenschaftliche Literatur zur Wirkung von Coaching sowie auf Zusatzinformationen wie Adressen und Links, die ebenfalls in der Broschüre zu finden sind.

B. Heiden · B. Herbig (✉)
Institut und Poliklinik für Arbeits-, Sozial- und Umweltmedizin, LMU Klinikum, München, Deutschland
E-Mail: britta.herbig@med.uni-muenchen.de

© Der/die Autor(en), exklusiv lizenziert an Springer Fachmedien Wiesbaden   243
GmbH, ein Teil von Springer Nature 2023
M. Heinlein et al. (Hrsg.), *Digital vernetzte Arbeit*,
https://doi.org/10.1007/978-3-658-40615-8_10

wurde. Hintergrund des Coachingansatzes, seine Einbettung in die betriebsärztliche Praxis sowie Rahmenbedingungen und praktische Durchführung werden erläutert. Die Wirksamkeitsprüfung wurde sowohl in einem randomisierten
Interventions-Kontrollgruppendesign anhand verschiedener Gesundheitsfaktoren überprüft als auch anhand der Reaktionen der Teilnehmenden. Bezogen
auf die betrachteten Gesundheitsparameter finden sich nur wenig Hinweise
auf positive Effekte. Allerdings waren die Teilnehmenden mit der Maßnahme
insgesamt sehr zufrieden und haben sie als sehr unterstützend erlebt. Vor dem
Hintergrund dieser Ergebnisse erscheint eine längerfristige Perspektive und
enge Verzahnung mit verhältnispräventiven Maßnahmen sinnvoll.

1   Idee und Hintergrund eines betriebsärztlichen Gesundheitscoachings

1.1   Zielsetzung eines betriebsärztlichen Gesundheitscoachings

In Anbetracht der heutzutage stark verwobenen Lebensbereiche von Beschäftigten und den gleichzeitig oft komplexen Bedingungen digital vernetzter Arbeit
ist es wichtig, bei gesundheitlichen Beschwerden Ansätze zu entwickeln, die
sowohl medizinisch indiziert und vielversprechend als auch in der individuellen
Gesamtsituation des Einzelnen relevant und bewältigbar sind. Eine einfache „Verordnung" vorgefertigter (primärer, sekundärer, tertiärer) Präventionsmaßnahmen
ist kaum möglich bzw. zielführend.

Für die Betroffenen selbst ist es eine große Herausforderung oder manchmal sogar Überforderung, in einer Be-/Überlastungssituation zu erkennen, was
in diesem Moment der effektivste Ansatz wäre, um ihre aktuelle körperliche, psychische und/oder soziale Gesundheit zu verbessern. Hinzu kommt, dass
diese situative Einordnung und Bewertung innerhalb des eigenen Lebensgefüges
immer wieder bzw. annähernd kontinuierlich reflektiert werden muss (Abb. 1).
Unter solchen Rahmenbedingungen sind Kompetenzen wie Selbstreflexion und
Selbststeuerung (z. B. Athanasopoulou und Dopson 2018; Bennett-Levy und
Lee 2014; Bozer und Jones 2018) besonders wichtige Ressourcen. Als sogenannte problemunabhängige Meta-Kompetenzen (z. B. Bach und Suliková 2019;
Yeow und Martin 2013) sind sie für den Erhalt der Handlungsfähigkeit und
die Stress-Bewältigung unverzichtbar. Können sie nicht oder nicht in genügen-
dem Umfang mobilisiert werden, fehlt den Betroffenen eine wichtige Grundlage,

um adäquat auf mögliche Fehlbeanspruchungen zu reagieren und angemessene Bewältigungsstrategien zu entwickeln. Die Fähigkeit zur Selbstreflexion ist Voraussetzung dafür, eigene Sicht-, Verhaltens- und/oder Herangehensweisen zu überdenken. Ein ausreichendes Maß an Selbststeuerung ist wiederum erforderlich, um Veränderungen in Gang und umzusetzen.

Entsprechend scheint unter den Rahmenbedingungen ein Beratungsformat besonders erfolgversprechend, das a) solche Ressourcen stärkt, und diese nutzt, um b) geeignete Handlungsstrategien für Belastungssituationen zu entwickeln sowie c) die Wirkung der Strategien zu überprüfen und erforderlichenfalls anzupassen. Veränderungen dieser Art können nicht kurzfristig erreicht werden, sondern müssen im Alltag erprobt, hinterfragt, austariert und kontinuierlich adaptiert werden.

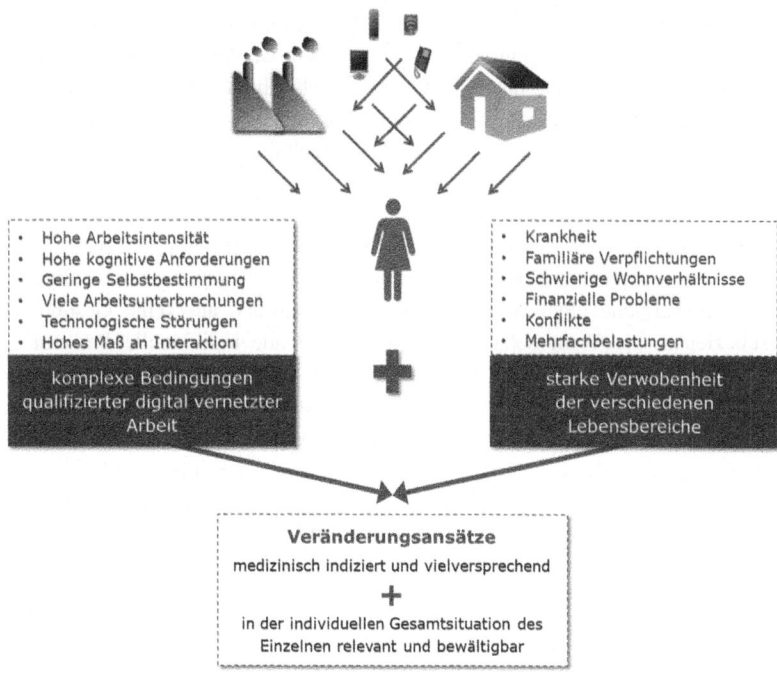

Abb. 1 Unter den heutigen Rahmenbedingungen müssen Ansätze zur Verbesserung von Gesundheit und Wohlbefinden individuell auf die Arbeits-, Lebens- und Gesundheitssituation des Einzelnen angepasst werden

Im arbeitsmedizinischen und betriebsärztlichen Kontext ist eine solche Form von Prozess- und Umsetzungsberatung/-begleitung aufgrund der rechtlichen Verortung, aber auch zum Teil aufgrund des Selbstverständnisses der Arbeits- und Betriebsmedizin, primär nicht angelegt. Die klassische betriebsärztliche Beratung und Betreuung auf Ebene der Beschäftigten entspricht in erster Linie einer Expertenberatung, d. h., die Beschäftigten erhalten Informationen über alle relevanten arbeitsmedizinischen Fakten und eine ärztliche Empfehlung. In den letzten Jahren und mit Zunahme der präventiven Ausrichtung der Gesundheitsversorgung gewinnt die Idee einer umfassenderen und stärker partizipativ ausgerichteten Beratung in der Medizin aber allgemein an Bedeutung. Seit geraumer Zeit gibt es Bemühungen, in der medizinischen Versorgung eine stärkere Patientenbeteiligung zu verankern (Loh et al. 2007; Schaefer und Klemperer 2020). Unter dem Begriff der partizipativen Entscheidungsfindung (PEF), im Englischen Shared-Decision-Making (SDM), hat dieser Prozess mittlerweile Eingang in die Empfehlungen zahlreicher Fachgesellschaften gefunden.[1] Hintergrund ist u. a. die Erkenntnis, dass eine optimale Versorgungssituation nur erreicht werden kann, wenn Bedürfnisse und Lebensumstände der Betroffenen berücksichtigt werden. Die alleinige Fokussierung auf eine medizinisch indizierte, optimale Therapie führt nicht automatisch zu einem optimalen therapeutischen Ergebnis. Vereinzelt wird, v. a. in der Allgemein- und Familienmedizin, auch der Coaching-Ansatz immer wieder propagiert (Niebuhr et al. 2018).

Auch das Präventionsgesetz von 2015 (§ 20 SGB V) untermauert mit dem darin enthaltenen ganzheitlichen „Lebensweltenkonzept" die Notwendigkeit, alle Lebensbereiche eines Menschen als Einflussgrößen auf seine Gesundheit einzubeziehen, als Voraussetzung für eine gelingende individuelle Prävention. Der Arbeitsplatz ist dabei ein zentraler Bereich, in dem Gesundheitsvorsorge, -förderung und -schutz stattfinden kann und stattzufinden hat (SGB V, z. B. §§ 20 ff., § 65a). Auf Ebene der Verhaltensprävention lässt das die Schlussfolgerung zu, dass der Beratungsfunktion von Betriebsärzt*innen zukünftig eine Schlüsselrolle zukommen könnte. Sie sind in der Lage, alle gesundheitsrelevanten Informationen des/der einzelnen Beschäftigten zu bündeln, Belastungen und Beanspruchungen in Zusammenhang zu bringen und alle Aspekte in eine fundierte Beratung zu überführen (Drexler et al. 2015).

Eine mögliche Option, diese Inhalte in einer partizipierenden, integrierten Experten-, Prozess- und Umsetzungsberatung effektiv zusammenzuführen,

---

[1] Auf Ebene der Arbeitsgemeinschaft der Wissenschaftlichen Medizinischen Fachgesellschaften (AWMF) wurde eine Kommission „Gemeinsam klug entscheiden" eingerichtet (http://www.awmf.org/medizin-versorgung/gemeinsam-klug-entscheiden.html), die an einem Manual dazu arbeitet.

kann das betriebsärztliche Gesundheitscoaching sein – in Form eines freiwilligen Angebots durch das Unternehmen. Insbesondere im Kontext der komplexen Rahmenbedingungen würde es dieses Beratungsformat ermöglichen, zum einen frühzeitig Beeinträchtigungen der Gesundheit und des Wohlbefindens von Beschäftigten zu erkennen, zum anderen, die Beschäftigten in einer ganzheitlichen Betrachtung ihrer Situation zu unterstützen, damit sie Quellen aktueller psychomentaler Fehlbelastungen erkennen und realistische, auf ihre individuelle Situation abgestimmte Ansätze für positive Veränderung entwickeln können.

1.2 Einbindung des betriebsärztlichen Gesundheitscoachings in die Versorgung von Beschäftigten mit digital vernetzter Arbeit – Pflicht und Kür der betriebsärztlichen Betreuung

In jedem Fall ist es Aufgabe der Betriebsärzt*innen – wie auch der Unternehmensleitung – darauf zu achten, dass alle relevanten Arbeitsmerkmale in die Gefährdungsbeurteilung aufgenommen werden, sowie frühzeitig möglichen Fehlbelastungen entgegenzuwirken (Pflicht). Um eine umfassende Risikoanalyse zu ermöglichen, sollten auch körperliche und psychische Symptome/Erkrankungen, die erwiesenermaßen einen Zusammenhang mit psychischen Belastungen haben, berücksichtigt werden. Gut geeignet sind dafür i. d. R. Fragebogeninstrumente, die ggf. auch im Rahmen einer ärztlichen Untersuchung bzw. eines ärztlichen Gesprächs genutzt werden können (vgl. Heiden und Herbig 2023).

Darüber hinaus könnten Unternehmen das betriebsärztliche Gesundheitscoaching im Rahmen der Vereinbarung etwaiger Zusatzleistungen im Bereich der betrieblichen Gesundheitsförderung oder in Form einer Wunschvorsorge für Beschäftigte, deren Arbeit von digitaler Vernetzung geprägt ist, aufsetzen: Grundlage wäre eine Ausgangsuntersuchung (= ausführliche arbeitsmedizinische und arbeitspsychologische Untersuchung), an die sich zeitversetzt ein Beratungsgespräch durch den Betriebsarzt oder die Betriebsärztin anschließt. Das Beratungsgespräch dient zum einen der Information über die Untersuchungsergebnisse inklusive deren Einbettung in das Gefüge digital vernetzter Arbeit, zum anderen einer ersten Problemfokussierung und -priorisierung. Im nächsten Schritt entscheiden Betriebsarzt/Betriebsärztin und Beschäftigte/-r gemeinsam, ob eine Coaching-Maßnahme sinnvoll ist oder nicht. Abhängig vom thematischen Schwerpunkt sowie der eigenen Präferenzen und Kapazitäten bietet der Betriebsarzt/die Betriebsärztin der/-m Beschäftigten entweder an, selbst Coaching-Sitzungen mit ihm/ihr durchzuführen (Kür), oder alternativ

den Beschäftigten an andere Fachkolleg*innen (Fachärzt*innen, Psychotherapeut*innen, Sozialberatung) zu vermitteln.

In diesem Sinn wäre die Wunschvorsorge bei digital vernetzter Arbeit eine
Drehscheibe (Abb. 2), die für Beschäftigte den Weg bahnt, um frühzeitig und an
der eigenen Lebens-, Arbeits- und Gesundheitssituation orientiert die bestmög-
liche Unterstützung zu erhalten. Das betriebsärztliche Gesundheitscoaching ist
dabei eine Option von mehreren.

Abb. 2 Die betriebsärztliche Sprechstunde fungiert als eine Drehscheibe. Am Ende legen
die Beteiligten gemeinsam die Richtung fest, in die es weitergehen soll

1.3 Charakteristika von Coaching

Der Begriff des Coachings ist nicht geschützt – entsprechend wird er in sehr unterschiedlichen Kontexten, für verschiedene Formate und mit variierenden Zielsetzungen verwendet. Vergleichbar divers wie das Angebot sind Herkunft und Qualifikation der Coaches sowie die angebotenen Ausbildungen und Zugangsvoraussetzungen. Hintergrund dieser Diversität ist u. a., dass die Entwicklung von Coaching historisch in verschiedenen Ländern sehr unterschiedlich geprägt ist, inzwischen aber viele dieser Formen global Verbreitung gefunden haben. In England hat Coaching beispielsweise eine starke Verankerung im Sport Im Sinne eines Mentaltrainings zur Leistungssteigerung, während in den USA der Fokus immer stark auf einer Verbesserung der Lebensgestaltung und Lebensführung lag („Life-Coaching"). In Deutschland hatte Coaching von Beginn an einen starken Arbeitsbezug und war vorrangig auf Führungskräfte und deren Managementaufgaben ausgerichtet („Executive-Coaching"). Inzwischen finden sich aber auch hier in vielen weiteren Lebensbereichen Coaching-Angebote (z. B. Gesundheit, Lebensführung), die sich grob dem „Health-" oder „Life-Coaching" zuordnen lassen. Auch bezüglich der Formate (z. B. Einzel-Coaching, Team-Coaching) und Zielgruppen (Führungskräfte, Mitarbeiter*innen, Privatpersonen, Profis, Laien, Lernende) hat eine Ausweitung stattgefunden. Im Hinblick auf Theorie und Konzept sind die Ansätze – entsprechend der unterschiedlichen historischen Entwicklung – ebenfalls unterschiedlich und stammen aus verschiedenen Fachdisziplinen wie der Psychologie und Psychotherapie, dem systemischen Management, der Pädagogik, der Personalentwicklung oder sogar der Philosophie und Linguistik (Cox et al. 2014).

Gleichzeitig mit der wachsenden Diversifizierung von Coaching haben die Bestrebungen zugenommen, Kernelemente zu spezifizieren und definieren, um auf diesem Weg – auch mit Blick auf eine Professionalisierung der Branche – Vergleichbarkeit herzustellen und die Grundlage für Qualitätskriterien und Evaluationsansätze zu legen. Diese Bestrebungen haben deutlich zugenommen (Fietze 2014), sind aber bisher nur eingeschränkt erfolgreich.

Für das Einzel-Coaching lassen sich Strukturen, Prozesse und inhaltliche Ausrichtung weitgehend wie folgt zusammenfassend:

Einzel-Coaching ist ein klientenzentriertes, interaktives Beratungsformat mit einem zugrunde liegenden Lern- und Entwicklungsansatz, das einen klaren lösungs- und handlungsorientierten Fokus hat und auf die aktuelle Situation der Klient*innen bezogen ist, d. h. im Gegensatz zu vielen therapeutischen Ansätzen, die einen Schwerpunkt in der Aufarbeitung der Vergangenheit haben, ist Coaching in der Gegenwart verankert. Der Coaching-Prozess soll es Klient*innen ermöglichen, durch eine Verbesserung der Selbstregulationsfähigkeit selbstkongruente Ziele zu formulieren und zu erreichen, d. h. Ziele, die mit den eigenen Bedürfnissen, Fähigkeiten und Werten im Einklang stehen.

Im Beratungsprozess stehen aktuelle Themen und Anliegen der Klient*innen im Fokus. Abhängig von der Verortung des Coachings in einem der oben genannten Schwerpunkte (Gesundheit, Leben, Arbeit, Führung) haben diese unterschiedliche Qualitäten und Schwerpunkte zwischen „Selbstthematisierung" und „Kontextthematisierung" (Greif 2008), z. B. Selbstklärung, Veränderungswunsch und -notwendigkeit, Konfliktbewältigung, Leistungsoptimierung oder -verbesserung oder auch die Verbesserung von Gesundheit und Wohlbefinden.

Im Arbeitskontext kommt Einzel-Coaching in der Regel dort zum Einsatz, wo „aus kollektiven Anforderungen individuelle Probleme und Herausforderungen" werden (Greif 2008). Die Selbstreflexion ist ein wesentliches Element im Coaching, bei der es u. a. darum geht, eigene und fremde Erwartungen, Sichtweisen und Wünsche aufzudecken und mit den eigenen Werten und Bedürfnissen abzugleichen. Die Überprüfung des eigenen Selbstbilds und Selbstkonzepts (ideal versus real) ist in der Regel Teil des Prozesses.

Grundpfeiler der gemeinsamen Arbeit zwischen Coaches und Klient*innen sind eine Begegnung auf Augenhöhe sowie die Wahrung der Selbstbestimmtheit und Eigenverantwortung der Klient*innen über den gesamte Coaching-Verlauf hinweg. Sie sind diejenigen, die die Richtung bestimmen, den inhaltlichen Schwerpunkt setzten und die relevanten Entscheidungen treffen. Coaches geben keine Lösungen vor, sondern unterstützen problemorientiert und methodengeleitet den Prozess der Selbstreflexion und den Transfer neuer Erkenntnisse in die praktische Umsetzung. Sie ermutigen die Klient*innen, Neues auszuprobieren, und achten dabei u. a. auf ein gesundes Verhältnis zwischen Herausforderung und Bewältigbarkeit, das Lernen am Erfolg ermöglicht, ohne überfordernd zu sein. So gewinnen die Klient*innen Vertrauen in die eigenen Fähigkeiten und Handlungen. Mittel- bis langfristig können sie auf diese Weise Meta-Kompetenzen entwickeln oder verbessern, z. B. Selbstreflexion, Lern-, Handlungs- und Bewältigungskompetenz. Als problem- und aufgabenunabhängige Ressource erweitern diese Kompetenzen die Handlungsspielräume der Klient*innen (Abb. 3). Dieser Entwicklungsansatz hat zum Ziel, die Fähigkeit der Selbststeuerung der Klient*innen zu stärken und diese so in die Lage zu versetzen, selbstbewusst und souverän Entscheidungen über (notwendige) Veränderungen der eigenen Arbeits- und/oder Lebenssituation zu treffen. Es werden in gewisser Weise „Selbstheilungskräfte" auf der psychosozialen Ebene mobilisiert.

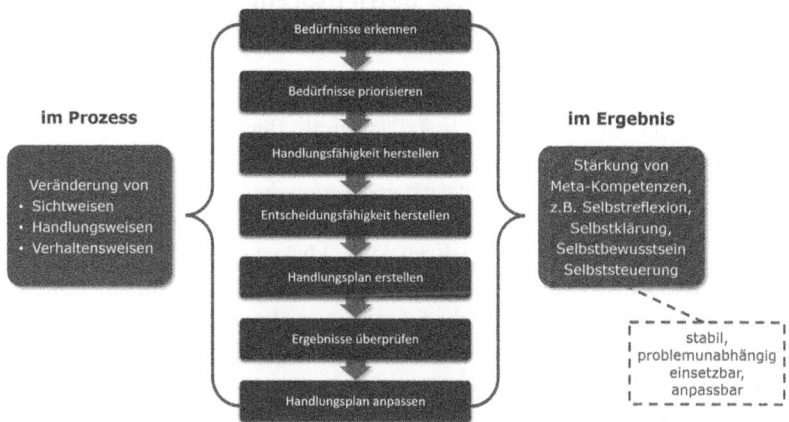

Abb. 3 Theoretisches Konzept des betriebsärztlichen Gesundheitscoachings

Mit Blick auf das Beratungsformat spannt sich Coaching in dem Feld zwischen (eher direktiver) Expertenberatung und (eher non-direktiver) Prozessberatung auf (Kessels et al. 2015; Schein 2000). In der Anfangsphase des Coachings, in der Informations- und Methodenvermittlung im Vordergrund stehen, steuert der/die Coach in der Regel noch eher stark. Im Verlauf gestaltet sich die Zusammenarbeit immer stärker kollaborativ, der/die Coach wird zum „Sparringspartner", d. h. mit ihm/ihr können Themen diskutiert, von allen – auch unbequemen – Seiten beleuchtet und schwierige Gesprächssituationen erprobt werden, und „Resonanzkörper", d. h. er/sie hilft den Klient*innen, eigene Gefühle und Gedanken klarer wahrzunehmen und benennen zu können. Im fortgeschrittenen Stadium übernimmt – so das Ziel – der/die Klient*in selbstbestimmt und in Verantwortung des eigenen Handelns und Entscheidens die Steuerung, den/die Coach bindet er/sie eher im Sinne eines Mentors ein, wenn spezifischer Beratungsbedarf besteht (Grant und Green 2018).

1.4 Besonderheiten eines betriebsärztlichen Gesundheitscoachings

Der Grundgedanke des betriebsärztlichen Gesundheitscoachings liegt in einer Erweiterung der Rolle von Betriebsärzt*innen als Berater*innen von Beschäftigten im Kontext digital vernetzter Arbeit. Unter dem Gesichtspunkt, dass es aufgrund der zunehmenden Komplexität und Vermischung von Arbeit und Nicht-Arbeit in den „digitalisierten Lebenswelten" der Betroffenen schwierig sein kann, relevante Risikofaktoren, aber auch effektive Maßnahmen für die Gesundheit und das Wohlbefinden zu identifizieren, erscheint es sinnvoll, die arbeitsmedizinische sowie arbeitspsychologische Expertise von Betriebsärzt*innen intensiver einzubinden als bisher.

Ausgangsbasis bleibt dabei die ärztliche Anamnese und Untersuchung. Im Sinne der Ganzheitlichkeit kann es jedoch erforderlich sein, diese um spezifische Aspekte/Parameter zu erweitern bzw. vertiefen, z. B. im Bereich der Sozialanamnese oder medizinischer und psychologischer Tests. Dem folgt eine fundierte Analyse der Ergebnisse, die in Form eines entsprechenden Inputs mit dem Beschäftigten geteilt wird, ergänzt um relevante Erkenntnisse über die Zusammenhänge von digital vernetzter Arbeit und damit assoziierter möglicher Belastungen, Gesundheit und weiteren Lebensbereichen. Damit entspricht der „Auftakt" des betriebsärztlichen Coachings weitgehend der klassischen ärztlichen Expertenberatung. Erst auf dieser Grundlage können Klient*innen ihre Selbstbestimmung und Eigenverantwortung im Coaching-Prozess wahrnehmen. Im weiteren Verlauf prägen die Beratung stärker Charakteristika eines Coachings, abhängig von den thematischen Schwerpunkten, die der/die Beschäftigte für sich setzt (für Daten aus dem Projekt vgl. Abb. 6). Bis zum Ende wird der Betriebsarzt oder die Betriebsärztin, aufgrund der komplexen Materie, jedoch die Tragfähigkeit entwickelter Ideen, aber auch Umsetzungsergebnisse unter arbeitsmedizinischen/-psychologischen Gesichtspunkten prüfen.

Die Anbindung des Gesundheitscoachings an die Rolle der Betriebsärzt*innen bringt strukturell und inhaltlich Vorteile mit sich, die bei keiner anderen Intervention erreicht werden können. Betriebsärzt*innen bilden in ihrer Funktion das „Scharnier" zwischen betrieblicher Verhältnis- und Verhaltensprävention bzw. Organisations- und Individualebene. Auf Organisationsebene sind sie fest in der Arbeitsschutzstruktur verankert und können aus dieser Position (beratend) Einfluss auf Inhalte und Prozesse nehmen, d. h. relevante Erkenntnisse aus der individuellen Betreuung können sie als Handlungsempfehlungen in die Organisation einspeisen. Umgekehrt sind sie über die betrieblichen Präventionsaktivitäten informiert und haben (mit Einverständnis des/der Beschäftigten) Zugriff auf ggf.

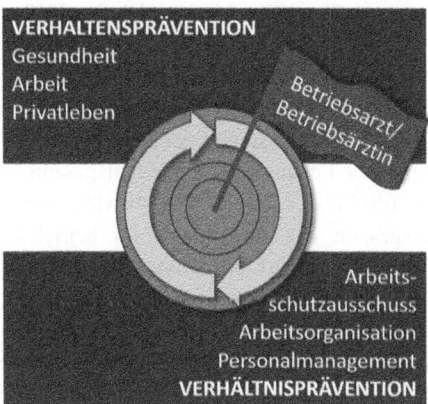

Abb. 4 In ihrer Rolle und Funktion können Betriebsärzt*innen als Bindeglied zwischen Verhaltens- und Verhältnisprävention fungieren. Sie können relevante Erkenntnisse aus der Individualberatung in die betriebliche Arbeitsschutzorganisation einspeisen und umgekehrt den Transfer von Maßnahmen der Verhältnisprävention auf die Individualebene unterstützen

bereits vorliegende Daten (klinische Werte, Befragungsergebnisse). Sie können all diese Kenntnisse bündeln und in die Arbeit mit den Beschäftigten individuell und unmittelbar einfließen lassen (Abb. 4).

Zusammenfassend liegt der Unterschied zur klassischen betriebsärztlichen Beratung in der Erweiterung des Beratungsansatzes im Hinblick auf Frequenz, Tiefe und thematische Ausrichtung der Beratung/Begleitung sowie in den eingesetzten Methoden und der ausgeprägten Klient*innen-Zentrierung. Betriebsärzt*innen werden zu kontinuierlichen Begleiter*innen eines Veränderungsprozesses von Verhaltens-, Herangehens- und Sichtweisen, auf dem Weg zu einer integrativen, selbstbestimmten Arbeits-, Lebens- und Gesundheitsgestaltung.

1.5 Abgrenzung zu anderen betrieblichen Beratungs- und Unterstützungsformaten

Bis vor einigen Jahren wurden in Deutschland unter dem Begriff des Gesundheitscoachings fast ausschließlich edukative Maßnahmen in den Themenfeldern Gesundheitsverhalten sowie Management und Prävention häufiger und chronischer Krankheitsbilder wie Herz-Kreislauf-Erkrankungen, Diabetes, aber auch psychische Erkrankungen gefasst (Gatchel und Schultz 2012). Bei diesen Ansätzen sollen durch die Vermittlung von umfassendem Wissen Betroffene (und zum Teil auch Angehörige) quasi zu Expert*innen ihrer Erkrankung gemacht werden. Durch ein tieferes Krankheitsverständnis und das Einüben von Verhaltensänderungen erhofft man sich eine Verbesserung der Krankheitsbewältigung und damit des Wohlbefindens und der Lebenszufriedenheit insgesamt. Betrieblich spielen solche Angebote zum Teil im Bereich der Stressbewältigung eine Rolle.

Nachdem sich insgesamt das Augenmerk im betrieblichen Arbeits- und Gesundheitsschutz stärker auch auf psychomentale Arbeitsbelastungen (z. B. Arbeitsintensität/-druck, Arbeitsorganisation, Führungsfragen, Restrukturierungen, Work-Life-Konflikte) und deren Folgen (z. B. Burnout, Stress) richtet, finden sich zunehmend Unterstützungsangebote, denen ein breiterer Ansatz von Gesundheit und Wohlbefinden am Arbeitsplatz zugrunde liegt, und die versuchen, den komplexer werdenden Wechselwirkungen zwischen Gesundheit und Arbeit gerecht zu werden. Oftmals handelt es sich aber im Kern auch hier um Trainingsmaßnahmen auf Gruppenebene (z. B. Achtsamkeitstraining), die ebenfalls dem edukativen Segment zuzuordnen sind.

Ein betriebliches Angebot, das fachlich und inhaltlich explizit auf die Betreuung von Beschäftigten mit psychomentalen Fehlbeanspruchungen ausgerichtet ist, ist die psychosomatische Sprechstunde im Betrieb. Diese Sprechstunde wurde vereinzelt in Unternehmen als Unterstützungsangebot für Beschäftigte mit psychischen und psychosomatischen Beschwerden eingeführt, um niederschwellig und auf kurzem Weg einen Erstkontakt mit Psychotherapeut*innen, Fachärzt*innen für Psychiatrie und Psychotherapie oder Fachärzt*innen für Psychosomatische Medizin und Psychotherapie zu ermöglichen, was ansonsten häufig mit langen Wartezeiten verbunden ist. Ziel ist es zum einen, Krisen abzuwenden bzw. in Krisen zu unterstützen, zum anderen, die Indikation für eine stationäre oder ambulante Therapie zu prüfen. Zum Teil schließt das Angebot auch die Möglichkeit einer Kurzzeitpsychotherapie ein. Überwiegend werden dafür externe Expert*innen eingebunden (Balint et al. 2021).

Menschen mit manifesten psychischen Erkrankungen bzw. dem dringenden Verdacht auf eine psychische Erkrankung, ohne Anbindung an eine psychiatrische/psychotherapeutische Versorgung, profitieren von einem solchen Angebot in besonderem Maß, wobei Coaching in diesen Fällen primär kontraindiziert ist. Menschen mit psychischen Erkrankungen sind vor allem während einer akuten Krankheitsphase, z. T. aber auch dauerhaft, nicht in der Lage, sich selbst und ihren Alltag in erforderlichem Umfang zu steuern, ihre Handlungsfähigkeit ist oftmals deutlich eingeschränkt. Coaching setzt jedoch gerade die Fähigkeit zur Selbststeuerung und Selbstwahrnehmung voraus und ist zudem darauf ausgerichtet, dass die Klient*innen aktiv Veränderungsziele umsetzen (Rauen 2021; Greif et al. 2018; Wegener et al. 2018). Bezogen auf Beratungsanlässe und alltags- bzw. berufsbezogene Probleme betroffener Beschäftigter kann es allerdings Überschneidungen geben. Eine Differenzierung ist dann eventuell erst im Verlauf möglich. In kritischen Fällen kann das betriebsärztliche Coaching bzw. die betriebsärztliche Betreuung jedoch eine stabilisierende Maßnahme zur Überbrückung der Wartezeit bis zur fachärztlichen Betreuung sein.

1.6 Möglichkeiten und Grenzen des betriebsärztlichen Gesundheitscoachings

Möglichkeiten und Grenzen des betriebsärztlichen Coachings spannen sich formal wie inhaltlich zwischen den beiden (namensgebenden) Rollen auf, der Rolle der Betriebsärztin bzw. des Betriebsarztes und der/des Coachs.

Inhaltlich liegt die Begrenzung auf der einen Seite nahe bei der klassischen betriebsärztlichen Expertenberatung, auf der anderen Seite in der Nähe des weiten Felds eines Life-Coachings, ohne ausschließlichen Gesundheitsbezug. Darüber hinaus beeinflussen arbeitsorganisatorische Aspekte wie z. B. die diagnostischen Möglichkeiten (medizinisch/psychologisch) vor Ort sowie das für den Coaching-Prozess zur Verfügung stehende Spektrum an Kompetenzen und Methoden den Rahmen.

Die formalen Grenzen müssen mit dem Unternehmen explizit verhandelt werden, da die DGUV Vorschrift 2 primär keine Rechtsgrundlage für eine solche Erweiterung der betriebsärztlichen Rolle beinhaltet. Je nach Unternehmensgröße und Betreuungsform könnte das betriebsärztliche Gesundheitscoaching aber im Rahmen der betriebsspezifischen Betreuung vereinbart und verankert werden.

Eine eher informelle, aber grundlegende Voraussetzung für den Erfolg eines solches Angebots ist, dass ein ausreichend tragfähiges Vertrauensverhältnis zwischen Belegschaft und Betriebsärzt*innen besteht. Gelegentlich zweifeln Beschäftigte aufgrund der vertraglichen Bindung an der Unabhängigkeit/Unparteilichkeit der Betriebsärzt*innen und haben Sorge, dass diese zu sehr die Interessen der Unternehmensleitung vertreten bzw. die Vertraulichkeit nicht gewahrt sein könnte.

Innerhalb des vorgegebenen Rahmens ist prinzipiell offen, in welchem Umfang im Beratungsprozess eher die Experten- oder die Coachingrolle eingenommen wird. Dabei sind weitere Faktoren relevant:

- Das eigene Selbstverständnis – die Form der Ärzt*innen-Patient*innen-Beziehung bei einem Coaching entspricht nicht in jedem Fall der Vorstellung von der eigenen Rolle als Arzt oder Ärztin.
- Das eigene Interesse an der Arbeit als Coach.
- Die Aktualität und Relevanz des Themas „Fehlbelastungen und Fehlbeanspruchungen durch digital vernetzte Arbeit" im Unternehmen – je spürbarer beides im Unternehmen ist, desto offener sind in der Regel alle Beteiligten, neue Wege zu erproben.

Damit Beschäftigte von einem Coaching profitieren, sollten folgende Voraussetzungen gegeben sein:

- Sie sollten psychisch gesund und emotional weitgehend stabil sein.
- Sie sollten über grundlegende Fähigkeiten zur Selbstreflexion und zur Selbststeuerung verfügen.
- Sie sollten grundsätzlich bereit sein, sich auf einen solchen Prozess einzulassen, und den Betriebsarzt oder die Betriebsärztin als Coach akzeptieren.

Darüber hinaus ist eine gemeinsame Sprache zwischen Coach und Klient*in notwendig, die es möglich macht, auch über abstrakte Inhalte wie Gefühle, Bedürfnisse, Vorstellungen, Ideen etc. zu sprechen.

2 Praktische Durchführung eines betriebsärztlichen Gesundheitscoachings

Das betriebsärztliche Gesundheitscoaching wurde im Rahmen eines interdisziplinären dreieinhalbjährigen Forschungsprojekts als eine Intervention zur Reduzierung von Belastungen und Beanspruchungen bei Beschäftigten mit digital vernetzter Arbeit entwickelt und erprobt sowie in einem stratifizierten, randomisierten Kontrollgruppendesign mit insgesamt 47 Beschäftigten aus kleinen und mittleren Unternehmen der Produktion und Dienstleistung evaluiert (s. Abschn. 3.3.1). Das Coaching wurde von einer Studienärztin mit Coaching-Ausbildung durchgeführt.

Mit jedem Teilnehmenden wurden insgesamt sechs Coaching-Gespräche geführt, die je eine Stunde dauerten. Fünf dieser Gespräche waren vor Ort in dem jeweiligen Unternehmen geplant, eines als Telefon-Update zwischendurch. Corona-bedingt musste jedoch an mehreren Terminen auf ein Video-Format ausgewichen werden (RED-Medical®). Unmittelbar vor dem ersten und nach dem letzten Coaching fand eine orientierende ärztliche Untersuchung mit einem ausführlichen Beratungsgespräch statt. Diese Untersuchungen wurden (zeitgleich) auch mit der Kontrollgruppe durchgeführt. Die geplante Zeitspanne für die Durchführung betrug 10 Monate (sechs Wochen Abstand zwischen den Terminen). Pandemiebedingt konnten die Gespräche nicht in regelmäßigen Zeitabständen erfolgen und der gesamte Untersuchungszeitraum musste auf 13 Monate ausgeweitet werden.

Die im Folgenden dargestellten Empfehlungen und Hinweise zur praktischen Durchführung entsprechen diesem Interventionskonzept mit Anpassungen auf Grundlage der Evaluationsergebnisse des wissenschaftlichen Projekts, die zusammengefasst in Abschn. 3 dargestellt werden.

2.1   Allgemeine Rahmenbedingungen

Erstgespräch und Ausgangsuntersuchung: Für das Erstgespräch sowie die ggf. notwendigen ergänzenden medizinischen und psychologischen Tests (vgl. Heiden und Herbig 2023) ist ein normales Sprechzimmer adäquat. Auch ein ruhiger, abgeschiedener Raum im Unternehmen ist denkbar, sofern alle notwendigen Materialien und Instrumente dort verfügbar sind/verfügbar gemacht werden können.

Reine Coaching-Termine: Das eigentliche Coaching sollte jedoch in einem etwas angenehmeren, weniger sterilen Rahmen stattfinden, der zur Entspannung einlädt. Wichtig ist, dass es sich um einen ruhigen Raum handelt, der sich nach Möglichkeit etwas abseits des regulären betrieblichen Alltagsgeschehens befindet und wenig einsehbar ist. Die Beschäftigten sollten das Gefühl haben, dass sie sich für den Zeitraum des Coachings aus ihrem Arbeitsalltag „ausklinken" und so ganz bei sich sein können.

Online-/Video-Coaching: Die Durchführung von Distanz-Terminen mit Hilfe entsprechender Online-Anwendungen ist prinzipiell möglich, sofern die gewählte Technologie den aktuellen Datenschutzvorschriften genügt. Der Kontakt zwischen Coaches und Klient*innen als ein zentrales Element im Coaching-Prozess ist allerdings in diesem Setting erschwert und in hohem Maße störanfällig. Sensorische Eindrücke können über digitale Tools nur schwer und stark reduziert wahrgenommen werden (Mimik, Gestik, Körperhaltung, Blicke, Geräusche) und die erzwungene Form des Kontakthaltens (Fokussieren der Kamera, akustische Störungen bei Unterbrechungen) verhindert zum Teil eine entspannte Atmosphäre. Darüber hinaus stehen nur eingeschränkt adäquate Materialien für unterstützende Methoden zur Verfügung. Bislang versuchen digitale Tools, analoge Materialien 1:1 zu ersetzen, was nur unzureichend gelingt. Gleichzeitig ist es aber einfacher, Dateien gemeinsam zu betrachten. Online-Anwendungen bieten sich insbesondere für Coaching-Termine an, die als kurzes Update in einer Überbrückungsphase gedacht sind, oder bei unvermeidbaren Distanz-Terminen. In jedem Fall erfordern Online-Termine eine spezielle Vorbereitung und inhaltliche Konzeption, die auf die digitalen Möglichkeiten adaptiert sind.[2]

Materialien: Die Auswahl der Materialien hängt vom Setting (Präsenz- vs. Online-Coaching) ab, aber auch von der Methodenauswahl und -kompetenz des Betriebsarztes bzw. der Betriebsärztin. In jedem Fall sollte eine Grundausstattung an Moderationsmaterial vorhanden sein, die eine Visualisierung und Fokussierung ermöglicht. Dazu gehören Flipchart oder Whiteboard und verschiedenfarbige Moderationskarten, eine Moderationswand und geeignete Stifte; auch elektronische Lösungen sind denkbar.

Störungen verhindern: Während der einzelnen Termine sollten Störungen unbedingt vermieden werden, d. h. Festnetz- und Mobiltelefone sollten ausgeschaltet oder umgeleitet sein (auch das der/-s Beschäftigten!). Der Raum selbst sollte mit einem „Bitte nicht stören-Schild" gekennzeichnet sein.

2.2   Struktur und Prozess des betriebsärztlichen Gesundheitscoachings

Der Coaching-Prozess folgt, unabhängig vom Thema der Klient*innen, stets denselben Schritten (Abb. 5). Er beginnt mit einem eher sachorientierten Informations-/Erstgespräch, dem folgt die inhaltliche Arbeit am Thema in mehreren Terminen. Am vorletzten Termin wird die inhaltliche Arbeit mit einer gemeinsamen Bewertung des erreichten Ergebnisses und Überlegungen zur Bedeutung für die Zukunft abgeschlossen. Das gesamte Coaching wird mit einem separaten Termin abgeschlossen, bei dem die Beziehungsebene im Fokus steht und die „Trennung" vollzogen wird. Hier spielt das wertschätzende Feedback eine wichtige Rolle, damit die Klient*innen abschließen und sich lösen können. Das Feedback erfolgt wechselseitig zu Beziehung wie auch Prozess und beinhaltet ein

---

[2] Die genannten Empfehlungen zur Nutzung von Online-Formaten sind aus der Empirie der LedivA-Studie abgeleitet und nicht validiert. Es ist aber davon auszugehen, dass es aufgrund der enormen Zunahme von Video-Formaten in der Kommunikation in Folge der Corona-Pandemie in absehbarer Zeit eine breite Datenbasis zu Wirkung und Wirkfaktoren von Online-Trainings und auch -Coachings geben wird. Infolge wird die Durchführung von Reviews und Meta-Analysen möglich sein, die wiederum valide Aussagen bringen werden.

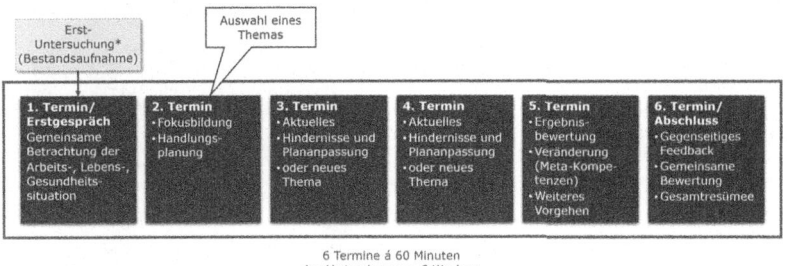

Abb. 5 Struktur eines betriebsärztlichen Gesundheitscoachings mit sechs Einzelterminen. *Sofern keine oder keine ausreichenden Daten aus einer betriebsärztlichen Untersuchung vorliegen, geht dem ersten Termin eine orientierende ärztliche Untersuchung voraus

gemeinsames Gesamtresümee. Die Beurteilung des Coaching-Ergebnisses von der Würdigung des Gesamtprozesses inkl. der (Arbeits-)Beziehung zu trennen, ist für das Lernergebnis wichtig.

Die Anzahl der Termine eines Coaching-Prozesses ist nicht festgelegt. Sie hängt zum einen ganz wesentlich mit dem Thema, das die Klient*innen wählen, zusammen, zum anderen ist sie aber auch von der Vereinbarung mit dem Arbeitgeber abhängig.

Es ist Aufgabe der/des Coachs, darauf zu achten, dass Thema und Zeit-Kontingent eines Coachings „verträglich" sind. Sofern abzusehen ist, dass ein Thema nicht im zur Verfügung stehenden Zeitrahmen bearbeitet werden kann, muss dafür eine Lösung gefunden werden. Entweder wird versucht, eine Ausweitung des Zeitbudgets zu erreichen. Alternativ kann auf die Möglichkeit einer externen Beratung verwiesen werden, die die Klient*innen selbst finanzieren. In einzelnen Fällen kann es auch möglich sein, mit Klient*innen ein anderes – mit dem Thema verbundenes aber leichter zu erreichendes – Ziel zu wählen.

2.2.1 Erstgespräch und Vorinformation

Das Erstgespräch findet im Rahmen einer betriebsärztlichen Sprechstunde statt. Grundlage des Gesprächs sind die medizinisch-psychologischen Befunde der/des Beschäftigten, die im Rahmen einer ausführlichen Anamnese sowie einer medizinischen und/oder psychologischen Untersuchung erhoben wurden (Heiden et al. 2022; s. auch Heiden und Herbig 2023). Ziel ist es, am Ende zu einer gemeinsamen Entscheidung zu gelangen, ob ein Coaching sinnvoll ist und durchgeführt

Abb. 6 Prozentuale
Verteilung der im
wissenschaftlich erprobten
Coaching gewählten
Themen in den Feldern
Arbeit, Gesundheit und
Privatleben

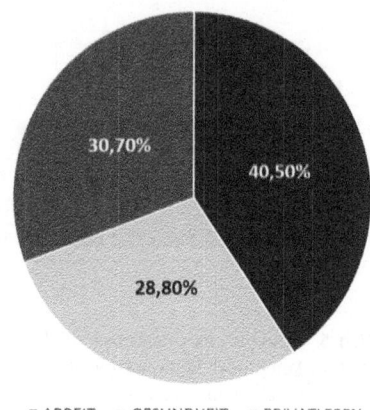

werden soll oder nicht. Dazu muss in der Regel noch einmal zusammenfassend die aktuelle Arbeits-, Lebens- und Gesundheitssituation betrachtet und abgewogen werden. Zumeist ist es in dieser Phase bereits möglich, den Bereich einzugrenzen, in dem aktuell die größten Fehlbelastungen verortet sind. In der diesem Beitrag zugrunde liegenden Untersuchung sah die prozentuale Verteilung der gewählten Themenfelder wie folgt aus (Abb. 6).

Darüber hinaus benötigt der/die Beschäftigte für die Entscheidung weitere Sachinformationen zum Coaching. Dazu gehören …

- die Risiken, die mit digital vernetzter Arbeit verbunden sein können, und die Verknüpfung mit dem Coaching-Ansatz
- Zielsetzung und Ablauf des betriebsärztlichen Coachings, inklusive einer Abgrenzung von medizinischer Therapie, Psychotherapie und Coaching
- das mögliche inhaltliche Spektrum des Coachings
- die Rolle und Aufgaben des ärztlichen Coachs
- die Freiwilligkeit und Vertraulichkeit des Coachings
- die Erwartungen an den/die Mitarbeiter*in in diesem Prozess und darüber, was er/sie einbringen muss – mit der Bedeutung seiner Selbstbestimmung und Motivation
- die relevanten Eckdaten der Rahmenvereinbarung zwischen Betriebsärzt*innen und Unternehmensleitung bezüglich Kosten, Volumen und Berichterstattung
- die nächsten Schritte, falls der/die Beschäftigte sich für ein Coaching entscheidet.

Es ist sehr wichtig, Beschäftigte in diesem ersten Gespräch sorgfältig darüber aufzuklären, wie die Vereinbarung mit dem Unternehmen aussieht. Auch wenn Betriebsärzt*innen dem Auftraggeber gegenüber nicht weisungsgebunden sind, sorgt diese vertragliche Verknüpfung bei Beschäftigten oftmals für Misstrauen. Besonders wichtig ist es daher, transparent zu machen, welche Informationen der Arbeitgeber erhält (z. B. Anzahl und Datum der Termine) sowie zu betonen, dass über den Inhalt der Gespräche jederzeit Stillschweigen gewahrt wird.

2.2.2 Festlegung des Coaching-Themas

Zu Beginn des ersten inhaltlichen Coaching-Termins geht es darum, das Thema des Klienten bzw. der Klientin (weiter) einzugrenzen und das eigentliche Anliegen zu konkretisieren. Handelt es sich um eine (Selbst-)Klärung, um eine Entscheidungsfindung oder um einen Veränderungswunsch? Gemeinsam bringen Coach und Klient*in dieses Anliegen auf den Punkt und formulieren ein Coaching-Ziel, das schriftlich festgehalten wird. Dabei unterstützt der/die Coach den/die Klient*in mit Gesprächsmethoden dabei, den Kern des Anliegens herauszuschälen und klärt gleichzeitig die Erwartungen an das Coaching.

Klient*innen muss dabei ausreichend Raum gegeben werden, die eigene Situation sowie eigene Überlegungen und Fragen darzustellen. Neben inhaltlichen Details muss dabei auch auf spontane Reaktionen im Gespräch und die nonverbale Kommunikation geachtet werden. Der/die Coach versucht für den/die Klient*in scheinbar bedeutungsvolle Begriffe aufzugreifen und auch seine/ihre Emotionen zu erfassen. Was dem/der Klient*in wichtig und hilfreich erscheint, wird herausgestellt und Eindrücke aus dem Gespräch werden zurück gespiegelt. Auf diese Weise kann der/die Klient*in mit einem Blick von außen den eigenen Spuren folgen und dabei eventuell neue Eindrücke sammeln. In diesem Prozess wird das Thema bzw. das Ziel zum Teil mehrfach angepasst und umformuliert. Ist der/die Klient*in zufrieden mit der Formulierung, kann mit der eigentlichen Arbeit am Thema begonnen werden.

Das Spektrum an Themen aus dem Arbeitskontext, die Gegenstand eines betriebsärztlichen Coachings sein können, weil sie Beschäftigte stark belasten, ist breit. Beispielhaft sind in Abb. 7 arbeitsbezogene Themen aus der Erprobung des betriebsärztlichen Coachings dargestellt.

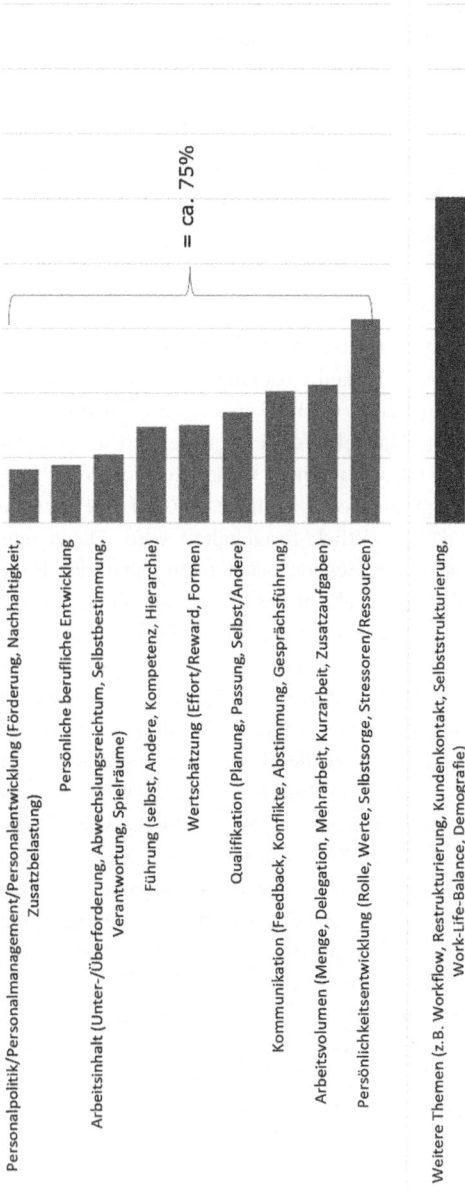

Abb. 7 Arbeitsbezogene Themen aus allen Coaching-Terminen der wissenschaftlichen Erprobung

2.2.3   Struktur der themenbezogenen Coaching-Termine

Ein zentrales Merkmal von Coaching ist, dass jeder Coaching-Termin im Prinzip ein in sich geschlossener Prozess ist. Es wird jeweils ein „Unter-Thema" festgelegt, das in dieser spezifischen Einheit bearbeitet/betrachtet werden soll. Am Ende des Termins steht ein konkretes Ergebnis für das Teil-Ziel. Dieses Vorgehen unterstützt die Praxisnähe und das „Lernen-am-Objekt". Neue Sichtweisen und Erfahrungen (positive wie negative) werden forciert und können im nächsten Schritt einbezogen und realitätsnah bearbeitet werden.

Der Ablauf der einzelnen Coaching-Termine folgt immer demselben Muster (Abb. 8). Jeder Termin beginnt mit einem Rückblick auf die Zeit seit dem letzten Treffen und einer kurzen „Statusabfrage" zum aktuellen Befinden. Der/die Klient*in berichtet von seinen/ihren Erfahrungen und dem eigenem Erleben im Umsetzungszeitraum. Die Entwicklungen werden gemeinsam, bezogen auf das Ergebnis des vorangegangen Coaching-Termins, reflektiert. Das beinhaltet eine vertiefende Analyse, die seitens des/der Coach methodisch unterstützt wird. Es geht u. a. darum, Unbewusstes an die Oberfläche zu bringen, abweichenden Sichtweisen Raum zu geben, Zusammenhänge und Hintergründe zu erkennen, oder auch Unangenehmes in geschütztem Rahmen in den Blick zu nehmen. In dieser Phase spielen Emotionen und Bedürfnisse eine wichtige Rolle. Ziel ist es, den/die Klient*in dabei zu unterstützen, Wahrnehmung und Denken zu erweitern, und auf diesem Weg zu neuen Erkenntnissen zu gelangen. Diese Erkenntnisse werden aggregiert und mit Blick auf ihre Bedeutung für das übergeordnete Coaching-Thema gemeinsam interpretiert. Im Ergebnis wird ein Teil-Ziel definiert, das in Zusammenhang mit dem Haupt-Anliegen steht. Für dieses Teil-Ziel werden Herangehensweisen und Veränderungsansätze gesammelt und abgewogen. Oftmals lassen sich diese unmittelbar aus der vorangegangenen Analyse-Phase ableiten und sind schlüssige Folge der dabei gewonnenen Erkenntnisse. Der/die Coach begleitet diese Phase mit Anregungen für die jeweilige Umsetzung und achtet auf einen ausreichenden „Realitäts-Check": Von den entwickelten Ideen werden diejenigen ausgesucht, die zum einen mit Blick auf das Ziel am erfolgversprechendsten und zum anderen mit Blick auf die Situation des/der Beschäftigten auch realistisch und erfolgreich umsetzbar sind. Dabei können die SMART-Kriterien aus dem Projektmanagement hilfreich sein. Ein Ziel soll spezifisch, messbar, angemessen, relevant und zeitlich terminiert sein.

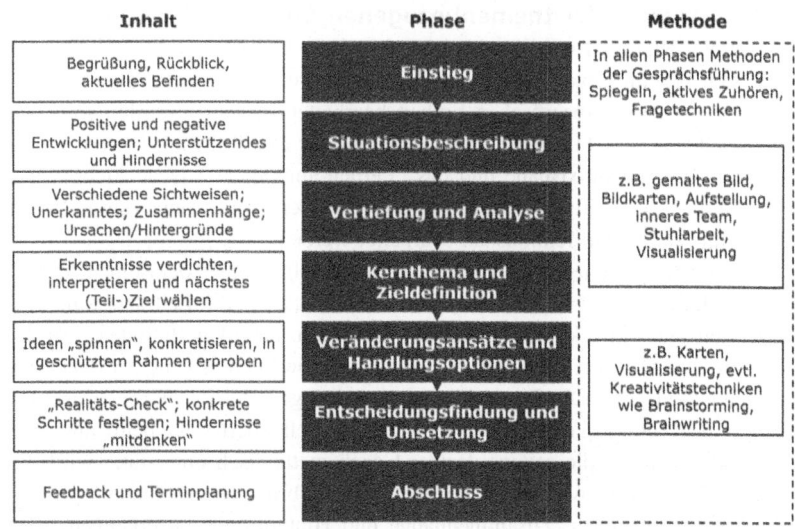

Inhalt	Phase	Methode
Begrüßung, Rückblick, aktuelles Befinden	**Einstieg**	In allen Phasen Methoden der Gesprächsführung: Spiegeln, aktives Zuhören, Fragetechniken
Positive und negative Entwicklungen; Unterstützendes und Hindernisse	**Situationsbeschreibung**	
Verschiedene Sichtweisen; Unerkanntes; Zusammenhänge; Ursachen/Hintergründe	**Vertiefung und Analyse**	z.B. gemaltes Bild, Bildkarten, Aufstellung, Inneres Team, Stuhlarbeit, Visualisierung
Erkenntnisse verdichten, interpretieren und nächstes (Teil-)Ziel wählen	**Kernthema und Zieldefinition**	
Ideen „spinnen", konkretisieren, in geschütztem Rahmen erproben	**Veränderungsansätze und Handlungsoptionen**	z.B. Karten, Visualisierung, evtl. Kreativitätstechniken wie Brainstorming, Brainwriting
„Realitäts-Check"; konkrete Schritte festlegen; Hindernisse „mitdenken"	**Entscheidungsfindung und Umsetzung**	
Feedback und Terminplanung	**Abschluss**	

Abb. 8 Struktur eines einzelnen Coaching-Termins

Der/die Coach achtet darauf, dass über alle Termine hinweg, die Anknüpfung an das Haupt-Anliegen bestehen bleibt und der/die Klient*in das eigentliche Ziel nicht aus den Augen verliert. Es ist seine/ihre Aufgabe, Orientierung zu schaffen, die einzelnen Stränge zu bündeln und zusammenzuhalten und mit dem/der Klient*in regelmäßig eine Standortbestimmung vorzunehmen. Die abschließende Entscheidung, worüber an einem einzelnen Termin gesprochen und was bearbeitet wird, liegt jedoch immer bei dem/der Klient*in. Es kommt immer wieder vor, dass Klient*innen zum Termin ein aktuelles Thema mitbringen, das sie stark beschäftigt oder auch belastet und eine Weiterarbeit am eigentlichen Thema unmöglich macht. In einem solchen Fall muss das akute Problem prioritär aufgegriffen werden.

2.2.4 Abschluss und Evaluation

Das Coaching-Ende erstreckt sich über zwei Termine. Im ersten Schritt wird die inhaltliche Arbeit beendet. Dabei wird vorrangig gemeinsam geprüft, ob das ursprüngliche Coaching-Ziel erreicht wurde und das Ergebnis den Erwartungen des/der Klient*in entspricht (Abb. 9). Sofern es Abweichungen gibt, geht man noch einmal den Gründen dafür nach. Es ist nicht ungewöhnlich, dass sich das Ziel mit zunehmender inhaltlicher Tiefe der Arbeit verändert. Diese Veränderungen vollziehen sich jedoch nicht unbesprochen, sondern werden in der Regel bereits im Prozess reflektiert. Insofern geht es zum Abschluss vor allem darum, den gesamten Entwicklungsbogen noch einmal zu überblicken und ein Gefühl der Kohärenz herzustellen. Auch die Frage, ob „noch etwas offen ist", gehört dazu. Immer wieder tritt im Rahmen eines solchen Rückblicks noch einmal etwas Wichtiges an die Oberfläche. Meist sind Klient*innen und Coaches zu dem Zeitpunkt in ihrer gemeinsamen Arbeit aber bereits so geübt, dass sich gut und schnell klären lässt, wie die Klient*innen damit umgehen können (erste grobe Ansätze; selbständiges Lösen; weiterführende Beratungs-/Therapieformate).

Der zweite Abschluss-Termin dient dazu, die Beratungs-Beziehung zu beenden und diesen Abschied aktiv zu gestalten. Dazu gehört ebenfalls ein Rückblick, in diesem Fall auf die Beziehung, mit einer beidseitigen Würdigung des Gegenübers und des Prozesses. Der/die Coach spiegelt wertschätzend die eigene Wahrnehmung des/der Klient*in und der Veränderungen im Coaching-Verlauf. Das Feedback soll authentisch sein und darf auch eigene Emotionen sichtbar werden lassen („nach dieser intensiven Zeit fällt auch mir der Abschied erst einmal schwer ..."), soweit es für die „Trennung" dienlich ist und den/die Klient*in

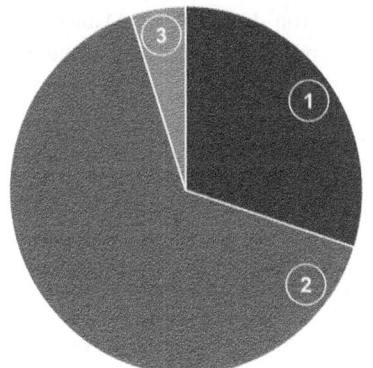

Wie hilfreich war das Coaching für Sie?
1 = außerordentlich hilfreich
2 = hilfreich bis sehr hilfreich
3 = hilfreich, aber mit Verbesserungsbedarf
4 = nicht hilfreich
5 = Misserfolg, negative Auswirkungen

Abb. 9 Ein Element des Abschluss-/Evaluationsgesprächs im wissenschaftlich erprobten betriebsärztlichen Coaching war eine globale Gesamtbeurteilung anhand einer „Note", die anzeigt, wie hilfreich das Coaching erlebt wurde

nicht innerlich bindet. Positives kann noch einmal verstärkt und Negatives behutsam eingebettet werden. Dabei ist es oft hilfreich, verschiedene (Entwicklungs-) Phasen noch einmal herauszugreifen. Abhängig von Thema und Ergebnis findet sich dann ein „schlüssiges Ende" oder aber ein „Ausblick auf weitere Perspektiven/Entwicklungsansätze".

Das Feedback auf der Beziehungsebene ist einerseits elementarer Bestandteil des Coachings, weil es Erlerntes und Erfahrenes noch einmal verfestigt, gleichzeitig aber auch ein Element der Evaluation. In die Evaluation sollten aber zudem auch noch Prozess, Methoden und Rahmenbedingungen eingebunden werden. Das kann ebenfalls im Gespräch erfolgen. Eine andere Möglichkeit kann ein Fragebogen sein, den Klient*innen nach Abschluss des Coachings ausfüllen.[3]

2.2.5 Qualitätssicherung

Qualitätssicherung ist auch im Coaching unerlässlich. Im Zuge der Professionalisierungsbestrebungen wird die Bedeutung einer kritischen Beurteilung des eigenen Handelns von Coaches im Sinne einer sorgfältigen Prozess- und Ergebnisevaluation (Gespräch, Fragebogen etc.) betont (Greif 2017). Vergleichbar anderen therapeutischen Berufsgruppen, sind eine regelmäßige Supervision (Bachkirova et al. 2020) und die Teilnahme an Balint-Gruppen[4] zu empfehlen. Auch Fort- und Weiterbildungsmaßnahmen sollten kontinuierlich wahrgenommen werden. Diese Aspekte betreffen in erster Linie den Coaching-Anteil des „Betriebsärztlichen Coachings". Die Sicherung der Qualität der betriebsärztlichen Arbeit unterscheidet sich im Prinzip nicht von den üblichen Maßnahmen im betriebsärztlichen Tätigkeitsfeld, wobei die psychosoziale Komponente ein besonderes Gewicht haben sollte.

---

[3] Im Rahmen des Forschungsprojekts, auf dessen Ergebnissen dieser Beitrag beruht, endete das betriebsärztliche Coaching nach den Gesprächsterminen mit einer medizinisch-psychologischen Abschlussuntersuchung zur Gesamtevaluation der wissenschaftlichen Arbeiten. Inwiefern eine solche Untersuchung durchgeführt werden muss, ist abhängig von den betrieblichen Rahmenbedingungen. Sinnvoller als eine unmittelbar im Anschluss an ein Coaching durchgeführte Untersuchung sind regelmäßige Verlaufsuntersuchungen in bestimmten Zeitabständen, um Veränderungen physiologischer und psychologischer Parameter in Zusammenschau mit dem Coaching interpretieren und Verbesserungen auf ihre Nachhaltigkeit prüfen zu können.

[4] Arbeitsgruppe von etwa zehn Ärzt*Innen, die sich regelmäßig treffen, um unter Leitung eines/einer Psychotherapeut*in oder Supervisor*in über „Problempatient*innen" zu sprechen, die Arzt-Patienten-Beziehung zu reflektieren und zu einem verbesserten Verständnis für und verbesserte Behandlung von Patient*innen zu kommen.

2.3 Voraussetzungen und Qualifikation

Neben dem Interesse und der Freude an einem solch intensiven Beratungsformat, sollte jemand, der sich als Coach in diesen Prozess begibt, in einigen Bereichen mehr als Basiskompetenzen mitbringen bzw. sich aneignen. Sofern Betriebsärzt*innen in den verschiedenen Kompetenzfeldern bereits eine fundierte Qualifikation aufweisen, ist eine spezifische Coaching-Qualifikation resp. -Ausbildung zwar nicht zwingend notwendig, aber dennoch sehr zu empfehlen, weil qualifizierte Angebote gebündelt alle wichtigen Grundlagen beinhalten und in den richtigen Kontext stellen. Besonders wichtig sind vertiefte Kenntnisse (inklusive Praxis) im Bereich Kommunikation, Gesprächsführung und Konfliktverhalten/-bewältigung sowie eine ausreichende Methodenkompetenz. Über die Unterschiede verschiedener Coachingformen informiert zu sein, ist ebenfalls hilfreich, weil darin Varianten von Herangehensweisen und Zielsetzungen erkennbar werden, z. B. Zielerreichungs-/Performance-Coaching vs. (Selbst-) Klärungscoaching. Kenntnisse der Prozessgestaltung und -steuerung sind ebenso notwendig. Eine gewisse Methodenkenntnis ist wichtig, da es im Coaching immer wieder darum geht, Menschen alternative Zugänge zu ihren Gedanken, Emotionen, Bedürfnissen zu ermöglichen, die über das ausschließlich rationale Verstehen hinausgehen. Nicht zuletzt gehören auch Methoden, das eigene Tun zu reflektieren und zu evaluieren, zum Handwerkszeug eines Coachs.

3 Das betriebsärztliche Gesundheitscoaching im Praxistest – Randomisiert kontrollierte Evaluation und Auswertung der Teilnehmenden-Rückmeldung

3.1 Hintergrund und Fragestellung der Evaluation

Systematische Wirksamkeitsprüfungen zu Coaching-Maßnahmen, die im ärztlichen Kontext durchgeführt wurden, liegen bislang nicht vor. Die stärkste Evidenz zur Wirkung von Coaching findet sich im Bereich der sogenannten Arbeitsplatz-Coachings, die z. B. von Psycholog*innen oder Pädagog*innen und in erster Linie mit Führungskräften durchgeführt werden. In diesen Studien finden sich nicht nur positive Effekte auf der Arbeitsebene, z. B. Motivation, Leistung, Commitment, arbeitsbezogene Einstellungen, sondern auch auf Ebene von Gesundheit und Wohlbefinden, z. B. Stresserleben, psychisches Wohlbefinden, Resilienz (Athanasopoulou und Dopson 2018; Burt und Talati 2017; Wang et al. 2022). Darüber hinaus wirken sie auf personenbezogene Merkmale wie Selbstregulation,

Zielerreichung oder metakognitive Fähigkeiten, z. B. Informationsverarbeitung, lösungsorientiertes Denken. Maßnahmen, die als Gesundheitscoaching bezeichnet werden, werden meist von Gesundheitsfachkräften durchgeführt. Sie haben einen stark edukativen Ansatz und zielen auf eine Verbesserung des Gesundheitsverhaltens sowie des Managements und der Prävention häufiger und chronischer Krankheitsbilder wie Herz-Kreislauf-Erkrankungen. Sie sind vor allem dann effektiv, wenn sie spezifisch auf die Bedürfnisse der Teilnehmenden und die jeweiligen Rahmenbedingungen ausgerichtet und ausreichend tiefgreifend sind (Gatchel und Schultz 2012).

Vor diesem Hintergrund wurde das entwickelte betriebsärztliche Gesundheitscoaching mit folgenden Fragestellungen evaluiert (Heiden et al. 2022):

1. Hat das entwickelte betriebsärztliches Gesundheitscoaching Effekte
   – auf Merkmale psychomentaler Beanspruchung wie Irritation, Burnout oder psychosomatische Beschwerden?
   – auf physiologische Parameter kurz- und mittelfristiger Stressreaktionen wie Blutdruck, Herzfrequenzvariabilität, Blutfettwerte, Blutzucker?
2. Erleben die Beschäftigten ein betriebsärztliches Gesundheitscoaching als unterstützende Maßnahme?
3. Welche Veränderungen beschreiben Beschäftigte mit digital vernetzter Arbeit nach einem betriebsärztlichen Gesundheitscoaching bezüglich Lernen und Verhalten? Wie beurteilen sie die Rahmenbedingungen und das erzielte Ergebnis?

3.2   Evaluationsmethoden

In einem stratifizierten, randomisierten Interventions-/Kontrollgruppendesign (IG/KG) wurde mit Beschäftigten, die besonders von digital vernetzter Arbeit betroffen waren, das entwickelte betriebsärztliche Gesundheitscoaching durchgeführt. Beide Gruppen erhielten eine orientierende ärztliche Eingangs- und Abschlussuntersuchung mit einer ausführlichen Anamnese und Beratung. Außerdem wurden vor und nach der Intervention mittels schriftlicher Befragung eine Reihe von Parametern zu Gesundheit und Wohlbefinden erhoben, um die Effektivität der Intervention mittels messwiederholter Varianzanalysen zu prüfen.

Kurz- bis mittelfristige Gesundheitseffekte wurden anhand valider und reliabler Instrumente erhoben: Irritation (5-stufige Likert-Skala, z. B. „Ich muss auch zu Hause an Schwierigkeiten bei der Arbeit denken."; Mohr et al. 2007), Burnout (MBI; 6-stufige Likert-Skala, z. B. „Ich fühle mich durch meine Arbeit

ausgebrannt", „Ich bezweifle die Bedeutung meiner Arbeit"; Büssing und
Perrar 1992), Wohlbefinden (WHO-5; 6-stufige Likert-Skala, z. B. „In den
letzten zwei Wochen war ich froh und guter Laune"; WHO 1998), psychosomatische Beschwerden (GBB 24; 5-stufige Likert-Skala, „Ich fühle
mich durch folgende Beschwerden belästigt ...", z. B. „rasche Erschöpf-
barkeit"; Brähler et al. 2008), Arbeitsfähigkeit (Workability-Index, WAI,
adaptiert; 5-stufige Likert-Skala, z. B. „Wie schätzen Sie Ihre derzei-
tige Arbeitsfähigkeit in Bezug auf die körperliche Arbeitsanforderungen
ein?"; Hasselhorn und Freude 2007), Lebensqualität (EUROHIS-QOL; 5-stufige
Likert-Skala, Skala, z. B. „Wie zufrieden sind Sie mit Ihren persönlichen Beziehungen?"; Brähler et al. 2007), Schlafstörungen (4-stufige Likert-Skala, z. B.
„Wie würden Sie die Qualität Ihres Schlafes während der letzten 4 Wochen
beurteilen?"; Buysse et al. 1989; Gößwald et al. 2012). Bei den beiden ärztli-
chen Untersuchungen wurden jeweils systolischer und diastolischer Blutdruck mit
einem elektronischen Messgerät (6 Ruhemessungen; boso medicus X®, BOSCH
+ SOHN GmbH u. Co. KG) sowie einmalig am Morgen Gesamtcholesterin und
Low-Density-Lipoprotein mithilfe eines mobilen Analysegeräts (CardioCheck®,
EuroMedix Health Care Solutions AG) aus dem Blut der Fingerbeere bestimmt.
Außerdem wurde mit einem mobilen Gerät (Firstbeat Bodyguard 2, Firstbeat
Technologies Ltd.) die Herzfrequenzvariabilität (durchschnittliche Herzfrequenz;
Standard Deviation of Normal to Normal, SDNN; Root Mean Square of Succes-
sive Differences, RMSSD; High Frequency Power, HF; Low Frequency Power,
LF) über den gesamten Arbeits- bzw. Untersuchungstag aufgezeichnet.

Nach Abschluss des betriebsärztlichen Gesundheitscoaching-Programms
haben die Teilnehmenden einen Fragebogen zur Beurteilung erhalten, der neben
der Erfolgsbeurteilung auch eine Beurteilung des Prozesses sowie der Beziehungsebene und die selbst wahrgenommenen Veränderungen beinhaltete. Die
Evaluationskriterien wurden in Anlehnung an das Vier-Ebenen-Modell nach Kirkpatrick (1998) definiert (Reaktion, Lernen, Verhalten, Ergebnis), das ursprünglich
aus dem Trainingssegment stammt. Der Fragebogen bestand aus 81 Fragen mit
5-stufigem Antwortformat.

Zur Beurteilung von Veränderungen der Gesundheitsfaktoren in den Untersu-
chungsgruppen über die Zeit wurden Varianzanalysen mit Kovariaten (ANCOVA)
und Messwiederholung mit SPSS® (Version 26.0) durchgeführt. Als Kovariaten wurden Alter, Geschlecht und Unternehmenszugehörigkeit einbezogen.
Die Randomisierung erfolgte stratifiziert nach Unternehmen. Ergebnisse der
Teilnehmenden-Befragung werden deskriptiv berichtet.

3.3   Ergebnisse

3.3.1   Ergebnisse des randomisiert kontrollierten Designs

Insgesamt konnten 47 Beschäftigte in die Studie eingeschlossen werden (N = 22 IG, N = 25 KG). In beiden Gruppen finden sich etwas mehr Männer als Frauen, in der IG 12, in der KG 13. Das Durchschnittsalter lag insgesamt bei 41.7 Jahren (19–63, SD 12.1), wobei die Teilnehmenden der IG etwas älter waren (43.7; 19–63, SD 12.3) als in der KG (39.7, 26–60, SD 11.8). Überwiegend haben Beschäftigte mit qualifizierter Tätigkeit (68,2 %) teilgenommen, gefolgt von Beschäftigten mit eigenständiger Tätigkeit mit Fachverantwortung für Personal (27,3 %). Rein ausführende Tätigkeiten sowie umfassende Führungsaufgaben wurden von jeweils einer Person angegeben (2,3 %). 21 Teilnehmende haben die Intervention abgeschlossen, ein Teilnehmender hat sie nach dem 4. Termin abgebrochen. 15 Teilnehmende haben alle sechs Termine wahrgenommen, zwei haben an fünf Terminen teilgenommen, vier an vier und ein Teilnehmender nur an zwei.

Die Ergebnisse der ANCOVA sind, einschließlich der geschätzten Randmittelwerte sowie der Standardfehler aller Variablen zu T1 (vor dem Coaching) und T2 (am Ende des Coachings), in Tab. 1 dargestellt. Es zeigt sich bei keinem der erhobenen Gesundheitsparameter ein signifikanter Gruppe*Zeit-Interaktionseffekt. Bei drei Parametern waren Trends mit mittlerer Effektstärke zu sehen (Burnout p = .120, ηp^2 = .062; Irritation p = .119, ηp^2 = .063; Durchschlafstörungen p = .096, ηp^2 = .075). Es fällt jedoch auf, dass sich nur bei den Durchschlafstörungen eine tendenzielle Verbesserung in der IG findet. Die beiden anderen Parameter haben sich eher in der KG verbessert. Vereinzelt finden sich signifikante Zeiteffekte (z. B. Wohlbefinden). Es ist denkbar, dass es im Verlauf des Projekts Einflüsse gegeben hat, die sich stärker als das Coaching auf die Teilnehmenden ausgewirkt haben. Bei den Lipidwerten finden sich zwei gruppenbezogene Trends, die auf eine schlechtere Fettstoffwechsel-Lage der Kontrollgruppe zu beiden Zeitpunkten hinweisen könnten.

3.3.2   Ergebnisse der Teilnehmenden-Rückmeldung

Es lagen 18 Evaluationsbögen aus der IG vor. In Tab. 2 sind Ergebnisse für ausgewählte Items und Skalen der vier Evaluationsebenen dargestellt. Insgesamt berichten die Teilnehmenden eine sehr hohe Zufriedenheit mit dem Coaching. Es wird ganz überwiegend als hilfreich bis außerordentlich hilfreich bewertet (vgl. Abb. 9). Die Werte auf Ebene der Reaktion sind insgesamt sehr hoch. Dazu zählen z. B. die Beurteilung der Beziehung zu der Ärztin, inklusive ihrer eingesetzten Methoden, der vermittelten Informationen und ihrer Organisation, aber auch die Beurteilung der Rahmenbedingungen, die mit dem Coaching verbunden waren,

Tab. 1 ANCOVA mit Messwiederholung zur Beurteilung von Veränderungen der Gesundheitsfaktoren

Abhängige Variable	Zeitpunkt	Interventions- gruppe		Kontroll- gruppe		Zeiteffekt			Gruppeneffekt			Interaktions- effekt		
		EMM	SE	EMM	SE	F-Wert	p-Wert	ηp^2	F-Wert	p-Wert	ηp^2	F-Wert	p-Wert	ηp^2
Burnout, emotionale Erschöpfung	T1	3.24	0.26	3.64	0.23	.20	.655	.005	.26	.614	.007	2.53	.120[T]	.062
	T2	3.36	0.23	3.26	0.21									
Burnout, Zynismus	T1	2.48	0.27	2.67	0.24	.08	.784	.002	.00	.965	.000	1.30	.261	.033
	T2	2.59	0.26	2.38	0.23									
Irritation, kognitiv	T1	3.95	0.38	3.90	0.34	.61	.441	.016	.47	.496	.012	1.09	.303	.028
	T2	4.03	0.41	3.45	0.36									
Irritation, emotional	T1	2.27	0.27	2.75	0.24	.05	.820	.001	.34	.561	.009	2.46	.125[T]	.061
	T2	2.75	0.30	2.68	0.27									
Durchschlaf- störungen	T1	2.68	0.27	2.43	0.24	12.69	.001***	.261	.01	.921	.000	2.92	.096[T]	.075
	T2	2.26	0.25	2.58	0.22									
Psycho- somatische Beschwerden	T1	16.61	2.81	19.66	2.54	1.02	.319	.028	.85	.363	.024	.00	.948	.000
	T2	17.07	2.49	19.90	2.25									
Wohlbefinden	T1	2.58	0.25	2.75	0.23	4.42	.042*	.104	.06	.811	.002	.40	.531	.010
	T2	2.88	0.26	2.86	0.23									
Lebensqualität	T1	30.20	1.00	29.35	0.87	.83	.369	.022	.48	.493	.013	.00	.964	.000
Arbeits- fähigkeit, gesamt	T1	4.21	0.16	4.14	0.15	6.00	.019*	.140	.01	.940	.000	.82	.371	.022
	T2	4.06	0.14	4.17	0.12									
Systolischer Blutdruck	T1	139.99	3.34	138.12	3.53	2.45	.127[T]	.069	.00	.999	.000	1.14	.293	.033
	T2	136.93	3.21	138.82	3.39									
Diastolischer Blutdruck	T1	86.48	2.10	86.25	2.23	4.29	.046*	.115	.07	.792	.002	1.22	.278	.036
	T2	85.60	2.21	87.47	2.33									
Herzfrequenz	T1	72.21	2.57	73.61	2.72	.45	.508	.013	.07	.789	.002	.06	.806	.002
	T2	72.81	2.85	73.43	3.01									

(Fortsetzung)

Tab. 1 (Fortsetzung)

SDNN	T1	75.40	6.18	63.72	6.53	4.17	.049*	.112	.35	.559	.010	1.91	.174	.055
	T2	67.53	7.70	68.02	8.14									
RMSSD	T1	32.11	3.90	30.77	4.12	.42	.524	.012	.03	.870	.001	.03	.857	.001
	T2	32.77	4.20	32.26	4.44									
HF	T1	1620.10	407.38	1265.01	430.76	.68	.416	.020	.43	.517	.013	.00	.997	.000
	T2	1805.81	372.95	1452.55	394.36									
LF	T1	2444.93	660.71	2759.20	698.63	1.20	.282	.035	.57	.456	.017	1.42	.243	.041
	T2	1952.02	1253.32	3709.51	1325.25									
Gesamt-cholesterin	T1	184.68	11.56	216.51	11.90	.06	.814	.002	3.10	.088^T	.088	.25	.620	.008
	T2	192.96	11.85	219.88	12.20									
LDL-Cholesterin, Friedewald-Formel	T1	109.68	10.70	129.48	11.36	.13	.720	.004	1.97	.171^T	.060	.11	.745	.003
	T2	108.50	10.97	131.85	11.64									

p ≤ .05*, p ≤ .01**, p ≤ .001***; Tendenz: p ≤ .1T oder ηp² > .06T Kovariaten: Alter, Geschlecht, Unternehmen
EMM = estimated marginal means, SE = standard error Grenzwerte Effektstärke (Cohen, 1992): großer Effekt: ηp² = 0,14; mittlerer Effekt: ηp² = 0,06; kleiner Effekt: ηp² = 0,01

z. B. die Voruntersuchung, der Raum, in dem das Coaching stattfand, aber auch, inwiefern Unternehmen und Vorgesetzte das Coaching unterstützt haben. Auch die Bewertung bezogen auf den Lernerfolg ist gut. Die Teilnehmenden beurteilen die Möglichkeit, über ihre berufliche, gesundheitliche und private Situation nachdenken zu können (Selbstreflexion) sehr positiv, ebenso die Möglichkeit dabei das Bild von sich selbst, das eigene Wollen und Handeln zu überdenken (Selbstklärung). Auf der Handlungsebene hat sie das Coaching überwiegend gut dabei unterstützt, sich selbst zu strukturieren (Selbststrukturierung).

Die Beurteilung, ob das Coaching für das konkrete Handeln und die Umsetzung von Zielen eine positive Veränderung (Verhalten) gebracht hat, liegt im oberen Mittelfeld. Die Teilnehmenden geben an, dass sie die eigenen Belange etwas besser vertreten können und es ihnen etwas besser gelingt, Probleme aktiv anzugehen. Auch die Ergebnis-Ebene, d. h. tatsächlich begonnene oder erreichte arbeits-, gesundheits- oder auf die privaten Verhältnisse bezogene Veränderungen nach Abschluss des Coachings, bewerten die Teilnehmenden im höheren mittleren Bereich.

Tab. 2 Deskriptive Werte der eingesetzten Skalen und Items zur Evaluation von Reaktion, Lernen, Verhalten und Ergebnis nach Kirkpatrick (1998)

Anz. Items	Skala	MW	SD	MD	Min	Max
Reaktion						
3	Beurteilung der Vorabinformationen (Ablauf, Inhalt, Ziel)	3.8	0.9	4.0	2.0	5.0
2	Beurteilung von Ort und Raum	3.1	0.5	3.0	2.0	4.0
3	Beurteilung der eingesetzten Methoden	4.4	0.5	4.5	3.7	5.0
8	Beurteilung der Beziehung Klient*in/Ärztin	4.8	0.3	5.0	4.1	5.0
Lernen						
3	Hilfestellung zur Selbststrukturierung (Gedanken sortieren, Schlussfolgerungen ziehen, Entscheidungen treffen)	4.0	0.8	4.0	2.7	5.0
1	„Ich konnte im Rahmen des Lediva-Coachings an einem konkreten Problem arbeiten."	3.9	1.1	4.0	2.0	5.0
1	„Das LedivA-Coaching hat mich ermutigt, Dinge auszuprobieren/in Angriff zu nehmen."	4.4	0.7	5.0	3.0	5.0
Verhalten						
1	„Ich habe das Gefühl, dass ich durch das LedivA-Coaching insgesamt meine Belange mit mehr Überzeugung vertreten kann."	3.8	1.2	4.0	2.0	5.0
1	„Ich habe das Gefühl, dass sich durch das LedivA-Coaching insgesamt meine Fähigkeit verbessert hat, aktiv mit Problemen umzugehen."	3.6	1.2	4.0	1.0	5.0
Ergebnis						
1	„Ich habe im Verlauf des Coachings eine Veränderung bezogen auf meine Arbeit vorgenommen/begonnen."	3.2	1.2	3.5	1.0	5.0
1	„Ich habe im Verlauf des Coachings eine Veränderung bezogen auf meine Gesundheit vorgenommen/begonnen."	3.4	0.8	3.3	1.5	5.0
1	„Ich habe im Verlauf des Coachings eine Veränderung bezogen auf mein Privatleben vorgenommen/begonnen."	2.9	1.2	3.0	1.0	5.0

(Fortsetzung)

Tab. 2 (Fortsetzung)

Anz. Items	Skala	MW	SD	MD	Min	Max
Ergebnis – positive Einschätzung						
3	Einschätzung der Veränderung der eigenen Situation durch das Coaching (Arbeit, körperliche/psychische Gesundheit, Privatleben)	3.8	0.5	3.8	3.0	4.6
2	Beurteilung eines grundsätzlichen Nutzens des Coachings	3.8	0.8	4.0	2.0	5.0
2	Einschätzung des positiven Nutzens des eigenen Coachings	4.0	0.8	4.0	2.5	5.0
Ergebnis – negative Einschätzung						
1	„Nach dem LedivA-Coaching sehe ich meine Perspektiven negativer als zuvor."	1.2	0.5	1.0	1.0	3.0
1	„Die (begonnene/-n) Veränderung/-en hatte/-n leider bereits negative Folgen für mich."	1.2	0.9	1.0	1.0	5.0
Zufriedenheit						
1	„Ich war zufrieden mit dem LedivA-Coaching."	4.7	0.6	5.0	3.0	5.0
1	„Ich würde das LedivA-Coaching weiterempfehlen."	4.7	0.5	5.0	4.0	5.0
1	„Insgesamt bin ich froh, dass ich in die Coaching-Gruppe gelost wurde und teilnehmen konnte."	4.7	0.6	5.0	3.0	5.0

Alle Skalen (ohne Anführungszeichen) und Items (mit Anführungszeichen) von 1 (keine Zustimmung) bis 5 (hohe Zustimmung). MW = Mittelwert, SD = Standardabweichung, MD = Median

3.4 Zusammenfassung und Diskussion

Trotz der hohen Zufriedenheit der Teilnehmenden mit dem betriebsärztlichen Coaching zeigte sich in der Interventionsgruppe im Vergleich zur Kontrollgruppe keine Veränderung über die Zeit hinsichtlich psychomentaler Beanspruchungs-merkmalen und physiologischer Stressparameter. Dieses Ergebnis deckt sich mit den Ergebnissen zu Meta-Untersuchungen von Trainingsinterventionen zur Verbesserung der mentalen Gesundheit und des Wohlbefindens, in denen sich maximal marginale Effekte zeigen (Blume et al. 2010; Dreison et al. 2018; Martin et al. 2009; Richardson und Rothstein 2008). Als ein Grund hierfür werden auf der inhaltlichen Ebene Probleme im Transfer des Gelernten in die Praxis angenommen (Nielsen und Shepherd 2022). Auf der methodischen Ebene wird der Einsatz ungeeigneter Verfahren zur Evaluation von Arbeitsplatz-Interventionen unter Real-Bedingungen diskutiert. Unter anderem wird auf die Schwierigkeit hingewiesen, bei diesen oftmals kleinen Stichproben eine adäquate Kontrollgruppe zu generieren und aufrechtzuerhalten. Ersteres könnte in dieser Studie relevant gewesen sein, da eventuell die Umsetzung von nur einem Veränderungsziel nicht genügend Übung bringt, um Meta-Kompetenzen nachhaltig im Alltag zu implementieren. Der geringe Zeitabstand zwischen dem Interventionsende und der Bewertung der Teilnehmenden könnte außerdem dazu geführt haben, dass sich Verhaltensänderungen noch nicht abbilden, da eine nachhaltige Umsetzung in die Praxis häufig längere Zeit in Anspruch nimmt bzw. erst zeitversetzt erkennbar wird. Bei der Betrachtung der Evaluationsergebnisse muss auch berücksichtigt werden, dass die Motivationslage zwischen den Teilnehmenden sehr unterschiedlich war. Die studienbedingte (randomisierte) Auswahl der Teilnehmenden hatte zur Folge, dass nicht alle Teilnehmenden eine dringende Notwendigkeit für eine Veränderung mitgebracht haben.

Der zweite Punkt spielt dahingehend eine wesentliche Rolle, als dass das Coaching aufgrund der SARS-CoV-2-Pandemie nicht wie geplant durchgeführt werden konnte und dies in der quantitativen Evaluation nur unzureichend abgebildet werden kann. Außerdem ist zu berücksichtigen, dass die Kontrollgruppe ebenfalls eine ärztliche Untersuchung erhalten hat und somit nicht mehr vollständig „unbehandelt" war (Alker und Cooper 2007). Darüber hinaus wäre zu prüfen, inwiefern Rahmenbedingungen den Praxistransfer neuer Erkenntnisse aus dem Coaching einschränken und dies zu einer zusätzlichen Herausforderung für die Beschäftigten wird.

Zusammenfassend lässt sich sagen, dass trotz sehr hoher Zufriedenheit und guter Lerneffekte eine tatsächliche Änderung sowohl des Verhaltens als auch der Arbeitsbedingungen im Kontext digital vernetzter Arbeit unter den gegebenen Voraussetzungen schwierig gewesen zu sein scheint. Neben den genannten Problemen auf der Verhaltensebene, wird hierbei deutlich, dass Beschäftigte selbst in der Regel nur begrenzt Einfluss auf die Arbeitsbedingungen nehmen können. (Offenheit für) Veränderungen durch das Unternehmen auf der Verhältnisebene sind zumeist unerlässlich, um eine grundsätzliche Verbesserung hinsichtlich Beanspruchung und Belastung zu erwirken. Dies ist ein kritischer Punkt bei Einsatz, Durchführung und Bewertung des betriebsärztlichen Coachings. Auch wenn Betriebsärzt*innen in ihrer Rolle als Bindeglied zwischen

Arbeit und Beschäftigten hier hilfreich sein können, sind die Handlungsspielräume der Klient*innen bezüglich der Organisation und Gestaltung ihrer Arbeit durchgängig realistisch im Blick zu behalten.

Literatur

Alker, L. P.; Cooper, C. (2007): The complexities of undertaking counselling evaluation in the workplace. Counselling Psychology Quarterly. 20(2), S. 177–190.

Athanasopoulou, A.; Dopson, S. (2018): A systematic review of executive coaching outcomes: Is it the journey or the destination that matters the most? The Leadership Quarterly. 29 (1), S. 70–88.

Bach, C.; Suliková, R. (2019): Competence Development in Theory and Practice: Competence, Meta-Competence, Transfer Competence and Competence Development in Their Systematic Context. Management. 14(4), S. 289–304.

Bachkirova, T.; Jackson, P.; Henning, C. (2020): Supervision in coaching: systematic literature review. International Coaching Psychology Review, 15(2), S. 31–53.

Bennett-Levy J.; Lee, N. K (2014): Self-practice and self-reflection in cognitive behaviour therapy training: What factors influence trainees' engagement and experience of benefi? Behavioural and Cognitive Psychotherapy 42, S. 48–64.

Balint, E. M.; Gantner, M.; Gündel, H.; Herrmann, K.; Pößnecker, T.; Rothermund, E.; von Wietersheim, J. (2021): Rasche Hilfe bei psychischen Belastungen am Arbeitsplatz: Die Psychosomatische Sprechstunde im Betrieb. Psychotherapie, Psychosomatik, Medizinische Psychologie, 71(11), S. 437–445.

Blume, B. D.; Ford, J. K.; Baldwin, T. T.; Huang, J. L. (2010): Transfer of Training: A Meta-Analytic Review. Journal of Management. 36(4), S. 1065–1105.

Bozer, G.; Jones, R. J. (2018): Understanding the factors that determine workplace coaching effectiveness: a systematic literature review. European Journal of Work and Organizational Psychology. 27 (3), S. 342–361.

Brähler, E.; Mühlan, H.; Albani, C.; Schmidt, S. (2007): Teststatistische Prüfung und Normierung der Deutschen Versionen des EUROHIS-QOL Lebensqualität-Index und des WHO-5 Wohlbefindens-Index. Diagnostica. 53(2), S. 83–96.

Brähler, E.; Hinz, A.; Scheer, J. W. (2008): GBB-24, Gießener Beschwerdebogen (3., überarbeitete und neu normierte Auflage). Göttingen: Hogrefe.

Büssing, A.; Perrar, K. M. (1992): Die Messung von Burnout. Untersuchung einer deutschen Fassung des Maslach Burnout Inventory (MBI-D). Diagnostica. 38, S. 328–353.

Burt, D.; Talati, Z. (2017): The unsolved value of executive coaching: A meta-analysis of outcomes using randomised control trial studies. International Journal of Evidence Based Coaching and Mentoring. 15(2), S. 17–24.

Buysse, D. J.; Reynolds, C. F.; Monk, T. H.; Berman, S. R.; Kupfer, D. J. (1989): The Pittsburgh sleep quality index: A new instrument for psychiatric practice and research. Psychiatry Research. 28(2), S. 193–213.

Cohen, J. (1992): A power primer. Psychological Bulletin. 112(1), S. 155–159.

Cox, E.; Bachkirova, T.; Clutterbuck, D. (2014): Theoretical Traditions and Coaching Genres. Advances in Developing Human Resources. 16 (2), S. 139–160.

Dreison, K. C.; Luther, L.; Bonfils, K. A.; Sliter, M. T.; McGrew, J. H.; Salyers, M. P. (2018): Job burnout in mental health providers: A meta-analysis of 35 years of intervention research. Journal of Occupational Health Psychology. 23(1), S. 18–30.

Drexler, H.; Letzel, S.; Nesseler, T.; Stork, J.; Tautz, A. (2015): Arbeitsmedizin 4.0. Thesen der Arbeitsmedizin zum Stand und zum Entwicklungsbedarf der betrieblichen Prävention und Gesundheitsförderung in Deutschland. Stellungnahme der Deutschen Gesellschaft für Arbeitsmedizin und Umweltmedizin e. V. – DGAUM. Arbeitsmedizin Sozialmedizin Umweltmedizin. 50(10), S. 755–769.

Fietze, B. (2014): Coaching auf dem Weg zur Profession? Eine professionssoziologische Einordnung. Organisationsberatung, Supervision, Coaching. 21, S. 279–294.

Gatchel, R. J.; Schultz, I. Z. (Hrsg.). (2012): Handbook of Occupational Health and Wellness. Boston, MA: Springer US.

Gößwald, A.; Lange, M.; Kamtsiuris, P.; Kurth, B.-M. (2012): DEGS: Studie zur Gesundheit Erwachsener in Deutschland, Bundesweite Quer- und Längsschnittstudie im Rahmen des Gesundheitsmonitorings des Robert Koch-Instituts. Bundesgesundheitsblatt. 55, S. 775–778.

Grant, A. M.; Green, R. M. (2018): Developing clarity on the coaching-counselling conundrum: Implications for counsellors and psychotherapists. Counselling & Psychotherapy Research 18 (4), S. 347–355.

Greif, S. (2008): Coaching und ergebnisorientierte Selbstreflexion. Theorie, Forschung und Praxis des Einzel- und Gruppencoachings. Göttingen: Hogrefe.

Greif, S., Möller, H., & Scholl, W. (Hrsg.). (2018): Handbuch Schlüsselkonzepte im Coaching. Berlin, Heidelberg: Springer.

Greif, S. (2017): Hard to Evaluate: Coaching Services. In A. Schreyögg & C. Schmidt-Lellek (Eds.), The Professionalization of Coaching: A Reader for the Coach, S.47–68. Wiesbaden: Springer.

Hasselhorn, H. M.; Freude, G. (2007): Der Work Ability Index. Ein Leitfaden.: Schriftenreihe der Bundesanstalt für Arbeitsschutz und Arbeitsmedizin. (Sonderschrift, Vol. 87). Bremerhaven: Wirtschaftsverlag NW.

Heiden, B.; Herbig, B. (2023): Betriebsärztlicher Instrumentenkoffer ,Digital vernetze Arbeit' – Betreuung und Beratung von Unternehmen und Beschäftigten. In: Heinlein, M.; Neumer, J.; Ritter, T. (Hrsg.): Digital vernetzte Arbeit – Merkmale und Anforderungen eines neuen Typus von Arbeit. Wiesbaden: Springer VS.

Heiden, B.; Herbig, B. (2022): Betriebsärztlicher Instrumentenkoffer „Digital vernetzte Arbeit". Betreuung und Beratung von Unternehmen und Beschäftigten. Abrufbar unter: https://www.lmu-klinikum.de/arb/forschung/lediva-instrumentenkoffer/ba433451bdc3 8121.

Heiden, B., Zolg, S.; Herbig, B. (2022): Erprobung eines betriebsärztlichen Gesundheitscoachings zur Verbesserung von Gesundheit und Wohlbefinden bei Beschäftigten mit qualifizierter digital vernetzter Arbeit. In Dokumentation der 62. Wissenschaftlichen Jahrestagung der Deutschen Gesellschaft für Arbeitsmedizin und Umweltmedizin e. V. (DGAUM). München: Geschäftsstelle der Deutschen Gesellschaft für Arbeitsmedizin und Umweltmedizin e. V.

Kessels, R. P. C.; Overbeek, A.; Bouman, Z. (2015): Assessment of verbal and visuospatial working memory in mild cognitive impairment and Alzheimer's dementia. Dementia & Neuropsychologia. 9(3), S. 301–305.

Kirkpatrick, D. L. (1998): Evaluating training programs. The four levels (2nd ed.). San Francisco: Berrell-Koehler Publishers.

Loh, A.; Simon, D.; Kriston, L.; Härter, M. (2007): Patientenbeteiligung bei medizinischen Entscheidungen. Effekte der Partizipativen Entscheidungsfindung aus systematischen Reviews. Deutsches Ärzteblatt. 104 (21), S. 1483–1488.

Martin, A.; Sanderson, K.; Cocker, F. (2009): Meta-analysis of the effects of health promotion intervention in the workplace on depression and anxiety symptoms. Scandinavian Journal of Work, Environment & Health. 35(1), S. 7–18.

Mohr, G.; Rigotti, T.; Müller, A. (2007): Irritations-Skala zur Erfassung arbeitsbezogener Beanspruchungsfolgen. Göttingen: Hogrefe.

Niebuhr, F.; Wilfling, D.; Hahn, K.; Steinhäuser, J. (2018): Coaching aus der Perspektive der Allgemeinmedizin. Prävention & Gesundheitsförderung. 13 (2), S. 91–96.

Nielsen, K.; Shepherd, R. (2022): Understanding the outcomes of training to improve employee mental health: A novel framework for training transfer and effectiveness evaluation. Work & Stress, S. 1–15.

Rauen, C. (Hrsg). (2021): Handbuch Coaching (4., vollständig überarbeitete und erweiterte Auflage). Göttingen: Hogrefe.

Richardson, K. M.; Rothstein, H. R. (2008): Effects of occupational stress management intervention programs: A meta-analysis. Journal of Occupational Health Psychology. 13(1), S. 69–93.

Schaefer, C.; Klemperer, D. (2020): Mit Leitlinien, Shared Decision Making und Choosing Wisely gegen Über-, Unter- und Fehlversorgung? GGW 20 (2), S. 23–30.

Schein, E. H. (2000): Prozessberatung für die Organisation der Zukunft. Der Aufbau einer helfenden Beziehung. Köln: Ed. Humanistische Psychologie.

Wang, Q.; Lai, Y.-L.; Xu, X.; McDowall, A. (2022): The effectiveness of workplace coaching: a meta-analysis of contemporary psychologically informed coaching approaches. Journal of Work-Applied Management. 14(1), S. 77–101.

Wegener, R.; Hänseler, M.; Loebbert, M.; Fritze, A. (Hrsg.) (2018): Coaching-Prozessforschung. Forschung und Praxis im Dialog. Göttingen: Vandenhoeck & Ruprecht.

WHO. (1998): Wellbeing Measures in Primary Health Care/The Depcare Project. WHO Regional Office for Europe: Copenhagen.

Yeow, J.; Martin, R. (2013): The role of self-regulation in developing leaders: A longitudinal field experiment. The Leadership Quarterly. 24(5), S. 625–637.

Betriebsärztlicher Instrumentenkoffer „Digital vernetze Arbeit" – Betreuung und Beratung von Unternehmen und Beschäftigten

Barbara Heiden und Britta Herbig

Inhaltsverzeichnis

Zusammenfassung

Der folgende Beitrag stellt einen Instrumentenkoffer zur Analyse und Beratung von Mitarbeiter*innen im Kontext digital vernetzter Arbeit vor, der sich

*Der erste Teil des Beitrags ist die Kurzfassung einer Broschüre, die auf der Website des Instituts für Arbeits-, Sozial- und Umweltmedizin des Klinikums der LMU München zum Download zur Verfügung steht (http://ampa.arbeits.klinikum.uni-muenchen.de) (Heiden und Herbig 2022). Nicht alle Ebenen des Instrumentenkoffers werden berichtet, sondern in erster Linie Idee und Konzept vermittelt sowie die Kernelemente dargestellt, die für die betriebsärztliche Tätigkeit relevant sind, z. B. Instrumente zur Belastungs- und Beanspruchungsanalyse. Auf die Darstellung der Herangehensweisen bei der Integration in die Gefährdungsbeurteilung, die in der Vollversion enthalten ist, wird verzichtet, ebenso auf Bausteine für den praktischen Alltag wie partizipative Verfahren für die Analyse und Maßnahmengestaltung. Auf Bausteine, die an anderer Stelle in diesem Band ausführlicher behandelt werden, wird an der jeweiligen Stelle verwiesen.

B. Heiden · B. Herbig (✉)
Institut und Poliklinik für Arbeits-, Sozial- und Umweltmedizin, LMU Klinikum, München, Deutschland
E-Mail: britta.herbig@med.uni-muenchen.de

© Der/die Autor(en), exklusiv lizenziert an Springer Fachmedien Wiesbaden GmbH, ein Teil von Springer Nature 2023
M. Heinlein et al. (Hrsg.), *Digital vernetzte Arbeit*,
https://doi.org/10.1007/978-3-658-40615-8_11

an Betriebsärzt*innen richtet, die aufgrund ihrer Rolle im Betrieb sowohl nah an den Beschäftigten wie an den Arbeitsprozessen sind. Sie sollen mit diesem Instrumentenkoffer in die Lage versetzt werden, bei der Gestaltung guter Arbeitsbedingungen insbesondere bei digital vernetzter Arbeit zu unterstützen, die Risiken digital vernetzter Arbeit zu analysieren und die Gesundheit der Mitarbeiter*innen in dieser Arbeitsform zu fördern*. Der zweite Teil des Beitrags berichtet exemplarische Befunde aus einem dreieinhalbjährigen Forschungsprojekt, in dem die dargestellten Instrumente ausgewählt, eingesetzt und adaptiert wurden. Sie erwiesen sich als geeignet, um digital vernetzte Arbeit und ihre Beanspruchungsfolgen umfassend abzubilden.

1   Hintergrund

1.1   Idee und Nutzen eines betriebsärztlichen Instrumentenkoffers „Digital vernetzte Arbeit"

Die rasante Weiterentwicklung digitaler Technologien und digitalisierter Prozesse hat für Beschäftigte weitreichende Konsequenzen, die nicht ausschließlich ihre Arbeit berühren, sondern ebenso ihr privates und gesellschaftliches Leben sowie die Schnittstellen zwischen den verschiedenen Lebenswelten. Die zeitliche und räumliche Flexibilisierung durch die modernen Informations- und Kommunikationstechnologien führt vermehrt dazu, dass die Grenzen zwischen Arbeit und Privatleben verschwimmen – mit der Folge, dass die Beschäftigten oftmals gleichzeitig ein hohes Maß an Anforderungen aus verschiedenen Bereichen erleben. Bei digital vernetzter Arbeit mit ihrem weitreichenden Technologisierungs- und Vernetzungsgrad und dem hohen Maß an kognitiven Regulationsanforderungen kommt verschärfend hinzu, dass sie mit der Tendenz einhergeht, kontinuierlich das Maximum der mentalen Leistungsfähigkeit abzufordern (vgl. Heinlein et al. 2023; Herbig und Heiden 2023; Stöger und Merl 2023; Weihrich 2023; Bolte und Neumer 2023). Es besteht das Risiko, dass den Beschäftigten über ihre Arbeit hinaus wenig mentale Ressourcen bleiben, um ihr Leben in allen weiteren Bereichen zu bewältigen oder gar aktiv zu gestalten. In Folge können sich bestehende Gesundheitsrisiken verschärfen oder neue entstehen.

Dass psychosoziale Fehlbelastungen zu gesundheitlichen Konsequenzen führen können, von vorübergehenden depressiven Symptomen bis hin zur manifesten Depression (Madsen et al. 2017) oder schwerwiegenden Herzkreislauferkrankungen (z. B. plötzlicher Herztod, Schlaganfall), ist mittlerweile hinlänglich bekannt (Kivimäki et al. 2012; Niedhammer et al. 2021; Van der Molen et al. 2020). Um dem zu begegnen ist es notwendig, adäquate verhältnis- und verhaltenspräventive

Maßnahmen zu treffen, die das Risiko für die Beschäftigten reduzieren. Speziell die betriebsärztliche Betreuung hat das Potenzial beide Ebenen eng miteinander zu verknüpfen, nachdem der Beratungsauftrag fachlich und strukturell auf beiden Ebenen verortet ist. Betriebsärzt*innen sind in der Lage, alle gesundheitsrelevanten Informationen zu bündeln und zu bewerten. Sie können sowohl auf Unternehmens- als auch auf individueller Ebene die Gesundheit der Beschäftigten und die jeweiligen Arbeitsanforderungen verknüpfen, relevante Belastungen und Beanspruchungen (ggf. auch aus weiteren Lebensbereichen) in Zusammenhang bringen und alle Aspekte in ein fundiertes Beratungs- und Betreuungskonzept überführen (Drexler et al. 2015).

Die Unterstützung der Arbeitgeber bei der Ausgestaltung des betrieblichen Arbeits- und Gesundheitsschutzes sowie der Unfallverhütung ist Kernaufgabe der Betriebsärzt*innen und als solche im Arbeitssicherheitsgesetz (ASiG) verankert. Die genauen Inhalte sind darin bewusst nicht im Detail definiert, sondern in nachrangigen Regelungen vertieft und konkretisiert. Diese müssen u. a. nach DGUV Vorschrift 2 in Form einer Grund- und betriebsspezifischen Betreuung an den Erfordernissen des Betriebs orientiert und ausgestaltet sowie bei Veränderungen von Arbeitsbedingungen, -abläufen und -systemen angepasst werden. Die Berücksichtigung psychischer und psychomentaler Belastungen als mögliche Gefährdungsquelle ist dabei zwingend vorgesehen. Daraus ergibt sich ein Handlungsauftrag für die Betriebsärzt*innen, sich bei der kontinuierlichen (Weiter)Entwicklung betrieblicher Digitalisierungsprozesse für eine regelmäßige Überprüfung und – entsprechend den aktuellen wissenschaftlichen Erkenntnissen – Anpassung der Arbeitsschutzstruktur/-organisation und ggf. -maßnahmen einzusetzen.

Der betriebsärztliche Instrumentenkoffer ist eine Informationsbroschüre und ein Praxisleitfaden, der Betriebsärzt*innen in die Lage versetzt sowohl Handlungsnotwendigkeit im Zusammenhang mit digital vernetzter Arbeit im Betrieb zu prüfen als auch Handlungsoptionen auszuwählen und umzusetzen. Neben einer umfassenden und qualifizierten Beratung von Betrieben und Beschäftigten zu Risiken im Kontext dieser Arbeitsform schließt dies auch Präventions- und Interventionsmöglichkeiten ein. Auf der Verhältnisebene liegt der Fokus, neben der Beschreibung von Charakteristika und Risiken digital vernetzter Arbeit, auf einer hinsichtlich der spezifischen Aspekte dieser Arbeitsform adäquat anzupassenden Gefährdungsbeurteilung sowie eines geeigneten Vorgehens zur Entwicklung von Schutz- und Veränderungsmaßnahmen, inklusive ausgewählter Praxisbeispiele. Auf verhaltenspräventiver Ebene stellen wir mit dem betriebsärztlichen Coaching einen erweiterten betriebsärztlichen Beratungsansatz vor, der darauf zielt, die individuellen Ressourcen und Gesundheitskompetenzen von Beschäftigten zu stärken und dabei der Komplexität der Arbeits- und Lebenswelt des Einzelnen Rechnung trägt (siehe hierzu auch Heiden und Herbig 2023).

1.2 „Bedienungsanleitung" für den Instrumentenkoffer

Der Instrumentenkoffer ist so konzipiert, dass er als Gesamtwerk einen fundierten und strukturierten Überblick über betriebsärztlich relevante Themen im Kontext digital vernetzter Arbeit gibt. Durch seinen Aufbau in mehreren Ebenen mit jeweils verschiedenen Fächern kann er aber auch anlassbezogen bei unterschiedlichsten betrieblichen Fragestellungen und Ausgangssituationen genutzt werden (z. B. Information, Analyse, Maßnahmen), um gezielt geeignete Instrumente zu finden.

Insgesamt folgt die Struktur des Instrumentenkoffers dem modularen Baukastenprinzip, bei dem die einzelnen Elemente auch separat genutzt und bedarfsgerecht zusammengesetzt werden können (Abb. 1). Entsprechend kann der Koffer im Rahmen einer Erstberatung ebenso verwendet werden wie bei der Konzeption und Umsetzung konkreter Handlungsschritte.

Der Instrumentenkoffer hat drei Ebenen und ein Fach im Deckel. Im Deckelfach (nur in der Vollversion der Broschüre ausgeführt) befinden sich die

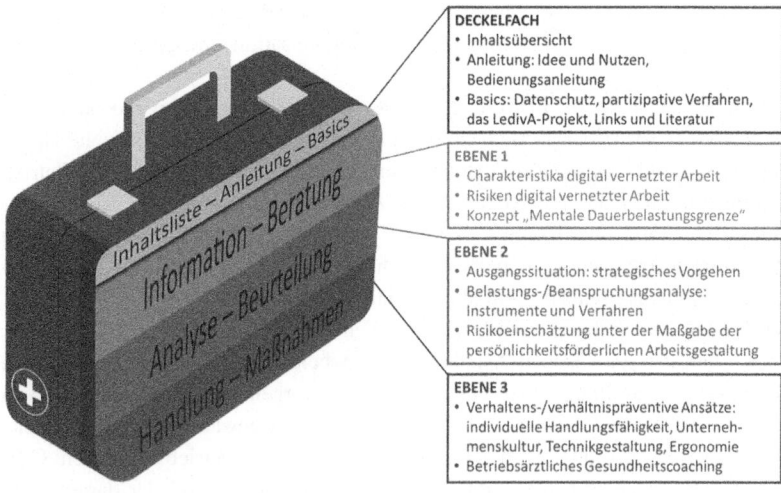

Abb. 1 Aufbau und Inhalt des betriebsärztlichen Instrumentenkoffers

Bedienungsanleitung in Form einer Übersicht zu verschiedenen Indikationen der Nutzung sowie eine Inhaltsliste und sogenannte Basics, die unabhängig von den Instrumenten der drei anderen Ebenen hilfreich und relevant sind. Dazu gehören z. B. Hinweise zum Datenschutz oder auch eine kurze Anleitung zur Durchführung moderierter Gruppengespräche.

Die erste Ebene des Instrumentenkoffers enthält alles, was Betriebsärzt*innen benötigen, um eine fundierte Beratung – sowohl der Beschäftigten als auch der im Betrieb Verantwortlichen – durchzuführen. Die zweite Ebene beinhaltet Instrumente, die bei der Belastungs- und Beanspruchungsanalyse im Kontext digital vernetzter Arbeit eingesetzt werden können. In der dritten Ebene finden sich Beispiele für verhältnis- und verhaltenspräventive Maßnahmen.

In den Koffer eingebunden sind zudem drei für sich alleinstehende „Produkte":

- Das Konzept „Mentale Dauerbelastungsgrenze", das sich mit der Frage beschäftigt, ob und wodurch digital vernetzte Arbeit Menschen an die Grenze ihrer mentalen Leistungsfähigkeit bringt und ob bzw. wie sich diese Grenze bemessen lässt (siehe hierzu auch Herbig und Heiden 2023).
- Das „betriebsärztliche Gesundheitscoaching", das als ein erweitertes Beratungskonzept für Betriebsärzt*innen zu verstehen ist, mit dessen Hilfe Beschäftigten mit digital vernetzter Arbeit (und den damit verbundenen spezifischen Belastungen) ein bedarfsgerechtes Angebot gemacht werden kann (siehe hierzu auch Heiden und Herbig 2023).
- Der „Praxiskompass", eine Broschüre für Führungskräfte zur Beurteilung kontinuierlich hoher Leistungsanforderungen und ihrer Folgen bei digital vernetzter Arbeit (siehe hierzu auch Neumer et al. 2023).

2   Information – Beratung

2.1   Charakteristika digital vernetzter Arbeit – Merkmale und Anforderungen[1]

Digital vernetzte Arbeit ist die Arbeit an Schnittstellen, die digitaltechnisch flankiert ist. Es geht dabei sowohl um die Schnittstellen zwischen Abteilungen und

---

[1] Dieses Kapitel stammt aus der Vollversion des „Praxiskompass für Führungskräfte zur Beurteilung kontinuierlich hoher Leistungsanforderungen und ihrer Folgen bei digital vernetzter Arbeit" des ISF München, Onlinebroschüre zum Download unter www.lediva. mhkd.de; siehe auch Neumer et al. (2023).

unterschiedlichen Arbeitsbereichen als auch um Interaktionen zwischen Mensch und Technik sowie um technische Schnittstellen. Digital vernetzte Arbeit findet somit in der Regel in einem Netzwerk von Akteur*innen und digitalen Technologien statt, die jeweils eigenen Logiken folgen, gleichzeitig aber voneinander abhängig sind. Digitale Technologien verändern Arbeit auf vielfältige Weise, indem sie...

- von analogen Prozessen abstrahieren und technologischen Eigenlogiken folgen,
- vorhandene Schnittstellen verändern und neue schaffen,
- Handlungsspielräume erweitern, aber auch begrenzen,
- vormals getrennte Abteilungen, Personen und Arbeitsschritte miteinander vernetzen,
- in der Arbeitspraxis angepasst und aktiv gestaltet werden müssen,
- Fehler produzieren (z. B. Ausfälle) und Unwägbarkeiten erzeugen (z. B. Inkompatibilitäten und Funktionslücken).

Diese Veränderungen führen dazu, dass sich Beschäftigte einer Reihe neuer Anforderungen gegenübersehen, mit denen sie in der täglichen Arbeit umgehen müssen. Sie sind im Praktiker-Koffer in Form eines Modells zu Merkmalen und Anforderungen digital vernetzter Arbeit grafisch zusammengefasst.

An diesem Modell digital vernetzter Arbeit wird schnell sichtbar, dass digitale Technologien stark in bestehende Arbeitsprozesse und Strukturen eingreifen. Sie verändern die räumlichen, zeitlichen, sachlichen und sozialen Koordinaten des Arbeitens. Durch die starke Vernetzung und die Eigenlogik der Akteur*innen können zum Teil widersprüchliche Anforderungen resultieren. So muss z. B. eine Fülle an unterschiedlichen, digital vermittelten Informationen in sehr kurzer Zeit auf reale bzw. auf materielle Prozesse bezogen werden, um daraus weitere Arbeitsschritte abzuleiten, ohne die an anderen Stellen im Netzwerk nicht weitergearbeitet werden kann.

Der Umgang mit solchen, für digital vernetzte Arbeit typischen Anforderungen kann ein erhebliches Belastungspotenzial bergen. Der hohe Technisierungs- und Vernetzungsgrads führt z. B. dazu, dass aufgrund von Kaskadeneffekten kleine Fehler bereits massive Folgen haben können. Dies kann für den Einzelnen schnell zu einer Überforderung werden und Belastungen können sprunghaft ansteigen. Digital vernetzte Arbeit muss daher bewusst gestaltet werden.

Risiken digital vernetzter Arbeit – Belastungen und Beanspruchungen
Typische Belastungen digital vernetzter Arbeit sind strukturell im digital vernetzten Arbeiten angelegt und lassen sich nicht auf persönliche Faktoren

(z. B. mangelnde Belastbarkeit und Leistungsbereitschaft) zurückführen. Sie müssen daher erkannt und durch geeignete arbeitsorganisatorische und kompetenzfördernde Maßnahmen weitestgehend reduziert und bewältigbar gemacht werden. Einige Beispiele:

- Häufige Unterbrechungen bei der Bearbeitung unterschiedlicher Aufgaben und Themen,
- Erfordernis, ständig zwischen digitalen und analogen Tätigkeiten zu wechseln,
- Umgang mit digitalen Tools, die nur begrenzte Individualisierungs- und Steuerungsmöglichkeiten bieten,
- Zunehmend fremdgesteuertes Arbeiten bei erhöhten Anforderungen an die Selbstorganisation,
- Aufwendige Umgehungs- und Behelfslösungen (Workarounds) aufgrund fehlerhafter und uneinheitlicher Daten,
- Umgang mit Zeitknappheit und zunehmender Verdichtung von Arbeitstätigkeiten,
- Arbeit an Schnittstellen entlang unterschiedlicher Handlungs- und Systemlogiken mit erhöhten Anforderungen an die Integration im Arbeitsprozess,
- Dauernde Erreichbarkeit in und außerhalb der Arbeitszeit,
- Einseitige Beanspruchung der menschlichen Sinne (vor allem des Sehens),
- Verlust des Gespürs für den Arbeitsgegenstand durch eingeschränkte sinnliche Wahrnehmung in digitalisierten Arbeitsprozessen,
- Entfremdungs- und Dequalifizierungserfahrungen,
- Anforderung permanenter mentaler Höchstleistung mit zu knappen Regenerationsphasen.

2.2 Konzept „Mentale Dauerbelastungsgrenze" – Das Arbeitsgedächtnis als limitierender Faktor mentaler Belastung bei digital vernetzter Arbeit

Im Zuge der Digitalisierung und dem damit verbundenen Anstieg mentaler Anforderungen sind seit geraumer Zeit die psychischen Belastungen stärker in den Blick der Arbeitswissenschaft gerückt. Zwar verfolgte das Forschungsprogramm „Humanisierung der Arbeit" bereits in den 70er und 80er Jahren einen ganzheitlichen Ansatz mit Blick auf die physische *und* psychische Gesundheit der Beschäftigten. Damals lag das Augenmerk allerdings auf psychischen Beanspruchungen, die aus einem „Zuwenig" an geistiger Anforderung respektive Aktivität entstanden und in Anforderungserweiterungskonzepten wie Job Enrichment oder (teil-)autonomer Gruppenarbeit mündeten. Gleichzeitig stand arbeitsmedizinisch damals jedoch noch der Schutz der Beschäftigten vor physischer Überlastung und physischen Gefährdungen im Vordergrund. Inzwischen kehrt sich das Bild in vielen Bereichen um – Fehlbeanspruchungen durch psychische Belastungen haben die physischen Belastungen in ihrer Bedeutung überholt und aus einem „Zuwenig" ist vielfach ein „Zuviel" geworden: Das Phänomen der „mentalen Überlastung" hat neue Bedeutung gewonnen. Das zugrunde liegende Problem, mit dem man sich bei der Analyse und Bewertung des „Mentalen" konfrontiert sieht, ist dabei das Gehirn als Black Box, dessen Prozesse und Mechanismen naturwissenschaftlich nach wie vor weder im Detail beobachtet, geschweige denn in Gänze verstanden oder nachvollzogen werden können.

Die hier vorrangige Frage ist, inwiefern es wissenschaftlich zulässig und praktisch möglich ist, sich in Anlehnung an das Konzept der physischen Dauerbelastungsgrenze einer (praxistauglichen) mentalen Dauerbelastungsgrenze anzunähern. Eine Voraussetzung hierfür ist, dass sich für das Gesamtsystem der „mentalen Arbeit" zum einen ein vergleichbares, limitiertes Teilsystem benennen lässt wie die „Energiebereitstellung" für das Gesamtsystem der „Muskelarbeit" (vgl. Abb. 2; siehe dazu auch Herbig und Heiden 2023).

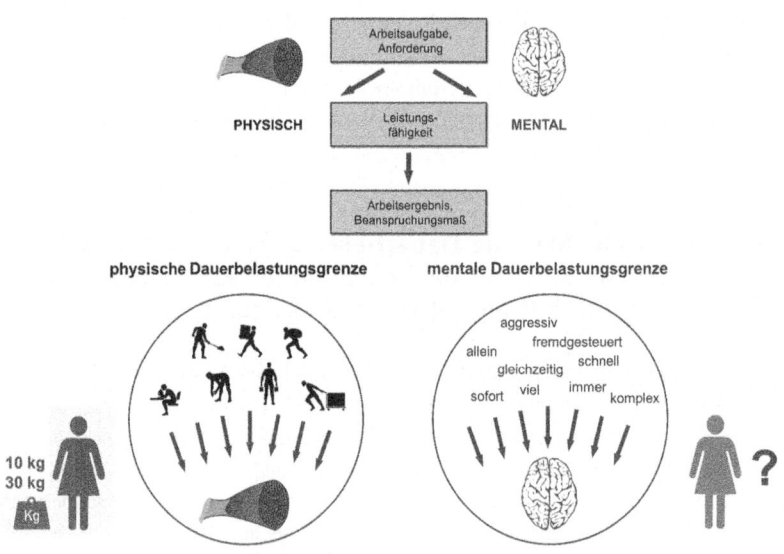

Abb. 2 Annäherung an eine physische und mentale Dauerbelastungsgrenze

Auf Grundlage umfassender Untersuchungsergebnisse zu Merkmalen und Anforderungen sowie Belastungen und Beanspruchungen digital vernetzter Arbeit (siehe hierzu auch Heinlein et al. 2023; Bolte und Neumer 2023; Stöger und Merl 2023; Weihrich 2023) wurde das Arbeitsgedächtnis als solch ein mentales Teilsystem identifiziert und auf seine Relevanz als Begrenzung der mentalen Leistungsfähigkeit überprüft. Die Grundannahme ist hierbei, dass der Mensch bzw. das menschliche Gehirn evolutionär nicht darauf ausgerichtet ist, vorrangig und überwiegend rein digitale Daten/Informationen zu verarbeiten. Mit diesem „Arbeitsmaterial" können Menschen ihre Fähigkeiten nicht vollständig ausschöpfen und nicht optimal nutzen, es kommt vielmehr zu einer Überlastung einzelner Funktionen. Fehlbeanspruchungen sind dann eine logische Konsequenz.

Annäherung an eine mentale Dauerbelastungsgrenze
Eine ausführliche wissenschaftliche Begründung und Darstellung des Konzepts „Mentale Dauerbelastungsgrenze" findet sich bei Herbig und Heiden (2023). Die wesentlichen Inhalte sind im Überblick:

- Interdisziplinäre Betrachtung des Begriffs „mental" im Kontext von Belastung
- Veränderungen in der Bedeutung und Betrachtung mentaler Belastungen im Zeitverlauf
- Mentale versus physische Belastungsgrenze
- Informationsverarbeitung im Zeitalter digitaler Technologien
- Merkmale digital vernetzter Arbeit
  - Von der analogen nicht-vernetzten über die vernetzte zur digital-vernetzten Arbeit
  - Digital-vernetzte Arbeit als komplexes System
  - Mentale Anforderungen digital vernetzter Arbeit
- Die Funktionalität des Arbeitsgedächtnisses als limitierender Faktor bei der Bewältigung mentaler Anforderungen digital vernetzter Arbeit
  - Grundlagen der Informationsverarbeitung im Arbeitsgedächtnis
  - Veränderte Informationsmerkmale und die Auswirkung auf den Erwerb und den Abruf von Wissen bei digital vernetzter Arbeit
  - Nutzbarkeit eines Konzepts der „absoluten" Grenze mentaler Belastungen auf Grundlage des Arbeitsgedächtnisses
- Beanspruchungsfolgen kognitiver Anforderungen digital vernetzter Arbeit

3   Analyse – Beurteilung[2]

3.1   Schwerpunkte einer Belastungs- und Beanspruchungsanalyse im Rahmen der Gefährdungsbeurteilung

3.1.1   Belastungsanalyse bei digital vernetzter Arbeit

Aufgrund des komplexen Bedingungsgefüges digital vernetzter Arbeit setzt eine fundierte Beurteilung der Belastungen vor Ort eine ganzheitliche und umfassende Betrachtung der Arbeitssituation voraus – unabhängig davon, ob dies im Rahmen einer allgemeinen Gefährdungsbeurteilung erfolgt (s. auch Website der Bundesanstalt für Arbeitsschutz und Arbeitsmedizin, BAuA, zur Gefährdungsbeurteilung) oder im Zuge einer individuellen Beratung (BAuA 2014; DIN EN ISO 10075-1:2018-1; DIN EN ISO 6385: 2016-12).

In jedem Fall müssen dabei spezifische Merkmale dieser Arbeitsform und deren Ausprägungen erhoben werden. Übergeordnet lassen sich mit Blick auf charakteristische Tätigkeitsmerkmale drei prägende Anforderungsbereiche zusammenfassen (Abb. 3):

• Merkmale mit Relevanz für die kognitive Handlungsregulation
• Merkmale mit Relevanz für die Zusammenarbeit/Vernetzung
• Merkmale mit Relevanz im Hinblick auf die genutzten Technologien.

Für eine aussagekräftige Beurteilung des Gefährdungs- bzw. Risikopotenzials ist zudem notwendig, wichtige allgemeine Stressoren und Ressourcen zu erheben. Sofern bereits eine Gefährdungsbeurteilung psychischer Belastungen durchgeführt wird, sind diese Aspekte i. d. R. bereits berücksichtigt.

Stressoren (Beispiele)

• Organisationale Stressoren,
• Quantitative Anforderungen,
• Widersprüchliche Aufträge (u. a. nicht vereinbare Arbeitsaufträge),

---

[2] Die Vollversion der Broschüre enthält zusätzlich zu den nachfolgend dargestellten Inhalten: Herangehensweisen bei unterschiedlichen Ausgangssituationen im Betrieb oder Unternehmen; Tabellen mit Fragebogeninstrumenten zu Merkmalen und Anforderungen digital vernetzter Arbeit, Merkmalen der Technik, Gesundheitsfaktoren sowie allgemeinen Stressoren und Ressourcen – darin werden der Name des Instruments, Umfang, Beispiel-Items, Quelle und ein Hinweis dazu, ob Vergleichswerte verfügbar sind, aufgeführt.

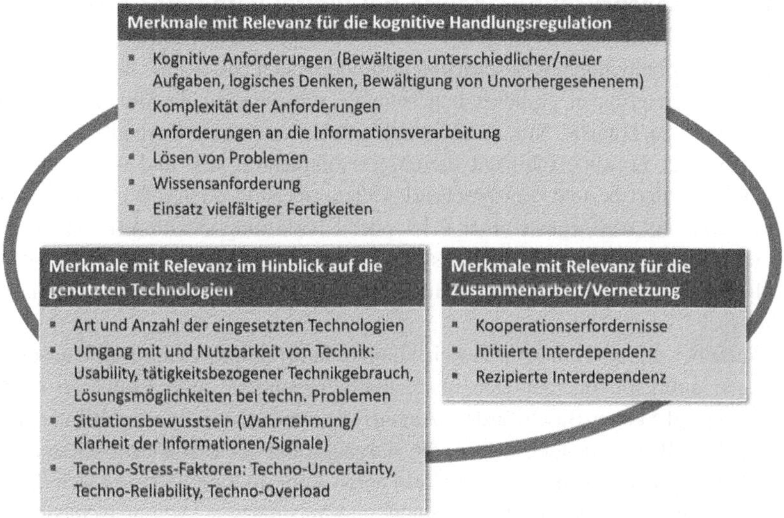

Abb. 3 Anforderungsbereiche, die Tätigkeiten mit digital vernetzter Arbeit prägen

- Informationserschwernisse (u. a. schwer zu beschaffende Informationen),
- Arbeitsunterbrechungen (u. a. durch Handy/Telefon, andere Personen),
- Zusatzaufwand (u. a. ungünstige Arbeitsumstände, die dazu führen, dass Tätigkeiten wiederholt werden müssen),
- Ungünstige Arbeitsumgebung (u. a. Lärm, schlechte Lichtverhältnisse),
- Arbeitsintensität (u. a. das Arbeitstempo ist zu hoch, die Aufgaben sind zu schwierig),
- Umgang mit Kund*innen/Klient*innen/Patient*innen.

Ressourcen (Beispiele)

- Zeitliche Transparenz (Planbarkeit/Vorhersehbarkeit der Aufgaben),
- Tätigkeitsspielraum: Handlungs-, Gestaltungs-, Entscheidungsspielraum,
- Vorgesetzten-Feedback,
- Prozedurale Gerechtigkeit und Mitwirkung/Partizipation (u. a. Beteiligung an Entscheidungen und Prozessen),
- Rollenklarheit,
- Soziale Unterstützung durch Kolleg*innen/Vorgesetzte.

3.1.2 Beanspruchungsanalyse bei digital vernetzter Arbeit

Neben der Belastungsseite auch die Beanspruchungsseite im Blick zu haben, ist nicht nur bei individuellen Beschäftigten, sondern auch bei Teams, Beschäftigten- oder Tätigkeitsgruppen grundsätzlich sinnvoll, um die aktuelle Situation richtig einschätzen zu können. Nur so lässt sich klären, inwieweit Gesundheit, Wohlbefinden oder Leistungsfähigkeit (bereits) beeinträchtigt sind und wie dringlich Handlungsbedarf besteht. Entsprechend sollten einerseits Zielgrößen einbezogen werden, die als Warnsignale einer Fehl- oder Überlastungssituation (kurzfristige, aktuelle Reaktionen) zu betrachten sind, andererseits solche, die bereits auf das Vorliegen von Einschränkungen (mittel- bis langfristige Reaktionen) verweisen (Tab. 1).

Auch bei digital vernetzter Arbeit können natürlich physische Fehlbeanspruchungen auftreten, die auf eine mangelhafte Ergonomie zurückzuführen sind, z. B. Muskel-Skelett-Beschwerden, Augensymptome. Von besonderem Interesse sind jedoch Beanspruchungsfolgen, die sich aufgrund der charakteristischen psychischen Anforderungen der Arbeitsform entwickeln. In Summe lassen sich diese Auswirkungen als „mentale Überlastung" zusammenfassen, die unterschiedliche Dimensionen und Erscheinungsformen haben kann. Eine spezifische Symptomatik bei digital vernetzter Arbeit hat sich bislang nicht herauskristallisiert oder nachweisen lassen. Vielmehr finden sich auch bei dieser Arbeitsform zahlreiche Erscheinungsbilder aus der Palette unspezifischer Fehlbeanspruchungen, die man aus anderen Kontexten kennt.

Mit Blick auf die betriebsärztliche Beratung – sowohl der Unternehmensleitung als auch einzelner Beschäftigter – ist es entsprechend hilfreich, bei der Analyse Parameter einzubinden, die a) einen Zusammenhang mit digital vernetzter Arbeit aufweisen, b) insgesamt eine hohe Relevanz für Gesundheit, Wohlbefinden und Leistungsfähigkeit haben, c) das Spektrum von kurz-/mittelfristigen sowie mittel-/langfristigen Folgen abdecken und d) gute Ansatzmöglichkeiten für eine Intervention bieten.

3.2 Individuelle Risikoeinschätzung einzelner Beschäftigter mit digital vernetzter Arbeit

3.2.1 Indikation für eine individuelle Risikoeinschätzung

Eine individuelle Risikoeinschätzung, d. h., die auf einen bestimmten Beschäftigten bezogene Beurteilung der Gesundheitsgefährdung an dessen Arbeitsplatz, ist rechtlich nicht regelhaft, sondern nur in Ausnahmefällen vorgesehen und kann natürlich auch bei digital vernetzter Arbeit indiziert sein. Denkbar ist das zum Beispiel bei Arbeitsplätzen, die sich aufgrund betrieblicher Rahmenbedingungen

Tab. 1 Übersicht kurz-, mittel- und langfristiger Auswirkungen psychischer Fehlbelastungen (Kaufmann et al. 1982; Ulich 1994)

		Kurzfristige aktuelle Reaktionen	Mittel- bis langfristige chronische Reaktionen
Physiologisch, somatisch		• Erhöhte Herzfrequenz • Blutdrucksteigerung • Adrenalinausschüttung („Stresshormon")	Allgemeine psychosomatische Beschwerden und Erkrankungen
Psychisch (Erleben)		• Anspannung • Frustration • Ermüdung • Monotonie • Sättigung	• Unzufriedenheit • Resignation • Depression
Verhaltens-bezogen	Individuell	• Leistungsschwankung • Nachlassen der Konzentration • Fehler • Schlechte sensumotorische Koordination	Vermehrter Nikotin-, Alkohol-, Tablettenkonsum Fehlzeiten (Krankheitstage)
	Sozial	• Konflikte • Streit • Aggressionen gegen andere • Rückzug (Isolierung) innerhalb und außerhalb der Arbeit	

von denen anderer Beschäftigten mit vergleichbarer Tätigkeit unterscheiden (z. B. räumlich, durch die Führungsstruktur), oder wenn an einem konkreten Arbeitsplatz akut ein gesundheitsgefährdendes Ereignis eigetreten ist sowie im Rahmen der Rehabilitation, z. B. bei der betrieblichen Wiedereingliederung.

Darüber hinaus schreibt die Arbeitsmedizinische-Vorsorge-Verordnung (ArbmedVV) vor: „Vor Durchführung der arbeitsmedizinischen Vorsorge muss er oder sie sich die notwendigen Kenntnisse über die Arbeitsplatzverhältnisse verschaffen. In die Arbeitsanamnese müssen alle Arbeitsbedingungen und arbeitsbedingten Gefährdungen einfließen." Digital vernetzte Arbeit ist per se kein Auslösekriterium für eine Pflicht- oder Angebotsuntersuchung. Im Zuge einer Wunschvorsorge, die prinzipiell jedem Beschäftigten offensteht, kann dies aber dennoch relevant werden.

3.2.2 Instrumente zur Beurteilung des individuellen Risikos

Auch bei der individuellen Risikobeurteilung ist zu prüfen, inwiefern und in welcher Ausprägung digital vernetzte Arbeit bei dem/der Beschäftigten eine Rolle spielt, ob zusätzliche Stressoren vorliegen und welche Ressourcen ihm/ihr zur Verfügung stehen. Eventuell kann auch eine Arbeitsplatzbegehung sinnvoll sein.

Prinzipiell können für die *individuelle Erfassung relevanter, spezifischer Belastungsaspekte bei digital vernetzter Arbeit* dieselben Instrumente verwendet werden wie bei der allgemeinen Gefährdungsbeurteilung. Das kann hilfreich sein, um zu gewährleisten, dass kein wichtiger Aspekt vergessen wird. Sofern Vergleichswerte vorliegen, können diese außerdem für eine Einschätzung genutzt werden. Es ist aber genauso möglich, die relevanten Fakten bezüglich der Merkmale digital vernetzter Arbeit sowie weiterer Stressoren und Ressourcen z. B. anhand einer Checkliste im Rahmen einer ausführlichen Arbeitsplatzanamnese in das normale ärztliche Anamnesegespräch einzubinden.

Noch mehr gilt dies für die *Erfassung möglicher Beanspruchungsfolgen im Bereich Gesundheit und Wohlbefinden.* Das persönliche Gespräch bietet die Möglichkeit durch eine reguläre Anamnese ein detaillierteres Bild über die Situation des Beschäftigten zu erhalten als dies im Rahmen der generellen Gefährdungsbeurteilung möglich ist. Wichtig ist hier v. a., dass häufige Fehlbeanspruchungsfolgen gezielt abgefragt und nicht außer Acht gelassen werden. Der Einsatz von Fragebögen kann hilfreich sein, wenn es darum geht, eine Einschätzung der Beanspruchungsdimension zu bekommen, insbesondere, wenn Normwerte oder Vergleichswerte anderer Beschäftigten-Stichproben vorliegen.

Die *Erhebung physiologischer Parameter als Indikatoren für ein mögliches Erkrankungsrisiko* richtet sich nach der Beschwerdesymptomatik. Anders als im Rahmen der allgemeinen Gefährdungsbeurteilung kann es individuell durchaus sinnvoll sein, gezielt weitere/andere Parameter zu erheben, die im Zusammenhang mit der individuellen Stress-Symptomatik stehen. Die Erhebung der Herz-Kreislauf-Parameter ist unter dem Gesichtspunkt der (mittel- und langfristigen) Prävention grundsätzlich sinnvoll.

Nicht in allen Unternehmen und Betrieben wird eine *Messung der Herzfrequenzvariabilität* sowie die Durchführung *neurokognitiver Tests* zur Beurteilung von Einzelfällen ohne Weiteres möglich sein. In der Regel werden im betrieblichen Alltag aber die im normalen Procedere erhobenen Daten und Eindrücke ausreichend sein, um eine Entscheidung darüber zu treffen, ob Handlungsnotwendigkeit besteht oder nicht. Nichtsdestotrotz kann die Herzfrequenzvariabilität als Verlaufsparameter hilfreiche Zusatzinformationen zur Entwicklung des individuellen Stressniveaus liefern. Sofern es die Möglichkeit gibt, diese Daten zu erfassen, sollte sie entsprechend genutzt werden.

3.3 Methoden der Belastungs- und Beanspruchungsanalyse bei digital vernetzter Arbeit

Bei den nachfolgend dargestellten Methoden und Instrumenten handelt es sich um eine Auswahl möglicher Verfahren, die keinen Anspruch auf Vollständigkeit erhebt, aber im Rahmen der diesem Beitrag zugrunde liegenden wissenschaftlichen Untersuchungen getestet und evaluiert wurden (vgl. dazu Befunde in Abschn. 5.4 dieses Beitrags). Über den Nutzen und die Indikation anderer, auch weitergehender Methoden oder Parameter kann daher keine Aussage getroffen werden.

3.3.1 Übersicht

Die Verfahren, die im Rahmen der Analyse psychomentaler Belastungen und resultierender Beanspruchungen (Weigl et al. 2015; BAuA 2014; Herbig et al. 2012) eingesetzt werden können, sind vielfältig und mittlerweile umfänglich publiziert. Daher werden an dieser Stelle lediglich die Aspekte herausgegriffen, die bei der Analyse digital vernetzter Arbeit eine sinnvolle Ergänzung darstellen bzw. in der Zusammenschau betrachtet werden sollten. Einige Methoden kommen auf der Belastungs- und Beanspruchungsebene zum Einsatz, z. B. Fragebogen-Erhebungen, andere werden in erster Linie zur Erfassung von Arbeitsbedingungen und -abläufen (z. B. Beobachtungen) genutzt oder zur Untersuchung von Fehlbeanspruchungen im Bereich der Gesundheit (z. B. physiologische Messungen) oder Leistung (z. B. psychologische Tests) verwendet.

Bei der Methodenauswahl müssen betriebliche Charakteristika berücksichtigt werden, u. a. die Betriebsgröße, die Organisationsstruktur, die Zusammensetzung der Beschäftigten (z. B. hinsichtlich Qualifikation, Sprachkenntnisse, Geschlecht) ebenso wie die Qualifikation der durchführenden Akteur*innen und die Akzeptanz der Beschäftigten. Günstig ist immer ein Methodenmix, der subjektive sowie objektive Verfahren und bedingungs- wie auch personenbezogene Aspekte einbezieht.

Abhängig von der Ausgangssituation, der Zielsetzung, aber auch von den Personen, die die Analyse durchführen, sollten orientierende Verfahren, Screening-Verfahren und/oder Expert*innen-Verfahren zum Einsatz kommen. So können z. B. schnell und einfach Selbstcheck-Fragebögen eingesetzt werden, wenn es orientierend erst einmal darum geht zu sehen, ob in einem Unternehmen bzw. Bereich oder bei einem/einer Beschäftigten digital vernetzte Arbeit eine wesentliche Rolle spielt und genauer betrachtet werden muss. Diese Bögen können ohne Vorkenntnisse oder Schulung von jeder Person eingesetzt werden. Abb. 4 gibt einen Überblick dazu.

Ungeschulte Akteure
(z.B. Sicherheitsfachkräfte, Betriebsärzt*innen, Mitglieder der Personalvertretung, Verantwortliche aus dem Personalmanagement)

z.B. Prüflisten (dichotome Einteilung wie vorhanden/nicht vorhanden)

Geschulte Akteure
(z.B. Sicherheitsfachkräfte, Betriebsärzt*innen, Mitglieder der Personalvertretung, Verantwortliche aus dem Personalmanagement)

z.B. Checklisten (Differenzierung von Ausprägungen)

z.B. Fragebogen-Instrumente für verschiedene Merkmalsbereiche, aber ohne spezifischen Tätigkeitsbezug

Experten
(z.B. Arbeitspsycholog*innen und -mediziner*innen, Arbeitswissenschaftler*innen)

z.B. psych./med. Untersuchungen, Beobachtungen, Beobachtungsinterviews

Orientierende Verfahren
• Lediglich erste Einschätzung von Belastungsschwerpunkten möglich

Screening Verfahren
• Detailliertere Betrachtung/Einschätzung von Belastungen
• Anwendung und Auswertung nicht ohne Vorkenntnisse/Schulung möglich

Expert*innen Verfahren
• Anwendung und Auswertung erfordern spezifisches Fachwissen und Erfahrung

Abb. 4 Abgestufter Einsatz der Analyseverfahren in Abhängigkeit von der notwendigen Analysetiefe und den fachlichen Voraussetzungen der anwendenden Akteure (adaptiert nach Richter 2010)

Zur Ermittlung von Belastungsschwerpunkten in den betroffenen Bereichen ist es notwendig Instrumente einzusetzen, die Merkmale digital vernetzter Arbeit (u. a. kognitive Anforderungen, Aspekte der Zusammenarbeit, Merkmale der Technik oder Technologie) erfassen und so eine Einschätzung der Ausprägung dieser Merkmale ermöglichen. Um die richtige Auswahl zu treffen und die Instrumente korrekt zu verwenden, sind Vorkenntnisse erforderlich. Wenn es darum geht, tätigkeitsspezifische Fragen zu beantworten, die eng mit den besonderen Bedingungen vor Ort zusammenhängen, werden Expert*innen-Verfahren notwendig, die nur von Fachleuten genutzt werden sollten. Nur sie sind in der Lage die Verfahren richtig einzusetzen und die richtigen Schlussfolgerungen zu ziehen.

3.3.2 Befragung[3]

In der Arbeitspsychologie und -medizin stehen vielfältige, wissenschaftlich erprobte Fragebogen-Instrumente zur Erhebung von Belastungen und Beanspruchungen zur Verfügung. Sie werden zur Erfassung von Merkmalen der Tätigkeit und der Arbeitsbedingungen, aber auch von Gesundheit, Wohlbefinden und Leistungsfähigkeit eingesetzt. Auch das individuelle Befinden und Beanspruchungserleben kann über Fragebogen-Instrumente erfasst werden.

Eine Datenerhebung in sogenannter pseudonymisierter Form erlaubt im Gegensatz zu einer vollständig anonymen Erhebung eine Auswertung im Zeitverlauf auf einer wesentlich tieferen Ebene, die für die Evaluation möglicher Maßnahmen sinnvoll sein kann. Sie erfolgt mithilfe eines Codes, den die Teilnehmenden selbst generieren und der auch nur von jedem Teilnehmenden selbst rekonstruiert werden kann. In der Regel ist ein solches Procedere jedoch nur bei besonderen Fragestellungen und externer Begleitung zu empfehlen, da dies ein Maß an Vertrauen zwischen allen Hierarchien im Unternehmen voraussetzt, das nicht immer gegeben ist bzw. vorausgesetzt werden kann.

Befragung zur Erhebung charakteristischer Anforderungsbereiche und -merkmale digital vernetzter Arbeit:
Zur Erfassung charakteristischer Anforderungsbereiche und -merkmale digital vernetzter Arbeit können etablierte Instrumente eingesetzt werden, die größtenteils bereits in Gefährdungsbeurteilungen psychischer Belastungen Eingang gefunden haben. Dasselbe gilt für Stressoren und Ressourcen, die zusätzlich erhoben werden sollten, um ein vollständiges Bild der Arbeitssituation zu erhalten

---

[3] Die Vollversion der Broschüre enthält Tabellen mit häufig eingesetzten Fragebogeninstrumenten zu Merkmalen und Anforderungen digital vernetzter Arbeit, Merkmalen der Technik/Technologie, Gesundheitsfaktoren, allgemeinen Stressoren und Ressourcen sowie individuellem Befinden und Beanspruchungserleben.

(z. B. COPSOQ, Nübling et al. 2005; Work Design Questionnaire, Morgeson und Humphrey 2006, dt. Fassung Stegmann et al. 2019; Tätigkeits- und Arbeitsanalyseverfahren TAA, Glaser et al. 2020). Aspekte der Flexibilität, Erreichbarkeit und Entgrenzung sollten mit Blick auf das digitale und vernetzte Arbeiten ebenfalls berücksichtigt werden. Geeignete Konstrukte und Skalen finden sich zum Beispiel im Abschlussbericht des Projekts Flexibilisierung, Erreichbarkeit und Entgrenzung in der Arbeitswelt (Herr et al. 2016).

Befragung zur Erhebung von Gesundheit, Wohlbefinden und Leistungsfähigkeit:
Zur Erfassung möglicher Fehlbeanspruchungen im Bereich der Gesundheit, des Wohlbefindens und der Leistungsfähigkeit stehen viele Instrumente zur Verfügung. Bei der Auswahl sollte man darauf achten, dass kurz-, mittel- und langfristige Folgen von Fehlbeanspruchungen berücksichtigt sind. Mit Blick auf die Charakteristika digital vernetzter Arbeit ist es außerdem sinnvoll, Parameter mit Bezug zu den drei Bereichen Arbeit, Gesundheit und Privatleben einzubinden.

Befragung zur Erhebung von aktuellem Erleben:
Zur Erfassung einer *kurzfristigen Beanspruchungsreaktion* eignet sich z. B. die Basler Befindlichkeitsskala (BBS; Hobi 1985), bei der die/der Beschäftigte ihre/seine aktuelle Befindlichkeit anhand von Adjektivpaaren auf den Dimensionen Vitalität, intrapsychischer Gleichgewichtszustand, soziale Extravertiertheit, Vigilanz und kognitive Steuerungs- und Leistungsfähigkeit bewertet. Es kann aber auch vollkommen ausreichend sein, einige der darin enthaltenen Aspekte im Gespräch zu erfragen, um einen Eindruck vom allgemeinen Befinden des Beschäftigten zu erhalten. Auch Schlafqualität und Schlafstörungen können ohne Einsatz eines Fragebogen-Instruments auf diesem Weg aussagekräftig erhoben werden.

Eines der etablierten Instrumente, um *das aktuelle arbeitsbezogene Belastungs- und Beanspruchungserleben* zu erfassen, ist der NASA-Task-Load-Index (NASA-TLX; Hart 2006; Hart und Staveland 1988). Die Beschäftigten beurteilen ihre Arbeitsbelastung während eines festgelegten Zeitraums anhand der sechs Dimensionen geistige Anforderungen, körperliche Anforderungen, zeitliche Anforderungen, Leistung, Anstrengung, Frustration. Die Einordnung erfolgt auf einer visuellen Analogskala, die sich zwischen „sehr niedrig" und „sehr hoch" (bzw. zwischen „Misserfolg" und „Erfolg" bei der Leistung) aufspannt.

3.3.3 Arbeitsplatz-Beobachtung

Während eine Arbeitsplatz-Begehung Bestandteil jeder Belastungs- und Beanspruchungsanalyse im Rahmen einer Gefährdungsbeurteilung sein sollte und von den Betriebsärzt*innen oder den Sicherheitsfachkräften regelmäßig durchgeführt werden muss, handelt es sich bei einer Arbeitsplatz-Beobachtung um ein Verfahren, das Expert*innen vorbehalten bleibt, da es sowohl zur Durchführung als auch bei der Auswertung in hohem Maß Fachkenntnisse und Erfahrung braucht (Herbig et al. 2012).

Beobachtungen werden in erster Linie eingesetzt, wenn es darum geht, ganz gezielt spezifische Fragestellungen zu einem Thema oder Ereignis zu beantworten. Abhängig davon wird im Vorfeld detailliert festgelegt, wann und was beobachtet werden soll, wie lange beobachtet werden soll und wie die Beobachtungen dokumentiert werden. Nach Abschluss werden alle erhobenen Informationen verdichtet und nach wissenschaftlichen Methoden ausgewertet. Von der reinen Beobachtung unterscheidet sich das Beobachtungsinterview, bei dem der Beobachter mit Hilfe von ergänzenden Fragen versucht, auch intrapsychische Prozesse bei dem Beobachteten zu erfassen, die ansonsten nicht sichtbar werden. Diese Form der Beobachtung findet vor allem bei Detail-Analysen psychischer Belastungen Anwendung. Auch im Kontext digital vernetzter Arbeit würde man aufgrund der häufig komplexen Arbeitstätigkeiten mit einem hohen Maß an regulativen Prozessen und geistigen Anforderungen diese Beobachtungsform wählen, wenn sich keine geeigneten beobachtbaren Parameter (wie z. B. Häufigkeit des E-Mail-Abrufs oder Unterbrechungen durch Systemmeldungen) finden lassen.

3.3.4 Neurokognitive Tests

Psychologische Leistungstests sind als vertiefende Verfahren sinnvoll, wenn überprüft werden soll, ob bei Beschäftigten mit digital vernetzter Arbeit negative Auswirkungen auf die kognitive Leistungsfähigkeit zu beobachten sind. Als Verfahren für eine Standard-Untersuchung sind sie nicht zu empfehlen, da die Durchführung aufwendig ist und Expertenwissen voraussetzt. Das beinhaltet, dass Unterschiede in den basalen kognitiven Fähigkeiten der Beschäftigten, die Passung des Tests sowie Veränderungen durch Lerneffekte bei wiederholter Anwendung einbezogen werden müssen. Bei der Beurteilung der Ergebnisse gilt es zudem zu beachten, dass einmalige Ereignisse nicht zwingend als kritisch zu bewerten sind, da hier davon auszugehen ist, dass die Leistungsfähigkeit durch eine ausreichend erholsame Pause unmittelbar wiederhergestellt werden kann. Als ein Hinweis auf ein ernst zu nehmendes Problem muss jedoch bereits gewertet werden, wenn bei einer einmaligen Erhebung in einer Beschäftigtengruppe mehrheitlich kritische Werte beobachtet werden.

Für eine realistische Einschätzung der Ergebnisse ist eine Messung vor und nach der Belastung, also vor Arbeitsbeginn und nach Arbeitsende, hilfreich.

Die grundlegende Annahme ist hierbei, dass kurzfristig veränderbare kognitive Leistungen wie Konzentration (z. B. d2-Test; Brickenkamp et al. 2010; Brickenkamp und Zillmer 2002) oder Informationsverarbeitungsgeschwindigkeit (Zahlenverbindungstest; Oswald und Roth 1987; Oswald 2016) durch eine hohe kognitive Belastung über den Tag in Mitleidenschaft gezogen werden können. Dabei muss berücksichtig werden, dass diese Tests einem Lernprozess unterliegen und mit der Zeit besser bearbeitet werden. Eine mehrfache Durchführung zu Beginn ist daher empfehlenswert. Ebenso kann die Kombination mit Maßen des aktuellen Beanspruchungserlebens helfen, festzustellen, inwieweit die potenziell gleiche oder bessere Leistung nur unter Einsatz höherer psychischer Ressourcen erbracht werden konnte. Das Vorliegen von Referenzwerten ermöglicht eine objektive Einordnung der Ergebnisse. Ergänzend kann die Fähigkeit zur Unterdrückung der dominanten Reaktion als Exekutiv-Funktion (z. B. Stroop-Test; Stroop 1935; Bäumler 1985) und die Psychomotorik (z. B. Labyrinth-Tests; Klauer 2001) erfasst werden. Als ein Instrument zur Beurteilung des Arbeits- bzw. Kurzzeitgedächtnisses gilt z. B. der Corsi-Block-Tapping-Test (Kessels et al. 2000).

3.3.5   Physiologische Untersuchungen

Mithilfe medizinischer Untersuchungsmethoden können zwei Beanspruchungsaspekte adressiert werden: Zum einen Stress-Reaktionen infolge besonders belastender Situationen, zum anderen das Vorliegen von Erkrankungsrisiken.

Als ein physiologisch relevanter Parameter zur Einschätzung des Stressniveaus (kurz- und langfristige Auswirkungen) haben sich die Herzfrequenz und Herzfrequenzvariabilität etabliert. Das Verfahren der Herzfrequenzvariabilitäts-Messung wird in der Wissenschaft mittlerweile breit eingesetzt und ist in der entsprechenden AWMF-Leitlinie mit dieser Indikation aufgeführt (Sammito et al. 2021). Darüber hinaus liefert inzwischen auch die Erhebung mit mobilen Geräten valide Ergebnisse (Natarajan et al. 2020; Castaneda et al. 2018; Parak et al. 2015; Weippert et al. 2010) und ist somit auch im Praxis-Alltag möglich. Die Interpretation der Werte muss dennoch stets in Zusammenschau mit weiteren Untersuchungsergebnissen erfolgen und erfordert eine gewisse Erfahrung. Darüber hinaus stellt die Verwendung hohe Anforderungen an den Datenschutz und die Einhaltung der europäischen Datenschutzgrundverordnung, insbesondere bei der Frage, wo die aufgezeichneten Daten gespeichert werden. Weitere physiologische Indikatoren wie Cortisol und Adrenalin/Noradrenalin werden ebenfalls eingesetzt, sind aber unter Alltagsbedingungen nach wie vor schlecht handhabbar (Ganster et al. 2018; Stalder et al. 2017; Chandola et al. 2010; Hansen et al. 2009). Neuere Marker aus dem Bereich der Immunologie sind vielversprechend, aber aufgrund der noch eher geringen Evidenz bisher außerhalb des wissenschaftlichen Bereichs nicht zu empfehlen (Kaltenegger et al. 2021; Marsland et al. 2017; Rohleder 2014).

Bezogen auf mögliche Krankheitsrisiken steht das Risiko von Herz-Kreislauf-Erkrankungen im Zusammenhang mit Stresserleben im Bereich der körperlichen Erkrankungen nach wie vor an erster Stelle. Zum einen ist dieser Zusammenhang sehr gut erforscht, zum anderen hat er eine hohe Relevanz für die Bevölkerungsgesundheit und bietet gute Ansätze für Prävention und Monitoring. Auch bei anderen körperlichen Erkrankungen, z. B. Diabetes Mellitus, gilt ein negativer Einfluss von Stress auf den Verlauf als erwiesen. Die Bewertung in Relation zu anderen Parametern und das gezielte Monitoring sind derzeit aber noch schwierig.

Zur Einschätzung des Risikos für eine Herz-Kreislauf-Erkrankung ist es sinnvoll, die „klassischen" Parameter zu erheben: Blutdruck, Puls, Blutfett-Werte, evtl. Blutzucker-Werte, Body-Mass-Index oder Waist-Hip-Ratio. Prognostisch sind sie in erster Linie für Menschen über 40 Jahre relevant. Bei Menschen unter 40 Jahre können sie aber Anlass für ein Präventionsgespräch zur mittel- und langfristigen Risikominderung sein. Bei Menschen über 40 Jahre kann das Risiko z. B. an Hand der SCORE (Systematic Coronary Risk Evaluation)-Risikodiagramme aus den „Europäischen Leitlinien zur Prävention von kardiovaskulären Erkrankungen" bewertet werden (https://leitlinien.dgk.org/leitlinien/esc-guidelines/), die von der „Joint European Societies' Task Force on Cardiovascular Disease Prevention in Clinical Practice" verfasst wurden.

Im Praxis-Alltag wird eine Risikobeurteilung anhand von medizinischen Parametern nur auf Ebene der individuellen Gesundheitsvorsorge und der Verlaufsbeobachtung eine Rolle spielen. Solange ein klassisches „Biomonitoring" anhand physiologischer Parameter für ein mögliches Gesundheitsrisiko aufgrund digital vernetzter Arbeit nicht möglich ist, ist eine verpflichtende Vorsorgeuntersuchung wie z. B. beim Umgang mit biologischen Arbeitsstoffen nicht indiziert. Ein explizites Angebot in Form einer Wunschuntersuchung könnte aber eine Option sein.

3.3.6   Beurteilung der Analyse-Ergebnisse

Die Bewertung und Beurteilung der verschiedenen Analyse-Ergebnisse folgt dem üblichen abgestuften Procedere eines Soll-Ist-Abgleichs bei der Gefährdungsbeurteilung.

Das grundlegende und oberste Ziel ist stets, die Arbeit menschengerecht zu gestalten. Diesem Ziel sollen auch nachrangige Regelungen dienen. Was als „menschengerecht" anzusehen ist, wird durch mindestens 4 Kriterien definiert (Abb. 5). Eine „menschengerecht gestaltete Arbeit" muss ausführbar sein, sie darf zu keinen Schäden führen, sie soll den Menschen nicht in seinem

Kriterium	Gestaltungsziel
1. Ausführbarkeit	▪ Einhaltung von Normwerten (✔)
2. Schädigungsfreiheit	▪ Ausschluss von physischen oder psycho-physischen Schädigungen (z.B. MAK-Werte) (✔)
3. Beeinträchtigungslosigkeit	▪ Ausschluss von Beeinträchtigungen des psychosozialen Wohlbefindens (z.B. Monotonie, Sättigung, Ermüdung, Stress)
4. Gesundheits- und Persönlichkeitsförderlichkeit	▪ Entwicklung von Gesundheit, Entfaltung der Potenziale und Förderung der Kompetenzen des Menschen in der Arbeitstätigkeit (z.B. selbständige, schöpferische Anteile, Lernaktivität)

Abb. 5 Kriterien der menschengerechten Gestaltung von Arbeit adaptiert nach Hacker und Richter (1980)

Wohlbefinden beinträchtigen und optimaler Weise sogar die Gesundheit und die Persönlichkeitsentwicklung fördern (s. auch DIN EN ISO 6385:2016-12).

Soweit vorhanden, findet ein Abgleich mit definierten und normierten Schutzzielen in Gesetzen, Verordnungen oder Vorschriften in Form von Grenz- oder Richtwerten, Auslöse-/Schwellenwerten oder auch Gestaltungsregeln, z. B. für technische, organisatorische oder verhaltensbezogene Maßnahmen, statt. Auf individueller Ebene gehören dazu auch Normwerte für die Gesundheitsoutcomes oder die jeweiligen Testverfahren.

Während beispielsweise für medizinische Labor-Parameter in der Regel Normwerte vorliegen, trifft dies auf die Fragebogen-Instrumente und die Messdaten bei den neurokognitiven Tests nur zum Teil zu. Normwerte im eigentlichen Sinn gibt es oftmals nicht, vielmehr sind bei wissenschaftlich etablierten Verfahren zumeist die Daten der Validierungsstudie(n) verfügbar, die ggf. als Vergleichswerte dienen können. Allerdings muss dabei sorgfältig geprüft werden, ob diese Stichprobe mit der eigenen vergleichbar ist und auch, ob sie als ausreichend groß angesehen werden kann. Sofern ein Instrument käuflich erworben wird, werden diese Unterlagen zur Verfügung gestellt. Parallel dazu kann dennoch eine Recherche zu aktuellen Publikationen (im interessierenden Themenfeld) lohnenswert sein. Als Vergleich können darüber hinaus weitere Studien mit großen Populationen dienen, in denen die Verfahren eingesetzt wurden (z. B. Kohorten-Studien wie die Studie zur Gesundheit Erwachsener in Deutschland des Robert-Koch-Instituts; RKI 2008).

Wenn auf keine derartigen Ergebnisse zurückgegriffen werden kann, können auch anerkannte wissenschaftliche Empfehlungen aus dem Bereich Technik, Arbeitsmedizin, Hygiene und Arbeitswissenschaft als Vergleichsmaßstab gelten. Auch Branchenvergleiche sind denkbar bzw. kann bei größeren Unternehmen und Betrieben auch eine Beurteilung der Ergebnisse anhand von unternehmensinternen Vergleichen erfolgen. Im Zeitverlauf ist ein solches Vorgehen bei Unternehmen und Betrieben jeder Größe im Sinne des kontinuierlichen Monitorings und einer Evaluation umgesetzter Maßnahmen zielführend.

Die Entscheidung über die Handlungsnotwendigkeit sollte im Kontext der Gefährdungsbeurteilung von den betrieblichen Expert*innen gemeinsam und unter Einbindung betroffener Beschäftigter getroffen werden. Grundsätzlich ist die Ableitung einer Handlungsindikation auf Grundlage eindeutiger Norm- oder Richtwerte für die Beurteilung der psychomentalen Belastungssituation kaum möglich. Daher hat – in dem Bewusstsein, dass die Umsetzung der Empfehlungen guter und menschengerecht gestalteter Arbeit einem kontinuierlichen (Verbesserungs-)Prozesses gleicht und nie abgeschlossen sein wird – zum einen der regelmäßige Abgleich des Ist-Zustands mit dem Soll-Zustand dieser Empfehlungen eine besonders große Bedeutung. Zum anderen ist es mit Blick auf die konkrete Arbeitsgestaltung hilfreich, sich vor Augen zu halten, dass es in dem Gefüge von Anforderungen, Stressoren und Ressourcen unterschiedliche Ansatzpunkte für sinnvolle Veränderungen gibt. Dabei liefern die Ergebnisse der Gefährdungsbeurteilung Hinweise, auf welcher Ebene effektiv angesetzt werden kann.

Auf individueller Ebene unterscheidet sich das Vorgehen der „Befundbesprechung" nicht von jeder anderen ärztlichen Betreuung, bei der der Arzt/die Ärztin anhand der erhobenen Befunde gemeinsam mit dem Patienten/der Patientin über die nächsten Schritte entscheidet. Falls nötig, können die Beschäftigten an weitere Fachexpert*innen verwiesen werden. In Abhängigkeit von der „Diagnosestellung" kann außerdem über ein betriebsärztliches Gesundheitscoaching nachgedacht werden (vgl. Heiden und Herbig 2023).

4 Handlung – Maßnahmen

4.1 Möglichkeiten der Arbeitsgestaltung zur Prävention von Fehlbeanspruchungen bei digital vernetzter Arbeit

Beispiele für verhaltens- und verhältnispräventive Maßnahmen zur Gestaltung von digital vernetzter Arbeit finden sich im Praxiskompass (vgl. Neumer et al. 2023), unter anderem werden dort folgende Themen behandelt:

- Partizipation in der Arbeitsgestaltung
- Handlungsfähigkeit der Beschäftigten anerkennen und erweitern
- Technikeinsatz und digitale Tools gestalten
- Kultur der Digitalisierung und des digital vernetzten Arbeitens etablieren
- Ergonomie erzeugen

4.2 Betriebsärztliches Gesundheitscoaching

4.2.1 Die Idee

Mit dem betriebsärztlichen Gesundheitscoachings (für Details vgl. Heiden und Herbig 2023) wurde ein Beratungsformat entwickelt, das es Betriebsärzt*innen ermöglicht, Beschäftigte unter den komplexen Bedingungen digital vernetzter Arbeit bei einer ganzheitlichen und zielorientierten Betrachtung ihrer Situation dahingehend zu unterstützen, dass sie Quellen aktueller psychomentaler Fehlbelastungen erkennen und realistische, auf ihre individuelle Gesamtsituation abgestimmte Ansätze für positive Veränderung entwickeln können. Betriebsärzt*innen sind aufgrund ihrer Funktion und Rolle in der Lage, die gesundheitsrelevanten Informationen des bzw. der einzelnen Beschäftigten zu bündeln und mit allen aktuellen Belastungen und Beanspruchungen in einen gemeinsamen Kontext zu setzen (Drexler et al. 2015). Im Coaching-Format kann es gelingen, all diese Inhalte in einer partizipativen, integrierten Experten-, Prozess- und Umsetzungsberatung effektiv zusammenzuführen.

4.2.2 Der Hintergrund

In Anbetracht der heutzutage stark verwobenen Lebensbereiche von Beschäftigten und den gleichzeitig oft komplexen Bedingungen digital vernetzter Arbeit ist es wichtig, bei gesundheitlichen Beschwerden Ansätze zu entwickeln, die sowohl medizinisch indiziert und vielversprechend als auch in der individuellen Gesamtsituation des Einzelnen relevant und bewältigbar sind (Abb. 6). Eine einfach „Verordnung" vorgefertigter Präventionsmaßnahmen (primäre, sekundäre, tertiäre) ist kaum möglich bzw. zielführend.

Für die Betroffenen selbst ist es eine große Herausforderung oder manchmal sogar Überforderung, in einer Be-/Überlastungssituation zu erkennen, was in diesem Moment der effektivste Ansatz wäre, um ihre aktuelle körperliche, psychische und/oder soziale Gesundheit zu verbessern. Hinzu kommt, dass diese situative Einordnung und Bewertung innerhalb des eigenen Lebensgefüges, immer wieder bzw. annähernd kontinuierlich reflektiert werden muss. Unter solchen Rahmenbedingungen sind Kompetenzen wie Selbstreflexion und

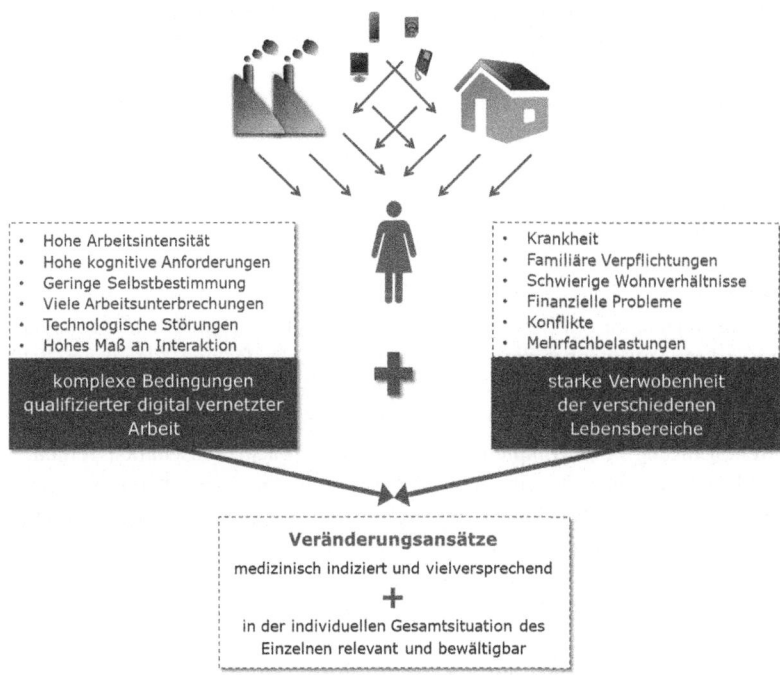

Abb. 6 Unter den heutigen Rahmenbedingungen müssen Ansätze zur Verbesserung von Gesundheit und Wohlbefinden individuell auf die Arbeits-, Lebens- und Gesundheitssituation des Einzelnen angepasst werden

Selbststeuerung besonders wichtige Ressourcen. Als sogenannte problemunabhängige Meta-Kompetenzen sind sie für den Erhalt der Handlungsfähigkeit und die Stress-Bewältigung unverzichtbar. Können sie nicht oder nicht in genügendem Umfang mobilisiert werden, fehlt den Betroffenen eine wichtige Grundlage, um adäquat auf mögliche Fehlbeanspruchungen zu reagieren und angemessene Bewältigungsstrategien zu entwickeln. Die Fähigkeit zur Selbstreflexion ist Voraussetzung dafür, eigene Sicht-, Verhaltens- und/oder Herangehensweisen zu überdenken. Ein ausreichendes Maß an Selbststeuerung ist wiederum erforderlich, um Veränderungen in Gang und umzusetzen.

Entsprechend scheint unter den Rahmenbedingungen digital vernetzter Arbeit ein Beratungsformat besonders erfolgversprechend, das a) solche Ressourcen stärkt, und diese nutzt, um b) geeignete Handlungsstrategien für Belastungssituationen zu entwickeln sowie c) die Wirkung der Strategien zu überprüfen und erforderlichenfalls anzupassen. Veränderungen dieser Art können nicht kurzfristig erreicht werden, sondern müssen im Alltag erprobt, hinterfragt, austariert und kontinuierlich adaptiert werden.

In den letzten Jahren und mit Zunahme der präventiven Ausrichtung der Gesundheitsversorgung gewinnt die Idee einer umfassenderen und stärker partizipativ ausgerichteten Beratung in der Medizin allgemein an Bedeutung. Seit geraumer Zeit gibt es Bemühungen, in der medizinischen Versorgung eine stärkere Patientenbeteiligung zu verankern (Schaefer und Klemperer 2020; Loh et al. 2007). Unter dem Begriff der partizipativen Entscheidungsfindung (PEF), im Englischen Shared-Decision-Making (SDM), hat dieser Prozess mittlerweile Eingang in die Empfehlungen zahlreicher Fachgesellschaften gefunden. Auf Ebene der Arbeitsgemeinschaft der Wissenschaftlichen Medizinischen Fachgesellschaften (AWMF) wurde eine Kommission „Gemeinsam klug entscheiden" eingerichtet (http://www.awmf.org/medizin-versorgung/gemeinsam-klug-entscheiden.html), die an einem Manual dazu arbeitet. Hintergrund ist u. a. die Erkenntnis, dass eine optimale Versorgungssituation nur erreicht werden kann, wenn Bedürfnisse und Lebensumstände des Betroffenen berücksichtigt werden. Die alleinige Fokussierung auf eine medizinisch indizierte, optimale Therapie führt nicht automatisch zu einem optimalen therapeutischen Ergebnis. Vereinzelt wird, v. a. in der Allgemein- und Familienmedizin, auch der Coaching-Ansatz immer wieder propagiert (Niebuhr et al. 2018).

Auch das Präventionsgesetz von 2015 (§ 20 SGB V) untermauert mit dem darin enthaltenen ganzheitlichen „Lebensweltenkonzept" die Notwendigkeit, alle Lebensbereiche eines Menschen als Einflussgrößen auf seine Gesundheit einzubeziehen, als Voraussetzung für eine gelingende individuelle Prävention. Der Arbeitsplatz ist dabei ein zentraler Bereich, in dem Gesundheitsvorsorge, -förderung und -schutz stattfinden kann und stattzufinden hat (SGB V, z. B. §§ 20 ff., § 65a). Auf Ebene der Verhaltensprävention lässt das die Schlussfolgerung zu, dass der Beratungsfunktion des Betriebsmediziners zukünftig eine Schlüsselrolle zukommen könnte.

4.2.3 Die konkrete Umsetzung

Übersicht

Das konkrete Vorgehen beim betriebsärztlichen Gesundheitscoaching ist bei Heiden und Herbig (2022; 2023) ausführlich beschrieben. An dieser Stelle werden lediglich wesentliche Inhalte stichpunktartig benannt:

- Einbindung des betriebsärztlichen Gesundheitscoachings in die Versorgung von Beschäftigten mit digital vernetzter Arbeit – Pflicht und Kür der betriebsärztlichen Betreuung
- Charakteristika von Coaching
  - Wirkung, Wirksamkeit und Erfolgsfaktoren von Coaching
  - Besonderheiten eines betriebsärztlichen Gesundheitscoachings
  - Abgrenzung zu anderen betrieblichen Beratungs- und Unterstützungsformaten
  - Möglichkeiten und Grenzen des betriebsärztlichen Coachings
  - Voraussetzungen und Qualifikation
- Praktische Durchführung eines betriebsärztlichen Gesundheitscoachings
  - Rahmenbedingungen des betriebsärztlichen Gesundheitscoachings
  - Struktur und Prozess des betriebsärztlichen Gesundheitscoachings
- Das betriebsärztliche Gesundheitscoaching im Praxistest – Auswertung der Teilnehmenden-Rückmeldung des LedivA-Projekts
- Adressen, Links, Literatur

4.3 Basics

Weitere, für die Umsetzung von Erhebungen und Interventionsmaßnahmen im betrieblichen Kontext relevante Aspekte umfassen Fragen des Datenschutzes im Kontext von individueller und gruppenbezogener Belastungs- und Beanspruchungsanalyse, Beteiligungsformate entsprechend den Grundsätzen der Luxemburger Deklaration (European Network for Workplace Health Promotion 2007) mit partizipativen Ansätze für die Belastungsanalyse und Maßnahmenentwicklung sowie grundlegende Kenntnisse zu Planung und Durchführung von Workshops in der betrieblichen Praxis. Diese Punkte sind zur Vervollständigung des betriebsärztlichen Instrumentenkoffers in der Vollversion der Broschüre (Heiden und Herbig 2022) erhalten.

5   Erprobung der Methoden des Instrumentenkoffers – Vorgehensweise und exemplarische Befunde

5.1   Hintergrund und Zielsetzung

In ihrer Grunddynamik scheint digital vernetzte Arbeit den Beschäftigten tendenziell eine über den gesamten Arbeitstag gleichbleibend hohe Leistungsintensität abzufordern, die sich vielfach an der Grenze des Leistbaren bewegt. Dies geht mit veränderten physischen wie psychischen Belastungen und Beanspruchungen im Arbeitsprozess einher, bei denen davon auszugehen ist, dass sie sich nicht nur auf die Gesundheit, sondern auch auf die Work-Life-Balance und die Lebensführung der Beschäftigten auswirken. In welcher Form dies der Fall ist und welche Faktoren (Merkmale und Merkmalskonstellationen) dieser Arbeitsform dabei eine ausschlaggebende Rolle spielen, war eine wesentliche Fragestellung des wissenschaftlichen Projekts LedivA, in dessen Rahmen die Methoden des in den vorherigen Abschnitten vorgestellten betriebsärztlichen Instrumentenkoffers ausgewählt, weiterentwickelt und zur Bearbeitung der Fragestellungen erprobt und eingesetzt wurde.

Neben der Charakterisierung typischer Merkmale und Merkmalskonstellationen digital vernetzter Arbeit in kleinen und mittleren Unternehmen (KMU) aus Produktion und Dienstleistung wurden Konsequenzen für das Belastungs- und Beanspruchungserleben sowie Bewältigungsstrategien der Beschäftigten erfasst und beschrieben. Zudem wurde empirisch der Frage nachgegangen, inwieweit eine anhaltend hohe Leistungsverausgabung bei den Beschäftigten mit digital vernetzter Arbeit eine Rolle spielt und wie sich diese im Befinden, Stress und kognitiver Leistungsfähigkeit über den Arbeitstag und längerfristig auswirkt.

5.2   Methodik

5.2.1   Studiendesign

Zur Erfassung von Belastungen und Beanspruchungen und deren Veränderung während der Projektlaufzeit, d. h. in Assoziation mit den Interventionen, die im Projekt durchgeführt wurden, wurde eine Längsschnitt-Untersuchung zu zwei Erhebungszeitpunkten (t1 = Winter 2019/2020; t2 = Sommer 2021) anhand ausführlicher Fragebögen durchgeführt. Alle Mitarbeiter*innen der drei kooperierenden KMU wurden zu diesen Befragungen eingeladen. Nach der ersten Befragung wurden Unternehmensbereiche mit einem hohen Anteil an digital vernetzter Arbeit identifiziert und die Beschäftigten dieser Bereiche konnten ihr Interesse an der Teilnahme an einem betriebsärztlichen Gesundheitscoaching bekunden. Stratifiziert für die Unternehmen wurden die Interessent*innen zufällig in eine Kontroll- und eine Interventionsgruppe gelost, sodass das Coaching mit einem randomisiert kontrollierten Design (RCT) evaluiert werden konnte (Ergebnisse zu dieser Evaluierung finden sich in Heiden und Herbig 2023). Beide Gruppen wurden zu Beginn und am Ende des Interventionszeitraums (t1 = Frühjahr 2020; t2 = Sommer 2021) ärztlich-psychologisch untersucht und über einen Arbeitstag mit physiologischen Messungen und Kurzfragebögen begleitet. Zudem erhielten sie ein ärztliches Gespräch und eine schriftliche Rückmeldung zu ihren Befunden. Um im Rahmen dieses, in die Längsschnittstudie eingebetteten RCTs die Daten mit den Befragungsdaten und die beiden Messzeitpunkte der Befragung zusammenbringen zu können, generierten die Teilnehmer*innen nach festgelegten Kriterien einen eigenen Code, den nur sie rekonstruieren konnten. Ausschließlich für die RCT Teilnehmer*innen wurde diese Pseudonymisierung aufgehoben. Alle Teilnehmer*innen wurden vorab von dem genauen Vorgehen der Studie informiert und gaben ihr schriftliches Einverständnis. Die Studie wurde durch die Ethikkommission bei der Medizinischen Fakultät der LMU München geprüft und unter 19–430 genehmigt.

5.2.2 Erhebungsmethoden

Die eingesetzten Erhebungsmethoden entsprechen im Wesentlichen den im betriebsärztlichen Instrumentenkoffer empfohlenen Instrumenten und sind in der Vollversion der Broschüre (Heiden und Herbig 2022) vollständig dargestellt. Im Folgenden werden nur größere Instrumentenpakete benannt oder auf den entsprechenden Abschnitt in diesem Kapitel querverwiesen.

Befragungen zu Belastungen und Beanspruchungen im Längsschnitt: Belastungen im Sinne von Stressoren, Ressourcen und (kognitiven) Anforderungen wurden weitestgehend mit Skalen der etablierten Fragebogeninstrumenten COPSOQ (Nübling et al. 2005), Work Design Questionnaire (Morgeson und Humphrey 2006, dt. Fassung Stegmann et al. 2019) und Tätigkeits- und Arbeitsanalyseverfahren (TAA, Glaser et al. 2020) erfasst. Arbeitsmerkmale im Kontext genutzter Technologien wurden unter anderem mit Skalen aus dem Umfeld sog. Techno-Stresses betrachtet (Gimpel et al. 2018, Ragu-Nathan et al. 2008). Die Beanspruchungsseite wurde in den beiden Befragungen mit Blick auf kurz-, mittel- und längerfristige gesundheitliche Folgen erfasst (u. a. Irritation, Mohr et al. 2005; Depression mit WHO-5 Skala, WHO 1998; Arbeitsfähigkeit mit Workability-Index, Tuomi et al. 1997; psychosomatische Beschwerden mit Gießener Beschwerdebogen, Brähler et al. 2008; Gesundheitsverhalten mit DEGS

Fragen, Gößwald et al. 2012; Lebensqualität mit Kurzfassung EUROHIS-QOL, Brähler et al. 2007). Zudem wurden soziodemographische Daten und Daten zum Beschäftigungsverhältnis erhoben. Die zweite Befragung wurde um eigenentwickelte Fragen zur Belastung durch die Corona-Pandemie ergänzt und enthielt zudem eine Abfrage, an welchen Teilen des Gesamtprojekts die Mitarbeiter*innen teilgenommen hatten.

Arbeitsmedizinisch/-psychologische Untersuchungen und Erhebungen über den Arbeitstag zu Beginn und Ende der Intervention (RCT): Die angewendeten medizinisch-physiologischen Parameter sind in Abschn. 3.3.5. dieses Beitrags näher beschrieben, die (zur Kontrolle möglicher Lerneffekte am Beginn und Ende des Arbeitstages) eingesetzten kognitiven Leistungstests in Abschn. 3.3.4. Darüber hinaus wurden die Teilnehmer*innen gebeten, bis zu dreimal über den Tag kurze Befindensfragebögen (vgl. Abschn. 3.3.2) auszufüllen sowie Fragen zur ihrer Tätigkeit im entsprechenden Tagesabschnitt mit Schwerpunkt digital vernetzter Arbeit zu beantworten (z. B. Parallelität von Aufgaben, Informationserhalt über digitale Medien, Kontakt mit Kund*innen/Zulieferern/Dienstleistern, selbsteingeschätzter Stresspegel, Gefühl an die Grenze der geistigen Leistungsfähigkeit gekommen zu sein).

5.3   Teilnehmer

An der schriftlichen Befragung nahmen zu t1 197 Personen teil, an t2 133 Personen. Bei der ersten Erhebung bestand die Stichprobe aus 64.4 % Männern und 36.5 % Frauen mit einem mittleren Alter von 41.9 Jahren (SD = 12.6; 19–70 Jahre). 57.4 % gaben an, überwiegend geistig tätig zu sein, 11.2 % überwiegend körperlich und 29.9 % gleichermaßen geistig wie körperlich. Der Anteil geringfügig Beschäftigter war mit 6.6 % gering. 22.4 % hatten eine Tätigkeit mit Fach-/Führungsverantwortung. Bei der zweiten Befragung nahmen 57.9 % Männer und 38.3 % Frauen teil, mit einem durchschnittlichen Alter von 41.4 % (SD = 13.2; 17–65 Jahre). Hier gaben 57.9 % an, überwiegend geistig tätig zu sein, 9 % überwiegend körperlich und 29.3 % gleichermaßen geistig wie körperlich. Mit 3 % geringfügig Beschäftigten war dieser Anteil geringer als in der ersten Erhebung. 24.9 %, und damit ein leicht höherer Anteil als in der ersten Erhebung, hatten eine Tätigkeit mit Fach-/Führungsverantwortung. Beiden Messzeitpunkten konnten mithilfe des selbstgenerierten Codes 93 Teilnehmer*innen zugeordnet werden.

An dem randomisiert kontrollierten Design nahmen insgesamt 47 Personen (22 Frauen, 25 Männer) mit einem Durchschnittsalter von 42 Jahren (19–63 Jahre) teil. In der Interventionsgruppe mit betriebsärztlichem Coaching befanden sich 23 Beschäftigte, in der Kontrollgruppe 24. Beide Gruppen unterschieden sich nicht hinsichtlich ihrer Tätigkeiten: Ganz überwiegend waren die Teilnehmer*innen geistig tätig (IG: 17, KG: 21) und hatten qualifizierte oder Tätigkeiten mit Fachverantwortung inne (IG: 20, KG: 22).

Bei den nachfolgend dargestellten exemplarischen Befunden ist zu berücksichtigen, dass die den Berechnungen zugrunde liegende Stichprobengröße in Abhängigkeit vom eingesetzten Verfahren und aufgrund fehlender Werte variieren kann.

5.4   Exemplarische Befunde

5.4.1   Belastungs- und Beanspruchungsanalysen (Ergebnisse der Befragungen)

Im Bereich der Arbeitsmerkmale gab es weder an t1 noch an t2 besondere Auffälligkeiten über die kooperierenden Unternehmen hinweg: Anforderungen, Stressoren und Ressourcen lagen insgesamt auf einem mittleren bis guten Niveau und veränderten sich kaum zwischen den Messzeitpunkten. Nahezu durchgängig wurden die Anforderungen, insbesondere die kognitiven Anforderungen, vergleichsweise hoch eingeschätzt, wobei sich ein signifikantes Absinken der Lernerfordernisse und der sensorischen Anforderungen an t2 zeigte (Abb. 7).

Im Bereich der Beanspruchung konnten zum Teil erhöhte oder von der Norm abweichende Werte bei Gesundheitsoutcomes, die mit einem erhöhten Stresserleben assoziiert sind, verzeichnet werden, z. B. bei der Irritation, der Häufigkeit von Durch- und Einschlafstörungen, bei psychosomatischen Beschwerden wie Gliederschmerzen, Erschöpfungsneigung, Herz- und Magenbeschwerden. Auch ein höheres Risiko, an einer Depression zu erkranken, war zu erkennen. So hatten zum ersten Messzeitpunkt 39 % der Teilnehmer*innen einen Depressionsverdacht, auf Basis des positiven Prädiktionswert des WHO-5 Fragebogens (Henkel et al. 2003) ist dabei von 13 % manifesten Depressionen auszugehen, bei einer Punktprävalenz für unipolare Depressionen von 6,9 % in Europa (Wittchen et al. 2011). Minimal höher lagen diese Werte zum zweiten Messzeitpunkt mit 40 % Depressionsverdacht und 14 % manifesten Depressionen.

Insgesamt fanden sich im Zeitverlauf nur geringe Veränderungen in den Bereichen Gesundheit, Wohlbefinden und Leistungsfähigkeit. Für Parameter, die eher langfristige Veränderungen abbilden (wie das dargestellte Depressionsrisiko), war dieses Ergebnis bei einem vergleichsweise kurzen Erhebungszeitraum von ca. 18 Monaten tendenziell zu erwarten. Aber auch bei eher kurzfristig

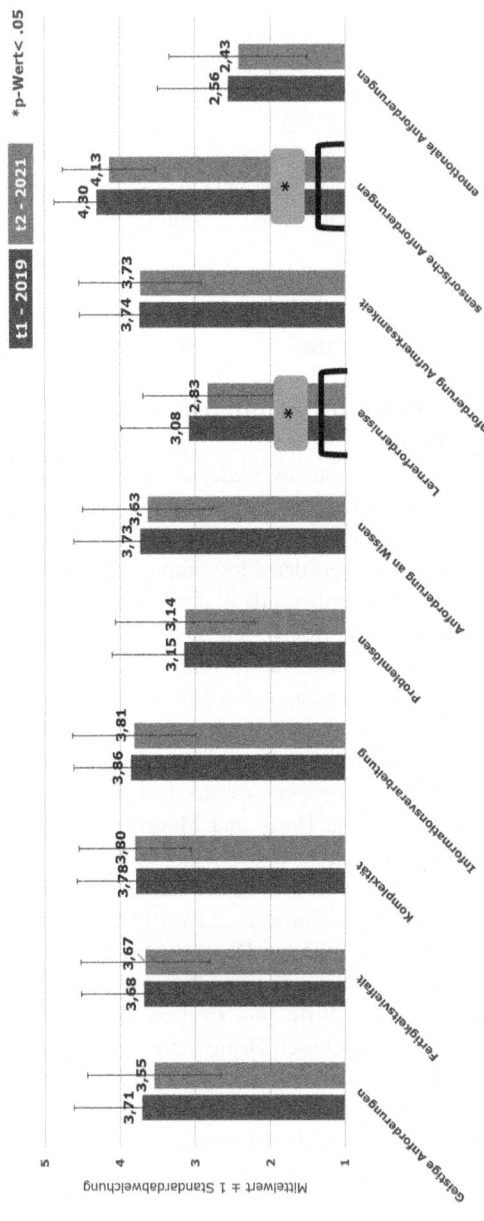

Abb. 7 Einschätzung der (kognitiven) Anforderungen in den Befragungen über die Zeit

auftretenden Fehlbeanspruchungsfolgen zeigten sich, insgesamt und unternehmensbezogen, kaum signifikante Veränderungen über die Zeit.

Im Hinblick auf die Gesamtevaluation der durchgeführten Maßnahmen lassen sich in Summe kaum Effekte erkennen. Es findet sich aber im Vergleich zwischen Personen ohne Maßnahmen und Personen, die an mindestens einer Maßnahme des Projektes teilgenommen hatten, der allgemeine Befund, dass durch die Maßnahmen vielfach eine Verschlechterung von Outcomes verhindert werden konnte: Messwiederholte Varianzanalysen zeigten dabei signifikante Interaktionen zwischen der Zeit und den Maßnahmen, in die Richtung, dass sich bei den Teilnehmer*innen mit Maßnahmen die Gesundheitsparameter nicht verschlechterten, während dies in der Gruppe der Personen ohne Maßnahmen der Fall war. Dies konnte beispielsweise bei der Erschöpfungsneigung und dem Beschwerdedruck nachgewiesen werden. Eindeutig positive Effekte der Maßnahmen konnten hingegen für die Gesundheitsparameter Lebensqualität, allgemeines Stresserleben und kognitive Irritation gezeigt werden.

Zu beachten ist bei allen diesen Ergebnissen, dass zwischen Erst- und Zweiterhebung der Beginn der SARS-CoV-2-Pandemie liegt. In Folge sind die Rahmenbedingungen in den Unternehmen, aber auch im privaten Umfeld der Beschäftigten zu beiden Zeitpunkten schwer vergleichbar. Darüber hinaus konnten die meisten Maßnahmen nicht wie geplant durchgeführt werden, sondern mussten auf die veränderten Bedingungen angepasst werden.

5.4.2 Kognitive Anforderungen im Kontext digital vernetzter Arbeit

Mithilfe einer Two-Step-Clusteranalyse auf Grundlage der Daten aus der ersten Fragebogen-Erhebung konnte in der Gesamtheit der untersuchten Beschäftigten, die in unterschiedlichem Ausmaß digital vernetzt arbeiten, eine Gruppe mit hohen und eine Gruppe mit geringeren kognitiven Anforderungen unterschieden werden. Die qualitativ beste und stabile Clusterlösung ergab eine Konstellation aus insgesamt sechs Arbeitsmerkmalen: geistige Anforderungen, Fertigkeitsvielfalt, Komplexität, Informationsverarbeitung, Problemlösen, Wissensanforderung. Mehr als zwei Drittel (69,4 %) aller Mitarbeiter*innen wurden dem Cluster mit hohen kognitiven Anforderungen zugeordnet, die im Schnitt auf den fünfstufigen Skalen ein bis zwei Skalenpunkte höhere Anforderungen berichteten als die Mitarbeiter*innen im Cluster mit niedrigeren Kognitionsanforderungen (30,6 %). Obwohl das Cluster mit hohen Kognitionsanforderungen erwartbar häufiger bei Beschäftigten mit höher qualifizierten Tätigkeiten auftrat, fand sich auch bei Beschäftigten mit rein ausführenden Tätigkeiten bereits ein hoher Anteil von Personen mit hohen Kognitionsanforderungen ($X^2 = 32.42$, p < .000) (Tab. 2).

Tab. 2 Kognitionsanforderungen und Tätigkeit: Hohe Anforderungen nur bei Hochqualifizierten?

	Cluster 1: niedrige Kognitionsanforderungen	Cluster 2: hohe Kognitionsanforderungen
Ausführende Tätigkeit (z. B. angelernte/r Arbeiter/-in, Sekretariatsassistent/-in, Pflegehelfer/-in)	23[a]	14
Qualifizierte Tätigkeit (z. B. Sachbearbeiter/-in, Buchhalter/-in, technische/r Zeichner/-in, Facharbeiter/-in)	29	74
Eigenständige Tätigkeit bzw. mit Fachverantwortung für Personal (z. B. Meister/-in, Abteilungsleiter/-in)	2	35
Umfassende Führungsaufgaben und Entscheidungsbefugnisse (z. B. Geschäftsführer/-in, Vorstand)	0	7

[a] Anzahl Teilnehmer*innen (Gesamtzahl geringer aufgrund fehlender Werte bei der Tätigkeitsbeschreibung)

Beschäftigte im Cluster hohe Kognitionsanforderungen zeigten durchgängig und größtenteils signifikant auch höhere Werte in anderen relevanten Anforderungen digital vernetzter Arbeit, z. B. Kooperationserfordernisse ($F_{(1,191)}$ = 7.53, p = .01) und initiierte Interdependenz (= andere sind in ihrer Arbeit davon abhängig, dass ich meine Aufgaben erledige) ($F_{(1,191)}$ = 12.84, p < .001), aber auch bei Merkmalen genutzter Technologien wie deren Anzahl ($F_{(1,188)}$ = 37.7, p < .001), mit 7,5 im Mittel im Cluster mit niedrigen kognitiven Anforderungen und 13 eingesetzten Technologien im Mittel im Cluster mit hohen Anforderungen, und Techno-Overload (= Gefühl von Beschleunigung, Zeitdruck und Zunahme der Arbeit aufgrund des Einsatzes digitaler Technologien) ($F_{(1,178)}$ = 7.34, p = .01).

Auch in den Gesundheitsparametern fanden sich systematische, signifikante Unterschiede zwischen den Clustern. So berichteten 18,7 % der Teilnehmer*innen mit hohen kognitiven Anforderungen einen regelmäßigen Alkoholkonsum von viermal pro Woche oder öfter, im Vergleich zu 5,2 % in dem Cluster mit niedrigen kognitiven Anforderungen. Ebenso war die kognitive Irritation bei höheren Anforderungen stärker ausgeprägt (29,3 % im obersten Quartil der Normverteilung im Vergleich zu 14 % bei niedrigen kognitiven Anforderungen), während sich bei Teilnehmer*innen mit niedrigen kognitiven Anforderungen eine höhere Ängstlichkeit zeigte.

5.4.3 Zusammenhänge von Anforderungsmerkmalen digital vernetzter Arbeit und Beanspruchungsparametern im Zeitverlauf

In thematisch geblockten, multivariaten vorwärtsselektierenden Regressionsanalysen haben sich Zusammenhänge über die Zeit zwischen allgemeinen Arbeitsbedingungen und Charakteristika digital vernetzter Arbeit gemessen an t1 und Befindlichkeit, Beanspruchungserleben, Herzfrequenzvariabilität sowie Blutdruckwerten gemessen an t2 gezeigt, z. T. mit hoher Effektstärke. Eine Auswahl dieser nachgewiesenen Zusammenhänge findet sich nachfolgend, auf das Berichten statistischer Kennwerte wird zugunsten der Lesbarkeit verzichtet. Im Sinne des zeitlichen Ablaufs kann bei diesen Ergebnissen von möglichen kausalen Zusammenhängen gesprochen werden. Kausalzusammenhänge im Sinne einer vollständig kontrollierten Situation lassen sich aus den Befunden aber nicht ableiten, da viele Aspekte der individuellen Arbeits- und Gesundheitssituation in dieser Art der Untersuchung nicht berücksichtigt werden können.

Auf Anforderungsebene ergaben sich positive prädiktive Zusammenhänge zwischen *kognitiven Anforderungen* und psychosomatischen Herzbeschwerden, allgemeinem Stresserleben, Work-Life-Konflikten sowie der Absicht, zu kündigen. *Komplexitätsanforderungen* zeigten einen positiven prädiktiven Zusammenhang mit Erschöpfungsneigung und emotionaler Irritation, und einen negativen Zusammenhang mit Erholungsfähigkeit und beruflicher Selbstwirksamkeit.

Bei den Stressoren fand sich ein positiver prädiktiver Zusammenhang zwischen *körperlichen Belastungen* und psychosomatischen Beschwerden (Magen, Glieder, Herz) sowie ein negativer prädiktiver Zusammenhang mit Erholungsfähigkeit und Lebensqualität. Ebenso fand sich ein negativer prädiktiver Zusammenhang von *Arbeitsunterbrechungen* an t1 mit dem Herzfrequenzvariabilitätsparameter RMSSD, d. h. eine höhere Anzahl von Arbeitsunterbrechungen zu Beginn ging mit geringeren RMSSD Werten als Indikator für Stress bei der zweiten Messung einher.

Auf Ebene der Ressourcen war der *Entscheidungsspielraum* prädiktiv positiv verknüpft mit Arbeitsfähigkeit und negativ mit nicht klinischer Angst. *Rollenklarheit* zeigte einen negativen prädiktiven Zusammenhang mit der Burnout-Komponente „Zynismus" und der Kündigungsabsicht.

Im Bereich der Technologie-Parameter ergab sich für die *Nutzbarkeit (Usability)* der eingesetzten Technologien ein negativer prädiktiver Zusammenhang mit den beiden Burnout-Komponenten „emotionale Erschöpfung" und „Zynismus" sowie mit Work-Life-Konflikten, ein positiver zeigte sich mit Erholungsfähigkeit und Commitment. Für die *Verlässlichkeit (Reliability)* der eingesetzten Technologien fanden sich positive prädiktive Zusammenhänge mit psychosomatischen

Beschwerden (Magen, Glieder), Arbeitsfähigkeit und Lebensqualität, und ein negativer mit emotionaler Irritation. Ebenso fanden sich prädiktive Zusammenhänge dieses Aspekts sowie von *Techniknutzung* und *Techno-Overload* mit den *Herzfrequenzvariabilitätsparameter* RMSSD und SDNN, d. h. niedrigere Verlässlichkeit der Technologien, höhere Nutzung und stärkerer Technostress zu Beginn sagte eine geringere Herzfrequenzvariabilität und damit eine Stressreaktion bei der zweiten Messung vorher.

Bedingungsseitig waren zudem *ungünstige Arbeitsumgebungsbedingungen* prädiktiv positiv mit psychosomatischen Beschwerden und negativ mit Lebensqualität und Arbeitsfähigkeit verknüpft.

Hinsichtlich der Zusammenhänge selbstberichteter Gesundheitsparameter und gemessener physiologischer Parameter ist das Bild gemischt. Im Längsschnitt fanden sich bei den erhobenen Parametern lediglich für die *Triglyzerid-Werte* prädiktive Zusammenhänge. Ein negativer Zusammenhang ergab sich mit der allgemeinen Arbeitsfähigkeit sowie mit Commitment und Erholungsfähigkeit, ein positiver mit psychosomatischer Erschöpfungsneigung. Diese Tendenzen, im Zusammenspiel mit nichtparametrisch getesteten Assoziationen und Verteilungen zwischen Alkoholkonsum, (Durch)Schlafstörungen, Triglyzeriden und LDL, könnten ein Hinweis darauf sein, dass sich hier gesundheitskritische Coping-Mechanismen wie etwa „Selbstmedikation" mit Alkohol bei (stressbedingten) Schlafproblemen abbilden könnten. Eine genaue Modellierung dieses Aspekts ist allerdings aufgrund der kleinen Stichprobe nicht möglich.

Für *Herzfrequenzvariabilität* und *Blutdruck* ergab sich kein konsistentes Bild. Lediglich ein kombiniertes Stressmaß dieser physiologischen Parameter zeigte prädiktive Zusammenhänge mit psychosomatischen Beschwerden (Herz, Magen) und emotionaler Irritation. Insgesamt unterstützen die Befunde aber die Empfehlung, diese Maße als Verlaufsparameter zu nutzen oder in Form einer vertiefenden Analyse im zeitlichen Zusammenhang mit akuten Belastungssituationen zu betrachten.

5.4.4 Befinden über den Arbeitstag: Zusammenhänge mit selbstberichteten und physiologischen Gesundheitsparametern

Die Studienteilnehmer*innen der randomisiert kontrollierten Evaluation des betriebsärztlichen Gesundheitscoachings (siehe dazu Heiden und Herbig 2023) wurden sowohl zu Beginn wie zu Ende der Intervention jeweils an einem Arbeitstag zu verschiedenen Zeitpunkten gebeten, Angaben zu ihrem Befinden und anderen Aspekten ihres Arbeitstages zu machen. Diese Daten wurden im Hinblick auf längerfristige Gesundheitsaspekte ebenfalls mit multivariaten vorwärtsselektierenden Regressionsanalysen untersucht.

Die Subskalen der Basler Befindlichkeitsskala (BBS, Hobi 1985) erwiesen sich als prädiktiv für eine Reihe von Gesundheitsoutcomes. So ergab sich ein positiver prädiktiver Zusammenhang zwischen *intrapsychischem Gleichgewicht* und psychischer Arbeitsfähigkeit sowie Lebensqualität, ein negativer mit kognitiver Irritation und psychosomatischen Magenbeschwerden. *Soziale Extravertiertheit* erwies sich als positiver Prädiktor für Depression und die allgemeine und körperliche Arbeitsfähigkeit sowie als negativer Prädiktor für die Burnout-Komponente „Zynismus", für Ängstlichkeit und psychosomatische Erschöpfungsneigung. Für *Vitalität* ergaben sich negativ prädiktive Zusammenhänge mit psychosomatischen Beschwerden, der Burnout-Komponente „emotionale Erschöpfung", emotionaler Irritation und allgemeinem Stressempfinden. Für *Vigilanz und kognitive Steuerungsfähigkeit* zeigte sich nur ein schwacher positiver Zusammenhang mit Erholungsfähigkeit und ein negativer mit Work-Life-Konflikten.

In den über den jeweiligen Arbeitstag erhobenen Daten zeigten die mit dem *NASA-TLX* (Hart und Staveland 1988; NASA-TLX; Hart 2006) erhobenen Aspekte des erlebten Task Load (Belastung und Beanspruchung) zum Teil signifikante Zusammenhänge mit einzelnen Herzfrequenz-Parametern. SDNN als Globalmaß der Herzfrequenzvariabilität ist sowohl zum ersten als auch zum zweiten Erhebungszeitpunkt (vor der Mittagspause und nach Arbeitsende) signifikant negativ mit geistigen Anforderungen korreliert. Dies bedeutet, dass ein hohes Maß an *geistigen Anforderungen* mit einer geringeren Herzfrequenzvariabilität, d. h. einer verringerten Adaptivität des autonomen Nervensystems als Stressindikator, verknüpft ist. Nach Arbeitsende findet sich eine solche Verknüpfung auch für das *Anstrengungs- und Frustrationserleben*. Nach Arbeitsende zeigen alle drei Dimensionen außerdem eine negative Korrelation mit den frequenzbasierten Herzfrequenzvariabilitätswerten.

Außerdem fällt auf, dass die minimale Herzfrequenz zu beiden Erhebungszeitpunkten signifikant positiv mit dem Anstrengungs- und Frustrationserleben assoziiert ist, vor der Mittagspause zudem mit geistigen Anforderungen. Das bedeutet, dass eine höhere minimale Herzfrequenz mit einem höheren Maß an Anstrengung und Frustration sowie z. T. mit höheren geistigen Anforderungen verknüpft ist.

Mit Blick auf die längerfristigen Gesundheitsoutcomes hatten die mit dem NASA-TLX erhobenen Belastungs- und Beanspruchungsaspekte tendenziell keine prädiktive Aussagekraft. Es fanden sich nur vereinzelt Zusammenhänge mit eher geringer Effektstärke, die keine Interpretation in Richtung eines generellen Vorhersagewerts erlauben.

Insgesamt lässt sich festhalten, dass es deutliche Zusammenhänge zwischen dem NASA-TLX und der Herzfrequenz bzw. Herzfrequenzvariabilität gibt. Entsprechend könnte der NASA-TLX unter den Gesichtspunkten der Praktikabilität und Verfügbarkeit ein, im Vergleich zur deutlich aufwendigeren HRV-Messung, einfaches und effizientes Instrument zur Einschätzung des aktuellen Belastungs- und Beanspruchungserlebens von Beschäftigten sein.

5.4.5 Digital vernetzte Arbeit und kognitive Leistungsfähigkeit

Im Hinblick auf eine mentale Dauerleistungsgrenze (vgl. Herbig und Heiden 2023) wurden in den RCT Erhebungen eine Reihe von Leistungstests zu verschiedenen kognitiven Basisfunktionen (Konzentrationsfähigkeit, Kurzzeitgedächtnis, Exekutivkontrolle, Psychomotorik, Informationsverarbeitungsgeschwindigkeit) durchgeführt. Dabei sind immer mehrere Aspekte zu bedenken: Zum einen muss die individuelle Ausgangsleistung berücksichtigt werden, zum anderen weisen die meisten bekannten Leistungstest Übungs-/Lerneffekte auf (zumindest in dem Sinn „jetzt habe ich verstanden, wie der Test funktioniert"), die in ihrer Stärke aber wiederum mit der Stabilität der verschiedenen kognitiven Fähigkeiten zusammenhängen. Um dies zu modellieren, wurden die Daten des zweiten erhobenen Arbeitstags verwendet und regressionsanalytische Modelle zur Erfassung der Moderation des „Lerneffekts" durch Bedingungen digital vernetzter Arbeit über den Tag durchgeführt und mit Simple Slopes Analysen ergänzt. Alter und Testvorerfahrung wurden kontrolliert und die individuelle Ausgangsleistung als Hauptprädiktor aufgenommen.

Insgesamt zeigten die Analysen, dass die bei allen Leistungstests gefundenen Anstiege über den Tag bei zwei der fünf durchgeführten kognitiven Leistungstests von einer Reihe von Variablen mit engem Zusammenhang zu digital vernetzter Arbeit moderiert wurden. Bei der Messung der Konzentrationsleistung (KL, d2-Test) und der Exekutivfunktion (EK, Stroop-Test) zeigten Beschäftigte mit einer höheren Ausprägung dieser Anforderungen einen deutlich geringeren Lern-/Übungseffekt als Beschäftigte mit einem niedrigeren Niveau dieser Anforderungen. Moderationseffekte fanden sich – größtenteils hochsignifikant – für: Erhalt digitaler Informationen (KL $R^2 = .909$, $\beta = .641$; EK $R^2 = .240$, $\beta = .638$), zeitliche Anforderungen (KL $R^2 = .918$, $\beta = -.766$), parallele Bearbeitung verschiedener Aufgaben (KL $R^2 = .911$, $\beta = -.811$) und Bearbeitung verschiedenster Themenbereiche (EK $R^2 = .221$, $\beta = .990$). Die Simple Slope Analysen zeigten durchgängig, dass höhere Ausprägungen des Moderators über den Tag zu einer Verringerung des Lern-/Übungseffekt z. T. bis zu völligem Fehlen führten. Beispielsweise findet sich für den Moderator digitale Informationen eine signifikante Verbesserung der Exekutivfunktion über den Tag von 0.56 (p = .004) bei einem geringen Maß digitaler Informationen, während bei einem höheren Maß eine nichtsignifikante Verschlechterung von knapp -0.14 (p = .62), d. h. eine unveränderte Leistung, eintrat. Oder Konzentrationsleistung: Lerngradient in der Konzentrationsleistung von knapp 1 (p = .000) bei Beschäftigten, die über den Tag weniger digitale Informationen erhalten hatten, während dieser für Beschäftigte mit einem höheren Maß digitaler Informationen nur bei knapp 0.56 (p = .000) lag. Unterschiedliche Leistungsanstiege über den Tag finden sich auch für die Gedächtnisleistung, sind aber aufgrund der fehlenden (nichtsignifikanten) Moderation mit Vorsicht zu interpretieren (Abb. 8).

Im Hinblick auf eine mentale Dauerleistungsgrenze widersprechen diese Befunde den in Herbig und Heiden (2023) vorgestellten Überlegungen nicht. Die Nutzung des Arbeitsgedächtnisses, dass als potenziell limitierendes System für mentale Dauerleistung identifiziert wurde, wird durch zwei Prozesse gesteuert: Aufmerksamkeit/Konzentration und Exekutivfunktion, die quasi als „Gatekeeper" darüber entscheiden, welche Informationen in das Arbeitsgedächtnis gelangen und welche aus dem Gedächtnis abgerufen werden: Wenn beide Prozesse über den Tag bei digital vernetzter Arbeit weniger gut funktionieren, aber trotzdem auf gleichem Niveau bleiben oder „nur" weniger steigen, können Auswirkungen auf das Gedächtnis kurzfristig kompensiert werden. Ob dies aber auch langfristig gelingt, sollte Gegenstand weiterer Untersuchungen sein.

5.5 Fazit

Die exemplarischen Befunde in diesem Abschnitt, die unter Nutzung der im betriebsärztlichen Instrumentenkoffer dargestellten Befragungs- und Erhebungsmethoden erzielt wurden, konnten zeigen, dass die ausgewählten Aspekte geeignet sind, bedeutsame Ergebnisse auf individueller wie auf Gruppenebene zu erzielen und dabei sowohl die Arbeitsbedingungsseite wie die Beanspruchungsfolgen im betriebsärztlichen Handeln in den Blick zu nehmen.

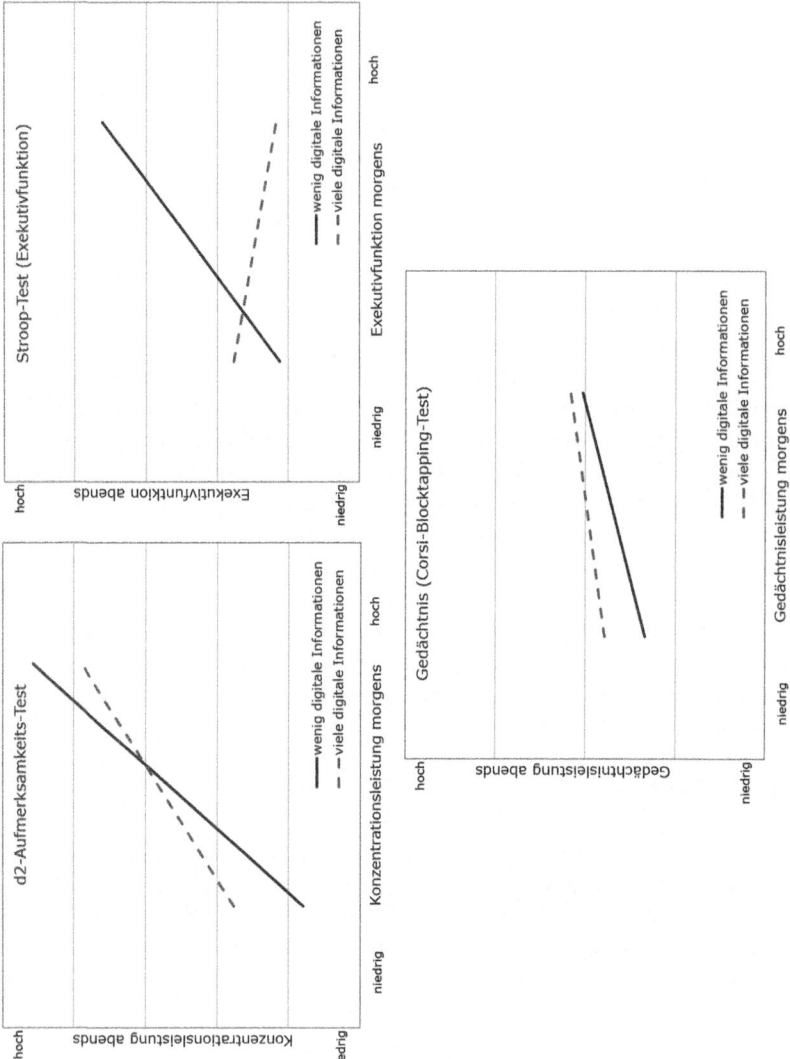

Abb. 8 Arbeitsgedächtnis, Aufmerksamkeit, Exekutivfunktion – Moderationsanalysen über einen Arbeitstag

Literatur

Bäumler, G. (1985): Farbe-Wort-Interferenztest. Göttingen: Hogrefe.

Bolte, A.; Neumer, J. (2023): Digital vernetzte Arbeit in mittelständischen Unternehmen: Anforderungen im Umgang mit ERP-Systemen und Grenzen Digitalisierung. In: Heinlein, M.; Neumer, J.; Ritter, T. (Hrsg.): Digital vernetzte Arbeit – Merkmale und Anforderungen eines neuen Typus von Arbeit. Wiesbaden: Springer VS.

Brähler, E.; Mühlan, H.; Albani, C.; Schmidt, S. (2007): Teststatistische Prüfung und Normierung der deutschen Versionen des EUROHIS-QOL Lebensqualität-Index und des WHO-5 Wohlbefindens-Index. Diagnostica. 53(2), S. 83–96.

Brähler, E.; Hinz, A.; Scheer, J. W. (2008): GBB-24 Gießener Beschwerdebogen (3., überarbeitete, neu normierte Aufl.). Göttingen: Hogrefe.

Brickenkamp, R.; Zillmer, E. (2002): Test d2 Aufmerksamkeits-Belastungs-Test. Göttingen: Hogrefe.

Brickenkamp, R.; Schmidt-Atzert, L.; Liepmann, D. (2010): Test d2 – Revision: Aufmerksamkeits- und Konzentrationstest. Göttingen: Hogrefe.

Bundesanstalt für Arbeitsschutz und Arbeitsmedizin (BauA, 2014): Gefährdungsbeurteilung psychischer Belastung. Erfahrungen und Empfehlungen. Berlin: Erich Schmidt Verlag.

Castaneda, D.; Esparza, A.; Ghamari, M.; Soltanpur, C.; Nazeran, H. (2018): A review on wearable photoplethysmography sensors and their potenzial future applications in health care. International Journal of Biosensors & Bioelectronics. 4(4), S. 195–202.

Chandola, T.; Heraclides, A.; Kumari, M. (2010): Psychophysiological biomarkers of workplace stressors. Neuroscience & Biobehavioral Reviews. 35(1), S. 51–57.

DIN EN ISO 6385:2016-12, Grundsätze der Ergonomie für die Gestaltung von Arbeitssystemen (ISO_6385:2016); Deutsche Fassung EN_ISO_6385:2016.

Drexler, H.; Letzel, S.; Nesseler, T.; Stork, J.; Tautz, A. (2015): Arbeitsmedizin 4.0. Thesen der Arbeitsmedizin zum Stand und zum Entwicklungsbedarf der betrieblichen Prävention und Gesundheitsförderung in Deutschland. Stellungnahme der Deutschen Gesellschaft für Arbeitsmedizin und Umweltmedizin e. V. – DGAUM. Arbeitsmedizin Sozialmedizin Umweltmedizin. 50(10), S. 755–769.

European Network for Workplace Health Promotion. (2007): The Luxembourg declaration on workplace health promotion in the European Union. Luxembourg.

Herr, C.; Kolb, S. Weilnhammer, V.; Glaser, J.; Palm, E.; Nowak, D.; Herbig, B.; Heiden, B.; Lüke, G. (2016): Abschlussbericht: Flexibilisierung, Erreichbarkeit und Entgrenzung in der Arbeitswelt – Entwicklung eines betrieblichen Handlungskonzeptes zur Prävention psychischer Fehlbeanspruchungen und Stärkung psychischer Gesundheit. München: Bayerisches Landesamt für Gesundheit und Lebensmittelsicherheit. Online unter: https://www.lgl.bayern.de/arbeitsschutz/arbeitsmedizin/flexa.htm.

Ganster, D. C.; Crain, T. L.; Brossoit, R. M. (2018): Physiological Measurement in the Organizational Sciences. A Review and Recommendations for Future Use. Annual Review of Organizational Psychology and Organizational Behavior. 5, S. 267–293.

Gimpel, H.; Lanzl, J.; Manner-Romberg, T.; Nüske, N. (2018): Digitaler Stress in Deutschland. Eine Befragung von Erwerbstätigen zu Belastung und Beanspruchung durch Arbeit mit digitalen Technologien. Working Paper Forschungsförderung Nr. 101. Hans Böckler Stiftung.

Glaser, J.; Hornung, S.; Höge, T.; Strecker, C. (2020): Das Tätigkeits- und Arbeitsanalyseverfahren (TAA) – Screening psychischer Belastungen in der Arbeit. Innsbruck, AT:
innsbruck university press (iup).
Gößwald, A.; Lange, M.; Kamtsiuris, P.; Kurth, B.-M. (2012): DEGS: Studie zur Gesundheit
Erwachsener in Deutschland. Bundesweite Quer- und Längsschnittstudie im Rahmen des
Gesundheitsmonitorings des Robert Koch-Instituts. Bundesgesundheitsblatt. 55, S. 775–
778.
Hacker, W.; Richter, P. (1980): Psychologische Bewertung von Arbeitsgestaltungsmaßnah-
men - Ziele und Bewertungsmaßstäbe. Berlin: Deutscher Verlag der Wissenschaften.
Hansen, Å. M.; Larsen, A. D.; Rugulies, R.; Garde, A. H.; Knudsen, L. E. (2009): A Review
of the Effect of the Psychosocial Working Environment on Physiological Changes in
Blood and Urine. Basic & Clinical Pharmacology & Toxicology. 105(2), S. 73–83.
Hart, S. G.; Staveland, L. E. (1988): Development of NASA-TLX (Task Load Index): Results
of empirical and theoretical research. In P. A. Hancock & N. Meshkati (Eds.), Human
mental workload, S. 139–183. Oxford, England: North-Holland.
Hart, S. G. (2006): Nasa-Task Load Index (NASA-TLX). 20 Years Later. Proceedings of the
Human Factors and Ergonomics Society Annual Meeting. 50(9), S. 904–908.
Heiden, B.; Herbig, B. (2022): Betriebsärztlicher Instrumentenkoffer „Digital vernetzte
Arbeit". Betreuung und Beratung von Unternehmen und Beschäftigten. Broschüre
abrufbar unter: https://www.lmu-klinikum.de/arb/forschung/lediva-instrumentenkoffer/
ba433451bdc38121.
Heiden, B.; Herbig, B. (2023): Betriebsärztliches Gesundheitscoaching bei Beschäftigten
mit digital vernetzter Arbeit. In: Heinlein, M.; Neumer, J.; Ritter, T. (Hrsg.): Digital vernetzte Arbeit – Merkmale und Anforderungen eines neuen Typus von Arbeit. Wiesbaden:
Springer VS.
Heinlein, M.; Neumer, J.; Ritter, T. (2023): Digital vernetzte Arbeit: Dimensionen und Anforderungen einer neuen Arbeitsform. In: Heinlein, M.; Neumer, J.; Ritter, T. (Hrsg.): Digital
vernetzte Arbeit – Merkmale und Anforderungen eines neuen Typus von Arbeit. Wiesbaden: Springer VS.
Henkel, V.; Mergl, R.; Kohnen, R. et al. (2003): Identifying depression in primary care: a
comparison of different methods in a prospective cohort study. British Medical Journal.
326, S. 200–201.
Herbig, B.; Heiden, B. (2023): Das Arbeitsgedächtnis als limitierender Faktor mentaler
Belastung bei digital vernetzter Arbeit: Annäherung an eine mentale Dauerbelastungsgrenze. In: Heinlein, M.; Neumer, J.; Ritter, T. (Hrsg.): Digital vernetzte Arbeit – Merkmale und Anforderungen eines neuen Typus von Arbeit. Wiesbaden: Springer VS.
Herbig, B.; Seibt, R.; Lang, J.; Böckelmann, I.; Darius, S.; Gauggel, B.; Meifort, J.; Mül-
ler, A.; Oldenburg, M.; Stahlkopf, H.; Wegner, R.; Angerer, P. (2012): Messung psychischer Belastungen: Ausgewählte Methoden und Anwendungsfelder: Ergebnisse eines
Workshops der Arbeitsgruppe „Psychische Gesundheit bei der Arbeit" der DGAUM.
Arbeitsmedizin Sozialmedizin Umweltmedizin. 4, S. 25–268.
Hobi, V. (1985): Basler Befindlichkeitsskala. Manual. Weinheim: Beltz.
Kaltenegger, H. C.; Becker, L.; Rohleder, N.; Nowak, D.; Weigl, M. (2021): Associations of
working conditions and chronic low-grade inflammation among employees: a systematic
review and meta-analysis. Scandinavian Journal of Work, Environment & Health. 47(8),
S. 565–581.

Kaufmann, I.; Pornschlegel, H.; Udris, I. (1982): Arbeitsbelastung und Beanspruchung. In L. Zimmermann (Hrsg.), Humane Arbeit – Leitfaden für Arbeitnehmer, Band 5: Belastungen und Stress bei der Arbeit (S. 13–48). Reinbek bei Hamburg: Rowohlt.

Kessels, R. P.; van Zandvoort, M. J.; Postma, A.; Kappelle, L. J.; Haan, E. H. de (2000): The Corsi Block-Tapping Task: Standardization and normative data. Applied Neuropsychology. 7(4), S. 252–258.

Kivimäki, M.; Nyberg, S. T.; Batty, G. D.; Fransson, E. I.; Heikkilä, K.; Alfredsson, L. et al. (2012): Job strain as a risk factor for coronary heart disease. A collaborative meta-analysis of individual participant data. The Lancet 380 (9852), S. 1491–1497.

Klauer, K. J. (Hrsg.) (2001): Handbuch kognitives Training (2., überarbeitete und erweiterte Auflage). Göttingen: Hogrefe.

Loh, A.; Simon, D.; Kriston, L.; Härter, M. (2007): Patientenbeteiligung bei medizinischen Entscheidungen: Effekte der Partizipativen Entscheidungsfindung aus systematischen Reviews. Deutsches Ärzteblatt, 104(21), A-1483/B-1314/C-1254.

Madsen, I. E. H.; Nyberg, S. T.; Magnusson Hanson, L. L.; Ferrie, J. E.; Ahola, K.; Alfredsson, L. et al. (2017): Job strain as a risk factor for clinical depression: systematic review and meta-analysis with additional individual participant data. Psychological Medicine. 47(8), S. 1342–1356.

Marsland, A. L.; Walsh, C.; Lockwood, K.; John-Henderson, N. A. (2017): The effects of acute psychological stress on circulating and stimulated inflammatory markers: A systematic review and meta-analysis. Brain, Behavior, and Immunity. 64, S. 208–219.

Mohr, G.; Rigotti, T.; Müller, A. (2005): Irritation–Ein Instrument zur Erfassung psychischer Beanspruchung im Arbeitskontext. Skalen- und Itemparameter aus 15 Studien. Zeitschrift für Arbeits- und Organisationspsychologie. 49(1), S. 44–48.

Morgeson, F. P.; Humphrey, S. E. (2006): The Work Design Questionnaire (WDQ): developing and validating a comprehensive measure for assessing job design and the nature of work. Journal of Applied Psychology. 91(6), S. 1321–1339.

Natarajan, A.; Pantelopoulos, A.; Emir-Farinas, H.; Natarajan, P. (2020): Heart rate variability with photoplethysmography in 8 million individuals: a cross-sectional study. The Lancet Digital Health, 2(12), e650–e657.

Neumer, J.; Heinlein, M.; Ritter, T.; Stöger, U.; Merl, T. (2023): Praxiskompass zur partizipativen belastungsarmen Gestaltung digital vernetzter Arbeit. In: Heinlein, M.; Neumer, J.; Ritter, T. (Hrsg.): Digital vernetzte Arbeit – Merkmale und Anforderungen eines neuen Typus von Arbeit. Wiesbaden: Springer VS.

Niebuhr, F.; Wilfling, D.; Hahn, K.; Steinhäuser, J. (2018): Coaching aus der Perspektive der Allgemeinmedizin. Prävention und Gesundheitsförderung. 13(2), S. 91–96.

Niedhammer, I.; Bertrais, S.; Witt, K. (2021): Psychosocial work exposures and health outcomes: a meta-review of 72 literature reviews with meta-analysis. Scandinavian Journal of Work, Environment & Health. 47(7), S. 489–508.

Nübling, M.; Stößel, U.; Hasselhorn, H. M.; Michaelis, M.; Hofmann, S. (2005): Methoden zur Erfassung psychischer Belastungen. Erprobung eines Messinstrumentes (COPSOQ). Schriftenreihe der Bundesanstalt für Arbeitsschutz und Arbeitsmedizin, Fb 1058. Berlin: Bundesanstalt für Arbeitsschutz und Arbeitsmedizin.

Oswald, W. D.; Roth, E. (1987): Der Zahlen-Verbindungs-Test (ZVT). Göttingen: Hogrefe.

Oswald, W. D. (2016): Der Zahlen-Verbindungs-Test (ZVT) (3., überarbeitete und neu normierte Auflage). Göttingen: Hogrefe.

Parak, J.; Tarniceriu, A.; Renevey, P.; Bertschi, M.; Delgado-Gonzalo, R.; Korhonen, I. (2015): Evaluation of the beat-to-beat detection accuracy of PulseOn wearable optical heart rate monitor. In Proceedings of the Annual International Conference of the IEEE Engineering in Medicine and Biology Society. S. 8099–8102.

Ragu-Nathan, T. S.; Tarafdar, M.; Ragu-Nathan, B. S.; Tu, Q. (2008): The Consequences of Technostress for End Users in Organizations. Conceptual Development and Empirical Validation. Information Systems Research. 19(4), S. 417–433.

Richter, G. (2010): Toolbox Version 1.2 – Instrumente zur Erfassung psychischer Belastungen. Dresden: Bundesanstalt für Arbeitsschutz und Arbeitsmedizin.

Robert Koch-Institut (RKI). (2008): DEGS – Studie zur Gesundheit Erwachsener in Deutschland. Projektbeschreibung. Gesundheitsfragebogen 18 bis 64 Jahre. (Stand: März 2009).

Rohleder, N. (2014): Stimulation of Systemic Low-Grade Inflammation by Psychosocial Stress. Psychosomatic Medicine. 76(3), S. 181–189.

Sammito, S.; Thielmann, B.; Seibt, R.; Klussmann, A.; Weippert, M.; Böckelmann, I. (2021): S2k Leitlinie: Nutzung der Herzschlagfrequenz und der Herzfrequenzvariabilität in der Arbeitsmedizin und der Arbeitswissenschaften. AWMF, Reg. Nr. 002-042. Aktuelle Fassung unter: https://register.awmf.org/de/leitlinien/detail/002-042

Schaefer, C.; Klemperer, D. (2020): Mit Leitlinien, Shared Decision Making und Choosing Wisely gegen Über-, Unter- und Fehlversorgung? GGW 20 (2), S. 23–30.

Stalder, T.; Steudte-Schmiedgen, S.; Alexander, N.; Klucken, T.; Vater, A.; Wichmann, S.; Kirschbaum, C.; Miller, R. (2017): Stress-related and basic determinants of hair cortisol in humans: A meta-analysis. Psychoneuroendocrinology, 77, S. 261–274.

Stegmann, S.; van Dick, R.; Junker, N.M.; Charalambous, J. (2019): WDQ Work Design Questionnaire. Deutsche Adaptation. Göttingen: Hogrefe.

Stöger, U.; Merl T. (2023): Belastungen bei digital vernetzter Dienstleistungsarbeit – widersprüchliche Arbeitsanforderungen. In: Heinlein, M.; Neumer, J.; Ritter, T. (Hrsg.): Digital vernetzte Arbeit – Merkmale und Anforderungen eines neuen Typus von Arbeit. Wiesbaden: Springer VS.

Stroop, J. R. (1935): Studies of interference in serial verbal reactions. Journal of Experimental Psychology, 18(6), S. 643–662.

Tuomi, K.; Ilmarinen, J.; Seitsamo, J.; Huuhtanen, P.; Martikainen, R.; Nygard, C. H.; Klockars, M. (1997): Summary of the Finnish research project (1981-1992) to promote the health and work ability of aging workers. Scandinavian Journal of Work, Environment & Health, 23 Suppl 1, S. 66–71.

Ulich, E. (1994): Arbeitspsychologie (3. überarb., und erweiterte Aufl.). Stuttgart: Schäffer Poeschel.

Van der Molen, H. F.; Nieuwenhuijsen, K.; Frings-Dresen, M. H. W.; Groene, G. de (2020): Work-related psychosocial risk factors for stress-related mental disorders: an updated systematic review and meta-analysis. BMJ Open, 10(7), e034849.

Weigl, M.; Herbig, B.; Bahemann, A.; Böckelmann, I.; Darius, S.; Jurkschat, R.; Kreuzfeld, S.; Lang, J.; Müller, A.; Muth, T.; Nowak, D.; Schneider, A.; Stahlkopf, H.; Angerer, P. (2015): Empfehlungen zur Durchführung einer Gefährdungsbeurteilung psychischer Belastungen. Arbeitsmedizin Sozialmedizin Umweltmedizin. 50(9), S. 660–665.

Weihrich, M. (2023): Alltägliche Lebensführung bei qualifizierter digital vernetzter Arbeit. In: Heinlein, M.; Neumer, J.; Ritter, T. (Hrsg.): Digital vernetzte Arbeit – Merkmale und Anforderungen eines neuen Typus von Arbeit. Wiesbaden: Springer VS.

Weippert, M.; Kumar, M.; Kreuzfeld, S.; Arndt, D.; Rieger, A.; Stoll, R. (2010): Comparison of three mobile devices for measuring R-R intervals and heart rate variability: Polar S810i, Suunto t6 and an ambulatory ECG system. Arbeitsphysiologie. 109(4), S. 779–786.

WHO. (1998): Wellbeing Measures in Primary Health Care/The Depcare Project. Copenhagen: WHO Regional Office for Europe.

Wittchen, H. U.; Jacobi, F.; Rehm, J. et al. (2011): The size and burden of mental disorders and other disorders of the brain in Europe 2010. European Neuropsychopharmacology. 21, S. 655–679.

Digital vernetzte Arbeit gestalten: Das Beispiel Reflexa-Werke Albrecht GmbH

Annegret Bolte, Manfred Gross und Ingo Schüle

Inhaltsverzeichnis

Zusammenfassung

Digital vernetzte Arbeit erzeugt vielfältige neue Belastungen. Welche Maßnahmen kann ein Unternehmen realisieren, um diese Belastungen zumindest
zu reduzieren? Am Beispiel der Reflexa-Werke Albrecht GmbH (im Folgenden Reflexa genannt) sollen mögliche Gestaltungsmaßnahmen exemplarisch

A. Bolte (✉)
ISF München, München, Deutschland
E-Mail: annegret.bolte@isf-muenchen.de

M. Gross · I. Schüle
REFLEXA-WERKE Albrecht GmbH, Rettenbach, Deutschland
E-Mail: m.gross@reflexa.de

I. Schüle
E-Mail: i.schuele@reflexa.de

© Der/die Autor(en), exklusiv lizenziert an Springer Fachmedien Wiesbaden
GmbH, ein Teil von Springer Nature 2023
M. Heinlein et al. (Hrsg.), *Digital vernetzte Arbeit*,
https://doi.org/10.1007/978-3-658-40615-8_12

dargestellt werden. So ist die Reduktion von äußeren Störfaktoren im Vertriebsinnendienst (Abschn. 3) eine verhältnisbezogene und die Entwicklung eines E-Mail-Leitfadens (Abschn. 4) eine verhaltensbezogene Maßnahme. Mit der Anpassung des ERP-Systems (Abschn. 5) und dem neuen Raumkonzept für die Arbeitsvorbereitung (Abschn. 6) werden weitere organisationale Gestaltungsvorhaben vorgestellt.

1   Reflexa-Werke Albrecht GmbH: Das Unternehmen

Reflexa ist ein Vollsortimenter im Bereich Sonnenschutztechnik: Von augenblicklich ca. 400 Mitarbeiterinnen und Mitarbeitern werden in den bayerischen Werken in Rettenbach und Günzburg Markisen, Jalousien, Raffstores, Plissees und Insektenschutzgitter hergestellt, im sächsischen Oederan werden Rollläden gefertigt. Das mittelständische, inhabergeführte Produktionsunternehmen beliefert keine Endkunden, sondern Fachhändler im gesamten Bundesgebiet. Dabei ist das Unternehmen existenziell von flexiblen und schnellen Reaktionen auf Kundenanforderungen abhängig: Die Fachhändler erwarten kurze Lieferzeiten; dabei kommt es immer wieder zu kurzfristigen Änderungswünschen. Reflexa muss darauf mit größtmöglicher Flexibilität reagieren können: Kurzfristige Bestellungen und Änderungswünsche durch Kunden bei bereits laufender Auftragsbearbeitung und im Rahmen sehr knapper Lieferfristen erfordern unmittelbare Absprachen mit Lieferanten und ad-hoc-Abgleiche der Fertigungsmöglichkeiten.[1] Insbesondere die Fertigung an verschiedenen Standorten in Deutschland fordert von den Beschäftigten flexible und schnelle Reaktionen.

Dementsprechend ist das Unternehmen im Rahmen der standortübergreifenden Koordinierung mit komplexen Anforderungen konfrontiert, die zunehmend durch Digitalisierungsprozesse und -bedarfe geprägt sind: Die Erwartungen an Echtzeitreaktionen nehmen nicht nur aufseiten der Kunden, sondern auch in der Kooperation und Kommunikation zwischen den Beschäftigten der drei Produktionsstandorte zu. Der geteilte Zugriff bspw. auf Planungsunterlagen und die Synchronisierung von Prozessen werden immer dringlicher und zeitkritischer. Dies wird durch zunehmende digitale Vernetzung der Arbeitsplätze zwar technisch vereinfacht, die Beschäftigten geraten damit jedoch auch immer mehr unter Druck, in Echtzeit (re)agieren zu müssen.[2]

---

[1] Die durch die Corona-Pandemie verursachten Unterbrechungen von Lieferketten haben diese Problematik zusätzlich verschärft.

[2] Vgl. dazu auch Heinlein et al. (2023).

Insbesondere sehr häufig auftretende kurzfristige Änderungen und Neuerungen, die ihrerseits im Zeichen einer zunehmenden digitalen Vernetzung stehen, treiben diese Spirale an. Die Geschwindigkeit der Technik wird damit zur Richtschnur für eine standortübergreifende Koordinierung, nicht das menschliche Leistungsvermögen. Diese Prozesse verlangen den Beschäftigten hohen Einsatz ab: Sie müssen effizient und vorausschauend agieren und reagieren. Dies betrifft – typisch für ein mittelständisches Unternehmen – nicht nur die Produktion und deren vor- und nachgelagerte Bereiche (z. B. Arbeitsvorbereitung, Qualitätskontrolle), sondern auch andere Unternehmensbereiche, wie etwa den Einkauf, den Vertrieb oder den Service.

2   Wie kann Reflexa auf neu auftretende Belastungen für die Beschäftigten reagieren?

Um seine Stellung am Markt behaupten zu können, ist es für ein Unternehmen wie Reflexa – auch angesichts des zunehmenden Fachkräftemangels – entscheidend, erfahrene Mitarbeiterinnen und Mitarbeiter auf Dauer im Unternehmen beschäftigen zu können. Die Analysen von Gefährdungspotenzialen, die von den Forscherinnen und Forschern des Instituts für Sozialwissenschaftliche Forschung München e. V. und des Instituts für Arbeits-, Umwelt- und Sozialmedizin des Klinikums der Ludwig Maximilians-Universität München erhoben wurden,[3] waren Anknüpfungspunkte für weitere Überlegungen: Diese Analysen haben aufgezeigt, vor welchen Problemen und Herausforderungen die Mitarbeiterinnen und Mitarbeiter im Umgang mit kontinuierlich hohen Leistungsanforderungen bei qualifizierter digital vernetzter Arbeit stehen; sie haben aber auch Bewältigungsstrategien aufgezeigt. Dabei hat es der durch die Wissenschaftspartner erfolgte ‚Blick von außen‘ Reflexa ermöglicht, Problemkonstellationen wahrzunehmen und zu bearbeiten, die im „normalen Alltag" untergehen.

---

[3] Die Analysen und Gestaltungsmaßnahmen sind im Rahmen der Forschungs- und Entwicklungsarbeiten des BMBF-geförderten Projekts „Arbeit oberhalb der ‚mentalen Dauerbelastungsgrenze‘. Leistungsregulierung bei qualifizierter digital vernetzter Arbeit (LedivA)" entstanden. Zu den bei Reflexa stattgefundenen individuellen Coachings vgl. Böhle et al. (2023); Heiden und Herbig (2023b). Vgl. dazu insgesamt auch Bolte et al. (2020); Bolte und Neumer (2023); Heiden und Herbig (2023a, b); Neumer et al. (2023).

Im Folgenden sollen exemplarisch verhältnisbezogene Maßnahmen im Vertriebsinnendienst sowie eine im gesamten Unternehmen verortete verhaltensbezogene Maßnahme[4] vorgestellt werden: Für den Vertriebsinnendienst wurde zunächst ein neues Raumkonzept entwickelt, das den Lärmpegel verringert und außerdem Rückzugsmöglichkeiten für konzentriertes Arbeiten schafft. Außerdem wurden Minipausen zwischen einzelnen Kundenkontakten eingeführt, die es den Beschäftigten ermöglichen, begonnene Vorgänge in Ruhe abzuschließen und sich konzentriert auf die nächste Aufgabe vorzubereiten. Anschließend wird ein neu erarbeiteter E-Mail-Leitfaden vorgestellt, der den unternehmensweiten Informationsaustausch zwischen verschiedenen Abteilungen und Bereichen auf eine neue Grundlage stellt. Alle Maßnahmen sind in Workshops unter Beteiligung unterschiedlicher Beschäftigtengruppen entwickelt worden.

Digital vernetztes Arbeiten ist bei Reflexa seit vielen Jahren nicht mehr ohne das eingeführte ERP-System denkbar. Bei dessen Einführung sind Entscheidungen getroffen worden, deren Auswirkungen für die Beschäftigten zum damaligen Zeitpunkt nicht alle vorhersehbar waren. Mit der Implementierung einer neuen Version sind einige der von den Beschäftigten vorgebrachten Kritikpunkte, die zu Belastungen im täglichen Arbeitshandeln führten, eliminiert worden.

Und schließlich: Digital vernetztes Arbeiten schafft bei Reflexa weiterhin ‚nur' die Rahmenbedingungen für die eigentliche Kernarbeit, nämlich die materielle Fertigung von Sonnenschutzelementen. Beide Formen der Arbeit ergänzen sich, was Konsequenzen für die Gestaltung von Arbeit hat. Dies wird im Abschn. 6 anhand eines neuen Raumkonzeptes für die Arbeitsvorbereitung exemplarisch aufgezeigt.

3 Verhältnisbezogene Maßnahmen: Die Reduktion von äußeren Störfaktoren im Vertriebsinnendienst

3.1 Der Vertriebsinnendienst bei Reflexa als Prototyp für digital vernetzte Arbeit

Reflexa ist in den letzten Jahren immer weiter gewachsen. Im Rahmen dieser Entwicklung sind immer mehr Beschäftigte eingestellt worden, um die eingehenden

---

[4] Zur Unterscheidung von verhältnis- und verhaltensbezogenen Maßnahmen zur Minderung von Belastungen bei Beschäftigten vgl. Böhle et al. (2023).

Aufträge schnell bearbeiten zu können. Der am Standort Rettenbach angesiedelte Vertriebsinnendienst[5] stellt eine Vermittlungsinstanz zwischen den Kunden und den internen Abteilungen wie technischer Entwicklung, Arbeitsvorbereitung, Einkauf und nicht zuletzt der Fertigung dar. Damit steht der Vertriebsinnendienst bei Reflexa geradezu prototypisch für digital vernetztes Arbeiten: Kunden und Fachhändler wenden sich an den Vertriebsinnendienst, um ihre Bestellungen aufzugeben, aber auch um Reklamationen zu benennen. Solche Anfragen und Aufträge kommen per Telefon, E-Mail oder Fax in den Vertriebsinnendienst. Dieser prüft dann, ob und wann ein solcher Auftrag realisiert werden kann. Dies geschieht in Zusammenarbeit mit der Fertigung, aber ggf. auch mit der technischen Entwicklung und dem Einkauf. Im Anschluss werden die Aufträge von den Mitarbeiterinnen und Mitarbeitern im ERP-System erfasst und weiter bearbeitet.

Der Vertriebsinnendienst bei Reflexa rückte im Projekt LedivA aus zwei Gründen in den Mittelpunkt der verhältnisbezogenen Maßnahmen. Zum einen ist er im Unternehmen der Prototyp für digital vernetztes Arbeiten in der standortübergreifenden Produktion: Hier laufen alle Fäden zusammen; er ist der Koordinator, der an der Schnittstelle zwischen Kunden und den internen Abteilungen tätig wird. Gerade die Kooperation mit dem mehr als 400 km entfernten Standort in Sachsen kann nur digital vernetzt ablaufen: Da kann niemand ‚mal eben schnell‘ in die Fertigungshallen gehen, um aufgetretene Probleme vor Ort von Angesicht zu Angesicht zu besprechen. Zum anderen haben die Untersuchungen des ISF München ergeben, dass die äußeren Bedingungen für die Beschäftigten im Vertriebsinnendienst aufgrund der Umgebungsfaktoren besonders belastend waren.

Im Vertriebsinnendienst arbeiteten zu Beginn des Projektes 43 Personen in einem Großraumbüro. Durch die vielen gleichzeitig stattfindenden Telefongespräche war der Lärmpegel hoch. Diese Umgebungsfaktoren wirkten sich negativ auf ein störungsfreies, konzentriertes Arbeiten aus, wie es die Erfassung von Aufträgen erfordert: Die Mitarbeiterinnen und Mitarbeiter des Vertriebsinnendienstes müssen im Anschluss an die Telefongespräche mit den Kunden die Aufträge erfassen. Das heißt, dass sie den Auftrag mit allen Details ins ERP-System einpflegen müssen, damit er in der Produktion gestartet werden kann. Dies ist eine Tätigkeit, die viel Konzentration erfordert und die dementsprechend auf Dauer in einer lauten Umgebung nur schwer zu leisten ist. Die vom ISF durchgeführten Interviews mit den Beschäftigten haben diese Faktoren aufgezeigt und darauf aufmerksam gemacht, dass hier dringend Abhilfe geschaffen werden musste. Hier

---

[5] Neben dem Vertriebsinnendienst gibt es bei Reflexa noch den Vertriebsaußendienst: Dessen Mitarbeiterinnen und Mitarbeiter besuchen die Fachhändler im gesamten Bundesgebiet.

wird ein bekanntes Phänomen deutlich: Solche Defizite gehen im normalen Alltag ‚unter'; sie fallen nicht (mehr) auf: Man sieht sie erst, wenn Externe darauf
aufmerksam machen.

Aufgrund dieser Analysen sind drei verhältnisbezogene Maßnahmen entwickelt und umgesetzt worden: ein neues Raumkonzept, das Störungen durch
Externe reduziert und mittels Schallschutzwänden den intern erzeugten Geräuschpegel minimiert; Rückzugsräume, die ein ungestörtes und konzentriertes Arbeiten
ermöglichen, sowie Minipausen, die es den Beschäftigten erlauben, sich wieder
neu zu konzentrieren.

3.2   Das neue Raumkonzept

Das Büro des Vertriebsinnendienstes wurde zu Beginn des Projektes aus alter
Gewohnheit von vielen Reflexa-Mitarbeiterinnen und Mitarbeiter aus anderen
Abteilungen als Abkürzung auf dem Weg in die Produktion genutzt. Durch diesen ‚Durchgangsverkehr' kam viel Unruhe auf: Beschäftigte unterhielten sich auf
dem Gang, besprachen dieses und jenes im Vorbeigehen. Dieser Durchgang ist
inzwischen blockiert – man kann ihn nicht mehr als Abkürzung nutzen.

Zudem sind innerhalb des Büros Schallschutzwände eingebaut worden. Infolge
dieser beiden Maßnahmen ist es im Vertriebsinnendienst deutlich ruhiger geworden; die Mitarbeiterinnen und Mitarbeiter werden nicht mehr so stark gestört und
abgelenkt.

3.3   Rückzugsräume für ruhiges Arbeiten

Trotz der oben genannten Maßnahmen ist ein gewisser Lärmpegel nicht zu
vermeiden, wenn verschiedene Mitarbeiterinnen und Mitarbeiter gleichzeitig telefonieren. Deshalb ist die Möglichkeit geschaffen worden, dass sich Beschäftigte
vorübergehend an einen ruhigen Arbeitsplatz außerhalb des Großraumbüros begeben können, um die Aufträge in Ruhe erfassen können. Diese Maßnahme ist
eine win-win-Situation: Sie gibt den Mitarbeiterinnen und Mitarbeitern die Möglichkeit, sich zurückzuziehen und die Aufträge in einer ruhigen Umgebung ohne
Störungen von außen – d. h. ohne Ablenkung von Kollegen und Telefonanrufen –
weiter bearbeiten zu können. Der Effekt dieser Maßnahme lässt sich außerdem
messen: Die Fehlerquote konnte deutlich reduziert werden.

3.4   Minipausen

Die Mitarbeiterinnen und Mitarbeiter des Vertriebsinnendienstes müssen sich bei Telefongesprächen mit Kunden immer wieder schnell auf eine neue Situation einstellen; sie müssen einem Kunden aufmerksam begegnen und freundlich auf seine Bedürfnisse und Wünsche eingehen. Dies gilt auch, wenn sie unmittelbar vor diesem Gespräch mit einem Kunden konfrontiert waren, der vielleicht unfreundlich oder sogar aufgebracht war. Außerdem müssen die Beschäftigten unmittelbar nach einem solchen Gespräch den Auftrag ordnungsgemäß und konzentriert abschließen, damit kein Detail verlorengeht.

Aus diesem Grund war es seit jeher so, dass nach jedem Telefongespräch für eine kurze Zeit keine weiteren Anrufe durchgestellt werden konnten. Dieser Zeitraum ist deutlich verlängert worden. Somit können die Beschäftigten die Dokumentation des vorangegangenen Gesprächs konzentriert abschließen. Außerdem finden sie ggf. Zeit zur Regeneration nach einem anstrengenden Gespräch mit einem Kunden.[6] Auch diese Minipausen haben dazu beigetragen, die Belastungen für die Mitarbeiterinnen und Mitarbeiter zu reduzieren.

4   Verhaltensbezogene Maßnahme: Die Entwicklung und Erprobung eines E-Mail-Leitfadens

4.1   Die E-Mail-Flut

Bei Reflexa hat die Zahl der versendeten E-Mails kontinuierlich zugenommen; die Postfächer quellen über; Vorgesetzte, Kolleginnen und Kollegen werden sehr häufig ‚auf Verdacht hin‘ in CC gesetzt; oftmals kann man im Betreff nicht erkennen, worum es in der Nachricht geht: Dies sind Probleme, die nicht nur für Reflexa relevant sind bzw. waren.

Gerade dann, wenn die Beschäftigten beispielsweise in der sommerlichen Hochsaison bereits unter starkem (Zeit-)Druck stehen, Materialien nicht rechtzeitig verfügbar sind, Aufträge sich verspäten, Kolleginnen oder Kollegen krank sind, erzeugt eine Überflutung mit E-Mails Stress: Welche E-Mail ist denn wirklich wichtig, bei welcher muss man sofort reagieren und welche ist entweder nicht so wichtig oder sogar vollkommen irrelevant? Diese Fragen sind bei einer Vielzahl von eintreffenden E-Mails nicht sofort zu beantworten. Deshalb setzt hier

---

[6] Zum Konzept der Minipausen als Maßnahme zur Gesundheitsförderung vgl. auch Hausmann-Thürig (2019).

eine verhaltensbezogene Maßnahme an: die Entwicklung und Einführung eines
E-Mail-Leitfadens.

Um einen solchen Leitfaden zu erarbeiten, ist eine Projektgruppe eingesetzt
worden, die sich um viele Fragen rund um den Versand und Empfang von E-Mails
gekümmert und Standards erarbeitet hat: Wer muss eigentlich wann eine E-Mail
wirklich bekommen? Wie erreicht man, dass der Adressat sofort weiß, worum es
geht? Wie kann man seine empfangenen und versandten E-Mails so verwalten,
dass man sie auch schnell wiederfindet? Zu diesen Fragen gibt der erarbeitete E-
Mail-Leitfaden Hinweise und Anregungen. Dessen wesentlichen Elemente sollen
hier dargestellt werden.

4.2   E-Mail: Ja oder nein? An wen?

Ziel des Leitfadens ist es, die interne Kommunikation im Unternehmen zu
verbessern, die stetig wachsende Anzahl von E-Mails einzudämmen und ggf.
zu reduzieren sowie die kontinuierliche Zunahme des Umfangs der Postfächer zumindest zu bremsen. In diesem Zusammenhang gibt es zunächst drei
grundlegende Fragen, die man vor dem Versand einer E-Mail reflektieren sollte:
Ist die E-Mail das geeignete Kommunikationsmittel? Nicht immer ist eine
E-Mail das dem Anlass gemäße Kommunikationsmittel: Bei einem komplexen
Sachverhalt, der eine tiefere Erläuterung und Diskussion verlangt, sind ein Anruf
oder ein Besprechungstermin sicher besser geeignet als eine E-Mail.

Wer soll die E-Mail bekommen? Bei Reflexa hat es sich in den letzten Jahren eingebürgert, eine E-Mail an möglichst viele Empfänger zu versenden: Das
ist und war vor allem eine Absicherungsstrategie, um niemanden zu übergehen.
In der Konsequenz benötigen viele Empfänger viel Zeit zum Lesen dieser für
sie oftmals unnötigen E-Mails – mit dem Resultat, dass sie sich genervt fühlen: Die eigene Aufmerksamkeit wird unnötig beansprucht und damit für andere
Aktivitäten blockiert.

Dementsprechend soll die Leitlinie dazu anhalten, die Zahl der Empfän-
gerinnen und Empfänger einer E-Mail möglichst gering zu halten. Vor allem
die Funktion ‚allen antworten' ist auf den Prüfstand zu stellen: Sie sollte nur
dann verwendet werden, wenn geklärt ist, dass die Antwort auch wirklich von
allen benötigt wird. Gerade wenn sich der Austausch zu einem Sachverhalt
über mehrere E-Mails erstreckt, kann man sich darauf beschränken, den großen
Empfängerkreis erst mit einer abschließenden E-Mail zu informieren.

Kann man eine Vorlage verwenden? Für wiederkehrende Sachverhalte kann es sinnvoll sein, eine Vorlage zu verwenden, die entsprechend den aktuellen Ansprüchen angepasst wird. Eine solche Vorlage erspart zunächst Zeit beim Erstellen. Gleichzeitig ermöglicht sie dem Empfänger, sich beim Lesen schnell zu orientieren.

Erst wenn diese grundlegenden Fragengeklärt sind, sollte man mit der Formulierung der E-Mail beginnen.

4.3 Wie formuliert man eine E-Mail und wie verwaltet man sie?

Betreffzeile: Der Betreff soll den Sachverhalt, um den es in der E-Mail geht, in aller Kürze darstellen. Daher sollte der Betreff kurz und aussagekräftig formuliert werden: ‚So kurz wie möglich, so lang wie nötig.' Dadurch wird es dem Empfänger möglich, die eingehenden E-Mails zu kategorisieren und zu priorisieren. Außerdem hilft eine aussagekräftige Betreffzeile dabei, die entsprechende E-Mail zu einem späteren Zeitpunkt wiederzufinden.

Textkörper: E-Mails sollten kurz und prägnant formuliert werden. Sind längere Ausführungen nötig, ist noch einmal zu prüfen, ob der Sachverhalt nicht besser auf einem anderen Weg kommuniziert werden sollte.[7] Bei notwendigen längeren Darlegungen gelten dieselben Anforderungen wie bei herkömmlichen Manuskripten: Der Text sollte in sinnvolle Abschnitte untergliedert werden. Dabei verwendete Gliederungspunkte und mittels Formatierung hervorgehobene Schlagwörter (fett, kursiv, unterstrichen) erleichtern den Empfängern die Orientierung.

Zu beachten ist, dass Ironie nicht für E-Mails taugt: Eine E-Mail übermittelt keine Mimik, Gestik oder Stimme. Ironie ist deshalb nicht immer eindeutig zu erkennen und sollte daher vermieden werden. Zudem sollten E-Mails – analog zu Briefen – sachlich formuliert sein, um ein emotionales Hochschaukeln zu vermeiden.

Mailverwaltung: Mails müssen ebenso wie Papierdokumente verwaltet werden. Dementsprechend sollte sich die Verwaltung der E-Mails im Prinzip an denselben Grundsätzen wie bei herkömmlichen Papierakten orientieren. Eine aussagekräftige Betreffzeile erleichtert die Verwaltung: Sowohl der Absender als auch der Empfänger können die E-Mail dann sehr schnell kategorisieren und in

---

[7] Vgl. die Ausführungen in den vorangegangenen Abschnitten.

Ordner oder Unterordner verschieben. Damit werden die Postfächer übersichtlicher und man kann E-Mails auch ohne großen Suchaufwand wiederfinden. Nicht mehr benötigte E-Mails sollten gelöscht werden.

Der Leitfaden und vor allem die damit verbundenen Diskussionen haben eine Wirkung gezeigt: Viele E-Mails sind – einschließlich des Betreffs – prägnanter formuliert. Und vor allem überlegen sich viele Mitarbeiterinnen und Mitarbeiter vor dem Absenden einer E-Mail, ob dies der geeignete Kommunikationskanal ist.

5   Die Anpassung des ERP-Systems

Reflexa hat vor ein paar Jahren ein ERP-System eingeführt, um größere Transparenz, bessere Kontrolle und mehr Planungssicherheit zu erlangen. Diese Ziele sind auch erreicht worden. Allerdings haben sich – wie in anderen Unternehmen auch! – ein paar unerwünschte Nebeneffekte ergeben, die vor allem in der Fertigung spürbar werden. Dies liegt vor allem daran, dass die generierten Daten den Anschein von Unfehlbarkeit erwecken. Sie sind es aber nicht immer: Es gibt eine Reihe von Gründen für Abweichungen zwischen Systemdaten und konkreten Zuständen in der Fertigung. So werden beispielsweise Teile aus dem Lager – weil es nicht anders möglich ist – bei der Entnahme nicht sofort ausgebucht, sondern erst dann, wenn die Teile verbaut sind; der Verschnitt von Materialien kann systemseitig nicht adäquat erfasst werden; Lieferscheine und Waren laufen auf unterschiedlichen Wegen durch das Unternehmen usw. Manche Abweichungen beruhen darauf, dass bestimmte Daten unternehmensseitig absichtlich nicht erfasst werden; andere darauf, dass bestimmte Daten aktuell nicht erfasst werden können.

Die ursprünglich getroffene Entscheidung wurde dabei in Abwägung verschiedener konkurrierender Werte wie Echtzeitabbildung, handhabbare Datenmengen und Kosten getroffen. Die Priorisierung eines gemäßigten Umgangs mit knappen Ressourcen führte zur getroffenen Entscheidung, die nicht falsch war, die aber natürlich (!) nicht alle Anforderungen erfüllen konnte. So werden nun – obwohl es sich bei dem ERP-System um ein sog. Echtzeitsystem handelt – die Daten nur zweimal am Tag aktualisiert. Eine wirkliche Echtzeitaktualisierung würde die Kapazitäten der zur Verfügung stehenden Server übersteigen.

In der Konsequenz bewirken solche Abweichungen eine Unsicherheit darüber, ob die Kundenaufträge auch wirklich termingerecht abgearbeitet werden können. Das Beispiel steht exemplarisch für ein in mittelständischen Unternehmen weit verbreitetes Dilemma: Nicht alles, was technisch (grundsätzlich) möglich ist, kann unter den gegebenen Rahmenbedingungen umgesetzt werden.

Überflutung mit Daten, Unzuverlässigkeit von Daten, Unterbrechungen, hohe Komplexität und manchmal auch Unverständnis führen zu mentalen Belastungen, die von den Beschäftigten als ausgesprochen hoch empfunden werden. Als Lösungsansatz ist in diesem Jahr eine neue Version des ERP-Systems eingeführt worden.

6   Ein neues Raumkonzept für die Arbeitsvorbereitung

Im Projektverlauf wurde in den Interviews und Workshops mit den Beschäftigten erkennbar, dass die digitale Vernetzung nicht nur im Vertriebsinnendienst und in den anderen standortübergreifenden Abteilungen zu Belastungen führt. Es hat sich herausgestellt, dass am Standort Rettenbach gerade im Bereich der Fertigung und der Arbeitsvorbereitung aus der Digitalisierung herrührende mentale Belastungen für die dort Beschäftigten auftreten.

Reflexa erstellt aktuell einen Erweiterungsbau für die Fertigung. Dabei haben die beschriebenen Überlegungen und Maßnahmen zu Umplanungen und insbesondere zu einem neuen Raumkonzept für die Arbeitsvorbereitung geführt: Nach dem ursprünglichen Konzept wäre diese an ihrem angestammten Ort in der Nähe des Vertriebsinnendienstes und der technischen Entwicklungsabteilung – und damit räumlich weit entfernt von der Fertigung! – geblieben. Nach den neuen Plänen rückt die Arbeitsvorbereitung räumlich nahe an die Fertigung und die Produktionsleitung heran. Ziel ist es, den persönlichen Kontakt zwischen diesen Abteilungen – als Ergänzung zur digitalen Vernetzung! – zu erleichtern. Von dieser direkten Anbindung werden Vorteile sowohl für die Beschäftigten aus der Arbeitsvorbereitung als auch aus der Fertigung erwartet:

Wenn die Abteilungen nebeneinander liegen, ist die Hemmschwelle für die Beschäftigten aus der Arbeitsvorbereitung, ‚mal eben' in die Fertigung zu gehen viel geringer: Der direkte persönliche Einblick und der direkte Kontakt sollen es den Beschäftigten aus der Arbeitsvorbereitung ermöglichen, sich schnell einen Überblick über problematische Situationen zu verschaffen und diese schnell vor Ort mit allen Beteiligten zu klären. Dies macht nicht nur eine direkte Rückmeldung über die Machbarkeit möglich: Ein persönlicher Austausch anstelle von E-Mails ermöglicht vor allem schnellere Reaktionen. Bei einer E-Mail weiß der Absender nie, ob der Empfänger sie auch wirklich so versteht (und verstehen kann), wie sie gemeint war ... Ein ellenlanges Hin-und-her-Schicken von E-Mails kann durch eine schnelle persönliche Kontaktaufnahme vermieden werden; Missverständnisse können minimiert werden.

Auch für die Beschäftigten aus der Fertigung – die oftmals nicht so gerne E-Mails schreiben – wird der Weg in die Arbeitsvorbereitung kürzer: Das gilt nicht nur im physischen Sinn. Die Hemmschwelle, auch ‚dumme' Fragen zu stellen, wird bei häufigeren persönlichen Kontakten geringer.

Das Ziel dieser Maßnahme ist es, die über das (optimierte) ERP-System digital vernetzte Arbeit um Möglichkeiten des verbesserten direkten persönlichen Austausches zu ergänzen. Es geht dabei nicht um ein Entweder-oder, sondern um ein Sowohl-als-auch!

7   Resümee

Die hier dargestellten Ergebnisse sind sowohl von den beteiligten Beschäftigten als auch von den Führungskräften ausgesprochen positiv aufgenommen worden. Die Ergebnisse dienen als Anknüpfungspunkte für weitere Maßnahmen.

Auf der Grundlage systematischer Erkenntnisse über neue Belastungen für die Beschäftigten konnten bei Reflexa erste Schritte unternommen worden, um digital vernetzte Arbeitstätigkeiten gesundheitsförderlicher zu gestalten. Die entwickelten praktikablen Lösungen genügen sowohl den Anforderungen an die standortübergreifende Koordinierung als auch an Belastungsarmut; sie lassen eine individuelle Leistungsregulation der Beschäftigten zu und unterstützen sie.

Zunächst profitieren die aktuell beschäftigten Mitarbeiterinnen und Mitarbeiter von den entwickelten Modellen: Sie haben dazu beigetragen, die Arbeitszufriedenheit und gesundheitliche Stabilität der Beschäftigten zu verbessern. Dies zeigt sich auch und gerade in einer deutlich verminderten Personalfluktuation. Langfristig werden auch neu einzustellende Mitarbeiterinnen und Mitarbeiter von den Maßnahmen profitieren.

Für Reflexa ist es von existenzieller Bedeutung, erfahrene Mitarbeiterinnen und Mitarbeiter auf Dauer im Unternehmen beschäftigen zu können. Dies ist in Zeiten, in denen vor allem junge Menschen in die Metropolen abwandern, eine Herausforderung. Die getroffenen Maßnahmen bieten für Reflexa kurz- und mittelfristig die Chance, sich als Unternehmen darzustellen, das sich um das langfristige gesundheitliche Wohlergehen seiner Mitarbeiterinnen und Mitarbeiter kümmert und in dem die Begriffe Gesundheitsförderung und Work-Life-Balance ernstgenommen werden. Dies ist ein wichtiger Aspekt bei der Personalrekrutierung und wird auch in Zukunft immer wichtiger werden.

Literatur

Böhle, F.; Bolte, A.; Glomb, F.; Gross, M.; Heinlein, M.; Neumer, J.; Raaymann, S.; Ritter, T.; Stöger, U. (2023): Arbeit oberhalb der ‚mentalen Dauerbelastungsgrenze': Ein inter- und transdisziplinäres Forschungsprogramm zu den Belastungen digital vernetzter Arbeit. In: Heinlein, M.; Neumer, J.; Ritter, T. (Hrsg.): Digital vernetzte Arbeit – Merkmale und Anforderungen eines neuen Typus von Arbeit. Wiesbaden: Springer VS.

Bolte, A.; Böhle, F.; Heiden, B.; Herbig, B.; Neumer, J.; Ritter, T.; Stöger, U.; Weihrich, M.; Zolg, S. (2020): Digital vernetzte Arbeit in Produktion und Dienstleistung. Strukturmodell. München: ISF München. http://lediva.mhkd.de/assets/Dokumente/Strukturmodell_LedivA-small.pdf. Abgerufen am 14.3.2023.

Bolte, A.; Neumer, J. (2023): Digital vernetzte Arbeit in mittelständischen Unternehmen: Anforderungen im Umgang mit ERP-Systemen und Grenzen der Digitalisierung. In: Heinlein, M.; Neumer, J.; Ritter, T. (Hrsg.): Digital vernetzte Arbeit – Merkmale und Anforderungen eines neuen Typus von Arbeit. Wiesbaden: Springer VS.

Hausmann-Thürig, D. (2019): Vermehrte Minipausen zur Stärkung der körperlichen und psychischen Gesundheit am Arbeitsplatz. Praxiskonzept – Schriftliche Abschlussarbeit im Rahmen des CAS 2018. Gesundheitspsychologische Lebensstiländerung und Mind Body Medicine an der Universität Zürich. https://www.psychology.uzh.ch/dam/jcr:574 0ef75-e60f-4c7e-a162-a9e169f023a4/Hausmann_CAS18_Praxiskonzept_Minipausen.pdf. Abgerufen am 23.10.2022.

Heiden, B.; Herbig, B. (2023a): Betriebsärztlicher Instrumentenkoffer ‚Digital vernetzte Arbeit' – Betreuung und Beratung von Unternehmen und Beschäftigten. In: Heinlein, M.; Neumer, J.; Ritter, T. (Hrsg.): Digital vernetzte Arbeit – Merkmale und Anforderungen eines neuen Typus von Arbeit. Wiesbaden: Springer VS.

Heiden, B.; Herbig, B. (2023b): Betriebsärztliches Gesundheitscoaching bei Beschäftigten mit digital vernetzter Arbeit. In: Heinlein, M.; Neumer, J.; Ritter, T. (Hrsg.): Digital vernetzte Arbeit – Merkmale und Anforderungen eines neuen Typus von Arbeit. Wiesbaden: Springer VS.

Heinlein, M.; Neumer, J.; Ritter, T. (2023): Digital vernetzte Arbeit: Dimensionen und Anforderungen einer neuen Arbeitsform. In: Heinlein, M.; Neumer, J.; Ritter, T. (Hrsg.): Digital vernetzte Arbeit – Merkmale und Anforderungen eines neuen Typus von Arbeit. Wiesbaden: Springer VS.

Neumer, J.; Heinlein, M.; Ritter, T.; Stöger, U.; Merl, T. (2023): Praxiskompass zur partizipativen belastungsarmen Gestaltung digital vernetzter Arbeit. In: Heinlein, M.; Neumer, J.; Ritter, T. (Hrsg.): Digital vernetzte Arbeit – Merkmale und Anforderungen eines neuen Typus von Arbeit. Wiesbaden: Springer VS.

The manufacturer's authorised representative in the EU is Springer
Nature Customer Service Centre GmbH, Europaplatz 3, 69115 Heidelberg,
Germany. If you have any concerns regarding our products, please
contact ProductSafety@springernature.com

Printed and bound by CPI Group (UK) Ltd, Croydon, CR0 4YY
24/04/2026
02096341-0007